U0044701

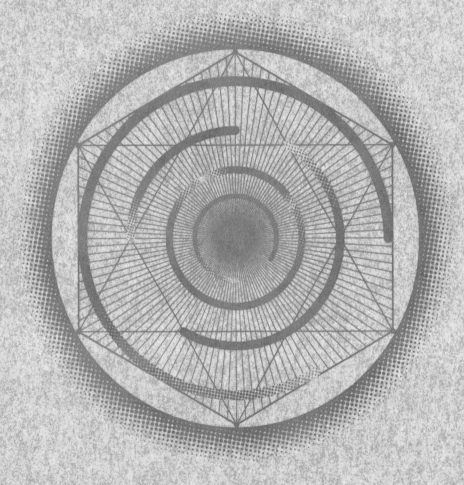

CHOICES
&
INCEPTIONS

Traditional Electional Astrology

選擇與開始

古典擇時占星

Benjamin N. Dykes, PHD.

班傑明・戴克 博士

著

郜捷 Zora Gao

譯

致謝

—

我要向以下的朋友與同事致謝，
名字以字母的順序排列：
克里斯·布倫南（Chris Brennan）、
查里斯·伯內特（Charles Burnett）、
狄波拉·郝汀（Deborah Houlding）以及
大衛·朱斯特（David Juste）。

出版序

你會這麼「傻」嗎？

希斯莉

SATA 星空凝視占星學院 創辦人

當一個占星學古文手稿譯者，需要向全世界圖書館蒐羅或購買不同語言、不同版本的古文手稿，再交叉核對各語言與各譯本的正誤，才能著手進行翻譯彙整，為了保存完整古文意義，甚至連手稿的錯誤都要完整呈現，譯者需要博覽群書，深究此學問，補充更正的註釋，才能向讀者傳達正確知識。當一個占星學中文譯者，需要具備完整古典占星專業知識與英文閱讀與理解能力，比對所有專有名詞的英文甚至拉丁文意義，得以精確的中文界定譯名，並且讓古文的原始句型與風味完整呈現，讓文字變成時光機器回到古文明社會。

《選擇與開始》中譯本能問世，是許多傻子們攜手合作，很幸運地都讓我遇上了。郜捷一年多來日日勤於筆耕的成果，完成了我念茲在茲的期許：接力翻譯戴克博士的古文手稿譯著，以中文推廣至華人社會的首部曲。團隊中還包含紅穎老師專業審訂，彩燕字字必較的編輯校正，涵蓋四種語文的書本對美編也是特大的挑戰。當然我自己就是個傻子，從占星學習應用者身份進入的學術殿堂，要能細細領略這個殿堂必從古文獻扎根。明知學術性的占星書籍不受大眾市場青睞，我還是持續招攬培育各方好手，投入時間精力與成本，努力達成這群傻子們背後傳承的使命感。

對讀者來說，這本書的用途何在呢？首先，從二十世紀復興古典占星文獻的運動，中西都是先推介卜卦占星給現代讀者，為了使古典占星易於閱讀消化理解而推廣，讓卜卦占星在現代已經等同於古典占星的代名詞，而我就是推動這項運動的始作俑者之一。但我的期許不止於此，我相信讀者們上手應用這些簡單的判讀方法後，將會升起更大的求知欲，更多想求進步的讀者會希求更多細膩的技術，甚至是最源頭的內容。例如，其實卜卦的前身就是擇時，這兩個學科是一體兩面的應用：擇時就像是確保正向結果的卜卦。本書據此提到十分詳實精彩的歷史考證，說明擇時的內容是如何演變成為卜卦的應用，也因此，讀者閱讀本書的內容可以同時並進這兩個學科的學習。舉例來說，卜卦中事情變化或應期等考慮，在擇時上也會做相同判斷，而本書的擇時內容有更多精彩的技術面呈現，例如本書第三部里賈爾的《行星判斷技法》〔VII.102.10〕中提到：當月亮為事項的主管行星時，並非僅觀察月亮所在星座的度數變化，而是要觀察她經過黃道一圈產生的所有變化：

　　同樣，若月亮或上升主星入相位於一顆與事項屬性相似的吉星時，此入相位即為事項顯現的應期。而兩者之間相距的度數同樣亦為應期。

　　而當事項代表宮位主星入相位於一顆吉星之時，同樣亦為應期。而當月亮入相位於一顆吉星之時，同樣亦為應期。

　　當月亮為事項的主管行星之一時，能夠賦予她的最長應期為一個月，因在這樣長的[時間]裡，她將會過運經過所有的屬性，亦會經過她的廟宮、她所在星座的主星、上升位置及其主星、吉星以及凶星。

本書主要收錄的三本古籍，其實都是師出同源。讀者看這些法則可以先從體會其邏輯來閱讀理解，然後會發現每項問事的判讀有其一致性的邏輯隱藏在後，現代社會的事項應用與古代世界雖不盡相同，但是理解這些邏輯後，就未必要照本宣科，而可觸類旁通，甚至延伸至本命或行運的預測，因為它們都是相同的基礎。爾後，面對後代發展演變的技術，也比較具有基準去判明。

再者，應用這些法則先別貪多，要一個個去實踐。舉例來說，你可能讀到里賈爾以下法則卻從未應用過：

──[VII.85.1：上升星座的三分性主星]──

當你被問及[特定]的一群人當中（國王欲派遣他們去作戰或從事其他事項）哪一個更強、更守法且更誠實，則須查看上升位置及其三分性主星：將它們與那些人一一對應──按照詢問者對你說出他們名字的順序：換言之，第一顆[三分性主星]對應第一個人，第二顆對應第二個人，第三顆對應第三個人。再查看其中哪一顆在其所落位置更有力、擁有更多尊貴，是吉星抑或凶星。若它為凶星，且為火星，而月亮呈現凶象且未與吉星[形成相位]，另兩顆三分性主星在它們所落位置上又虛弱無力，則判斷火星代表之人更強、更守法且在[客戶]所關心之事上表現更佳；然而，這預示他們挑選他去辦理的[事項]無法成功，[他]亦[不會][執行]他們的命令。而若那顆凶星為土星，則預示挑選他去辦理的事項耗時長久且拖延。

直到遇上一個類似的問題：球隊比賽時，選擇誰作為先發投手呢？你才發現這個方法很適合應用，也就不會覺得細膩且難以記憶。更重要的是，你有這本詳實的參考書籍，所有問題的判斷都完整羅列，懷抱這部經典著作走向占星師之路，腳步會更篤實。當然，身為現代讀者，也要有自身的辨別力，才能懂得運用本書的古代社會事項，善巧地套用至現代生活中。

　　我在授課時一直強調實踐的重要性，但所有的基礎都是來自前人的經驗累積。本書主要翻譯：薩爾、伊朗尼，以及里賈爾三本古籍，其實都是傳承自馬謝阿拉。再往前推進至西元一世紀的都勒斯，也就抵達了希臘占星學相當源頭的知識。本書呈現了古典占星學的厚實學術基礎，這些基礎是數千年來先人積累而成，世代學者以各種語言去保存這門被譽為最高深的智慧學問，許多知識學問都曾與占星學緊密相連，也可從這些文獻資料看出古代的社會生活形態。

　　時至今日，當我們不再仰望星空、不再相信星辰中寫著智慧的語言引領生活的腳步，不再信仰神性的存在，我們就不再需要占星學的啟示。占星學被貶為難登學術殿堂的旁門左道，占星應用者要證明占星學的價值，只能努力端出學與用並進的內容，方能讓占星學重新成為現代人的明燈！雖然傳承占星古典知識這條路還很漫長，但，最困難的第一步，也是奠定未來的基石，我們完成了！

中文版序

班傑明‧戴克 博士

　　人類的一切行為都以選擇及與選擇有關的情境作為開始，在其中，我們還必須決定於何時開始行動。或許正是由於這個原因，擇時——抑或「選擇與開始」——成為占星學最早期的類型之一：儘管許多人由於不知道自己的出生時間而無法得知自己生命的起始或開端，但在當下，我們能够了解自己的行為并為此做出計劃。因此，擇時占星是占星學中最具實用性的類型之一。

　　占星學子們在我的《選擇與開始——古典擇時占星》中文版一書中將可學習到擇時占星實踐方面最為傳統的法則，其中包括一般性的方法與針對十分具體的行動的法則。我很高興優秀的SATA占星學院的朋友們及同事們將它引介到華人讀者群。SATA團隊站在亞洲持續發展的古典占星運動的最前沿，而他們在這個令人興奮的領域中的譯著名單亦日漸增長，本書便是其中的一部！

譯者序

郜捷

2018年10月末的一天夜裡，我做了一個夢。在夢中，我橫下心，拼盡渾身最後的力氣，登上（準確地說是「爬」上）了一座幾乎與地面垂直的險峻高山的頂峰。醒來，我意識到，這個夢是「天書」的翻譯工作即將完成的寫照。

所謂「天書」，其實是我對《選擇與開始——古典擇時占星》一書的戲稱，因為它是一部有關天空、天象、天時之書，更是一部深奧的智慧之書。它以浩大的篇幅收錄了三部流傳千年的、最為重要的擇時占星文獻，內容之廣博使讀者得以一窺古典占星的全貌。而古代先賢們將複雜繁瑣的占星法則融會貫通，運用得出神入化，實在令人嘆服！

然而正因為如此，再加上這部書由中世紀拉丁文譯著翻譯而來的緣故，書中許多字句著實晦澀艱深。而回想當初，從希斯莉老師手中接下這部書的翻譯任務時，自己真是「無知者無畏」。

幸而翻譯的全過程都得到戴克博士耐心細緻的指導，他的學養與嚴謹的治學態度令我深深感佩。一年的時間裡，我先後向戴克博士請教了一百多個問題，而無論難易，他都不厭其煩，一一做出清晰詳細的回覆，甚至還專門補充了許多他新近由阿拉伯文文獻翻譯而來的內容加以說明。本書的一些譯註就是依照戴克博士的說明特別添加的，希望對大家理解本書內容能夠有所幫助。

這部書的翻譯力求在忠實原作的基礎上，使內容明白易懂，但恐諸多初學者仍不免會在閱讀過程中遇到一些困惑不解之處。在此，我分享幾點關於本書閱讀方面的建議，供大家參考：

一、關於緒論

不少人在閱讀時有跳過緒論、直奔「主題」的習慣，但如果在閱讀這部書時如法炮製，必定損失慘重，而且十有八九會看得一頭霧水。這部書的緒論篇幅接近全書的六分之一，不僅分析闡述了擇時占星中的各種倫理、哲學議題（§1、§2），而且對全書每一部當中的文獻內容都進行了概括梳理，補充了重要的背景知識，並對其中有爭議或模糊之處做出了說明（§4、§5、§6、§7）。

此外，在緒論中，戴克博士還特別針對書中頻繁出現的重要概念或說法進行了考證和詮釋，例如「尖軸不應落在遠離的位置」、「相對於上升位置的果宮」等等。如果你此前未曾接觸過類似的中世紀文獻，切勿錯過這部分內容（§3、§8、§9）。

有鑒於此，我建議大家：緒論不但一定要閱讀，而且要「首先」閱讀。

二、關於註解與詞彙表

註解是這部書十分重要的組成部分，共有約兩千個，其中有相當一部分是對文獻中出現的疑難語句、術語以及背景知識的補充說明，最長的註解接近千字，對於讀者理解本書內容有很大助益。

對於一些沒有註解或譯註的術語，建議讀者查閱本書最後的詞彙表，會看到相應的解釋。

三、相似段落比對

此外，我還建議大家在閱讀本書第三部中的著作時，按照註解的提示，參閱本書其他作者著作中相似、但並不相同的內容。如此一來，不但可以更全面、準確地領會個中含義，更可看到文獻傳承過程中，不同作者詮釋上的分化，從而去思索其背後的邏輯，然後有選擇地吸收，而不是囫圇吞棗。

以上這些建議也是我在閱讀和翻譯本書的過程中經驗教訓的總結，其實整部書翻譯下來，讓我頗能體會「字字看來皆是血，十年辛苦不尋常」的感慨。衷心感謝希斯莉老師所給予的莫大信任與支持，將這部具有重要價值與意義的經典之作交付於我翻譯。還要感謝Rose老師專業細心的指導，以及認真敬業的SATA團隊成員，這部書的中文譯本得以面世，仰賴大家同心協力的辛苦付出。

願智慧的傳承代代相續，也衷心希望每一位閱讀本書的人都能從中有所收穫！

目錄

———

圖示目錄　　　　　　　　　　　　　　　　　　　　026

緒論

§1 什麼是擇時？　　　　　　　　　　　　　　030

§2 擇時的認識論與道德議題　　　　　　　　　043

§3「馬謝阿拉的傳承」以及卜卦與擇時的關聯　052

§4 伊朗尼與里賈爾　　　　　　　　　　　　　062

§5 月亮與月宿　　　　　　　　　　　　　　　071

§6 行星時　　　　　　　　　　　　　　　　　080

§7 關於應期——伊朗尼與里賈爾　　　　　　　083

§8 遠離始宮與宮位系統　　　　　　　　　　　090

§9 譯文說明　　　　　　　　　　　　　　　　093

第一部：月亮與月宿

金迪：《擇日》　　　　　　　　　　　　　　　097

里賈爾：《行星判斷技法》VII 101：依據月亮所在月宿擇時　　100

第二部：行星時

貝森：《論行星時》 120

  §1 行星時 120

  §2 三方星座，當落於上升位置時 123

  §3 四正星座，據薩爾《擇日書》 124

  §4 一般性說明和行星徵象，引自薩爾《擇日書》 127

  §5 論土星時與上升位置為土星守護的星座 128

里賈爾：《行星判斷技法》VII.100：論行星時的含義 129

第三部：完善的擇時

薩爾‧賓‧畢雪：《擇日書》 137

  擇時中的上升星座及其中的一切 141

  擇時中自上升星座起算的第二個星座及其中的一切 149

  擇時中的第三個星座及其中的一切 152

  擇時中的第四個星座及其中的一切 152

  擇時中的第五個星座及其中的一切 156

  擇時中的第六個星座及其中的一切 158

  擇時中的第七個星座及其中的一切 164

  擇時中的第八個星座及其中的一切 168

  擇時中的第九個星座及其中的一切 169

  擇時中的第十個星座及其中的一切 175

  擇時中的第十一個星座及其中的一切 077

擇時中的第十二個星座及其中的一切　　179

與十二星座無關的擇時　　181

伊朗尼：《抉擇之書》　　182

I.1.0：擇時是否有助益　　184

I.2.0：論為所有人擇時的一般性步驟　　189

I.3：論為本命盤已知之人擇時　　217

I.4：論卜卦之後的擇時——無論事項能否完成　　221

I.5.0：所開始之事何時得以完成　　223

II.1.0：為權貴擇時　　231

II.1.1：論確立尊貴身份　　232

II.1.2：論免除尊貴身份　　233

II.1.3：論建造城市與要塞　　234

II.1.4：論建造房屋及城市或要塞中的其餘建築　　235

II.1.5：論摧毀敵人的建築　　236

II.1.6：論河流及泉水的改道　　237

II.1.7：論為擊敗敵人而建造船隻　　237

II.1.8：論外出征戰或其他　　238

II.1.9：論與敵人和解　　242

II.1.10：論返回　　244

II.1.11：論搜尋和狩獵　　245

II.1.12：論賽馬　　246

II.1.13：論遊戲　　246

II.2.1：論以上升位置為代表因子的事項，首先論哺乳　　247

II.2.2：論使男孩離乳　　247

II.2.3：論剪指甲 248

II.2.4：論修剪頭部或身體的毛髮 248

II.2.5：論入浴 248

II.2.6：論治療疾病 249

II.2.7：論與手術相關的治療 249

II.2.8：論藉由靜脈或拔罐放血 250

II.2.9：論男孩的割禮 251

II.2.10：論給瀉藥 251

II.2.11：論起凝固作用的藥物 252

II.2.12：論致噴嚏的[藥物]及藉由藥水或

其他[方法]含漱、嘔吐 253

II.2.13：論穿著新祭服 253

II.3.1：論與第二宮有關的擇時，首先論歸還或收回借款 254

II.3.2：論購買 255

II.3.3：論出售種子、其他與田地有關之物及任何待售之物 256

II.3.4：論借出金錢 256

II.3.5：論舉起手[接受金錢] 257

II.3.6：論更換寄宿地 257

II.4.1：論與第三宮有關的擇時，首先論與手足和解 258

II.4.2：說明那些與忠誠於神有關之事 259

II.4.3：論遣使 259

II.5.1：論與第四宮有關之事，首先論購買土地 259

II.5.2：論開始開墾土地 262

II.5.3：論造磨 263

II.5.4：論植樹、播種及當年（即在它自己的季節）收穫的一切 263

II.5.5：論締約 [耕種] 土地　　　　　　　　　　　　264

II.5.6：論出租房屋和生產　　　　　　　　　　　　265

II.6.1：論與第五宮有關之事，首先論孕育子嗣　　　266

II.6.2：論禮物　　　　　　　　　　　　　　　　　267

II.7.1：論第六宮，首先論購買俘虜　　　　　　　　268

II.7.2：論釋放俘虜、囚徒及馴養馬匹　　　　　　　269

II.7.3：論購買動物　　　　　　　　　　　　　　　269

II.7.4：論購買狩獵使用的動物　　　　　　　　　　270

II.8.1：論第七宮　　　　　　　　　　　　　　　　271

II.8.2：論合夥　　　　　　　　　　　　　　　　　271

II.8.3：論購買和售賣　　　　　　　　　　　　　　271

II.8.4：論與女人訂婚　　　　　　　　　　　　　　272

II.9：論第八宮，首先論適當地繼承　　　　　　　　273

II.10.1：論第九宮，首先論道德教育　　　　　　　　273

II.10.2：論傳授歌唱及愉悅之事　　　　　　　　　　274

II.11.1：論第十宮，首先論傳授游泳　　　　　　　　275

II.11.2：論教授戰鬥　　　　　　　　　　　　　　　275

II.11.3：論其他職業教學　　　　　　　　　　　　　276

II.12.1：論第十一宮，首先論與獲得好名聲和信譽有關之事　276

II.12.2：論謀求某事，承諾方與謀求方　　　　　　　277

II.12.3：論尋求愛與友誼　　　　　　　　　　　　　278

II.13.1：論第十二宮，首先論阻擋敵人或
　　　　國王抓捕敵人及權力較小之人　　　　　　　278

II.13.2：論搜尋逃犯　　　　　　　　　　　　　　　279

II.13.3：論搜尋逃犯　　　　　　　　　　　　　　　279

II.13.4：論使盜賊或看守揭露所求　　　　　　　　　280

里賈爾：《行星判斷技法》VII：論擇時　　282

　本書序　　282

　作者序　　282

　VII.1：擇時所必需且不可迴避的法則與基礎　　287

　VII.2.0：論行動的原則　　289

　VII.3.0：論星座及其象徵　　301

　VII.4：論第一宮及其擇時　　307

　VII.5：論入浴　　307

　VII.6：論剪髮　　308

　VII.7：論放血和拔罐　　309

　VII.8：論剪指甲　　311

　VII.9：論第二宮及其擇時　　312

　VII.10：論經營、謀求資產及舉債　　313

　VII.11.0：論購買與售賣　　313

　VII.12：論出售產品　　318

　VII.13：論提供資本　　318

　VII.14：論接受資本　　319

　VII.15：論搬遷　　320

　VII.16：論煉金術操作　　320

　VII.17：論第三宮及其擇時　　321

　VII.18：論開始說明法律的學問　　322

　VII.19：論第四宮及其擇時　　323

　VII.20：論建造城市與房屋　　323

　VII.21：論藉由挖掘及從河流、小溪引流取水　　331

　VII.22：論購買土地　　332

　VII.23：論在土地上定居　　333

VII.24：論造磨 334

VII.25：論播種與種植樹木 334

VII.26：論租賃土地 335

VII.27：論出租房屋與為獲報酬而生產 335

VII.28：論為房屋驅除幽靈 337

VII.29：論第五宮及其擇時 338

VII.30：論與女人同房以使她懷上男孩 338

VII.31：論為嬰兒哺乳 340

VII.32：論使嬰兒離乳 340

VII.33：論行割禮與施洗 340

VII.34：論裁剪新衣與穿著新衣 341

VII.35：論贈送禮物 342

VII.36：論派遣使者 342

VII.37：論寫作 342

VII.38：論食物 343

VII.39：論酒 344

VII.40：論製作氣味美好之物 345

VII.41：論放飛鴿子以使它們招引其他鴿子 345

VII.42：論從母親腹中取出[胎兒] 346

VII.43：論第六宮及其擇時 347

VII.44：論治療疾病 347

VII.45：論使用注射器治療 348

VII.46：論治療眼睛 349

VII.47：論用瀉藥 349

VII.48：論用止瀉藥 352

VII.49：論藉由鼻子給藥及催吐、含漱 352

VII.50.0：論購買奴隸 353

VII.51.0：論給予奴隸和俘虜法律以及馴馬 355

VII.52.0：購買大型牲畜與小型牲畜 356

VII.53：論第七宮及其擇時 358

VII.54：論婚姻 358

VII.55：論為爭端擇時 362

VII.56：論為戰爭購買武器 367

VII.57.0：論在戰爭中對抗[他人]及議和 367

VII.58：論拆毀敵人的要塞與城市 375

VII.59：論製造武器與剋敵的巧妙裝置——即戰艦及其他船隻 376

VII.60：論合作及一切兩人之間的事項 377

VII.61：論搜尋逃犯 378

VII.62：論使盜賊揭露[所求] 379

VII.63：論陸上及水上狩獵 379

VII.64：論棋盤遊戲、下象棋、擲骰子等 383

VII.65：論與女人同房 385

VII.66：論第八宮及其擇時 387

VII.67：論遺囑 387

VII.68：論亡故之人的遺留 388

VII.69：論第九宮及其擇時 389

VII.70：論為旅行擇時 389

VII.71：論以漫遊為目的的旅行 394

VII.72：為欲迅速返回的旅行者 396

VII.73：論秘密旅行 396

VII.74：論藉由水路旅行　　　　　　　　　　　　　397

VII.75：論購買、登船以及移動船隻　　　　　　　　399

VII.76：論將船隻置於水中　　　　　　　　　　　　401

VII.77：論學習科學與傳授　　　　　　　　　　　　405

VII.78：論學習歌唱及令人愉悅之事　　　　　　　　406

VII.79：論旅行之人進入城市　　　　　　　　　　　407

VII.80：論第十宮及其擇時　　　　　　　　　　　　409

VII.81.0：關於接受尊貴身份　　　　　　　　　　　409

VII.82：論為與土地有關的尊貴、徵稅或法律擇時　　417

VII.83：論就任行政長官　　　　　　　　　　　　　417

VII.84：論就任宰相或大臣　　　　　　　　　　　　417

VII.85：論自相同之人中挑選領導者及更強[之人]　418

VII.86：為欲與國王或其他統治者一同旅行之人　　　422

VII.87：論將國王送往他的統治之所　　　　　　　　422

VII.88：為欲在國王面前陳詞之人　　　　　　　　　423

VII.89：論尋求國王的保護　　　　　　　　　　　　423

VII.90：論學習專業技能　　　　　　　　　　　　　424

VII.91：論學習作戰　　　　　　　　　　　　　　　424

VII.92：論學習游泳　　　　　　　　　　　　　　　425

VII.93：論第十一宮及其擇時　　　　　　　　　　　426

VII.94：論意在獲得好名聲與信譽之事　　　　　　　426

VII.95：論履行承諾及提出請求　　　　　　　　　　427

VII.96：論尋求愛與友誼　　　　　　　　　　　　　428

VII.97：論第十二宮及其擇時　　　　　　　　　　　429

VII.98：論賽馬　　　　　　　　　　　　　　　　　429

VII.99：論國王抓捕敵人或權力較小之人的時刻   430

VII.100：論行星時的含義   431

VII.101：依據月亮所在月宿擇時   431

VII.102：論[某人的]訴求得以實現的應期   431

附錄A：主管關係   450

附錄B：星座的分類   452

附錄C：金迪關於擇時的一般性說明   454

附錄D：有關半日時的三種說法   458

附錄E：中世紀占星精華系列   460

詞彙表   462

參考文獻   489

圖示目錄

———

圖1：行為的邏輯簡表   040

圖2：行為的邏輯與考慮本命盤的擇時   042

圖3：「馬謝阿拉的傳承」部分內容   058

圖4：薩爾與哈亞特的資料之分歧   061

圖5：白天行星時的分配（從日出開始計算）   081

圖6：夜晚行星時的分配（從日落開始計算）   082

圖7：應期計算方法推薦（戴克）   088

圖8：阿拉伯二十八月宿及可能的恆星構成   114

圖9：白天行星時的分配（從日出開始計算）   119

圖10：夜晚行星時的分配（從日落開始計算）   119

圖11：北半球南半球的直行星座與扭曲星座   142

圖12：金星解救射手座脫離星體圍攻   196

圖13：木星、土星向月亮投射光線形成右方相位   197

圖14：尖軸的象徵意義——關於購買耕種用地
（金迪《四十章》§470）   261

圖15：尖軸的象徵意義——關於購買耕種用地（「馬謝阿拉的傳承」
[《判斷九書》§4.5，4.8-9]、《占星詩集》V.10.1）   262

圖16：伊朗尼著作翻譯完成時近似的星盤　　281

圖17：月亮、價格與赤緯（來源：《占星詩集》V.43.1-4）　　316

圖18：月亮、價格與月相（來源：《占星詩集》V.44.5-8）　　316

圖19：月亮、價格與象限（里賈爾VII.11.2、伊朗尼II.3.2-3）　　317

圖20：巴格達建城盤──據比魯尼　　324

圖21：巴格達建城近似的星盤（現代計算）　　325

圖22：金迪關於作戰基本方位的說明　　369

圖23：里賈爾對金迪內容的修正　　369

圖24：基於時間的灼傷區間表──按新月發生在星期天早晨計算　　371

圖25：與幸運點形成相位的行星對應的年數（《占星選集》III.12）　　435

圖26：幸運點落在各個星座分配的年數（源於行星小年）

　　（《占星選集》III.12）　　437

圖27：行星年表　　437

圖28：主要的尊貴與反尊貴　　450

圖29：三分性主星　　450

圖30：埃及界　　451

圖31：「迦勒底」外觀/外表　　451

緒論

———

很高興推出《選擇與開始》一書，這是我的中世紀占星精華系列
叢書[1]中唯一有關擇時的書籍。因為大部分擇時文獻的內容都是重
複，在判斷上也沒有呈現多樣化的方法。此外，廣為流傳的四部擇時
文獻多有重疊，其中有三部已被翻譯並收錄在本書的第三部當中[2]。依
狄波拉·郝汀（Deborah Houlding）的建議，我將本書劃分為三部：

第一部包含兩篇僅考慮月亮位置的擇時文獻：即月亮所在
的月宿（Lunar mansions），以及月亮入相位至其他行星。這
是一種粗糙的、籠統的擇時方法，因為在一天左右的時間裡，它
所描述的狀況可以適用於任何地方、任何人。這部分收錄了金
迪（al-Kindī，原譯阿拉·欽迪、阿爾欽迪）的短篇文獻《擇日》
（*The Choices of Days*）以及里賈爾（al-Rijāl，原譯阿爾瑞加）所
著《行星判斷技法》（*the Book of Skilled in the Judgments of the
Stars*，原譯《熟練之書》）一書VII.101。

第二部包含兩篇聚焦在行星時的擇時文獻。這比之前的擇
時方法更精細化一些，因為行星時的長度十分敏感於季節和緯度
的變化，並且比月亮入相位的時長更短。然而，這部分內容幾乎
沒有使用完整的占星學概念和知識體系。這兩篇文獻分別是貝森

---

1 ｜ 該系列書籍目錄（含計畫出版的）詳見附錄E。
2 ｜ 未收錄的一部是都勒斯的《占星詩集》V，稍後將做討論。

（Bethen）[3] 所著的《論行星時》（*On the Hours of the Planets*）以及里賈爾的著作《行星判斷技法》VII.100。

第三部的內容即所謂「完善」的擇時：它對於擇時盤各部分徵象進行全面的考量，例如宮主星及其位置，行星時，行星的配置，日夜區分，吉凶星的差異，以及普適性的擇時與針對當事人的本命盤和諮詢事項進行的擇時之間的區別。這部分包括薩爾·賓·畢雪（Sahl bin Bishr）所著《擇日書》（*On Elections*）的翻譯修訂版、伊朗尼（al-'Imrānī，原譯阿爾伊朗尼）著名的《抉擇之書》（*The Book of Choices*），以及里賈爾所著《行星判斷技法》VII（其內容完全聚焦於擇時和應期的計算）。

介紹這些內容之前，讓我們先來討論一些術語，以及擇時與卜卦、事件盤、意念推測（thought-interpretation）之間的關聯。

§1 什麼是擇時？

擇時（譯註：又稱擇日。）占星是古典占星學中一個清晰的支脈，與本命占星（Nativities）、卜卦占星（Questions或「Horary」）[4]和世運占星（Mundane）並稱。從某種意義上來說，它很容易理解。「擇時」（election）這個詞意思就是「選擇」，它源自拉丁文eligo（挑選、選出）。擇時占星即選擇好的時機去進行想要採取的行動：從何

---

3 | 我認為「貝森」是一位十一世紀或十二世紀的拉丁作者，因為其著作中有部分內容逐字逐句地引用了塞維亞的約翰（John of Seville）所譯的薩爾的著作《擇日書》。

4 | 「horary」僅表示「與時間有關的」。本書大部分談到卜卦占星時，以「questions」或「interrogations」即「詢問」來代替「horary」。

時出征、到何時建立商業合作關係、再到何時適合出行。基本上，這就是我們在進入擇時實踐之前所需瞭解的全部內容。

另一方面，擇時占星、卜卦占星以及意念推測、事件盤之間有很多錯綜複雜的關聯。除此之外，中世紀對於擇時的適當性，以及是否應為不知道出生時間的人進行擇時、如何為他們擇時存在頗多爭議。後者引出了中世紀的「根」（roots）理論，並且與一些古老邏輯的應用相關聯。總之，擇時占星佔據了占星學分支中一個微妙的位置。讓我們先從術語入手。

——術語——

上文提到拉丁文詞彙 eligo，由此得到擇時的拉丁文 electio 和英文 election。在阿拉伯語中，擇時通常稱作 ikḫtiyārāt，也就是「選擇」，它源於 kḫāra（挑選）一詞：由此可見，不論是阿拉伯文詞彙還是拉丁文詞彙，同樣都是選擇的意思。

不過，「選擇」這個詞的含義卻是模糊不清的，因為它實際上指的是心智上承諾進行一項行動，而非真的開始行動。甚至人們會認為，這一概念其實是與占星師選擇吉祥的時間有關，而不是與客戶或採取行動的人有關：「擇時」因此成為專業占星師的業內術語。對於行動本身而言，阿拉伯作者（例如金迪[5]、薩爾[6]和卡畢希 [al-Qabīsī，原譯阿爾卡畢希][7]）所使用的 ibtidāʾāt（「開始、著手進行」）一詞來源於 badāʾ（「開始、邁出第一步」）。這個詞被準確地翻譯成

---

5 | 參見伯內特（Burnett）1993 年出版著作，pp. 82-83。
6 | 參見克羅夫茨（Crofts），p. 237。
7 | 參見卡畢希（al-Qabīsī），pp. 136-137。

拉丁文就是inceptiones（「開始、著手進行」，英文「inception」一詞也由此而來），它來源於動詞incipio，採取行動的人則被稱為inceptor（「開始行動的人」）[8]。由此我們再次看到阿拉伯文與拉丁文詮釋的完美契合。

　　碰巧的是，早期的希臘作者（例如赫菲斯提歐[Hephaistio of Thebes]與都勒斯[Dorotheus of Sidon]）並不將擇時稱為「選擇」。他們使用的是希臘文katarchē（「開始」），源自於katarchō（「著手開始」）一詞[9]。這與上一段提到的阿拉伯文和拉丁文詞彙的含義是一樣的。由此可見，阿拉伯作者和拉丁作者們似乎一邊強調占星師選擇吉祥的時間，一邊又延續了希臘文獻的說法，即重視行動的開始。因此，這一占星學分支關注的是：選擇好的時間開始進行一項成功的行動。

——卜卦、擇時、意念推測：重疊且模糊——

　　目前看來，似乎擇時與卜卦有明顯的區別。人們通常認為，卜卦旨在尋找具體問題的答案，而擇時是為已知的（並且想要成功進行的）事項選擇開始的時間。不過事實並非如此簡單。的確有一些問題屬於「純粹」的卜卦，例如「我走失的牛在哪裡？」而另一些則純粹屬於擇時，例如「我應在何時出發去旅行？」此外，卜卦可以用來詢問與當事人無關的問題或是無法左右的事項，例如「某方會贏得戰爭的勝利嗎？」而擇時的前提卻是，當事人會涉入事項當中，並有權力作

---

8 | 參見前來找占星師的客戶不一定就是開始行動的人。
9 | 參見赫菲斯提歐（Hephaistio）Vol. 1，p. 403。不過在本書稍後的內容中，會說明該詞應被理解為「次級的開始」或是「相對的開始」。

出決定。儘管如此，卜卦和擇時還是會由於種種原因而難以清晰地區分開來[10]。讓我們先來看看卜卦與擇時。

（1）有些卜卦盤暗示著行動。例如詢問「此事會發生嗎？」這類問題，那麼答案就可能是「會，但你必須做某某事項。」薩爾曾以一個案例來說明[11]，大意為：如果卜問者詢問能否得到榮耀，而上升星座的主星落在第十宮，說明他將會得到，但是要付出努力。如果是第十宮主星落在上升星座，那麼他不須努力就可以得到。古德・波那提（Guido Bonatti）提供了一個自己實證的案例[12]，一位將軍問是否可以成功佔領敵人的城堡，他的回答是「你能佔領，但你不會去做。」他指出將軍本來是可以佔領的，前提是必須先完成攻奪的條件，而星盤中的徵象顯示當人無法完成這個條件，所以沒能佔領此城堡。在上述這些案例中，「是」或「否」的答案必須附帶一些未來的行動。如果答案是「是」，就可以選擇一個時間開始行動。但有時候（就像波那提的例子），卜卦盤顯示結果是有可能的，卻不會發生。

（2）有些擇時需要建立在成功的卜卦盤之上。正如後文所述，中世紀作者認為，一些行動需要得到可靠的本命盤（加上流年盤等）或是成功的卜卦盤來確認。例如關於一個人的商業之旅，如果本命盤的徵象是中性的或者模棱兩可的，那麼就需要進行卜卦。如果得到了積極的答案，就可以選擇一個吉時出發。因此，卜卦盤有時候被用來代替本命盤，以其徵象繪製有效的擇時盤。

（3）有些卜卦盤、擇時盤涉及過去的行動或事件，而這些行動或事件並沒有刻意地選擇時間。例如有人問國王能在位多久：馬謝

---

10 ｜ 對以katarchē一詞一概而論擇時、卜卦和事件盤是存在爭議的，但這裡暫不討論。

11 ｜ 參見《論卜卦》（*On Quest*）§10.1（《判斷九書》[*The Book of the Nine Judges*]，原譯《九大判斷法則》] §10.1）。

12 ｜ 參見《天文書》（*The Book of Astronomy*）Tr. 6，Part II，第七宮，Ch. 29。

阿拉（Māshā'allāh）認為 [13]，可以先繪製出國王登基時的星盤（現在我們稱之為「事件盤」），再繪製出它每年的太陽回歸盤（solar revolution）——也就是說將未經計畫的事件星盤視為本命盤。這類事件盤與擇時盤有些相似，只不過相對於刻意去選擇的擇時盤而言，這個過去已發生的事件沒有應用占星學原理來選擇時間。同樣地，都勒斯在《占星詩集》（*Carmen Astrologicum*）V.35中設想某位客戶來卜問失物，大部分內容描述的是失物在哪裡以及如何辨認嫌犯，但是 V.35.57以後的內容卻闡述如何識別丟失的是何樣的物品。難道這不是客戶已經知道的嗎？在這個案例中，諮商使用了目前的資訊（以卜卦的形式）去推斷過去已經發生的事情，也就是以占星學的方式確認客戶所關注的是什麼。也可能有人會詢問過去發生了什麼，那麼就可以月亮最近的離相位來確認那些過去發生的、與現況有關的事件。因此，雖然或許有人認為卜卦是回答當下和未來的事情，擇時是為未來的行動挑選時間，但其實它們都可以應用在過去發生的、沒有刻意挑選時間或給予特別關注的事件上。

（4）卜卦與擇時均可與意念推測相關聯。在《心之所向》（*The Search of the Heart*）一書中，我論證了中世紀及更早期的的占星師在某些情況下 [14]，使用一些方法來識別客戶心中所想或所關心的是什麼（例如「與第三宮有關的事項」）。然後通過進一步交談縮小問題範圍，隨後再將星盤視為卜卦盤來解讀。而在另一些情況下 [15]，客戶的意念推測和事件結果的判斷則是一氣呵成的。但是赫菲斯提歐在其著作《結果》（*Apotelesmatics*，原譯《占星效用》、《神話》）III.4[16]

---

13 ｜參見薩爾《擇日書》§12。
14 ｜參見《心之所向》附錄A。
15 ｜參見《心之所向》I.7。
16 ｜參見《心之所向》附錄H。

中指出，意念推測的過程似乎也與行動有關。III.4的標題寫道：有關如何**預知**（意念推測）**詢問者**（希臘文peusis，即詢問）想要**開始**（katarchē）的行動。三種活動及其星盤可能涵蓋出現在同一個諮商中：例如，首先通過意念推測可得知客戶**想要**找一件丟失的物品，然後通過卜卦法則判斷**是否可以找到**以及去哪裡尋找，隨後客戶回到家中開始尋找。在這個例子裡，客戶採取行動是在意念推測和卜卦諮商之後，看似是單獨進行的[17]，但成功的卜卦盤可以就此判斷出開始的吉時。隨後赫菲斯提歐使用幸運點來確認客戶所想，在其中一個例子中，他說客戶想做這件事情毫無意義。但我認為這進一步顯示卜卦、擇時、意念推測三者是很難完全區分開的：赫菲斯提歐是在**描述**客戶想做的事情本身是毫無意義的，還是在描述客戶的想法（「客戶想做這件事」）是毫無意義的，又或者是在**預測**事情的發展是毫無意義的呢？有人可能會認為，這完全是一個關於意念推測和卜卦的案例，因為赫菲斯提歐根本沒有提及**選擇**行動的時間。但我僅想說明，由於三者之間的交集，不能簡單地將卜卦和擇時區分開，而認為卜卦是針對當下及未來我們無法掌控之事，擇時是針對將來我們可以特意為之的事情。

到目前為止，針對卜卦與擇時之間的關聯，我已提出了一些令人費解之處。然而還有另一個有力的證據證明兩者的關聯十分緊密：據歷史考證，擇時的資料曾被一些作者轉換用途，以創作關於某些主題的卜卦內容。舉例來說，有些作者把為商業合夥選擇吉時的資料，改寫成回答**關於**「在商業合夥中會發生什麼」此類卜卦問題的說明。因此，卜卦占星有許多著名文獻是從擇時文獻轉換而來的，而非一個獨

---

17 | 印度占星典籍Yavanajātaka一書中提到將意念推測盤與本命盤做比對的情況，正如後來的卜卦占星師將卜卦盤與本命盤比對（見「根本」盤）那樣。（見後文）

立的占星學分支。我將對此做出進一步解釋，並引出「根」的概念。

（5）卜卦文獻轉換自擇時文獻。大衛·賓格瑞（David Pingree）在1997年出版的著作中稱[18]，一些重要的卜卦文獻事實上改寫自早期的擇時和本命資料（特別是都勒斯的《占星詩集》V，關於擇時或開始行動的部分[19]）──不過他並未對此作詳細說明。在出版於2011年的《判斷九書》中，我論證了賓格瑞的說法是正確的，為了支持這一說法，我開始編譯所謂「馬謝阿拉的傳承」（「Māshā'allāh group」或「Māshā'allāh transmission」）的資料作為引證：馬謝阿拉的追隨者（和抄錄者）撰寫了許多卜卦資料，特別是薩爾和阿布阿里·哈亞特（Abū'Ali al-Khayyāt，原譯阿布阿里·阿爾加牙）。本書稍後還將提供更多細節。當把《占星詩集》V與本書的擇時內容及《判斷九書》中的卜卦內容做比對時，很顯然，我發現卜卦的基本架構和大部分的內容，直接來源於《占星詩集》V──無論是馬謝阿拉的譯本，還是烏瑪·塔巴里（'Umar al-Tabarī，原譯烏瑪·阿爾塔巴里、烏瑪·阿拉塔巴里）的譯本。貫穿本書提供了多處引述和對比供讀者研究。

顯然，卜卦和擇時在內容與風格上十分接近，這恰恰因為其中一個常常由另一個改寫而來[20]。的確，儘管許多本命盤的解讀法則也能夠應用於其他的占星學分支，但是沒有任何另外兩個分支共用如此之

---

18 | 參見賓格瑞（Pingree）1997年出版著作，p. 47。

19 | 都勒斯在西元一世紀寫下的著作，涵蓋本命、流年預測與擇時內容，但希臘文文獻並不完整。其中部分內容被赫菲斯提歐摘錄與總結在自己的希臘文著作《結果》中，也有其他希臘文、阿拉伯文片段倖存。此外，西元七世紀晚期烏瑪將改動過的巴列維文（Pahlavi）（譯註：一種古波斯文。）手稿譯成阿拉伯文的不完整文獻。大衛·賓格瑞於1976年以《占星詩集》為名編譯出版烏瑪譯的阿拉伯文版本（附有英文翻譯），迄今仍是研究都勒斯的重要資料。本書提及《占星詩集》即指賓格瑞版本，並非已失傳的原著或馬謝阿拉的譯本（詳見後文）。

20 | 之所以說「常常」，是因為在《判斷九書》中，烏瑪的卜卦內容與《占星詩集》V並不十分吻合，但他的擇時內容卻與之很吻合。然而那些來源於《占星詩集》馬謝阿拉譯本的卜卦與擇時內容，在關鍵點上都是一致的。這說明或許烏瑪比馬謝阿拉更慎重對待卜卦與擇時的區別。

多的技巧和方法（以及文獻內容），遠遠有別於其他占星學分支。所以試圖將卜卦與擇時嚴格地區分開注定是徒勞的。

事實上，在我看來，卜卦、擇時與意念推測在內容上的相似性以及它們之間的歷史淵源，正說明了馬謝阿拉等人認為，有些卜卦就像是提前的擇時：即一張**當下**的卜卦盤，詢問的是未來發生的事件，其實就如同一張為**未來**所做的擇時盤。例如我希望進行一次順利的旅行。我**此刻**卜卦詢問「旅行是否會順利呢？」，如果卜卦盤的徵象顯示會順利，那麼等同於通過擇時挑選了一個**未來**有利於旅行的時間。類似地，解讀事件盤（即為過去發生事件起的星盤）也等同於在事件發生之後，再回過頭去解讀當初的擇時盤。

這樣說並非是要弱化卜卦盤與事件盤的概念（尤其事件盤的著墨又更少）。畢竟，卜卦盤確實應對並處理了我們難以控制的事項，為它們進行擇時十分困難：例如「X能夠贏得戰爭的勝利嗎？」但是根據上述重疊且模糊的五點內容可知：

（1）一些卜卦暗示必須採取行動，因為它們指明了必需先要採取怎樣的行動，才能夠取得成功——儘管當事人稍後可能還要正式為這個行動擇時。

（2）有些擇時需要先由卜卦盤給予好的答案，因為卜卦盤能顯示擇時盤必須具備怎樣的特徵。在不知道本命盤的情況下，卜卦盤至少可以確認行動與本命盤是不衝突的，並且可以代替本命盤，指出在隨後的擇時中將哪些星座和行星放到適當的位置（見 §2）。

（3）當顯示過去發生的事件時，情況有點複雜。諮商時起的星盤本質上顯示了**當下**正在發生的事，它與過去發生的一連串事件有關（例如財物已經被偷走，那麼現在它在哪裡？）；不

過，這張星盤同樣也可以揭示個案所關注的事情能否順利（例如是否可以找回丟失的財物？）以及如何成功地採取行動（例如小偷正在逃跑，如果不追捕，他將逍遙法外，或者說如果當事人不立刻去找，這件東西就再也無法尋回。）。儘管如此，在諮商過程中，對於過去、現在以及未來選擇的分析仍是流暢的。在小偷這個例子中，無論是針對過去事件起的星盤還是諮商時起的星盤，都能夠描述先前逃走的小偷的特徵；諮商時起的星盤還可以顯示能否抓住小偷或找回財物，以及這是否是抓小偷的最佳時機等等。

（4）在意念推測中，如果客戶詢問的是關於未來行動的問題，諮商時的星盤會顯示其對此的想法，並同時扮演卜卦盤的角色，用來推斷這個行動成功與否，以及必須先完成哪些事項才能讓行動成功。

（5）最後，卜卦像是提前的擇時，因為它來源於擇時文獻的內容，只不過以詢問未來之事的形式被改寫而已。

——根與行為的邏輯——

中世紀「根」的概念在擇時占星理論和實踐中十分重要，其實它與所有古典占星學分支都有關聯——不過令人感到奇怪的是，（據我所知）希臘時期的文獻很少談到它。

在拉丁西歐（the Latin West）直到英文文本出現之前[21]，卜卦占星的研究一向注重卜卦盤是否符合「根本性」（「radical」，拉丁文

---

21 | 我對於德文、法文及其他語言的早期現代占星研究並不熟知。

radicalis），很多人都將「根本性」視為「解盤的許可」。這個詞即「植根」的意思，卜卦盤植根於本命盤，所以本命盤常常被稱為根本盤（radix）。幾個世紀以來，阿拉伯和拉丁文獻都關注根本盤，因為它為其他星盤提供了**由來**和**基礎**。一些占星師認為，對於卜卦而言，神的意志（God's will）才是有效問題的終極根本和基礎[22]。不過嚴謹的占星學定義是：一張根本盤是某個相對獨立事物的開始，其他星盤則是根據這張盤衍生而來的。例如：

- 一張真正考慮周詳的擇時盤，應強化或者弱化本命盤（根本盤）中的徵象。
- 卜卦盤常出現與本命盤（根本盤）有關的徵象。
- 太陽回歸時的行星過運（transit），要考慮與本命盤（根本盤）之間的關聯。
- 每一年的春分始入盤（Aries ingress charts）都要考慮之前的始入盤或木土會合位置（Saturn-Jupiter conjunctions）（根本盤）。同樣，解讀每20年發生一次的木土會合位置，必須考慮三方星座轉移的木土會合位置（the conjunction of the triplicity change）（根本盤）。
- 氣候預測通常需考慮始入盤的一般性主題或新月、滿月盤（根本盤）。

鑒於根本盤在擇時中的重要性，薩爾從《擇日書》開篇就開始探討擇時是否適用於那些不知道本命盤的人。繼薩爾之後，伊朗尼和里賈爾也同樣而為（本書稍後將做說明）。接下來先就根本盤的概念做進一步探討。

---

22 | 參見《天文書》Tr. 5，Considerations 1-2，及該書前言中我对此的論述。

　　透過上述的例子，首先要強調的是：世上並不存在絕對獨立的事物；萬事萬物都是相互關聯的。在占星學中，星盤與其根本盤相關聯。一張星盤依存於根本盤，而根本盤也依存於其他事物，也有它的「根」。

　　其次，將擇時盤與其根本盤放在「行為的邏輯」（「logic of action」）這個框架下考量會有所助益。在古代，哲學家深知邏輯的重要性，試圖用邏輯模型來解釋行為：他們設法以行為的邏輯來重新塑造欲望、環境和行為之間的關聯。例如，假設我認為「蛋糕是好的」。這種價值判斷表明我有吃掉它的可能性，因為行為建立在人們認為有利的基礎上。那麼如果當我看到蛋糕，頭腦會反應「這是蛋糕」。一般性的（或普適的）價值判斷是蛋糕是好的（也就是說準備採取行動吃它），再加上特定環境並且確認蛋糕可以吃，就會產生行為——吃掉蛋糕。這就是將態度、價值判斷與特定環境相聯繫的一個簡單的例子。同樣地，當警察調查嫌犯時，會結合作案動機（普適性）與下手機會（特殊性）來解釋犯罪行為（個人行為）。普適性範疇以適當的方式與特殊性範疇結合，就產生出個體的具體行為[23]。

理論術語	行為的邏輯
普適性 ＋特殊性 ＝具體個體	動機／價值判斷 ＋機會／環境 ＝具體行為

圖1：行為的邏輯簡表

---

23 | 如果讀者熟悉康德（Kant）倫理學，會發現與他分析行為的方式基本一致。「絕對」（即無條件的）命令（「categorical」，imperative）是道德行為的普遍性法則，而準則（maxim）是一種特定類型的行為。如果準則與絕對命令完全一致，那麼這個行為就是道德的、被允許的；反之，該行為就是不道德的、不被允許的。

　　擇時可以放在這一框架下去理解。舉個具體的例子，假設航空公司出售某日飛往明尼阿波里斯市的特價機票。也許你會認為這是一個購票的「吉時」。這似乎是正確的，因為打折是購買機票的好時機。但是打折是針對所有人的，而人們的生活複雜多樣。總的來說這是一個購票的好時機，但並不意味著**對你**來說是購票的好時機。也許你破產了，無法購買機票，或者也許你恰好在那天要參加朋友的婚禮。若想打折**對你**有利，那麼它必須符合你的需求和利益。結合占星學來說，假設月亮將要三合位於中天的木星：也許你會說這是一個行動的好時機。然而這對任何行動和任何在該地區的人來說都是一樣的。當然不是說這個吉時沒用，只是針對特定的行動、特別是為你的需求和利益量身定制的擇時而言，需要一些更具體的細節。

　　我認為本命盤是根，在擇時中扮演「普適性」這個角色。它與動機、利益結合在一起，展示了一系列行動的可能性（也許是不可能性）。例如我想挑選一個有利於升職的吉時：需要看到我的本命盤對此是支持的，特別是相關徵象要在此時被引動（例如小限或太陽回歸顯示此時有升職可能）。如果能看到這些，那麼升職就有了很好的基礎或根。

　　擇時本身——或者說本命盤及因其挑選的時間——扮演了「特殊性」這個角色。擇時盤的徵象所描繪的是在特定的時間進行一項成功的行動，而它們必須與本命盤有關聯，因為事項和**我**有關，與其他人無關。不過，在「特殊性」這個角色中，古典占星家又劃分出兩個層次或部分：次級普適性層次與次級特殊性層次[24]。也就是說，雖然本命盤扮演「普適性」角色，擇時盤扮演「特殊性」角色，但是我們

---

24 ｜ 這些術語是我提出的，旨在說明古典占星家的觀點。

可以進一步根據與本命盤的關聯，把擇時盤再劃分為上述的兩個次級層次。

仍以升職為例。我的本命盤是根，顯示了生活的一般性狀況，而擇時盤將這些一般性徵象特殊化。一張好的擇時盤，既要在普適性層面上是好的，又要能夠強化本命盤裡面有利的一面或是弱化不利的一面。我們希望擇時盤具備好的徵象，並且特別有利於我想採取的行動。因此，要確保月亮和第十宮的狀態都是好的，可能還要考慮太陽，因為它代表榮耀。我們希望擇時盤的上升星座及其守護星（代表我本人）處於好的狀態。這就是一個好的開始：一個對升職非常有利的吉時。不過，這對**我個人**有利嗎？我們在擇時時已經考慮到了具體的事項，不過從某種程度來說，這仍然是一般性的範疇。試想若我本命盤的第十宮落在了擇時盤的第六宮，火星和土星也落在其中並且落陷或入弱，會怎樣呢？在這種情況下，對於**我個人的**晉升來說，就**不是**吉時，儘管理論上這張擇時盤有很多吉祥的徵象。那麼這張擇時盤會完全否定我成功的可能嗎？也許會，也許不會。但是為了得到一張為我量身定制的理想的擇時盤，本命盤的徵象必須在擇時盤中有適當的展現。如同我上文提到的：儘管相對於本命盤的普適性角色，擇時盤扮演的是特殊性角色，但它自身是複雜的，不僅對事項而言要具有一般性的吉兆，還要有針對性地配合當事人的本命盤。

理論術語	考慮本命盤的擇時
普適性 ＋特殊性 ＝具體個體	本命盤 ＋擇時盤（含兩部分）： 　**普適性：發光體、吉星等在適當的狀態** 　**特殊性：本命盤的徵象在適當的狀態** ＝成功的開始

圖2：行為的邏輯與考慮本命盤的擇時

本書內容涵蓋擇時的這兩個方面，且複雜程度不一（事實上我已將其簡化了）。我們以伊朗尼為例，在其著作I.1.2和2.0中，關於擇時中「次級的普適性層次」由哪些要素組成，他給出了一些觀點：例如I.1.2提到，他認為在擇時盤中，要讓月亮、太陽、該事項的徵象星（例如金星代表訂婚），以及該事項的一般性代表星座（例如水象星座對應航海）處於適當的狀態[25]。然後在I.1.3提到需要讓本命盤與擇時盤中代表該事項的宮位（例如說第十宮代表榮耀）在擇時盤中都處於適當的狀態：也就是說如果本命盤第十宮是摩羯座，擇時盤第十宮是處女座，那麼在擇時盤中，這兩個星座都要處於適當的狀態。最後在論述二中，闡述了完善的、有針對性的擇時還需要注意哪些細節：例如，在手術擇時中，月亮要在特定的星座並且不合意（in aversion）於火星。雖然常常不容易辨別作者的描述究竟屬於普適性的還是特殊性的，但這些分類對於瞭解如何處理標準的、「完善的」擇時是有幫助的。

§2 擇時的認識論與道德議題

本書收錄的文獻內容有很多是相同的，因為同樣的資料常常從一處傳到另一處。但從某些角度而言，它們如同一場對話，因為幾個世紀以來，作者們不僅針對擇時的本質和應用，而且還針對認識論（Epistemological）和道德議題做出了思考，尤其以薩爾為代表（儘管可能源自馬謝阿拉）。下面先談談文獻的傳承，隨後討論其他。

---

25 | 本書將拉丁文adapto譯為「適當放置某某」或「讓某某處於適當的狀態」，指的是就普適性層面（例如讓行星與吉星形成相位）和特殊性層面而言（例如為王權或者榮耀有關的事項擇時時，讓月亮落在火象星座），找出一個令所擇之事處於好的狀態的時間。

　　對本書所收錄的資料做出最重要貢獻的是都勒斯。他於西元一世紀創作《占星詩集》，在西元五世紀，這本書的內容被大量收錄於赫菲斯提歐的著作《結果》中，同時亦被翻譯成古波斯文版本（有一些添加和改動）。西元八世紀後半葉，馬謝阿拉與烏瑪分別將古波斯文版本翻譯成阿拉伯文[26]。烏瑪將他的翻譯引用到自己的擇時著作中[27]，而馬謝阿拉並未將自己翻譯的版本彙編成獨立的著作，而是將其傳了了薩爾和學生哈亞特，由他們再傳給其他人。反倒是之後薩爾和哈亞特似乎抄錄了一部擇時著作，而這本書的內容又來自馬謝阿拉對於都勒斯《占星詩集》V的翻譯。這就是本書收錄的第一部完整的擇時資料薩爾《擇日書》[28]的由來，或許它應該被視為馬謝阿拉的著作。隨後，伊朗尼汲取了薩爾、哈亞特及烏瑪的內容。儘管他沒有直接得到都勒斯的傳承，但因前述的淵源，所以他的擇時觀點和方法大部分都源自都勒斯。里賈爾的擇時內容多來源於伊朗尼，但加入了薩爾的一些重要段落。就這樣，都勒斯的著作被很多人重述或改換面貌，很大程度上後世作者的研究都是在他劃定的範圍內進行的。當然，阿拉伯時期還有很多關於「根」以及其他議題的思考：後世的作者並沒有不假思索地盲目抄襲。正如讀者將會看到的那樣，他們對於彼此、甚至自己的資料來源都並非一貫認同。

　　我們最好從伊朗尼談起，其著作開篇就論證了擇時的合理性。在概述該書架構之後，論述一即以回顧托勒密（Claudius Ptolemy）《四書》（*Tetrabiblos*）III.2中的重要觀點作為開始。托勒密認

---

26 ｜ 詳見後文「馬謝阿拉的傳承」。

27 ｜ 烏瑪的著作《抉擇之書》（*Book of Choices*）沒有被譯成阿拉伯文以外的版本，不過這本書的內容與《占星詩集》是吻合的。

28 ｜《擇日書》曾被翻譯成拉丁文，本書收錄的這部分內容由拉丁文翻譯而來，並參照了克羅夫笈的阿拉伯文版本。

為，受孕是人類最初的開始（archē），而本命盤是次級的開始
（katarchē）^[29]，與最初的開始相關聯，並且依附於它。的確，本命
盤顯示了一個人誕生後生命的演變，而受孕盤還可以顯示包括懷孕期
間的所有狀況──只要知道受孕的時間，然而大部分人都不知道。所
以本命盤作為開始是非常適當的──因為從子宮中誕生的那一刻也是
一個人準備好來經驗人生歷程的開始，儘管那是在受孕和懷孕過程之
後。伊朗尼引用托勒密的話來論證擇時的合理性，他寫道：受孕盤可
以代替本命盤作為開始，意味著如果我們能夠使用本命盤的判斷法則
來**計畫**一個受孕時間（即為受孕擇時），我們就可以徹底瞭解生命將
如何演化──其他事項也如此。

如今看來，伊朗尼的論證並不完善。因為擇時盤通常被視作一
個次級的、相對的開始，依附於「根」（例如本命盤）之下，他在此
卻將受孕盤視為擇時盤，有悖於托勒密「受孕是**最初**的開始而非相對
的開始」這一觀點。再者，在受孕之後會有一個次級的、相對的開始
（即本命盤）──但通常擇時之後是行動，並非次級的開始。因此似
乎伊朗尼將擇時盤和根本盤這一模型放到受孕盤上是失策的。但我
認為，可以依照托勒密的自然論（Ptolemy's naturalism）去填補
其中缺失的部分。在托勒密的自然因果占星理論中，受孕盤植根於
父母的本命盤及其過運等，所以相對於它們而言，受孕盤就是次級
的開始（katarchē）。但相對於本命盤而言，受孕盤卻是最初的開始
（archē），本命盤相對於受孕盤來說是次級的開始（katarchē）。我
認為，伊朗尼其實是想要通過托勒密的內容來表達一個認識論和道德
觀點：**刻意**地選擇時間乃是一種**善舉**，因為與未來相關的知識是有價

值的，我們運用知識去創造幸福的能力也有其價值。（托勒密在《四書》I.2-3中論證過。）就受孕盤而言，我們通常都想為孩子挑選最好的人生，至少給他們提供最好的機會，因此，能夠特意為受孕擇時，可以提升知識與美德。

伊朗尼接下來應論證擇時是占星學的獨立分支，然而他沒有這樣做，但他或許能這麼說：「擇時盤與本命盤是有區別的。擇時盤是相對的開始，它依存於本命盤之下，就像本命盤依存於受孕盤之下，但無法做到如本命盤那般的預測程度，只能做出將船放下水或是進行交易這種單純獨立的行為，不像生命的誕生那樣擁有一個完整、實質的存在。擇時盤更像太陽回歸盤或卜卦盤，實際上是受時間與範圍限制的一種相對的開始（這也使它們的判斷更加靈活多樣）。此外，本命盤有很多來自非特意挑選的受孕時間，但擇時盤永遠是特意為之的，且與知識及美德緊密相關。因此，儘管擇時盤與本命盤都是相對的開始，但擇時在占星學中扮演它自己獨特的角色。」

在初步說明擇時的合理性之後，伊朗尼（及其他作者）對擇時能達到的效果給出了限制——因為它們不是「根」。擇時無法讓違背本命盤的事情發生（例如若本命盤顯示婚姻十分糟糕，那麼擇時盤無法讓此人擁有美滿的婚姻）[30]，並且也無法讓因受到物質條件限制而不可能實現的事情發生，例如為一個尚未發育完全的男孩擇時生育[31]。擇時能做的只不過是緩和或加強根本盤中已經存在的徵象[32]，或是為其提供一個大體良好的環境，例如為打獵擇吉時。伊朗尼在I.2.13中列

---

30 ｜ 參見里賈爾《行星判斷技法》VII.〈作者序〉。
31 ｜ 參見伊朗尼I.2.0、II.6.1。這點很有趣。占星師偶爾指出必須瞭解當事人周圍的真實環境，因此我們不能預言一個極度貧困的人會當上國王或是腰纏萬貫——除非他或她在窮人當中備受尊敬或出類拔萃。但伊朗尼在此書中（尤其是II.6.1）指出，諸如醫學知識等對於占星師都是有用的。
32 ｜《擇日書》§§1-4；里賈爾VII.〈作者序〉；伊朗尼I.1.4、2.0。

出了各種本命盤與擇時盤組合的可能性：例如若本命盤很糟，那麼好的擇時到底能發揮多大效用[33]。

　　不過，作者們仍然致力於研究另外兩個涉及實踐和倫理層面的相關議題：第一，是否應為本命盤未知的人擇時，以及怎樣為他們擇時；第二，是否可以用一張成功的卜卦盤中的徵象代替未知的本命盤。

——本命盤未知與卜卦盤的使用——

　　薩爾在《擇日書》開篇[34]指出，比起本命盤來說，擇時盤是無功用的。它們僅對國王而言作用強大（或者也許是所有有權力的成功人士），因為顯然他們的本命盤（通常是已知的）已經預示了成功；所以擇時有效地**強化**了他們的行為。也就是說，好的擇時盤加上好的本命盤很容易帶來成功——但事實上，這樣的人可能並不需要擇時來確保成功。

　　但若是這樣，我們就需要為中下階層的人擇時，而他們當中的很多人都不知道自己的出生時間[35]。這些人的本命盤通常只顯示了中等程度的成功或是無法成功，因此擇時的作用也不大；而且如果不知道出生時間，那麼選擇一個沒有助益、甚至是有害的擇時盤的風險就會增加，因為不知道本命盤中的哪些徵象要在擇時盤裡被加強或放在適當的位置。所以薩爾認為，以下情況至少出現一種，才能為這些人擇時：（1）本命盤及太陽回歸盤**均**顯示在那個時間會取得成功，或者（2）對於該事項的卜卦盤顯示能獲得成功。在（2）中，我們看到根理

---

33 ｜ 參見里賈爾VII.〈作者序〉中其對此的闡述。
34 ｜《擇日書》§§1-5c，7-9。
35 ｜ 顯然薩爾生活的時代，生時記錄還不普遍。事實上在當今許多國家和地區也是如此。

論以另一種方式出現了。因為對擇時盤而言，本命盤是根本盤，但這裡由卜卦盤代理，間接地反映出本命盤的徵象：也就是說，一張成功的卜卦盤說明本命盤與行動是不衝突的。因為若本命盤與行動衝突，卜卦盤就不會預示成功。

　　薩爾強調了以上兩點的重要性，因為如果當事人的出生時間未知（因此也不知道太陽回歸盤），或是面對一張**不成功**的卜卦盤（可能包含了本命盤中的一些徵象），那麼我們在擇時時反而會強化本命盤中不好的徵象。例如我們可能會在擇時盤中強化木星，但並不知道木星在本命盤中入弱，落在第十二宮，同時與兩顆凶星形成四分相。這時，擇時不僅不會帶來幫助，甚至還會造成傷害。

　　薩爾的著作提出了普遍性的問題並給出了一組可行性的答案。在繼續看其他作者的回應之前，我要談兩點：第一點是薩爾的不明確之處。表面看來，他似乎僅僅是說，**只要看到**卜卦的結果是好的，便可另行擇時。但伊朗尼和哈亞特[36]卻將此理解為，要將卜卦的**特定徵象適當地帶入**擇時盤中。這兩種觀點大不相同。舉個例子，假設一個不知道出生時間的客戶想要擇時旅行，占星師首先針對「旅行會成功嗎？」這個問題起卜卦盤。假設卜卦盤的上升星座是雙子座。薩爾的觀點似乎認為，一旦我們看到旅行會成功，就不用去關注雙子座或它的守護星水星了，因為我們只需要知道旅行會成功就夠了，只要按照規則進行擇時就可以了。但伊朗尼和哈亞特對此的理解是：要以卜卦盤當做根本盤的代理。也就是說擇時盤中雙子座和水星也要處於適當的狀態，因為卜卦盤的徵象應在擇時盤中扮演**活躍的角色**。

　　第二點，除了上述不明確的地方之外，我們可以把這些作者分為

---

36 ｜ 參見伊朗尼 I.4。

三種立場。薩爾是一個極端[37]，他允許為本命盤未知者擇時，也允許依據卜卦來進行擇時，儘管他對兩種方法的使用都很謹慎。另一個極端是哈亞特（如伊朗尼所描述），他秉持自然主義觀點：認為不應為本命盤未知者擇時，也不能使用卜卦。介於兩者中間的是伊朗尼，他認為應該找出方法為任何一個人擇時，但是（a）僅在必要時才使用卜卦盤，而且（b）**不應**將卜卦的徵象應用至擇時盤中。（伊朗尼列出許多其他擇時的方法來找到行動的最好時間。）

　　薩爾與哈亞特分別代表了兩個極端——這十分有趣，因為他們兩人對其他問題的觀點基本一致（換句話說，都傳承自馬謝阿拉）。下面談談伊朗尼，他思考問題的角度是多元化的。

　　僅就占星理論而言，伊朗尼大致遵循托勒密的自然主義觀點：在I.4中，他（婉轉地）闡述道，擇時理論將本命盤與擇時盤關聯在一起。擇時應通過強化或弱化本命盤的徵象來修正本命盤。但是當以卜卦盤替代本命盤、尤其是將卜卦盤的徵象帶入擇時盤時，等於帶入了第三個不一定適當的星盤。具體來說，本命與擇時的關聯是自然的，因為擇時可利用行星的自然移動引動、提升或是降低本命自然潛力，但卜卦盤並不**自然**，因此不屬於擇時理論範疇。那麼，我們要放棄卜卦盤嗎？伊朗尼說：不，我們應該盡己所能，哪怕是去使用卜卦盤——儘管他認為本質上這沒什麼幫助。他認為反而應使用最近的始入盤，因為它對世界局勢有影響，並且是自然成因體系的一部分。[38]

　　所以伊朗尼並非真的認為卜卦有幫助，他反而相信還有其他替代

---

37 | 里賈爾也持此立場。他對薩爾和伊朗尼的著作都有瞭解，但由於某些原因他完全忽略了伊朗尼的觀點。他唯一的與眾不同之處是告誡我們不要為惡人和敵人擇時，除非知道他們的本命盤（《作者序》）。遺憾的是他沒有解釋原因。也許他不想碰巧加強他們本命中的吉象，也許想要根據他們的本命盤擇時以確保他們會失敗。不過占星師為這樣的人選擇壞的時間，難道不怕被報復嗎？

38 | 我必須指出，該論證只能說服相信自然占星理論的人。如果你相信占星學是完全有意義的、具有象徵性和預言性的，那麼就要接受卜卦盤的廣泛應用。

方法。從他對薩爾的回應中可以看出，在為不知道本命盤的人擇時這件事上，他的觀點乃是出於職業道德角度的考量。簡單來說，在擇時中占星師應該盡其所能，即便力有未逮。伊朗尼是從三個層面進行闡述的：1）以占星學實踐為基礎，2）出於職業道德考量，3）以擇時理論為基礎。

1）以占星學實踐為基礎。

薩爾等人[39]認為，不知道本命盤（也沒有卜卦盤）的擇時，可能會無意間增強本命盤中一些不好的徵象，或是弱化一些所謂不好卻在本命盤中很重要的徵象。例如一張擇時盤中巨蟹座十分顯著，但在本命盤中土星卻落在巨蟹座；或者火星落在果宮（比如第六宮），但事實上火星卻是本命盤上升星座的守護星，反倒應該被加強。因此在沒有本命盤（並且也沒有成功的卜卦盤）的情況下，我們不能進行擇時，以免錯誤地強化或弱化本命徵象。但伊朗尼認為薩爾等人是不對的。首先，避免在這樣的情況下擇時反而選擇性地加強了無知和對最壞情況的恐懼。而且，就自然徵象上說吉星多於凶星，在擇時時一定是盡量讓吉星而非凶星發揮作用，因此強化凶星的可能性比強化吉星的可能性小。總而言之，增強一顆凶星或是狀態不好的吉星的機率，要比增強那些有幫助的行星的機率小。因此伊朗尼認為：儘管我們力有未逮，但仍應該盡我們所能，而不是什麼都不做。

2）出於職業道德考量。

伊朗尼借用了薩爾關於一群人出發去旅行的例子[40]。薩爾以此例

---

39 | 參見伊朗尼I.1.4。
40 | 參見《擇日書》§§6a-b。

說明，如果為一群人旅行擇時，結果將因人而異，因為他們的本命盤是不同的。伊朗尼說，一些占星師認為，在這種情況下擇時毫無意義，因為無法保證每個人的結果。他對此的看法是：這是不專業的，也是不道德的。客戶向占星師尋求幫助，但占星師卻以無法做一個完美的擇時為藉口把客戶拒之門外，這讓每個人都置身於危險之中。換句話說，他是在為虎作倀。如果占星師完全相信擇時，他應該至少認可「大致上來說，一些時間要好於另一些時間」。但是在這個例子裡，占星師卻不願意去挑選一個大體上來說比較好的時間：既然無法保證每個人都能獲得成功，**或許**他可以建議說在這個時間出發是無害的。伊朗尼隨後的評論引人入勝，他提到了神，大意是：人擁有選擇的權利──這是神賦予的，目的是為了讓人們遠離魔鬼。如果占星師因為無法確保這一群人的成功而隱藏了可能的結果，那他實際上等同於否定了人們做出明智選擇的能力──也就是在一定程度上扼殺了人性。伊朗尼大概認為，占星師死後必須向神解釋，為何身為占星師卻不盡力而為，只因為無法知道所有問題的答案。

3）以擇時理論為基礎。

最後伊朗尼認為，薩爾等人拒絕為本命盤或卜卦結果不佳的人擇時是不對的。他說，儘管不能驅除所有的災禍，但挑選一個大體較好的時間至少可以不**促成傷害**。這是以擇時理論本身為依據的：因為我們必須假設一些時間要好於另一些時間，不論是從大體上看，還是針對特別的行動或特別的人。因此，即便我們無法使行動完全成功，也不得不承認：對於本命盤不好的人而言，也依然有一些時間要好於另一些時間。所以伊朗尼認為，拒絕為這些人擇時等同於否定擇時的概念，這是自相矛盾的，當然也是不專業和不道德的。

上面這段論述（也是對薩爾等人觀點的回應）針對的是那些當事人**必須**去做、無可避免的事項。而如果本命盤顯示事情會有不好的結果，當事人可以選擇不做的話，那麼最好是不要去做。若有些決定難以避免，為不好的本命盤或為不會成功的事情進行擇時就成了問題。舉個例子，若本命盤顯示婚姻很糟糕，占星師首先應該儘量勸當事人不要結婚。但如果他的孩子馬上要誕生，為了小孩生活的穩定必須結婚，就符合伊朗尼所說的第三種情況。薩爾或其他占星師因此可能會拒絕為婚姻擇時，但伊朗尼認為我們應秉持專業負責的態度，盡己所能幫助客戶。

伊朗尼對擇時的道德反思令人耳目一新，因為在古老的文獻中，占星師對其職業行為及後果的反思或辯論十分罕見。在這方面，古德・波那提是另一位引人注目的人物，雖然並未體現在擇時領域。他的《天文書》Tr. 7 中大部分資料實際上都抄錄自伊朗尼，甚至擅自小幅更改案例內容，但是在其他領域，波那提也提出了對客戶需求的敏感以及職業責任感[41]。

§3 「馬謝阿拉的傳承」以及卜卦與擇時的關聯

此次編譯擇時資料將我曾經的猜想更推進一步。這個猜想產生於我翻譯《判斷九書》的時候，我將它寫在該書緒論 §1 中——即「馬謝阿拉的傳承」這一概念，還有關於卜卦文獻來源的看法，以及馬謝阿拉所譯《占星詩集》去向的推測。

正如前面提到的，在西元一世紀，都勒斯寫下含本命、預測及擇

---

41 │ 2012-2013 年我發表一篇聚焦於波那提的文章，他是中世紀占星家值得推崇與稱讚的典範。

時（包括事件盤）內容的長篇說教詩《占星詩集》。它目前以其拉丁文名稱Carmen Astrologicum為世人所知。從阿拉伯早期至八世紀中晚期，該書已被諸多作者修改、編輯和補充過。相傳馬謝阿拉與烏瑪分別翻譯過古波斯文版本，但只有烏瑪的譯本至今存世，賓格瑞在1976年曾將此版本翻譯成英文，而馬謝阿拉的譯本大部分佚失。這種說法存在著關鍵性的誤導，我稍後將做出解釋。

與此相關的是：在希臘文獻中，卜卦並沒有明確成熟的判斷方法（不像阿拉伯文獻那麼系統化），那麼它是如何成為一個獨立的占星學分支的？賓格瑞稱[42]，卜卦源自對古老的擇時資料有意識的改寫，但他對此並沒有詳細解釋。儘管標準的中世紀卜卦文獻展示了獨特的風格和方法[43]，但其中許多實際內容和規則可以追溯到《占星詩集》中一些特定的句子。同樣地，烏瑪的阿拉伯文版本《占星詩集》V題目就叫做「論卜卦」（On Questions或On Inquiries）[44]，然而其中大部分資料明顯都是有關擇時的。

2009年我翻譯了拉丁文版本的《亞里士多德之書》（*Book of Aristotle*），賓格瑞和查理斯‧伯內特（Charles Burnett）提出這部著作可能是馬謝阿拉以阿拉伯文撰寫的，但原作已經失傳。他們指出兩點：第一，其內容可與希臘作者瑞托瑞爾斯（Rhetorius）的著作或烏瑪版本的《占星詩集》逐句對應。第二，他們將薩爾關於本命的阿拉伯文著作與雨果翻譯的拉丁文版本進行了逐句比對，由此得出兩個結論：其一，《亞里士多德之書》的大部分內容，是由馬謝阿拉將

---

42 ｜ 參見賓格瑞1997年出版著作 p. 47。
43 ｜ 舉例來說，在翻譯阿拉伯文卜卦著作的拉丁文文獻中常見到這樣的句子：「如果某人詢問是否可以獲得X，那麼去看⋯⋯」。塞維亞的約翰的翻譯風格即是如此。而雨果（Hugo of Santalla）等人偏愛另一個種翻譯風格──標準化、格式化的，正如《判斷九書》中呈現的那樣。
44 ｜ 參見賓格瑞版本《占星詩集》106頁。

其翻譯的《占星詩集》I-IV（以及瑞托瑞爾斯的資料）重組而成的；其二，薩爾的本命著作可能不僅保留了馬謝阿拉原創的內容，而且很大程度上明顯地保留了馬謝阿拉翻譯的《占星詩集》。所以我認為，馬謝阿拉的譯本可能依然存在，但不像烏瑪的譯本那樣獨立存在。

在我翻譯的《判斷九書》中，因伯內特慷慨提供的私人書目註釋，我開始進一步看到了所謂「馬謝阿拉的傳承」的輪廓：這組文獻可以追溯到馬謝阿拉和他翻譯的都勒斯著作。《判斷九書》是以卜卦為主的阿拉伯文獻合集，雨果、可能還有赫曼（Hermann of Carinthia）於十二世紀將其譯為拉丁文。這本書共有九個資料來源，雨果選出薩爾的《論卜卦》（*On Quest*）、今不復見的[45]哈亞特《秘密願望之書》（*Kitāb al-Sirr*，*Book of the Secret of Hope*）或稱《卜卦之書》（*Kitāb al-Masā'il*，*Book of Questions*）以及一位不明身份但稱為「都勒斯」的作者。當逐行對比這三部資料時就會發現，它們以相同的語句和順序表述了相同的資訊。此外還有：（1）個別句子與烏瑪版本的《占星詩集》有關，可知該內容源自都勒斯；（2）作者們有時都說資料來自馬謝阿拉，偶爾一個作者說資料來源不明，而另一個作者則說來自馬謝阿拉。如果再考慮到之前觀察得出的結論：（3）薩爾的本命著作來自馬謝阿拉（其拉丁文版本即《亞里士多德之書》），而哈亞特（馬謝阿拉的學生）的內容明顯是從馬謝阿拉處複製而來，可以得出以下結論：

- 馬謝阿拉翻譯的都勒斯著作即《占星詩集》I-IV傳世的內

容，大部分[46]以本命和卜卦（以及擇時，正如我們下面將看到的）資料的形式保存下來。

▪下落不明的馬謝阿拉譯本《占星詩集》Ⅴ，在某種程度上其實就是《判斷九書》中「馬謝阿拉的傳承」——薩爾、哈亞特和「都勒斯」——的內容。事實上，其中「都勒斯」的內容很有可能與馬謝阿拉的譯本相差無幾，有爭議的地方就在於，這究竟是都勒斯的原作還是馬謝阿拉的譯本。

▪我試探性地設想，馬謝阿拉的譯本並沒有失傳，因為它本來就不存在。更有可能的是，馬謝阿拉將古波斯文版本直接轉換為本命、擇時和卜卦方面的可用資料，而非他翻譯了一個獨立版本然後又失傳了。否則為何烏瑪的版本能夠流傳下來，而馬謝阿拉在占星界的地位如此之高，他的譯本卻失傳了（假設它不是尚未被發現）？

再回到賓格瑞最初提出的：在《判斷九書》中，「馬謝阿拉的傳承」卜卦內容常常與烏瑪譯本《占星詩集》中擇時的內容如出一轍。換句話說，《判斷九書》提供了充分證據，說明卜卦的內容實際上是由擇時改寫而來的，正如賓格瑞所言。不過令人感到奇怪的是，烏瑪自己的卜卦內容幾乎與《占星詩集》沒有重複：姑且不論他的卜卦資料到底是從何處得來，他並沒有改寫自己翻譯的都勒斯的資料。儘管如此，烏瑪所寫的擇時內容卻與《占星詩集》非常吻合。這些事實說明，馬謝阿拉是歷史上主要將擇日資料用以新用途，讓卜卦成為具影響力的占星學科的人，但不能說是馬謝阿拉**發明**了卜卦：因為烏瑪和

---

46 ｜之所以說「大部分」，是因為賓格瑞1999年翻譯了一部分冗長的資料，似乎是馬謝阿拉譯本《占星詩集》Ⅱ，而該內容未見於《亞里士多德之書》中。

金迪各有其方法，而他們的資料來源卻不明確。可能有些作者在星盤解讀的一般性原則基礎上，獨立地發展出了卜卦的內容，而馬謝阿拉只是簡單地改寫了流傳下來的擇時資料。

還有一個問題：馬謝阿拉所譯《占星詩集》的其他部分在哪裡呢？本書的內容將有助我們找到答案。簡而言之，薩爾《擇日書》和哈亞特未知名稱的擇時著作（偶爾被伊朗尼和里賈爾引用）可以被視為馬謝阿拉所譯《占星詩集》中未被改寫為卜卦內容的擇時部分。首先，在《判斷九書》中，薩爾和哈亞特的文句十分接近（伊朗尼和里賈爾都曾引用）。第二，其中一些內容還可以追溯到別的文獻，例如薩爾的《論卜卦》和《五十個判斷》（*Fifty Judgements*），再次顯示了薩爾的大部分觀點實際上源自馬謝阿拉。第三，他們的大量資料都與烏瑪版本的《占星詩集》一致，說明事實上都來自都勒斯。此外還有以下幾點有助於闡明「馬謝阿拉的傳承」以及卜卦與擇時的關聯：

- 儘管伊朗尼知道薩爾的著作，但他似乎採用的是《擇日書》的另一版本：因為他經常把引用的資料歸於馬謝阿拉和哈亞特，但其實這些內容在《擇日書》中也有。所以正如《判斷九書》中所呈現的那樣，事實上薩爾和哈亞特的著作內容幾乎一模一樣，至少他們都引用了馬謝阿拉的內容——很可能是馬謝阿拉版本《占星詩集》V 中的擇時內容。

- 伊朗尼和里賈爾很少將這些擇時的觀點歸於都勒斯。他們認為資料來源就是譯者本人——「馬謝阿拉的傳承」當中的占星家或是烏瑪。這說明關於《判斷九書》中「都勒斯」作者身份的困惑絕非偶然，因為同樣的情況也發生在烏瑪身上。

- 伊朗尼的一段文字很有趣，它顯示了卜卦和擇時方法上的

重疊。伊朗尼引述了哈亞特關於「擇時中最具代表性的徵象星」這一主題的論述，並否定了這一觀點。但他似乎沒有注意到，這實際上來自「馬謝阿拉的傳承」以及烏瑪在卜卦中選擇詢問者的主要徵象星的論述[47]。這表明即便在西元十世紀，卜卦和擇時文獻也存在重疊。當然，可能哈亞特的確是想將來自於卜卦的這一規則應用於擇時當中；但如果是這樣，他就偏離了馬謝阿拉，因為薩爾在《擇日書》中也沒有闡述這一觀點。

這些參考對於歷史學者、翻譯者和應用者而言都是好消息：它們不僅僅證實了卜卦與擇時的重疊，還釐清了部分有關「馬謝阿拉的傳承」的歷史脈絡，並且為重新發現馬謝阿拉的《占星詩集》譯本（及更多與都勒斯本人有關的資料）提供了更多線索。簡而言之，《占星詩集》I-IV的大部分內容被保留在《亞里士多德之書》中，而《占星詩集》V的內容被「馬謝阿拉的傳承」以卜卦和擇時的形式保留[48]。未來我將針對「馬謝阿拉的傳承」發表文章詳細論述，並嘗試根據赫菲斯提歐、烏瑪、馬謝阿拉（即《亞里士多德之書》）及其追隨者、阿努畢歐（Anubio）等人的資料「重新構建」都勒斯的著作。

下表涉及本書的一部分內容，希望能幫助讀者理解我的觀點。左邊一欄標明了內容來自薩爾、伊朗尼或是里賈爾著作的哪一部分，這些內容均被多位「馬謝阿拉的傳承」當中的占星家所引用。右側一欄標明了其中有哪些內容明確被應用在卜卦當中。當然在哈亞特或是其他人的著作中，仍有許多被應用於卜卦的內容，只是我無法或尚未查證。讀者可從註釋中瞭解更多詳細情況

---

47 | 參見我對伊朗尼I.2.1的註釋。
48 | 不要忘了「馬謝阿拉的傳承」還包括其他潛在的成員，例如胡拉扎德‧本‧達爾沙德‧哈西卜（Hurrazād bin Dārshād al-Khāsib）（見後文）。

內容來源		「馬謝阿拉的傳承」？	卜卦？
《擇日書》薩爾			
§§118-21		×	×
§28		×	
§142		×	×
伊朗尼與里賈爾			
I.2.1		×	×
I.3		×	
I.4		×	
I.2.8	VII.2.3	×	
I.2.11	VII.1，VII.2.5	×	
I.2.12	VII.49	×	
II.1.8	VII.70.4	×	×
II.1.11		×	
II.2.6		×	
II.2.7	VII.46	×	
II.3.4		×	×
II.5.1	VII.22.2	×	×
II.5.4	VII.25	×	
II.5.6	VII.27	×	×
II.8.3		×	
II.8.4		×	
II.13.3	VII.61	×	
	VII.2.6	×	
	VII.11.1/ VII.20.3	×	
	VII.25	×	
	VII.44	×	
	VII.47	×	
	VII.70.1	×？	

圖3：「馬謝阿拉的傳承」部分內容

　　最後，我想更詳細地討論一下關於「馬謝阿拉的傳承」內容的分析與比較[49]。有時，從多名成員的資料有助於確認馬謝阿拉原始文獻，但有時也顯示了成員們——例如薩爾和哈亞特——在詮釋或抄錄的過程中是如何分化的。這裡有一個典型的例子，關於月亮受剋時如何擇時，共有五段內容，我們將它們分為兩組論述。

第一組的觀點來自都勒斯（即馬謝阿拉譯本）：

　　（《擇日書》§28）都勒斯說[50]，若月亮受剋，且即將開始的事項無法延期，則不要讓月亮在上升星座中扮演任何角色[51]。宜將她置於相對於上升星座的果宮（cadent）內，然後將吉星置於上升星座，並加強上升星座及其主星。

　　（里賈爾VII.3.5）都勒斯說，若你見到月亮受剋，且事項緊迫無法推遲，則你不應讓月亮在上升星座中扮演任何角色，並且宜將她置於相對於上升星座及其尖軸（angles）的果宮內，將吉星置於上升星座，並盡你所能加強上升星座及其主星。

　　根據里賈爾對資料的使用狀況分析，很容易得出以下結論：他只是簡單地複製了薩爾的內容，而薩爾則從馬謝阿拉譯本《占星詩集》（參見《占星詩集》V.5.10-11）中得到這段內容。這部分有三個要點：以某種方式讓月亮遠離上升星座（或許也包括不能讓它成為上升主星）；將吉星置於上升星座；強化上升星座及其主星。細微的差別在於，在里賈爾的版本中，要讓月亮落在相對於上升星座的果宮（即

49｜當然大部分時間我都致力於拉丁文文獻研究；最終我們將翻譯阿拉伯文文獻。
50｜參見《占星詩集》V.5.10-11。
51｜這可能表明不僅不要讓月亮落在上升星座或是與上升星座有相位，還包括不要讓月亮成為上升主星。

不合意於上升星座）並且還要落在相對於尖軸位置的果宮：如果這樣，那麼月亮只能位於第六宮或第十二宮，薩爾的版本則還允許月亮落第二宮或第八宮。假設薩爾在此對馬謝阿拉的理解是正確的，尤其鑒於阿拉伯作者們常常不去區分果宮的意義，是指**不合意**還是**相對尖軸位置而言的果宮**：所以「及其尖軸」應該是里賈爾為澄清薩爾的意思而添加的，但事實上卻限制了薩爾最初給出的可能性。儘管如此，這兩個段落非常相似，並沒有出現任何實質性問題。

但在另一些可追溯至哈亞特和「烏圖魯克西斯」（「Utuluxius」）[52]的段落中，卻見到如下內容：

（伊朗尼 I.2.11）哈亞特 [稱]，當月亮處境不佳卻不得不進行擇時時，若 [令她陷於不佳狀況的] 凶星可用且狀態可嘉，則以此行星作為上升主星；且若它容納月亮則更佳。他又言道，若 [吉星][53] 落於上升星座則是有利的。

（里賈爾 VII.2.5）哈亞特稱 [54]，若擇時迫在眉睫，而月亮卻入相位於一顆凶星，則宜以此凶星作為上升主星；若 [此凶星] 未受傷害且狀態良好，則更佳；若它從上升星座容納 [月亮]，亦更佳。

（里賈爾 VII.1）烏圖魯克西斯稱 [55]，當月亮呈現凶象卻不得不進行擇時時，以那顆凶星作為上升主星。

前兩段與薩爾的版本相似，但刪去了將月亮置於果宮，或不合意於上升星座的相關內容。可能基於錯誤的理解，他們額外添加了一些

---

52 │ 此人可能就是哈亞特，但名字被拉丁文化並混淆了。
53 │ 此處根據《擇日書》§28 及里賈爾 VII.3.5 補充添加。
54 │ 此段內容源自伊朗尼 I.2.11，但有所變化。
55 │ 根據里賈爾 VII.2 可知他是哈亞特。又見伊朗尼 I.2.11。

內容。事實上，哈亞特的整套方法想要強調的是，如何處理這樣一顆
凶星，尤其在時間緊迫的情況下。哈亞特／烏圖魯克西斯現**將**這顆凶
星**作為**上升主星，從而取代了之前強化上升星座及其主星的做法。然
而，烏圖魯克西斯卻止步於此，說明該版本有些內容失傳了，但哈亞
特仍有進一步闡述。他的每一段話都兩次提到了「更佳」或「有利」，
這顯示在一個基礎情況之上有兩個改善條件。在伊朗尼的版本裡，基
礎情況是：若凶星狀態好，則可以當做上升主星。兩個改善條件是：
1）容納月亮和2）「它」（可能是薩爾版本中提及的吉星）落在上升星
座。然而在里賈爾的版本裡，基礎情況僅是：以凶星作為上升主星，
兩個改善條件是：1）該凶星狀態良好和2）**從**上升星座容納月亮。由
此還原出里賈爾是如何進行改動的：如果哈亞特繼承了薩爾／馬謝阿
拉／都勒斯的觀點，認為吉星落於上升星座非常重要，但伊朗尼的段
落中卻省略了「吉星」一詞，犯下指代不明的錯誤。隨後在里賈爾的
著作中，就變成這顆凶星要落在上升星座並且容納月亮：所以他寫道
「**從**上升星座容納月亮」。下表列出了這些改動是如何產生的。

	基礎情況	改善條件一	改善條件二
《擇日書》§28	月亮落在果宮/不合意	強化上升主星（即讓它有好的狀態）	吉星**落在**上升星座
伊朗尼 I.2.11	凶星如果狀態良好，**作為**上升主星	容納月亮	[吉星]**落在**上升主星
里賈爾 VII.2.5	凶星**作為**上升主星	如果狀態良好	**從**上升星座容納月亮

圖4：薩爾與哈亞特的資料之分歧

換句話說，（a）由於某些原因，哈亞特忽略了原本關於月亮在果宮或不合意的內容；接下來（b）強化上升主星或讓它有良好狀態這部分內容，被哈亞特應用到凶星上面；然後他（c）同意應該讓吉星落在上升星座，但這一點被里賈爾誤解並應用到了凶星身上；最後（d）哈亞特認為可將凶星容納月亮作為改善條件。但里賈爾卻認為，在任何情況下都應將此凶星作為上升主星（這樣做並不合理，如果它傷害了月亮的話），兩個改善條件分別是，凶星狀態良好以及**從**上升星座容納月亮。

從這些段落中可以看到，在占星家抄錄的過程中，相同的資料是如何以不同的方式被使用和曲解的。如果能整合這些內容，我們就可以得到更為完善的、符合古典占星學邏輯的觀點。以下是我復原的內容，第一句是馬謝阿拉／都勒斯的原文（1-3），第二句（4-5）是附加的註釋和建議。

[戴克：]如果月亮受到凶星的傷害或是入相位於一顆凶星，且擇時不能推遲，那麼（1）將月亮置於不合意於上升星座的位置，（2）將吉星置於上升星座，並且（3）儘量強化上升星座及其主星。儘管如此，（4）如果這顆凶星狀態良好，可將其作為上升主星，此時（5）若它能夠容納月亮更為有利。

§4 伊朗尼與里賈爾

如前所述，本書所涵蓋的主要文獻（薩爾、伊朗尼和里賈爾的著作）呈現出對都勒斯內容的複製和傳承，在這條主軸上又加入其他迄

今來源未知或是尚未被翻譯的內容[56]。都勒斯的著作被烏瑪和馬謝阿拉翻譯並使用，馬謝阿拉又將譯本傳給了薩爾和哈亞特。伊朗尼的資料來源較多，但鑒於他引用的是「馬謝阿拉的傳承」成員與烏瑪的內容，所以他的大量資料均源自都勒斯。里賈爾則不僅僅抄錄了伊朗尼的許多內容，還進一步插入了薩爾《擇日書》的段落——這也來自馬謝阿拉所譯都勒斯的著作。本節重點談一談伊朗尼和里賈爾。

——伊朗尼生平與資料來源——

阿里・本・艾哈邁德・伊朗尼（'Alī bin Ahmad al-'Imrānī）來自摩蘇爾（今伊拉克境內），致力於數學和占星學研究，卒於西元955年。據伊本・納迪姆（ibn al-Nadim，西元十世紀）《群書類述》（Fihrist）記載，他是著名占星家卡畢希[57]的老師，而卡畢希占星著作的拉丁文版本我已翻譯並出版於《古典占星介紹》（Introductions to Traditional Astrology）中。伊朗尼的代表作[58]即《抉擇之書》（Kitāb al-Ikḫtiyārāt或Book of Choices），已被翻譯並收錄於本書當中。其拉丁文譯本[59]名為《論擇時》（On the Elections Of Hours或 On the Elections of Praiseworthy Hours），於西元1133年由柏拉圖（Plato of Tivoli）在巴賽隆納翻譯而成。他當時還有位猶太人助手，名叫亞伯拉罕（Abraham bin Hiyya）——該書結尾處的記敘顯示，主要的阿拉伯文翻譯工作是由這位助手以西班牙語作為媒介

---

56 | 其中另一被引用的重要權威著作是金迪的《四十章》（Forty Chapters），但目前尚不確知金迪著作的主要資料來源。
57 | 參見卡畢希，p. 1。
58 | 據塞茲金，p. 166。伊本・齊弗蒂（ibn al-Qifti，十二至十三世紀穆斯林作者）稱，伊朗尼曾寫下多部著作。
59 | 參考文獻中列出了我在翻譯時使用的多個版本。我以馬德里（Madrid）和巴黎（Paris）BN 16204版本為主，在疑難段落時參考梵蒂岡（Vatican）和慕尼克（Munich）版本。

完成的。我們目前確知翻譯完成的具體日期和大致時間，因為書中描述了當時行星與上升星座的位置。我用軟體製作了當時的星盤，並附於論述二結尾處[60]。一位中世紀譯者不僅繪製了星盤，而且認為著作完成時的行星位置十分重要，這是個有趣且令人振奮的發現。

　　前文闡述了伊朗尼的擇時觀點，尤其是針對本命盤未知者的擇時的倫理思考。在此我僅想補充的是，對於不同的擇時方法，伊朗尼有著敏銳的眼光和獨到的見解。首先，正如我們所看到的，他提出論據支持了自己的觀點。第二，他對其他作者的內容罕見地進行了批判，例如在I.2.1中，他反駁了哈亞特對於力量的看法：哈亞特將**卜卦**中選擇徵象星的規則應用到**擇時**中，伊朗尼對此並不認同。第三，他並沒有簡單地將擇時內容按照宮位主題來整理（就像薩爾和里賈爾那樣），他將一些涉及位高權重的人詢問的事項（與人們日常關心事項相對地）歸納到一起，自成一套規則[61]；此外對於宮位，他將涉及身體、**康復治療**的事項（第一宮）與涉及奴隸、傭人、俘虜的事項（第六宮）加以區別。里賈爾則將治療歸為第六宮，因為它由**疾病**衍生而來。

　　更為有趣的是第四點，即伊朗尼所謂的「醫學模型」。在I.2.13最後一段中，伊朗尼將擇時與占星書籍按複雜及綜合程度劃分為三個層次。第一個層次（1）是基礎占星學書籍，它們闡述的是普適性法則，例如什麼是元素以及它們的含義：如同《古典占星介紹》的內容那樣，因此伊朗尼決定不再於擇時中解釋其含義——但薩爾和里賈爾就對此做出了解釋。對於伊朗尼來說，這些內容就像是基礎的生理學和解剖學知識，「在行醫之前，醫生首先應該瞭解這些知識」。第二

---

60 ｜ 感謝大衛・朱斯特（David Juste）向我提供他即將出版的卡莫迪（Carmody）著作的修訂版資料。在資料中他探討了這張星盤的不同記述內容。
61 ｜ 參見伊朗尼II.1。

個層次（2）正如《抉擇之書》論述一中所呈現的，解釋了基礎的、一般性的擇時程序，沒有考慮特定的情境。對此他說，這如同一本醫療典籍，指導醫生針對某些症狀用藥，並介紹一些基礎的醫療流程。而第三個層次（3）就像論述二的內容，是針對特定的場合、個人以及他們的本命盤進行擇時，類似於一本藥物指南，精準指導醫生如何準備藥物並將它們應用到特定的狀況中。所以占星師是與醫生相似的顧問，要將普適性的法則應用到特定個體身上，以期得到特定效果。事實上，這種觀點幫我們明確了伊朗尼的看法——我們應該為本命盤未知者進行擇時，正如很多醫生都認可：有時必須對病人進行緊急處理，哪怕事先沒有進行全面檢查。舉例來說，只有少數人對抗生素過敏，所以使用抗生素治療是較好且負責任的方法，即便有人之後會出現過敏，但這總比因為沒有全面瞭解情況就一直讓病人忍受病痛來得好。類似地，伊朗尼認為吉星多於凶星，所以應盡己所能為本命盤未知的人——比起因有極小的可能強化本命盤中不佳的行星，而放任客戶置身險境不施以援手而言，這才是更好的做法。通過擇時提供一個可能的小幫助——或者它至少是無害的——要好於因為害怕做不到完美而袖手旁觀。

以下是伊朗尼所使用的資料來源：

▪ **阿布阿里‧哈亞特**（卒於西元九世紀前期）：馬謝阿拉的學生，《卜卦之書》又稱《秘密願望之書》。[62]

▪ **阿布‧馬謝**（Abu Ma'shar，西元九世紀）：資料來源於其一部未知名稱的擇時著作[63]，也可能是里賈爾《行星判斷技法》

---

62 | 參見塞茲金，p. 121 #2。
63 | 參見塞茲金，p. 146 #10-12。

VII.101的資料來源，因為伊朗尼在I.2.13中提到阿布‧馬謝著有以月宿擇時的資料。

- **金迪**（約西元801-870年）：《四十章》。
- **哈西卜**（al-Khasib，見II.1.8）：可能與里賈爾所使用的資料作者胡拉扎德是同一個人（見後文）。
- **托勒密**（西元二世紀）：《四書》。
- 「**都勒斯**」：烏瑪或馬謝阿拉的《占星詩集》譯本。
- **馬謝阿拉**（約卒於西元815年）：都勒斯《占星詩集》譯本，或一部單獨的擇時著作，同時也是薩爾和哈亞特的藍本。
- 也許是**哈桑‧本‧薩爾**（al-Hasan bin Sahl）[64]：儘管塞茲金（譯註：Sezgin，阿拉伯作者。他的德文系列著作羅列了阿拉伯文手稿的名稱及所藏圖書館。其中第七卷列了出全部占星學手稿。）稱他的名字經常與哈桑‧本‧薩爾‧本‧納巴特（al-Hasan bin Sahl bin Nawbakht）混淆[65]。
- **薩爾‧賓‧畢雪**（活躍於西元九世紀）：《擇日書》、《論應期》（*On Times*）（但可能也有《五十個判斷》）[66]。
- **烏瑪**（活躍於西元八世紀晚期）：可能引用了他所著的《抉擇之書》（*Kitāb al-Ikḫtiyārāt* 或 *Book of Choices*）。[67]

——里賈爾生平與資料來源——

阿布‧哈桑‧阿里‧本‧阿比‧里賈爾（Abū al-Hasan ʿAlī

---

64 | 參見後文里賈爾資料來源，其內容可能被伊朗尼I.5.0引用。
65 | 參見塞茲金，p. 122。
66 | 不過請注意，伊朗尼通常使用哈亞特版本的《擇日書》，而該資料很可能是哈亞特從老師馬謝阿拉處得到的。
67 | 參見塞茲金，p. 113，#6。

bin Abi al-Rijāl，活躍於西元十一世紀上半葉）以其彙編的巨著《行星判斷技法》而聞名。該書以阿拉伯文撰寫，成書於穆斯林統治下的西班牙。它包含了波斯—阿拉伯占星大部分權威觀點，並於西元十三世紀（在「智者」阿方索十世[Alfonso X the Wise]的宮廷中）被阿爾瓦羅（Alvaro de Oviedo）譯成古卡斯蒂亞語（Old Castilian），其後譯成拉丁文[68]，風行一時。遺憾的是，對於里賈爾的生平記載甚少。他生活於西元十一世紀，是穆伊茲‧本‧巴蒂斯（al-Mu'izz bin Bādīs）統治下的突尼斯日里德（Tunisian Zirid）王朝一名備受尊敬的要員。

里賈爾的擇時著作最大特點在於：大量地逐字抄錄了伊朗尼個人的擇時內容（及一些一般性的資料和規則），然後以其他段落（例如薩爾《擇日書》）[69]和詳細的應期計算方法、月宿、行星時內容作為補充。事實上據我所知，這本書後面的部分內容[70]是波斯人曾接觸過維替斯‧瓦倫斯（Vettius Valens）著作的唯一證據：這非常重要，因為儘管波斯人布哲米赫（Buzurjmihr或Burjmihr）曾對瓦倫斯的著作寫下評註，命名為Bizidāj，但我們對其內容幾乎一無所知。里賈爾則稱在一部名為Endemadeyg的波斯文獻中發現了瓦倫斯的觀點。兩部著作名稱詞尾dāj與deyg有相似之處，令人玩味[71]；不過確切內容至今尚不為人所知。

---

68 ｜ 我依據的是最早的1485拉丁文版本，但有時也參考稍晚的版本（據1551版本進行文風的改變及修飾）。我還要指出，1485版本的兩個細節揭示了其古西班牙語根源。例如，文獻在離格中頻繁使用副動詞或動詞狀形容詞，以表示現在進行式，而現代西班牙語也是如此：Luna…sit…separando se a Mercurio（「月亮應離相位於水星」，VII.78）；而更為成熟的拉丁語會使用separans代替separando。還有，1485拉丁文版本經常以形容詞的比較級代替最高級：例如，稱某個擇時是「更佳的」（melior），其實指的是「最優的」（optima，例如VII.79）。

69 ｜ 例如見〈作者序〉及VII.51.1。

70 ｜ 參見VII.102-103及VII.105。

71 ｜ 感謝克里斯‧布倫南（Chris Brennan）為我指出這一點。

里賈爾身為編纂者，大多引述其他作者的內容，偶爾也論證自己的觀點。他常常列出一串觀點，隨後以「然而我認為……」或「總而言之……」來闡述自己的看法。

里賈爾明確的資料來源如下：

▪ Abimegest：不詳，但與托勒密的《天文學大成》(*Almagest*) 有相似之處。亦或許是賦予馬謝阿拉的敬稱，因為在其〈作者序〉中該詞緊隨馬謝阿拉的名字：類似於「偉大的馬謝阿拉」。

▪ **阿布・馬謝**：有時摘錄伊朗尼對阿布・馬謝的引述，但也從《自然之書》(*Book of Natures*) 的兩個部分中引用關於行星時的內容 (見 VII.74 及 VII.100)。

▪ **伊朗尼**

▪ **法德勒・本・薩爾** (al-Fadl bin Sahl，西元771-818年)：哈桑・本・薩爾的兄長。他本是波斯拜火教教徒 (Zoroastrian)，於西元805-806年皈依伊斯蘭教。他曾是哈倫王 (Caliph Hārūn) 的御用占星師之一，後被馬蒙王 (al-Ma'mūn) 任命為大臣。據塞茲金的資料[72]，法德勒稱在著作中使用了波斯、希臘及科普特 (Copts，譯註：為希臘羅馬時期的古埃及語文。) 文獻 (當然不全是初始語言的版本)。

▪ **哈桑・本・薩爾** (al-Hasan bin Sahl，西元782-851年)。塞茲金 (122頁) 稱他經常與另一位占星師混淆，但在里賈爾的著作裡不存在這種情況，因為哈桑是法德勒的弟弟，而兩者

的著作都曾被引用。哈桑是馬蒙王的大臣，也是受人尊敬的女占星家布蘭（Būrān，西元807-884年）的父親。據塞茲金稱，哈桑曾參與將古波斯文占星著作譯成阿拉伯文。

- **哈亞特**（見前文）
- **金迪**（見前文）
- **沙伊巴尼**（al-Shaibānī，活躍於西元十世紀）[73]，來自庫法（Kufa）的占星師，可能與納迪姆（約卒於西元990年）同時代而稍早。他寫下著作《卜卦與擇日之書》（*Book of Questions and Choices*）。
- **胡拉扎德‧本‧達爾沙德‧哈西卜**（Hurrazād bin Dārshād al-Khāsib，活躍於西元九世紀上半葉）：薩爾‧賓‧畢雪的助手或實習生，他著有《論本命》（*On Nativities*）與《論擇日》（*On Elections*）（無疑里賈爾引用了該書的內容）。
- **馬謝阿拉**（見前文）
- **偽托托勒密**：《金言百則》（*Centiloquium*）。
- **薩爾‧賓‧畢雪**（見前文）
- **西奧菲勒斯**（Theophilus of Edessa，卒於約西元785年），湯瑪斯（Thomas）之子，馬赫迪王（Caliph al-Mahdī，西元775-785年在位）的首席占星師。他將希臘占星資料譯成古敘利亞文，並以戰爭卜卦研究而聞名。遺憾的是，里賈爾著作的拉丁文版本無法指明哪些章節來源於西奧菲勒斯。
- **烏瑪‧塔巴里**：里賈爾抄錄了伊朗尼的資料，而其中部分內容又來自烏瑪。但他也直接引用烏瑪的應期資料（見VII.102.5）。

---

73 | 參見塞茲金，p. 173。

• **維替斯·瓦倫斯**（西元二世紀）：來自亞歷山大城的著名占星師，他的九卷《占星選集》（*Anthology*）保存了大量其他資料中未見的內容。正如前文所述，波斯人曾對其著作做出評註，但內容已失傳。

• **札拉達斯特**（Zaradusht）：波斯占星家，也以索羅阿斯特（Zoroaster）為名寫作。其著作是首批譯成阿拉伯文的占星文獻之一。

里賈爾著作的拉丁文版本還提到以下作者，不過身份仍有待確認：

• Ablabeç filii çaed：又一位本·賽義德（bin Sayyid）。

• Alaçmin：可能是艾斯米（al-'Āsimī）[74]或烏茲曼（al-'Uthman）。

• Alohaç filius Zaet：名字的最後部分與本·賽義德有關。

• Bericos

• Cadoros

• Feytimus：僅隨瓦倫斯的名字之後出現過一次[75]，並且兩者之間沒有「與」這樣的連詞，因此可能是對瓦倫斯的敬稱。

• **伊本·赫貝泰茲**（ibn Hebeteth）：與占星家伊本·希賓塔（ibn Hibinta）的名字相似[76]。

• Minegeth/Nimagest：我認為這兩個名字可能都指的是穆納吉姆·庫米（al-Munajjim al-Qummī）[77]。

• Nufil

---

74 | 參見塞茲金，p. 167。
75 | 參見里賈爾VII.47。
76 | 參見塞茲金，p. 162。
77 | 參見塞茲金，p. 174。

　　▪ 烏圖魯克西斯：里賈爾在VII.1中引用了他的觀點，而在隨後的章節中又指出此觀點來自哈亞特。

§5 月亮與月宿

　　本書第一部的內容包括：僅以月亮與其他行星以容許度計算的相位（Moon's connections with other planets by degree）進行擇時，以及依據月亮在月宿中的移動進行擇時。這些是最簡單粗略的擇時類型。

——以月亮入相位（Lunar applications）擇時——

　　有關月亮入相位擇時的內容，我依據伊爾哈得·維德曼（Eilhard Wiedemann）的德文譯本[78]，將金迪的短篇文獻《擇日》譯成英文。這種以容許度計算的入相位連結[79]僅顯示在一天左右的時間裡[80]，有利於執行某些主題的事項，而這些主題與月亮入相位行星的自然徵象有關。例如戰爭（火星）或佩戴首飾（金星）。其中有一些根據相位類型以及月亮交點（Moon's Nodes）做出調整。由於在任何情況下，月亮都應處於適當的狀態，並有相關的連結或者至少有整星座的相位（aspect by sign），所以這種類型的擇時不容忽視。然而其作用有限，因為（至少在金迪的例子中）這在同一時間對世界上的任何人而言都是有效的。也就是說，由於忽略了宮位與宮主星（它

---

78 | 參見參考文獻。手稿被定為《萊頓抄本199》（*Leiden Codex 199*）（Cat.No.1050），並列入塞茲金，第七卷，131頁第三號。

79 | 該詞及其他行星配置（planetary configurations）術語的介紹見《古典占星介紹》III。

80 | 這在很大程度上取決於產生連結的兩顆行星。如果使用波斯—阿拉伯容許度體系，那麼月亮的容許度是12º，而她平均每天在黃道上行進距離也差不多如此，所以她與其他行星的入相位大約的24小時左右結束。在《四十章》Ch. 2.1.5中，金迪提倡以6º作為有效的入相位的容許度，如果這樣月亮則需要12小時走完這段距離。

們對經緯度變化十分敏感），當月亮入相位金星的時候，理論上對任何人而言都有利於佩戴首飾，或者當月亮入相位火星的時候，對任何人而言都有利於開戰。有時這或許沒什麼問題，不過顯然對於交戰的雙方而言，同樣的開戰時間並非對彼此同樣有利，畢竟雙方的戰力並非一致。只有更細節化的擇時才能以占星學的角度區別參戰的雙方，這就是所謂「完善的」擇時，將在第三部介紹。

——月宿：歷史與概念——

以月宿擇時在理論及應用上也有類似的問題。但鑒於人們對月宿有不同的理解，因此回顧一些觀點並說明我所建構的月宿及恆星位置表[81]會有幫助。

月宿（譯註：又稱「月站」。）是黃道上一段又一段的區間，其劃分的初衷是將月亮的位置與不同恆星關聯在一起——她在每個月宿「逗留」[82]大約1天。根據比魯尼（al-Bīrūnī）的資料，印度有27個月宿，而阿拉伯有28個，即每個月宿分別為13°20′或者12°51′[83]。印度人對月宿的劃分可能以月亮的回歸週期（Moon's tropical cycle，lunar revolution or return）即大約27.3天為依據。而阿拉伯人的劃分方法則可能基於月亮的可見性，從她脫離太陽光束而顯現記為太

---

81 | 關於歷史內容見參考文獻：Bos 及伯內特的著作、De Fouw 及 Svoboda 的著作 Ch. 8、溫斯托克、比魯尼的《年譜》（*Chronology*）Ch. 21 及《印度》（*India*）Ch. 56（扎豪 [Sachau] 譯），《占星元素說明》（*Book of Instruction*）§§164-166。我在很大程度上忽略了印度人對月宿（nakshatras）的處理，因為對西方人來說它可能過於複雜和陌生。

82 | 由拉丁文 maneo（「to stay」，逗留），得到拉丁文 mansio（「a stay，stopover」，經停站）與英文「mansion」（公館）。

83 | 里賈爾著作的拉丁文版本常常將月宿黃道位置的分與秒遺漏或寫錯，本書已訂正。

陰月的第一天，直到第二十八天她再次進入太陽光束下[84]。這兩種劃分方法相差不到一天。

　　根據比魯尼的資料，月宿是根據其中包含（或曾經包含）的恆星來命名的，正如黃道星座根據天文星座的名稱來命名一樣。之所以說「曾經包含」，是因為月宿的應用非常古老，且與恆星而非回歸黃道緊密相連，在某個時間點，它是從回歸黃道牡羊座0°開始計算的。而由於歲差的緣故，某些根據恆星命名的月宿已不復落在原來的月宿中[85]。（我的觀點是，如果要嚴格使用月宿，那麼應使用恆星的相對位置而不是回歸黃道。）此外，對月宿的界定也存在分歧，因為隨著時間的推移有些月宿的名字已經改變，也有一些月宿的身份一直有爭議[86]。為了方便查閱，位置表提供了月宿中可能的主要恆星的現代經度[87]。讀者會注意到它們的分佈既不均勻也不規律，有時月宿與恆星之間的距離僅僅約6°。這可能是因為，幾個世紀以來它們的相對位置已經移動了。或者也可能它們一直如此：其中一些恆星位在12°51′26″固定區間的開始，而另一些則落區間中的某個位置。

　　除里賈爾著作中的擇時主題（例如哪些月宿有利於商業合夥）之外，月宿本身還將曆法、天文學與宗教[88]、氣象預測[89]聯繫在一起，

---

84 | 參見溫斯托克，p. 48將此寫作「（月亮）現身的28個夜晚」，這更具象徵性，因為這彷彿月亮置身於一個又一個月的旅程中，而月宿恰似途中的驛站，月亮在每個驛站中留宿一晚。我還注意到阿拉伯文有28個字母，我想（但不確定）或許在魔法實踐中這些字母與月宿有關聯。

85 | 比魯尼似乎認可月宿與黃道度數的關聯。他在《年譜》338頁寫道，有人依照氣候變化與恆星之間的關聯，將前述兩者與月宿聯繫在一起，但比魯尼辯稱，月宿實際上並不直接與太陽在黃道上移動引起的季節變化有關——也就是說，恆星本身並非真正標誌著月宿的位置。見下文他對一段描述曆法與季節詩歌的說明。不過比魯尼也沒有自始至終堅持他的觀點，至少他沒有指明何處是僅僅在描述他人的看法，而何處是他自己的觀點。例如353頁，他描述了月亮會合月宿中恆星帶來的吉凶——但如果月宿是依據黃道度數而劃定，恆星因為歲差的緣故甚至已不復落在相應的月宿中，那麼又何談會合呢？

86 | 參見庫尼奇（Kunitzsch），其中偶爾提及這些變化。

87 | 之所以說「可能的」是因為表中的恆星有些仍存爭議。見庫尼奇。

88 | 參見溫斯托克，pp. 57ff. 古代與中世紀的月亮曆將各種月相與宗教節日、休息日等關聯在一起。但請參閱後文註釋[98]《倫敦紙草本》（London Papyrus）的描述。

89 | 參見下文比魯尼的例子。

並且比黃道十二星座的起源還要古老。在曆法方面[90]，不難看出某日是太陰月的哪一天（觀察月相），但沒有太陽曆就很難將太陰月與季節關聯。因此，關於滿月在某月宿的資訊自然而然地告訴我們，太陽就在她對面的位置，由此轉換為何時播種、氣象預測等資訊。舉例來說，比魯尼提到一段記錄日期和氣溫的小詩[91]：若月亮在太陰月第三個夜晚現身昴宿（Pleiades），則冬天已經過去。他隨後解釋道，太陰月的第三個夜晚，月亮距離太陽約40°[92]，所以如果她落在昴宿（金牛座），那麼太陽應位於牡羊座，預示著春天的開始[93]。

比魯尼的資料顯示，對於月宿中的恆星究竟於何時升起（譯註：指偕日升。）及何如衡量其影響是存在爭議的。小眾的說法是，恆星升起標誌著某個月宿階段的開始，在下個月宿從東方升起前持續13天：因此如果某月宿中的恆星在3月31日升起，那麼該月宿所預示的徵象將對應從這一天開始直到約4月13日——也就是下一個月宿的恆星升起之前。更流行的說法是，每個月宿被分配了某個特定的時間：例如《年譜》pp. 351列出了每個月宿的有效影響日期，包括它的升起和降落（譯註：指偕日降。）。此外，比魯尼還指出，月亮與月宿中標誌性的恆星會合預示著不利；但若是月亮速度慢且尚未與恆星會合，或是月亮速度快且已離開恆星則是有利的。欲知詳情的讀者可參閱《年譜》。

顯示月宿起源非常古老的一個證據是，它們的科普特語名字沒有受到阿拉伯語的影響，且在阿拉伯語佔據主流之前，科普特語已經被

---

90 ｜ 參見溫斯托克，p. 54。

91 ｜《年譜》p. 336。

92 ｜ 這可能與古老的習俗有關：以月亮離開太陽光束（大約距太陽12°）作為太陰月的開始。因此太陰月第一天月亮距太陽12°-24°；第二天距太陽24°-36°；第三天距太陽36°-48°。

93 ｜ 要注意的是，月宿所在的星座並不直接表明它何升起的季節。也就是說，月宿會在太陽經過之後升起。因此我們通常認為雙魚座對應著冬天的月份（在北半球），因為太陽行經黃道此區域正值冬季。然而當位於雙魚座的月宿脫離太陽光束升起於東方地平線的時候，太陽已經移至牡羊座了。因此雖然雙魚座為冬天的月份，位在雙魚座的月宿卻有可能在春季時從東方升起後被看到。

棄用;而且赫菲斯提歐與邁克西莫斯(Maximus)在他們的擇時著作
中也提到月亮逗留在黃道星座的某個區域[94]。除此之外,月宿還被吠
陀時代的印度人所知曉,而月宿使用太陰月讓人聯想到巴比倫(因為
埃及人使用太陽年):可以追溯到西元前六世紀的楔形泥板記錄了月
亮在太陰月經過的區域和天文星座,儘管僅有17個[95]。

　　可是為何當曆法和日月週期的基本問題得到解決之後,月宿仍然
沒有消亡?溫斯托克(Weinstock)認為有兩個原因。第一,「我們的
曆法、占星學與魔法文獻具有天然的保守主義傾向:它們經常保留人
類思想早期的痕跡。」[96]第二,伊斯蘭教堅持使用太陰曆也讓月宿在
近東和西方得以倖存。比魯尼說,阿拉伯人已經形成了將月宿應用於
曆法和天氣預報的傳統[97],特別是通過它們在黎明前脫離太陽光束升
起。例如,若太陽移動到某個黃道位置,其光芒掩蓋了某顆恆星,那
麼這顆恆星在一段時間內是不可見的(阿拉伯文ghaībah);一旦太
陽移開,恆星將可以在太陽升起前被看到,形成「偕日升」(heliacal
rising),這時它對面的月宿(從它起算第十四個)則在西方降落。由
於太陽每天移動約1°,每個月宿約佔據13°,所以每13天就會有一個
新的月宿升起——當然這僅僅是平均數,因為恆星相對於黃道的分佈
不平均,而且升起和降落的情況還取決於觀測地的緯度。鑒於一顆恆
星一年中僅經歷一次偕日升,月宿也因此與季節、氣候、人類活動
(例如播種)緊密相連。

　　溫斯托克研究了兩部闡述月宿的重要文獻[98],其中一部是《克羅維

94 ｜參見溫斯托克,pp. 52-53。
95 ｜參見溫斯托克,pp. 53-54。
96 ｜參見溫斯托克,p. 48。
97 ｜比魯尼在《年譜》pp. 339-341中描述了幾種預測風的方法,在此省略。
98 ｜另一文獻是《倫敦紙草本121》(London Papyrus 121),以魔法和宗教為主要內容,雖然與月宿有關但與本
　　書的擇時主題關聯不大。

爾抄本12》（*Codex Cromwellianus 12*，約西元十五至十六世紀），它
與里賈爾著作的拉丁文版本十分相似（可能根據里賈爾阿拉伯版本或
相似的阿拉伯文資料撰寫而成），但內容更加完善。它包含了來源於
印度人、都勒斯和波斯人的擇時內容以及一些圖片，有些很像「外觀」
（decans或faces），有些顯然是星盤。抄本對月宿由哪顆行星主管做
出了說明，並根據上面提到的三種文化列出月亮位於不同月宿中適宜
與不宜的事項。溫斯托克指出，行星與月宿之間的守護關係大多難以
理解，不過其中有三個星期的最後一天——它們也對應月亮週期的四
分之一（第七天、第十四天和第二十一天）——都由土星來掌管，在巴
比倫和猶太傳統中即為週末[99]。這些內容或許是本命占星的早期版本，
因為它們暗示了如何針對月亮在不同月宿時出生的人進行本命解讀。

——里賈爾的月宿資料——

在第二部有關月宿的內容中（摘自《行星判斷技法》
VII.100）[100]，里賈爾依據印度人和「都勒斯」的資料列出了適宜與不
宜進行的活動。像比魯尼一樣，描述月宿從回歸黃道的牡羊座0°開始
計算，而不是依據月宿中的恆星。我們幾乎看不到任何屬於阿拉伯風
格的曆法或與天氣、農業有關的內容：反而直接根據月亮在特定月宿
中的位置進行擇時。里賈爾稱，印度擇時資料其實也源自「都勒斯」
（西元一世紀或二世紀的早期希臘相關文獻）。溫斯托克認為，傳承
的順序應該是這樣的：首先印度人獲得了巴比倫人的月宿資料，並將
它們傳播至遠東；隨後，他們又得到了另外一系列與都勒斯有關的資

---

99 | 參見溫斯托克，pp. 55-56。
100 | 可能源自阿布·馬謝，因為伊朗尼（I.2.13）說阿布·馬謝曾在擇時著作中寫下使用月宿擇時的內容。

料。同時，阿拉伯人已經熟知了一些前伊斯蘭的月宿內容（可能源自後巴比倫希臘資料），但後來他們又從波斯人那裡吸收了經印度人發展後的資料。

在內容方面還有幾點要說明。首先，印度的擇時內容更為均衡地覆蓋了諸多主題。最普遍的是關於旅行的主題（26次），然後是播種和種植（15次），穿衣和戴首飾（11次），服藥（10次），還有另外七個主題被提到4-8次。都勒斯的資料則集中於五大主題，且按照相同的順序進行說明。此外，這五大主題的內容都與阿拉伯版本《占星詩集》中月亮落在各個星座的內容密切相關[101]。

- 婚姻（19次），對照《占星詩集》V.16.8-20。
- 購買奴隸（22次），對照《占星詩集》V.11。
- 航海旅行（22次），對照《占星詩集》V.25.1-12。
- 合作（24次），對照《占星詩集》V.19.1-13。
- 俘虜（23次），對照《占星詩集》V.27.1-13。[102]

接下來被提及最多的擇時主題是理髮、洗頭髮和剪指甲（9次），還有另外十三個主題僅被提及1次。

我注意到都勒斯資料的五大主題都與第七宮有關，婚姻、交易、旅行的目的地、合夥和逃犯在卜卦的傳統中照慣例常屬於第七宮範疇。《判斷九書》4.5、4.8、4.9及里賈爾VII.22認為，播種和種植也與第七宮有關。

《占星詩集》中有關月亮星座組合的內容，並沒有全部呈現在里

---

101 | 有時兩者的形式一致但內容相反。例如《占星詩集》V.16.14寫道：若月亮在處女座，則適合與寡婦而不是處女結婚；但里賈爾關於第十三個月宿的內容卻正好相反。

102 | 可能指擇時抓某人，但讀起來像是事件盤，所以可能是客戶向占星師諮詢俘虜被抓住以後的命運。

買爾的月宿資料中。例如《占星詩集》Ⅴ.36.58-74中尋找逃亡者的
內容按道理應被包含進來，然而並沒有。類似地，里買爾經常提到理
髮、剪指甲等事項，《占星詩集》卻沒有討論：不過我認為，《占星詩
集》阿拉伯版本與里買爾著作拉丁版本的密切關聯顯示，都勒斯的詩
集原本就包含了關於這些主題的擇時內容。但都勒斯是否使用星座、
月宿或是外觀呢？我的觀點是，鑒於有幾處提到在特定度數之前或者
之後適合採取行動[103]，因此他很可能使用了月宿與外觀。

—— 半日時（bust）——

最後要談一談半日時，即 bust 或 buht，這一阿拉伯術語由梵文
bhukti 翻譯而來，也就是在某段時間內通過的黃道距離[104]：這裡指的是
新月之後的一段距離或時間。看起來至少有三種方法被用來擇時，它們
要麼嚴格使用距離，要麼則使用行星時或季節時[105]。里買爾 VII.57.2 中
闡述了一種來自金迪《四十章》的方法，另外兩種見書附錄 D。

這三種方法是：

（1）首先是來自印度的觀點（卡畢希 IV.23，見附錄 D）：考
慮新月發生在白天（這時日間行星和太陽更有力）還是晚上。如
果是在白天，那麼接下來12個不規則的小時由太陽掌管，下一
個12小時由金星掌管，如此依照行星次序類推，直到月亮掌管
的12小時後，轉至土星、木星等掌管。在太陽（或任何其他行

---

103 │ 參見《占星詩集》Ⅴ.25.3、25.10。奇怪的是，里買爾的資料裡並沒有提到這些度數。
104 │ 例如比魯尼《占星元素說明》§197。
105 │ 參見後文關於行星時的內容。

星）掌管的12小時中，前三分之一（4小時）由該行星第一個三
分性主星掌管，中間三分之一由第二個三分性主星掌管，最後4
小時由第三個三分性主星掌管。而且這種觀點似乎認為，要在太
陽掌管的小時裡進行與太陽有關的事項，其他行星也如此，例如
金星有關的事項要選擇她作為三分性主星的時間裡進行，土星等
等也如此。這樣看來**半日時**類似於行星時系統的另一個版本。卡
畢希更進一步認為（但沒有解釋原因）：如果新月發生在夜晚，
則開始的12小時應由月亮掌管，接下來12小時由土星掌管，之
後是木星，依次按照降序排列。若是這樣，那麼此版本**半日時**的
運作類似於法達（firdārīyyāt），而法達使用月亮的南北交點作
為時間主星（time lords），也顯示了其源於印度。

（2）第二種方法（卡畢希IV.24，見附錄D）與金迪（《四十
章》，Ch. 11.7）、里賈爾（VII.57.2）所言一致，將新月之後不均
等的行星時分為灼傷（scorched）/燃燒（burnt）的小時以及未
灼傷/未燃燒的小時（這些時段又被分為與擇時有關的區間）。我
在里賈爾VII.57.2對此方法做出了較長篇幅的評註並附有時間表。

（3）第三種方法（《亞里士多德之書》II.4，見附錄D）闡
述的是以距離為基礎的**半日時**，稱作buht。馬謝阿拉僅說這
與月亮每天行進12°有關，因此以月亮到太陽的距離來描述新
月後的第一段時間。隨後馬謝阿拉提到《占星詩集》V對此的
論述——這似乎對應烏瑪譯本V.41.15，其中將月亮行進的距
離與她相對初始位置的相位聯繫在一起。也就是說，在28天之
後，她將回到當初新月發生的位置。V.41.15的內容提到疾運盤
（decumbiture chart）：一旦月亮行進了某段距離，我們就應
該檢查月亮的相位，以便對病患作出預測。但如果馬謝阿拉指的

是這種半日時有更廣泛的應用，則還有其他可能性。例如，這個週期有28天，與月亮每月可見的天數以及阿拉伯月宿的數量一致，這暗示了它與月亮行經月宿之間存在關聯。另一方面，《占星詩集》寫道，月亮每七天就會到達與她的初始位置形成四分相或者對分相的地方：鑒於這裡討論的是擇時，所以也許馬謝阿拉/都勒斯的意思是，在擇時中，七顆行星分別掌管四分之一月亮週期（Lunar quarter）中的一天，對應月亮在黃道上移動12°。遺憾的是馬謝阿拉並沒有明確指出要如何應用。

§6 行星時

與月宿相比，行星時使用更為簡單，也意味著在擇時時更加靈活。行星時背後的基本理念是，白天和夜晚的每個「小時」都按照行星與地球的傳統距離（即迦勒底秩序[Chaldean order]）由某一個行星掌管，從土星降序排列：土星、木星、火星、太陽、金星、水星、月亮，然後再回到土星、木星……之所以「小時」加引號，是因為這種小時常常是不規則的，並且具有「季節性」，它們乃是真實形成晝夜的光明及黑暗的時段——而非均等的、由60分鐘構成的標準小時。

舉例來說，在深冬，光照的實際時間非常短，黑暗的持續時間相當長。儘管如此，有光照的時間就叫做「白天」，我們將每一天的白天平均分為12等份，稱之為季節「小時」。從日落到第二天日出前漫長的黑暗時段就是「夜晚」，同樣將它分為12等份。所以在冬季，一天中白天的「小時」要比夜晚的「小時」短許多。很多占星軟體都能計算行星時，但其實你只要知道一天的日出和日落時間，就可以通過筆算或使用計算器得出結果。例如，如果日出時間是早上7：

32，日落時間為晚上8：21，那麼白天持續了12小時49分鐘（769分鐘）；除以12，得到每個行星時持續時間為64.08分鐘。所以第一個行星時為早上7：32到8：36，第二個行星時為早上8：36到9：40，以此類推，直到日落。如果要計算夜晚的行星時，只要找出夜晚持續的時長（從日落到隔天的日出）除以12，再按照之前的步驟做就可以將此算出。

接下來，白天的第一個小時由掌管那一天的行星來掌管，根據常見的傳統體系：星期天由太陽掌管，星期一由月亮掌管，星期二為火星，星期三為水星，星期四為木星，星期五為金星，星期六為土星。接下來的小時依迦勒底秩序分配給隨後的行星主管，白天的其餘時間也以此類推。七顆行星通過24小時的輪替，第二天白天的第一個小時總是會由這一天的主管行星來掌管。下面的表格顯示了每日行星時的分配狀況：

	星期天	星期一	星期二	星期三	星期四	星期五	星期六
1	☉	☽	♂	☿	♃	♀	♄
2	♀	♄	☉	☽	♂	☿	♃
3	☿	♃	♀	♄	☉	☽	♂
4	☽	♂	☿	♃	♀	♄	☉
5	♄	☉	☽	♂	☿	♃	♀
6	♃	♀	♄	☉	☽	♂	☿
7	♂	☿	♃	♀	♄	☉	☽
8	☉	☽	♂	☿	♃	♀	♄
9	♀	♄	☉	☽	♂	☿	♃
10	☿	♃	♀	♄	☉	☽	♂
11	☽	♂	☿	♃	♀	♄	☉
12	♄	☉	☽	♂	☿	♃	♀

圖5：白天行星時的分配（從日出開始計算）

	星期天	星期一	星期二	星期三	星期四	星期五	星期六
1	♃	♀	♄	☉	☽	♂	☿
2	♂	☿	♃	♀	♄	☉	☽
3	☉	☽	♂	☿	♃	♀	♄
4	♀	♄	☉	☽	♂	☿	♃
5	☿	♃	♀	♄	☉	☽	♂
6	☽	♂	☿	♃	♀	♄	☉
7	♄	☉	☽	♂	☿	♃	♀
8	♃	♀	♄	☉	☽	♂	☿
9	♂	☿	♃	♀	♄	☉	☽
10	☉	☽	♂	☿	♃	♀	♄
11	♀	♄	☉	☽	♂	☿	♃
12	☿	♃	♀	♄	☉	☽	♂

圖6：夜晚行星時的分配（從日落開始計算）

　　仍舉上面的例子，如果日出時間為星期三早上7：32，那麼水星掌管白天的第一個小時，即早上7：32至8：36；然後月亮主管隨後的64.08分鐘的行星時，然後是土星，以此類推，直到日落。由太陽掌管夜晚的第一個行星時——具體時長取決於那個夜晚的持續時間。

　　本書收錄了「貝森」（身份不詳）和里賈爾（《行星判斷技法》VII.100）的資料。貝森的著作只有第一部分與行星時有關，其餘大部分逐字摘抄了薩爾《擇日書》的拉丁文版本，這說明貝森實際上是中世紀拉丁人。里賈爾則闡述了兩個觀點：分別來自本‧賽義德（Ablabez bin Sayyid）和阿布‧馬謝。我們可以從兩個方面入手分析，辨別出哪些觀點屬於本‧賽義德，哪些屬於阿布‧馬謝。首先，每顆行星都有兩段風格迥異的內容，分別來自兩位名家，里賈爾按照同樣的順序羅列他們的觀點；其次《行星判斷技法》VII.74引用了《自然之書》關於土星時的觀點，里賈爾認為此書是阿布‧馬謝的著

作——的確，土星時第二段內容陳述的恰恰就是這個觀點（而第一段來自本・賽義德的內容沒有這個觀點）。

　　或許有人認為，在某個行星掌管的「小時」裡，**適宜**開展與該行星特質契合的事項；而如果這顆行星的特質會對事項造成問題，就**不宜**採取行動。在很大程度上確實如此，不過仍有重要的例外，而且不同作者對此也有分歧。例如火星與流血和刀有關，但是在火星主管的行星時，放血被禁止（可能因為他是危險的行星，不利於健康或複雜的手術——至少在中世紀是如此）[106]。與此相似，貝森說要在金星時放血，而本・賽義德說不能這樣做。（事實上當涉及到什麼能做、什麼不能做的問題時，本・賽義德的內容總是天南地北、五花八門。）三位作者的內容（貝森、本・賽義德、阿布・馬謝）沒有顯示出任何共同的資料來源或特點，於是很難判斷該採信誰的觀點。不過里賈爾似乎未受此困擾，他說：「較之上文所述依行星狀態、位置進行擇時的方法，使用行星時與月宿擇時的作用十分有限，儘管如此，我們仍可從中受益。」所以很顯然，使用它們不會造成傷害，但也無法給予有力的幫助。

§7 關於應期——伊朗尼與里賈爾

　　本命與卜卦的古典文獻常常會簡短地論述應期：例如一名囚犯或奴隸可能在月亮形成某個特定相位時被釋放（《判斷九書》§6.40），或者當事人將在區分內發光體的某個三分性主星主管的人生階段獲得財富與成就（《本命三書》III.1.2）。在本命領域，占星家們還將預

---

106 ｜ 參見貝森§1。

測的內容進一步分門別類，通常他們把論述壽命的內容收錄在一冊書中，年度或週期預測的內容則放在另一冊書中[107]。薩爾的《論應期》通常被視為卜卦、擇時、事件盤的應期判斷準則的集合，它綜合了馬謝阿拉、哈亞特、烏瑪、西奧菲勒斯等人的觀點[108]。事實上，鑒於前文所述「馬謝阿拉的傳承」的背景，哈亞特和馬謝阿拉也可能著有與《論應期》十分相似的資料[109]。

在此我想談談薩爾《論應期》的開篇部分，它闡述了應期的一般性原則——這部分內容在我翻譯的《心之所向》II.5、伊朗尼 I.5 和里賈爾 VII.102.1、102.6-8、102.10 中也有提及。我們暫不理會這篇文獻後面聚焦具體宮位主題預測的內容。儘管如此，在我看來，將應期的內容放在擇時資料中似乎有些不得其所：對於卜卦而言，當事人可能想知道什麼時候事情會達成或有所變化；但對於擇時而言，應將重點放在確保行動能夠獲得成功，而非預測未來的事件。應期對於事件盤更為有用，可以預測例如國王將在位多久等事項。

《論應期》前幾節將觀念、法則與原則雜揉在一起。但我認為應期的內容分三方面：

（1）**變化**的應期。顯示一個持續的狀況可能出現改變、變換方向、反覆等等。

（2）時間**長度**。即事件顯現或結束需要多長時間。有時候只能確定時間單位（time-units）的數量（例如「5」），但無法

---

107 ｜ 托勒密將關於壽命的內容寫在《四書》III.11，年度預測內容在 IV.10；馬謝阿拉於《亞里士多德之書》III.1.7-10 論壽命，IV 論年度預測。其他作者均單獨論述年度預測，例如阿布·馬謝的《波斯本命占星 III》。
108 ｜ 也有其他作者的應期資料，例如里賈爾 VII.102.3 大部分來自瓦倫斯《占星選集》III.12-13。
109 ｜ 事實上，正如我們在《判斷九書》中看到的，薩爾的內容與哈亞特、「都勒斯」（即馬謝阿拉翻譯的都勒斯著作）幾乎完全相同，因此里賈爾 VII.102.1 的應期內容與薩爾的一模一樣，來自都勒斯和托勒密（偽托托勒密著《金言百則》#81）。

確認這個時間單位具體是什麼（換句話說，是「月」還是「年」等）。

（3）**制約因素**。即在何種情況下使時間單位變得更短或是更長。例如，固定星座可能預示時間單位是以年計算的，而啟動星座則按周計算。

——（1）變化的應期——

以下是從伊朗尼I.5.1、《論應期》§1以及《心之所向》II.5.1-2節選出的有關變化的應期的內容：

　　▪移至新的象限或半球（顯然通過行星運動而不是周日運動[diurnal rotation]）。因此，如果一個關鍵徵象星從南方象限途徑天頂MC移至東方象限，則預示著事件發生變化。

　　▪行星與本輪或均輪的象限關聯發生變化。例如當行星到達遠地點，然後越過它，事件就會發生改變。

　　▪從西方到東方的變化，**反之亦然**：因此當行星穿過太陽光束並出現在太陽另一側時，則預示事件發生改變。

　　▪從一個星座移至下一個星座，例如徵象星從獅子座進入處女座。

　　▪行星從黃緯北緯移至南緯，**反之亦然**。這需要經過它的交點。

　　▪月亮週期的變化，從漸盈到漸虧，或從漸虧到漸盈。

　　▪行星停滯以及與太陽會合，包括進入或離開太陽光束（標準距離可能是與太陽相距15°）。

——（2）時間長度：計算方法總結——

作者們通過計算應期來確定距離事件的高潮或結果有多少個時間單位：例如兩顆徵象星相距13°，那麼對應13個時間單位（日、周、月或年）。應期的計算方法更難理解。為此，我比較了六份資料：

- 伊朗尼 I.5.2（8種方法）[110]
- 偽托托勒密的《金言百則》格言81（7種方法）
- 《心之所向》II.5.2（7種方法）
- 里賈爾 VII.102.1（7種方法）
- 里賈爾 VII.102.7（5種方法）
- 《論應期》§3（5種方法）

這些計算方法難以被理解有很多原因。首先每一份資料記載的方法數目不一（但大多有五種或七種），儘管它們的前三種和第五種方法是相同的。例如，在赫曼翻譯的《論應期》（見《心之所向》）中列出七種方法，但約翰的譯本中只列出五種。

此外，某些方法只不過是冗餘的重複而已：例如伊朗尼 I.5.2 #4、里賈爾 VII.102.7 #4 與第二種方法（即兩顆徵象星真實的過運）雷同。同樣，《金言百則》#7 可被視為第四種方法（假設徵象星是用事宮位主星，從徵象星到用事宮位）的真實過運版本。

再者，一些資料明顯來源於相同的手稿傳承，羅列的方法極為相似，與其他方法截然不同：里賈爾 VII.102.1 #5 與《金言百

---

110 ｜ 我將他的內容劃分為八種方法，但第七種和第八種也可合二為一，成為七種方法。

則》#5顯然有關聯，但看起來與其他方法格格不入。儘管如此，它們使用「增減」（adding and subtracting）和「饋贈」（gift）或「給予」（giving）[111]（即行星所賦予的），強烈顯示行星年（planetary years）應用的版本不同（也可能存在誤讀）。這種方法呈現出較大及較小的數值而不僅僅是時間單位。例如，金星賦予的較小年數或時間單位是8，較大年數是82：數值上的變化（較小和較大）與依據度數計算出固定的距離並對應為年、月、日的方法是不同的。

還有，當兩位作者闡述同樣方法時，他們措辭有微妙的差別並且模棱兩可。

最後，有些方法是錯誤的，例如赫曼譯《論應期》第五種方法似乎是對第四種方法的重複和曲解。《金言百則》第六種方法則與變化的應期有關，與計算時間長度無關。

一部涵蓋全部資料而成的阿拉伯版文獻，或許可以解決諸如確認應期的計算方法為五種或七種此類的基本問題，但因為這些方法之間存在類別差異，恐怕即使是集大成之作仍無法回答究竟應期該如何計算。我反而建議將這些方法整理並做出清晰的分類。由此，我推薦下面這張將計算應期的方法分成五類並註明了資料來源的表格：

---

111 | 我贊同里賈爾Ⅶ.102.1使用的「饋贈」（gift）一詞，這同霍登（Holden）最初的希臘文版本一致，有些拉丁和希臘文獻將此寫作「沈落」（「setting」，拉丁文occasu、dusis）是不準確的。

推薦「方法」	來源
1. 兩顆行星的星體或者相位之間的距離——通過黃道度數或者赤經上升（ascensions）度數計算	• **星體—黃道**：全部資料 #1、伊朗尼 I.5.2 #7（光線傳遞 [transfer of light]） • **星體—赤經上升**：全部資料 #3，除《金言百則》。 • **相位—黃道**：伊朗尼 I.5.2 #3、#7（光線傳遞）、《金言百則》#2 • **相位—赤經上升**：伊朗尼 I.5.2 #8（光線傳遞）、赫曼譯《論應期》#6、《金言百則》#2
2. 兩顆行星真實的精準會合（成相位？）時間	全部資料 #2（除《金言百則》#3）；顯然還有伊朗尼 I.5.2 #4，及里賈爾 VII.102.7 #4。
3. 徵象星與上升位置之間的距離（象徵性的）	伊朗尼 I.5.2 #6、《論應期》#4
4. 從徵象星到用事宮位，通過過運或赤經上升度數計算	• **過運**：里賈爾 VII.102.1 #4、#6；《金言百則》#4、#7 • **赤經上升**：里賈爾 VII.102.1 #4、#7；《金言百則》#4
5. 行星年	全部資料 #5，除赫曼譯《論應期》。

圖7：應期計算方法推薦（戴克）

　　根據上面的表格，六份資料都涵蓋了其中的四類方法（但里賈爾 VII.102.7 只有三類）。而每份資料都缺少（3）或（4），這兩類十分相似，都涉及徵象星與某個位置之間的距離（而不是它與另一行星之間的距離。）。也許可以將（3）與（4）合併，然後將（1）再分為星體距離（譯註：現在所稱的合相距離。）與相位距離，或是黃道度數與赤

經上升度數；但那樣的話，（3）與（4）合併後將同時包含象徵性的時間運行和真實的過運——而此兩者的區別更為我所重視，因此不建議使用其他歸類方式。

——（3）制約因素——

到目前為止，我們已經確知什麼情況預示事情會發生變化，以及通過星盤的哪些部分來計算應期長度（常以時間單位表示）。除此之外，還有一些制約因素影響時間單位的長短。對此各家說法不一，而且也沒有確切數字（像計算方法的種類那樣）。下面是較為重要的幾種：

行星的類型[112]：外行星（superior planets）例如土星，會讓時間持續更久，而內行星預示較短的時間。

行星速度或星相（phase）[113]：行星移動速度快或東出（eastern），預示較短的時間；移動速度慢或西入（western），預示較長時間。

象限或始、續、果宮[114]：行星位於東方象限或始宮，事件發生更快（但位於始宮持續的時間較長些），當行星位於西方象限或果宮時間更長（但果宮持續的時間較短一些）。不同的始宮代表的時長也不同。

星座的特質（三方、四正、赤經上升時間）[115]：行星位於火

---

112 ｜ 參見伊朗尼 I.5.1-3，里賈爾 VII.102.6。
113 ｜ 參見伊朗尼 I.5.1，里賈爾 VII.102.6-7。
114 ｜ 參見伊朗尼 I.5.0，里賈爾 VII.102.6-7。
115 ｜ 參見伊朗尼 I.5.0，里賈爾 VII.102.6。

象或風象星座預示著較短的時間，啟動星座與扭曲/短上升星座（crooked/short ascension）也一樣。水象或土象星座預示較長的時間，固定星座與直行/長上升星座（straight/long ascension）也一樣。

有幾段內容對此做出了解釋，並舉例說明如何綜合考慮這些因素[116]判斷時間單位：例如，對於落在東方象限的內行星，且位於始宮、啟動星座同時又是短上升星座，可能預示時間單位以小時計算。但如果是土星位於西方象限、果宮、固定星座且又是長上升星座，那麼預示時間單位以年計算。

§8 遠離始宮（Remoteness from angles）與宮位系統

在《四十章》（§4主題9）的前言中，我論證了金迪使用類似雷格蒙坦納斯制（Regiomontanus）的宮位系統[117]，他認為在某些擇時中，讓天頂MC落在特定的星座非常重要。具體來說，對於某些擇時，MC必須落在第十個星座，而不是「後退的」（drawn back）或「下降的」（drawn down）或「遠離的」（remote），即位於果宮、第九個星座。這種方法乃是將整宮制（whole-sign houses）與MC代表第十宮事項這一事實進行整合：也就是說，大圈系統（地平線：上升點，子午線：天頂）要與整宮制的始宮（第十個星座：第十宮）相契合。在某些情況下，若MC無法落在第十個星座，那它至少應落

---

116 | 參見里賈爾VII.102.7、《論應期》§3、《心之所向》II.5.1-2。
117 | 有時很難說清中世紀作者如何應用占星，因為他們多次把整宮星座宮位與宮位中特定度數混在一起提及。《擇日書》§36寫道「信任之宮（即第十一宮）的度數」，這是一個在整宮制佔據主流的傳統之下，罕見地提到宮始點（house cusps）的例子。

在第十一個星座，因為隨著周日運動，第十一個星座是朝著第十個星座的位置向上升起，而不是朝著西方地平線下降的（像第九個星座那樣）。向上升起並且在始宮象徵著增長、存在、成功及成果的延續，與減少、缺席、失敗或短暫的成果相反。

在本書及《判斷九書》中，有更多的證據顯示，這不僅是一種因為整宮制與象限制並存而產生的普遍認識，而且還被應用於擇時，並可能源於更早期的希臘資料。下面列舉一些認為MC不能位於第九個星座的例子：

- 《四十章》§485：在建造垂直的抽水裝置時，尖軸不應在遠離的位置或果宮。
- 《四十章》§490：在造船時，尖軸不應在遠離的位置。
- 伊朗尼I.2.7：尖軸的度數不應位於遠離的位置；伊朗尼認為當滿足某些條件時，這種情況可以忽視或得到補償。
- 伊朗尼I.2.12/里買爾VII.2.6：如果尖軸位於遠離的或「後退的」或「退縮的」位置，通常是不利的，特別對於那些我們希望得到持久性結果的事項。但位於第十一宮是可以接受的。
- 伊朗尼II.1.3（引用金迪§47）：為建築物奠基時，尖軸不應落在遠離的位置。
- 伊朗尼II.1.6/里買爾VII.21（引用金迪§482）[118]：在開鑿運河時，尖軸不應落在遠離的位置。
- 伊朗尼II.3.1/里買爾VII.9：當我們想要保持賣出貨物的收入時，尖軸不應落在遠離的位置。

---

118 | 起初在我翻譯金迪的這段內容時，將「筆直地」（「straight」，拉丁文「directus」）一詞詮釋為「直行上升星座」，但依伊朗尼和里買爾的資料來看，它指的應該是在第十個星座。

- **伊朗尼 II.6.1**[119]：為受孕擇時時，尖軸不應落在遠離的位置。
- **《擇日書》125a/里買爾 VII.87**：當為新王登基擇時時，上升星座與第四宮都應為「固定」星座。如果上升星座是固定星座，例如金牛座，那麼第四個星座也自然是固定星座（此例即為獅子座），所以除非這裡指的是天底 IC 要落在第四個星座，否則這條法則就沒有意義了。

我認為這一法則很可能起源於擇時的內容，隨後被應用到卜卦當中。（薩爾《論卜卦》§1.7或《判斷九書》§1.1裡有一個在卜卦中應用的例子，薩爾傾向於使 MC-IC 落在第十和第四個星座，而不是第九和第三個星座，他認為如此事情的結果將更加穩固持久。）首先，如前文所述，很多卜卦文獻由擇時內容轉換而來的。其次，尖軸直立而不是遠離的這一點與我們能夠選擇的星盤關聯更密切——而卜卦盤是按照客戶來訪提問的時間起盤的，無法選擇。更有趣的是第三點，里買爾說 MC 落在第十一個星座是可以接受的，並且稱之為「anafamentum」。這一拉丁化的詞彙與希臘文「anaphora」相似，意思是「接續的位置」——第十一宮即續宮。還有另一個例子，作者使用的詞彙也疑似源於希臘：伊朗尼在 I.2.0 中告誡，不要試圖為不可能發生在當事人身上的事情擇時，例如為老婦人擇時受孕。「因為，」他說，「除非事項本身有意義，否則支持（support）的效果不會顯現。」這裡「支持」（拉丁文 firmamentum）一詞指的是擇時與擇時盤，聽起來像是希臘文「hupostasis」（「基礎、支持、保

障」），有時指的就是星盤[120]，這再次指向了希臘是源頭。不過這僅是假設，還需要有更多翻譯的希臘文獻提供證據。

§9 譯文說明

本書提供了詞彙表供參考，相信讀者不難理解其中的專業術語。不過在此還要針對一個詞彙進行說明，它僅出現在里賈爾1485拉丁版當中：appodiare及其形容詞形式appodeatus（appodiatus），指支撐某物，即通過支撐使事物得到支持或加強。在很多段落中，這個詞傳達的資訊都不明確，但通過對照薩爾的阿拉伯版本VII 3.0可知，它似乎與行星被強化有關。在某些句子裡，它指的是行星與吉星形成相位從而得到支持。我將此詞通篇譯為「支持 / 被支持」或「加強 / 被加強」。

此外，如我此前出版的書籍一樣，方括號 [ ] 中的內容是我加上去的。

---

120 | 例如瓦倫斯《占星選集》II.19.2：hupostasin tēs geneseōs（「本命的基礎」[foundation of the nativity]，指的就是本命盤。）。

PART

I

月亮與月宿

THE MOON
&
LUNAR MANSION

擇日

—

金迪

　　若月亮與太陽以三合或六合相位連結[1]，則諸事皆宜，尤其有利
於：覲見國王或蘇丹並力求藉由他們獲得所需；名望；地位；重中之
重的事務；接受順服宣誓；授旗（the granting of a standard）[2]；
穿著彰顯榮耀的服飾；加冕；徵稅；狩獵；射殺。

　　若月亮與土星以三合或六合相位連結（僅限於此），則諸事皆宜；
此外適宜與老人、下屬、奴隸、大眾、卑賤之人會面，考慮與這些人
相關的事務並為他們爭取所需。適宜開墾田地、播種、耙[3][地]、種
植作物；建造華麗的莊園及住宅；挖水渠或運河以及將水引入其中；
評估事物[4]；土地管理者進行控制以及一切與容器[5]有關的事項。

　　無論月亮與木星以任何相位連結，均諸事皆宜，尤其有利於
會見貴族、法官、學者、占星師並力求藉由他們獲得所需，以及委

1　｜ Verbunden，此處及其他各處均指以容許度計算的入相位（《古典占星介紹》Ⅲ.7）。
2　｜ 即旗幟。
3　｜ 德文Eggen、阿拉伯文midammah。即使用工具疏鬆並平整土地。
4　｜ 即通過測量的方式。
5　｜ Gefäße。如果維德曼譯本此處無誤，那麼指的就是水渠、蓄水池等，或許金迪是從土星與水有關（見《古典占星介紹》Ⅴ.1）引申而來的。

派蘇丹的公務與相關的必要事項。[這一配置有利於][6]旅行、轉移
（transfers）[7]、獲取及給予、買賣、出借金錢、堅定不移的願望[8]、
放血及服藥治病、期望（一道命令）被完成[9]、航海、學習宗教知識、
去往理想之地。

若月亮與火星以三合或六合相位連結（僅限於此），則諸事皆
宜，尤其有利於：與酋長、王子有關的事項和一切與武器有關的
事項，以及爭取相關所需；襲擊、堅守與攻克、參戰、藉由軍隊施
壓；追捕逃亡者；發動猛烈的攻擊；騎馬打獵；在投擲比賽中以棍
棒擊打[10]。

無論月亮與金星以任何相位連結，均諸事皆宜，尤其有利於與女
人、僕人、與陰柔的男人會面，及與上述人等有關的事項，並力求藉
由他們獲得所需；製造戒指和碗；展示珠寶；開玩笑；縱情聲色；同
房；割禮等。

無論月亮與水星以任何相位連結（若[連結]是有利的），均諸事
皆宜，尤其有利於：與作家、計算者、學者、醫生、天文學家會面，
及與上述人等有關的事項或滿足他們所需；讀書；傳信；打賭；競賽；
對弈；購置書寫工具；處理與小孩或年輕的手足有關的事項。此外，
還有利於分配事物、測量農田及徵收土地稅。

若月亮與龍首或龍尾會合，則[大體而言]諸事不宜。也不利於

---

6 │ 補充自維德曼。
7 │ 維德曼寫作「運送」（「transport」，德文 transport），但阿拉伯文詞彙 taḥwil 與交付（handing things over）
　　有關，並且該詞常被用作轉移（transfer）或年度週期盤（annual revolutions）。我認為參考下文內容，「轉
　　移」更講得通。
8 │ Das beharrliche Erstreben。
9 │ Das Begehren nach einem Nachkommen。
10 │ Das Schlagen der Keule beim Wurfspiel。

馴服^[11]動物。若月亮空虛，則提示當事人應當做什麼^[12]，且在 [月亮空虛時] 將事項結束更為適當，或遇到更適合從事的事項。

---

11 | Dressieren，這個詞也有捆綁動物以供食用的含義。
12 | 換句話說，當事人什麼事都不應該做。

《行星判斷技法》VII.101：
依據月亮所在月宿擇時

里賈爾

[1] Al-Nath[1]，自牡羊座的開端至12度51分26秒，是第一個月宿。

印度人說，若月亮在此月宿中，則白天（譯註：自日出到日落。）有利服藥、放牧、旅行，但白天的第二小時除外[2]。

都勒斯說，月亮在此月宿（以及整個牡羊座）不利於結婚，也不利於購買奴隸，因為他們將既令人不悅又不順從，或者會逃跑。然而，有利於購買被馴化且供騎乘的動物，也有利於旅行，尤其是乘船旅行：因為這預示旅程將十分順利。此時不利於合作，因為都勒斯說它不會持久，[其中的]一方將會退出、不肯妥協[3]。他還說，此時被俘獲的人[4]，在獄中將被嚴加看管，牢獄生活也將十分悲慘。若被問及盜竊事項，則月亮在牡羊座代表失物常被置於頭頂或臉上，或是手工製作的。此時有利於製造武器、植樹、理髮、剪指甲[5]、穿新衣：

1｜「以頭頂撞」（拉丁文Alnath）。
2｜此處或許應理解為，白天的「第二部分」或「第二個三分之一」，因為後文也出現了這種將白天三等分的劃分方式。
3｜Impacatus。
4｜我並不清楚這裡指的是為抓捕某人擇日，還是以某人被俘獲的時間起「事件盤」來分析。
5｜Ungulas，應為指甲（ungues）。

所有這一切須在月亮不受凶星影響時進行。

[2] Al-Buṭayn[6]，自牡羊座12度51分26秒至牡羊座25度42分52秒。

印度人說，若月亮在此月宿中，則有利播種、旅行。

都勒斯說，此時不利於結婚，[也不利於]購買奴隸。關於奴隸、乘船及俘虜事項，他所言內容與Al-Naṭḥ相同。

[3] Al-Thurayyā[7]，自牡羊座25度42分52秒至金牛座8度34分18秒。

印度人說，若月亮在此月宿中，則有利交易與向敵人復仇；甚至對於旅行而言，也有中等程度的[助益]。

都勒斯說，此時不利於結婚；有利於購買牲畜。水路旅行之人將經歷恐懼與危險。此時不利於合作，尤其是與更強大之人，原因在於除非當事人經受苦役並感到後悔，否則無法從中脫身。都勒斯還說，此時被俘或被捕之人，將因財產導致長期而嚴酷的監禁：為了出獄，他只能被迫放棄財產。此時對於任何與火有關的事項皆有利，並且也有利於捕獵動物，以及行善。但是不利於購買牛和羊[8]，也不宜植樹或播種、穿新衣。

[4] Al-Dabarān[9]自金牛座8度34分18秒起，至金牛座21度25分[44秒]。

印度人說，若月亮在此月宿中，則有利於播種、穿新衣、接受

---

6 |「腹部」（拉丁文Albethain）。
7 |昂星團（拉丁文Althoraie）。
8 |此處與前文所述「有利於購買牲畜」矛盾。
9 |「臀部」（伯內特）或恆星畢宿五（拉丁文Addavenam）；又稱「追隨者」（羅賓遜[Robson]）。

（to take on）[10] 女人及她們的飾物、拆毀[11] 任何建築及另行新建、旅行，但白天的第三部分除外。

都勒斯說，此時不利於結婚，因為女方欲與他人媾合。他還說，此時有利於購買俘虜，因為他們將既令人愉悅[12] 又守法；建造的建築將堅固且持久。此時有利購買牲畜。他又說道 [此時] 乘船旅行之人將遭遇大浪；此時 [建立的] 合作關係是糟糕的，尤其是與那些比當事人更強大之人：因為除非當事人經受苦役並感到後悔，否則無法從中脫身；此時被捕獲之人將面臨長期囚禁，若此人因財產被捕獲，亦將因財產而順利逃脫[13]。並且此時有利於任何形式的建築事項、挖水渠、購買男女奴隸或牲畜、站在國王或其他領袖身邊、接受榮譽或統治權——在所有這些事項上，都勒斯均讚美了 [此月宿]，除了特別提到避免結婚之外。

[5] Al-Haqᶜah[14]，自金牛座21度25分 [44秒] 至雙子座4度17分10秒。

印度人說，若月亮在此月宿中，則有利於結婚、送男孩去學習法律及書寫、製藥、旅行，月亮須不受凶星影響且不被焦傷（burning）[15]。

都勒斯說：此時有利於購買奴隸，他們將是令人滿意且守法的；有利於建築和下水，但不利於 [建立] 合作關係。此時被俘獲之人將面臨長期監禁；儘管如此，若當事人因財產而被抓，他將 [支付贖

---

10 ｜ Accipere。這個詞有歡迎或對某某負責的含義，但參見第二十二個月宿的內容，指的是娶妻。

11 ｜ 針對疑似villae一詞，參閱了1551版本進行解讀。

12 ｜ Securi。

13 ｜ 也就是說，如果當事人被綁架而勒索贖金，那麼他（或其他人）將支付贖金：見後文。

14 ｜「馬頭上的一圈（白色）毛」（拉丁文 Alhathaya）。

15 ｜ 即「combustion」。

金]解決此事並獲得自由。此時有利於洗頭、任何形式的對抗、以及剪頭髮。並且都勒斯說，當月亮或上升星座位於人性星座（human signs）時，尤其當月亮不受凶星影響時，有利於購買奴隸。[16]

[6] Al-Han^ca[17]（[也]稱 al-Taḥāyī[18]），自雙子座4度17分10秒至雙子座17度8分[36秒]。

印度人說：若月亮在此月宿中，則有利於國王發起一場戰爭、採取行動組建軍隊和騎兵，有利於騎手獲得更好的酬勞[19]，有利於圍攻城鎮[20]、追擊敵人或歹徒。儘管如此，它不利於播種，也不利於任何形式的借入，以及將物品寄存保管。

都勒斯說，此時有利於水上旅行，因為船將朝著他期望的方向前行，[並且]順利，但速度緩慢；此時有利於合夥，並且能夠從中獲利，合夥人將會達成共識，是忠誠的與守法的（即，一方對另一方）。此時被捕獲之人：除非在三天內被釋放，否則將面臨長期監禁。此時有利於打獵，但不宜服藥，也不宜處理傷口；穿上的新衣會很快被撕裂。

[7] Al-Dhirā^c[21]，自雙子座17度8分36秒至雙子座的末端。

印度人說，若月亮在此月宿中，則有利於播種和耕作、穿新衣、與女性飾物相關的事項、騎乘動物；不利於旅行，但夜晚（譯註：自日落到次日日出。）最後三分之一的部分除外。

---

16 | 參閱《占星詩集》V.11，特別是ll.3、6、7、11、14。伊朗尼II.7.1認為此觀點時由阿布‧馬謝提出的。
17 | 「駱駝的標記」（拉丁文Alhana）。
18 | 伯內特認為是「雨的信使」（拉丁文Atabuen）。
19 | 針對ut mutant eorum lucre，1551版本的解讀更加清晰明瞭。
20 | Villas。或者更確切地說是「城市」。
21 | 「前臂」（拉丁文Addirach）。

都勒斯說，若此時進行水上旅行，旅程將如當事人所願般順利，但回程速度緩慢。此時合夥將是有利且令人滿意的，合夥人是守法的且（雙方）能夠達成共識。此時被捕獲之人，除非在三天內逃脫，否則將死於獄中。做下讓自己憂心之事並且脫身之人，將再次陷入另一種〔糟糕情境〕之中。此時有利於洗頭、剪頭髮、穿新衣、購買奴隸和牲畜、向敵人發起進攻，與敵人議和——上述事項均有利。但不宜購買土地，也不宜進行醫療相關事項。

[8] Al-Nathra[22]，自巨蟹座的開端至巨蟹座12度51分26秒。

印度人說，若月亮在此月宿中，則有利於用藥，也有利於裁剪及穿戴新衣、與女性飾物相關的事項。他們還說，若月亮出現於此月宿時伴有降雨，則是有利的，不會帶來損失；〔但〕此時不宜旅行，夜晚最後三分之一的部分除外。

都勒斯說，此時結婚的夫妻，僅能維持短暫的和諧，隨後將陷入分歧。此時購買的奴隸將控訴他的主人，他將欺騙他人並且逃亡。此時登船之人可保平安，他將迅速且順利抵達目的地，並很快返回。此時建立的合作關係，雙方均有欺詐行為。此時被捕獲之人將被長期監禁，〔之後〕死亡[23]。

[9] Al-Ṭarf[24]，自巨蟹座12度51分26秒至巨蟹座25度42分52秒。

印度人說，若月亮在此月宿中，不宜播下任何種子，不宜旅行，

---

22 ｜「鼻尖」（拉丁文Alnayra）。
23 ｜逗號後面的部分未見於1485版本，是我依據1551版本補充的。
24 ｜「視野，眼睛」（拉丁文Attraaif）。

不宜將物品寄存保管，也不宜對他人施加[25]惡意。

都勒斯說，此時出海之人，即便遭遇風浪亦能脫險，去往他想去的地方，且平安迅速地歸來。若此時建立合作關係，一方將欺騙另一方；此時被抓捕之人將面臨長期監禁。不宜理髮，也不宜裁剪新衣，因為穿上新衣的人或將死亡——他將穿著新衣溺死。此時有利於加固大門及製作鋸子[26]，有利於將小麥從一處移（moving）至[27]另一處，有利於製作床並為它們加上帷幔。

[10] Al-Jabha[28]，自巨蟹座25度42分52秒至獅子座8度34分[18秒]。

印度人說，若月亮在此月宿中，則有利於結婚、açucharum[29]以及由此產生的事項。此時不宜旅行，也不宜將物品寄存保管，不宜穿新衣，也不利於與女性飾物有關的事項。

都勒斯說，此時建造的建築將長久存世，合作關係將令人滿意，雙方將互利互惠。此時被捕獲之人，乃是因為某知名之人的命令或重大事項而被捕，他將面臨嚴酷而長期的監禁。

[11] Al-Zubra[30]，自獅子座8度34分[18秒]至獅子座21度25分[44秒]。

印度人說，若月亮在此月宿中，則不利於遣散俘虜，[但]有利於

---

25 ｜ Procurare。

26 ｜ Serraturas。或者也許，指進行與鋸/切割有關的事項。

27 ｜ 或「變換」（「changing」，mutando）。我認為此處指運輸以便售賣。

28 ｜ 「前額」（拉丁文Algebhe）。

29 ｜ 1551版本寫作azucharum。這一拉丁文詞彙看似與zawwaja（「結婚」一詞的縮寫）十分接近，因此它可能與婚姻或者性關係有關。

30 ｜ 「鬃毛」，據伯內特（拉丁文Açobrach）。此月宿也寫作Kḫāarātān，意義不明（但溫斯托克 p. 50 依據《克羅維爾抄本12》中的希臘文認為，這可能是「兩只野兔」）。

圍攻城鎮，也有利於播種和種植；儘管如此，對於交易和旅行而言卻是不好也不壞的。

都勒斯說，此時建造的建築將長久存世，建立的合夥關係將令雙方獲利頗豐。此時被捕獲之人，乃是因為某個大人物的命令而被捕，他將被長期監禁。此時不利於裁剪或是穿上新衣，有利於理髮。

[12] Al-Ṣarfah[31]，自獅子21度25分[44秒]至處女4度17分[10秒]。

印度人說，若月亮在此月宿中，則有利於開始建造任何建築、出租土地，種植與播種、結婚、穿新衣、與女性飾物相關的事項、旅行——儘管如此，須在白天第一個三分之一的部分進行[32]。

都勒斯說，此時借出[物品]將無法收回，若當事人收回物品，則將精疲力竭、辛苦萬分；登船之人將遭遇危險與勞苦，且持續很長時間方能脫身。此時有利於購買奴隸和牲畜，但[僅限]在月亮離開獅子座以後，因為獅子胃口很大[33]。若[奴隸或牲畜]吃得很多，[他或它]將患上腸胃疾病，而且[他或它]力大又莽撞，[他或它]也不會服從任何人。

[13] Al-ʿAwwāʾ[34]，自處女座4度17分[10秒]至處女座17度8分[36秒]。

印度人說，若月亮在此月宿中，則有利於播種、耕作、旅行、結婚、釋放俘虜或囚犯，整個白天都如此。

---

31 │「轉移」（戴克）或「改變」（伯內特），拉丁文Açarfa。
32 │ 此處不確定是僅僅對於旅行而言，還是對於以上所有事項而言。
33 │ Comestor。我認為這指的是奴隸或牲畜食量過大，超過主人所能負擔的。
34 │ 牧夫座（拉丁文Aloce）。

都勒斯說，若某人要迎娶的不是處女，則此時尚可；但若他迎娶的是處女，則婚姻將維持一段中等的時間。購買的奴隸將善良又守法，且不令人操心[35]；登船之人將會耽擱許久才返回；被抓捕之人在獄中將有損失，[但] 隨後他仍有好結局。此時有利於服藥、裁剪新衣、開始建造建築、參與愉悅之事[36] 或開玩笑、觀見國王或會見知名人士；並且 [此時] 有利於洗頭和理髮。

[14] Al-Simāk[37]，自處女座17度8分 [36秒] 至處女座的末端。

印度人說，若月亮在此月宿中，則宜與非處女結婚、醫療、播種和種植；不宜旅行，也不宜將物品寄存保管。

都勒斯說，若此時迎娶處女，婚姻將無法持久；但若她不是處女，則此時尚可。購買的奴隸善良守法，尊敬主人。此時有利於登船，[此外] 若是與他人合作，雙方將獲利頗豐且一拍即合；被捕獲之人將迅速逃脫。

[15] Al-Ghafr[38]，自天秤座的開端至天秤座12度51分26秒。

印度人說，若月亮在此月宿中，則有利於開鑿井和水渠，[但] 不宜旅行。有利於治療由風（而不是其他）引起的疾病。

都勒斯說，此時結婚將難以長久和諧，除非 [僅僅] 維持一段中等的時間；把錢借出將無法收回；應避免任何海上或路上旅行。此時建立的合作關係將產生欺詐與不和。此時有利於遷入新居，或是從一處居所來到另一處居所——通過適當地安排第二宮、第二宮主星及其

---

35 | Securus。
36 | 針對 laetitiis 一詞，參閱1551版本進行解讀。
37 | 含義不明，但這個詞的意思是「魚」（拉丁文 Açimech）。
38 | 「鎧甲」，據伯內特（Algarf）。

位置（譯註：因第二宮代表接下來會發生什麼，故象徵新的居所。）。
此時有利於買入和賣出，也有利於爭取成就。你不應當購買牲畜，也
不應當剪頭髮，但你可以買奴隸，因為這是人性星座。

[16] Al-Zubānā[39]，自天秤座12度51分26秒至天秤座25度42分
52秒。

印度人說，若月亮在此月宿中，則不利於旅行、治療、任何商業
交易、播種、與女性飾物有關的事項、穿新衣或裁剪新衣。

都勒斯說，此時不宜結婚，締結之婚姻將維持一段中等時間。
此時購買的奴隸將是好的、守法的、不需操心的。此時建立的合夥關
係，將會產生不和、互相猜忌。此時被抓的人將很快出獄，如果這符
合神的意志。

[17] Al-Iklīl[40]，自天秤座25度42分[52秒]至天蠍座8度34分
[18秒]。

印度人說，若月亮在此月宿中，則有利於購買牲畜和放牧；也有
利於佩戴新飾物以及圍攻城鎮。

都勒斯說，若某人於此時娶妻，他會發現妻子不清白[41]；建造建
築物將堅固且持久；登船之人將感到焦慮與痛苦，但會從中解脫；合
作將產生分歧。宜建立戀愛關係[42]，且在此月宿中的戀情將穩固而持
久。此時有利於一切醫療。不應當剪頭髮，也不應當購買奴隸。

---

39 ｜「鉗子」，據伯內特（拉丁文 Açebone）：也就是天蠍座的鉗子或者天秤座的秤盤。
40 ｜「王冠」（拉丁文 Alidil）。
41 ｜據1551版本補充1485版本遺漏的 puram 一詞。
42 ｜1551版本：「有利於兩人建立法律關係，也有利於以愛情[將人們]結合在一起。」

[18] Al-Qalb[43]，自天蠍座8度34分[18秒]至天蠍座21度25分44秒。

印度人說，若月亮在此月宿中，則有利於建造一切建築，出租土地和購買土地，獲得榮耀和統治權；若出現降雨，將是一場徹底的、有效和有益的降雨；對於旅行而言，有利於去往東方。

都勒斯說，若某人於月亮與火星會合在此月宿時娶妻，會發現妻子不是處女。此時不宜購買奴隸，建築將是堅固的；登船之人即便遭遇風浪亦能脫險，合作將產生分歧。有利於種植，不宜裁剪新衣或穿新衣、剪頭髮。有利於飲用[44]和使用藥物。

[19] Al-ʾIbrah[45]，自天蠍21度25分44秒至射手4度27分[10秒]。

印度人說，若月亮在此月宿中，則有利於圍攻城鎮與要塞，對敵人提起訴訟，以及旅行。此時不宜將物品委託他人保管，適宜播種和種植樹木。

都勒斯說，若某人娶妻，將發現她並非處女。此時不宜購買奴隸，也不宜登船，因為這預示著船將沈沒；此外合作的雙方將產生分歧[46]，此時被抓之人也將十分不幸。

[20] Al-Naʿāʾim[47]，自射手4度27分[10秒]至射手座17度8分[36秒]。

---

43 ｜「心臟」，或Cor Scorpionis（拉丁文Alcalb）。
44 ｜指飲用藥物而不是飲酒。
45 ｜「刺」（拉丁文Yenla），也稱作「尾巴」（al-shawlah），Cauda Scorpionis。
46 ｜Discors erit。
47 ｜「鴕鳥」（拉丁文Alimain）。

印度人說，若月亮在此月宿中，則有利於購買牲畜；對於旅行而言是不好也不壞的；若出現降雨，則是有益的，不會造成災害。

都勒斯說，此時有利於購買小型牲畜，但此時不利於合作，也不利於被捕獲之人。

[21] Al-Balda[48]，自射手座17度8分[36秒]至射手座的末端。

印度人說，若月亮在此月宿中，則有利於開始建造任何建築和[播下]種子，購買土地和牲畜，購買或製作女性飾物，以及衣服。然而對於旅行來說卻是不好也不壞的。

都勒斯說，被休的女人或寡婦將無法[再]婚；對於購買奴隸而言是不好也不壞的，預示著奴隸將自私自利，也不會對主人謙卑恭敬。

[22] Saᶜd al-dhābiḥ[49]，自摩羯座的開端至摩羯座12度51分26秒。

印度人說，若月亮在此月宿中，則有利於醫療，以及旅行（白天最後三分之一的部分除外）；有利於穿新衣。

都勒斯說，若某人承諾[娶][50]妻，他將在成婚前悔婚，且男方將在六個月前死亡——或者他們將在不合之中以糟糕的方式分手，且女方將不會善待男方。此時不利於購買奴隸，因為[奴隸]將做出對主人不利之事，或是逃走，或是令人氣惱的，或是拙劣的。此時有利於登船，只不過當事人將因為返回意願強烈而導致心神不寧，諸如此

---

48 ｜「位置」（拉丁文 Albeda）。
49 ｜「屠宰者的好運」（拉丁文 Sahaddadebe）。
50 ｜ Acceperit。

類。此時有利於合作，因為將會獲利並受益匪淺；被抓捕之人將迅速逃脫。

[23] Saᶜd bulaᶜ[51]，自摩羯座12度51分26秒至摩羯座25度42分52秒。

印度人說，若月亮在此月宿中，則有利於醫療、戴首飾和穿新衣；不利於將物品寄存保管。白天中間三分之一的部分有利於旅行。

都勒斯說：此時不利於結婚，因女方可能無法善待男方，他們也無法長久在一起。也不利於購買奴隸，或是登船開始短途旅行，但有利於合作，被抓捕之人將迅速逃脫。

[24] Saᶜd al-suᶜūd[52]，自摩羯座25度42分52秒至水瓶座8度34分[18秒]。

印度人說，若月亮在此月宿中，則不利於買賣商品，不利於與女性飾物有關的事項，不利於穿新衣，也不利於娶妻[結婚]；但此時有利於醫療，派遣士兵和軍隊，[此外]對於旅行而言是不好也不壞的。

都勒斯說，此時不宜結婚，因為[僅僅]將維持一段適中的時間。購買的奴隸將健壯、守法且善良。此時不宜登船，不利於合作，因為這預示著最終將造成巨大的損失與分歧；此時被捕獲[之人]將迅速獲得自由。

[25] Saᶜd al-ʾakḫbiyah[53]，自水瓶座8度34分[18秒]至水瓶座

---

51 ｜「吞咽者的好運」（拉丁文Zadebolal）。
52 ｜「好運中的好運」（拉丁文Zaadescod）。
53 ｜「帳篷的好運」（拉丁文Sadalabbia）。

21度25分[44秒]。

印度人說，若月亮在此月宿中，則有利於圍攻城鎮和要塞、挑起爭端、追擊敵人並對他們作惡。有利於寄送信息，但不利於婚姻、播種、買賣商品，也不利於購買牲畜。有利於去往南方旅行。

都勒斯說，此時不利於婚姻，因為[一方]將[僅僅]與另一方相處一段中等的時間。此時有利於購買奴隸，因為[奴隸]將健壯、守法又善良。此時建造的建築物將穩固而持久。甚至對於登船而言也是有利的，只不過[54]它預示著延遲。此外[此時]不利於合作，因為它預示著令人不快的結局和損失；奴隸將逃跑。

[26] Al-fargh al-muqaddam[55]，自水瓶座21度25分[44秒]至雙魚座4度17分[10秒]。

印度人說，若月亮在此月宿中，則有利於旅行，但[僅僅]在白天第一個三分之一的部分；白天其餘的時間不利於旅行，也不利於任何開始。

都勒斯說，此時不利於結婚，因為將[僅僅]持續一段始終的時間。此時購買的奴隸守法又善良，若開始建造建築將穩固又持久。此時有利於登船，但意味著速度緩慢。此時不宜合作，此外被捕獲之人將入獄很久。

[27] Al-fargh al-muʾakhkhar[56]，自雙魚座4度17分[10秒]至雙魚座17度8分[36秒]。

---

54 | 將nisi quare理解為nisi quod。
55 |「前方的水柱」（拉丁文Fargalmocaden），也稱「第一個水柱」（al-Fargh al-awwal）。
56 |「隨後的水柱」（拉丁文Alfargamahar）。

印度人說，若月亮在此月宿中，則有利於播種和買賣商品，但不宜將物品寄存他處保管，也不宜借出任何物品。此時有利於婚姻，對於旅行而言是不好也不壞的，但夜晚中間三分之一的部分除外，鑒於此你絕不應當在此時動身去旅行。

都勒斯說，損失、危險與勞苦將降臨於登船之人的身上。並且若某人與他人合作，開始會是有益，[但]最終將產生分歧與損失；被捕獲之人無法從獄中逃脫。也不應當購買奴隸，因為他將是糟糕的。

[28] Baṭn al-ḥūt[57]，自雙魚座17度8分[36秒]至雙魚座的末端。

印度人說，若月亮在此月宿中，則有利於買賣商品、播種和醫療，而不利於將物品寄存保管，也不利於借出任何物品。此時有利於結婚且對於旅行而言是不好也不壞的，除非在夜晚中間三分之一的部分（那是不好的）。

都勒斯說，此時購買的奴隸脾氣壞人品也不好，而且非常自大[58]；建立的合作關係開始是好的，結果是壞的；此時被捕獲之人將無法出獄。

---

57 ｜「魚腹」（拉丁文Bathnealoth），又稱作Baṭn al-rishāʾ，「繩腹」（尤其是井繩）。
58 ｜ Appreciabit se。

阿拉伯名稱	可能的恆星/星群	現代經度（2010）
1	Al-Naṭḥ / al-Sharaṭān	婁宿一（Sheratan，白羊座β星），婁宿二（Mesarthim，γ星）	4° 06'，3° 19' ♉
2	Al-Buṭayn	天陰四（Botein，白羊座δ星）、ε星、ρ星	20° 29' ♉（天陰四）
3	Al-Thurayyā	昴星團（Pleiades）	0° 07' ♊
4	Al-Dabarān	畢宿五（Aldebaran，金牛座α星）或畢星團（Hyades）	9° 55' 或 7° 00' ♊
5	Al-Haqᶜah	獵戶座λ星、φ星	23° 50' ♊（λ星）
6	Al-Hanᶜa	井宿三（Alhena，雙子座γ星）、ξ星	9° 14' ♋
7	Al-Dhirāᶜ	北河二（Castor，雙子座α星）、北河三（Pollux，β星）	20° 22'，23° 21' ♋
8	Al-Nathra	積屍氣（Praesepe，巨蟹座ε星附近的星雲）	7° 20' ♌
9	Al-Ṭarf	巨蟹座κ星、軒轅八（Alterf，獅子座λ星）	18° 00' ♌（軒轅八）
10	Al-Jabha	獅子座ζ、γ、η、α星周圍；雙子座ε星	27° – 29° ♌
11	Al-Zubra / al-Kḫartānā	太微右垣五（Zosma，獅子座δ星）、θ星	11° 27' ♍（太微右垣五）
12	Al-Ṣarfah	五帝座一（Denebola，獅子座β星）	21° 45' ♍
13	Al-ᶜAwwāʾ	右執法（Zavijava，室女座β星）、左執法（Zania，η星）、東上相（Porrima，γ星）、δ星、東次將（Vindemiatrix，ε星）	27° ♍ – 10° ♎
14	Al-Simāk	角宿一（Spica/Azimech，室女座α星）	23° 58' ♎
15	Al-Ghafr	可能為室女座ι及κ星	3° 56' ♏（ι星）
16	Al-Zubānā	氐宿一（Zuben Elgenubi，天秤座α星）、氐宿四（Zuben Eschemali，β星）	15° 13'-19° 30' ♏

17	Al-Iklīl	大概為房宿四（Acrab/Graffias，天蠍座β星）、房宿三（Dschubba，δ星）	2° 42' − 3° 19' ♐
18	Al-Qalb	心宿二（Antares，天蠍座α星）	9° 54' ♐
19	Al-ʾIbrah / al-Shawlah	尾宿八（Shaula，天蠍座λ星）、尾宿九（Lesath，υ星）；或為M7星團（Acumen）及M6星團（Aculeus，在蠍刺的部位）	24° − 28° ♐
20	Al-Naᶜāʾim	位於鬥宿六（Ascella，人馬座ζ星）附近	13° 46' ♑
21	Al-Balda	可能為人馬座π星	靠近 13° ♑
22	Saᶜd al-dhābiḥ	牛宿二（Algedi，摩羯座α星）、牛宿一（Dabih，β星）	3° 54' − 4° 11' ♒
23	Saᶜd bulaᶜ	女宿一（Albali，寶瓶座ε星）、μ星、ν星	13° ♒
24	Saᶜd al-suᶜūd	虛宿一（Sadalsuud，寶瓶β星）、ξ星；摩羯座46	23° 32' ♒（虛宿一）
25	Saᶜd al-ʾakḫbiyah	墳墓二（Sadachbia，寶瓶座γ星）、π星、ζ星、η星	6° 51' ♒（墳墓二）
26	Al-fargh al-muqaddam / al-Fargh al-awwal	可能為室宿一（Markab，飛馬座α星）及室宿二（β星）	23° 37' ，29° 30' ♓
27	Al-fargh al-muʾakhkhar	可能為室宿一（Markab，飛馬座α星）及室宿二（β星）[59]	29° ♓ − 9°/14° ♈
28	Baṭn al-ḥūt / Baṭn al-rishāʾ	仙女座β星 [60]	0° 32' ♉

圖8：阿拉伯二十八月宿及可能的恆星構成

---

59 | 據庫尼奇（Kunitzseh）和斯瑪特（Smart）pp. 15、47。此處對於飛馬座 α - γ 星與仙女座 α 星以及它們的名稱有些混淆。
60 | 據庫尼奇（Kunitzseh）和斯瑪特（Smart）p. 50。此月宿本是由一些恆星組成的模糊的曲線，像一條繩子，與飛馬座正方形（Square of Pegasus）相連結。

PART

II

行星時
PLANETARY HOURS

	星期天	星期一	星期二	星期三	星期四	星期五	星期六
1	☉	☽	♂	☿	♃	♀	♄
2	♀	♄	☉	☽	♂	☿	♃
3	☿	♃	♀	♄	☉	☽	♂
4	☽	♂	☿	♃	♀	♄	☉
5	♄	☉	☽	♂	☿	♃	♀
6	♃	♀	♄	☉	☽	♂	☿
7	♂	☿	♃	♀	♄	☉	☽
8	☉	☽	♂	☿	♃	♀	♄
9	♀	♄	☉	☽	♂	☿	♃
10	☿	♃	♀	♄	☉	☽	♂
11	☽	♂	☿	♃	♀	♄	☉
12	♄	☉	☽	♂	☿	♃	♀

圖9：白天行星時的分配（從日出開始計算）

	星期天	星期一	星期二	星期三	星期四	星期五	星期六
1	♃	♀	♄	☉	☽	♂	☿
2	♂	☿	♃	♀	♄	☉	☽
3	☉	☽	♂	☿	♃	♀	♄
4	♀	♄	☉	☽	♂	☿	♃
5	☿	♃	♀	♄	☉	☽	♂
6	☽	♂	☿	♃	♀	♄	☉
7	♄	☉	☽	♂	☿	♃	♀
8	♃	♀	♄	☉	☽	♂	☿
9	♂	☿	♃	♀	♄	☉	☽
10	☉	☽	♂	☿	♃	♀	♄
11	♀	♄	☉	☽	♂	☿	♃
12	☿	♃	♀	♄	☉	☽	♂

圖10：夜晚行星時的分配（從日落開始計算）

論行星時

—

貝森

[§1 行星時]

——論土星時——

若正值土星時，則適宜購買沉重的物品，像鐵、錫、鉛及所有金屬，以及石頭、黑色織物；開始給花園翻地，設計圈套以對抗敵人。此時不利於放血、服藥，不利於與權威談話，也不利於與教士、僧侶、小丑或者漁夫談話[1]，也不利於與獵人或任何朋友談話、築牆；除此之外，此時不利於 [與] 人開始 [任何事項][2]、建立任何合作關係，也不利於娶妻（因為他們將無法和諧相處）、裁剪新衣或是穿新衣。

---

1 | 此處內容令人不解：既然僧侶、小丑、漁夫都是由土星所代表的，那麼為什麼此時不利於跟他們談話呢？
2 | Nullum quidem hominem incipere [sic] est bonum。

——論木星時——

木星時適宜購買和兌換銀，以及處理一切與銀有關的事項，有利於買賣天藍色的織物，與橋樑、用於禱告的房屋有關之事[3]，此外還有利於因老師，甚至是商業而動身去旅行；此時適宜航海旅行、服藥、放血，以及談論和平與友好關係、權力、購買栗色的馬，並且適宜購買某種武器（arms of azaro）[4]，開始[用]織布機[工作][5]，耕作田地、播種、打井、築牆：簡而言之（可以說），木星時適宜開始任何有益之事。

——論火星時——

火星時適宜購買武器，為馬（及所有戰馬）釘馬掌，武裝軍艦，出征（無論藉由陸路還是海路），購買任何紅色織物；但是不宜服藥、放血，或是因商業交易而動身去旅行。此外，此時有利於[開始]一切與火有關的事情，例如與火有關的手工藝、烹調、烘焙[和]燒制磚瓦。而且與土星時類似，不利於開始合作或訂婚、結婚。

——論太陽時——

太陽時適宜購買黃金以及任何金色的物品、金色的馬。此時與國王或其他任何有權力之人談話最為有利，且有利於當權者出征或開

---

3 | Pontes et domos orationis causa。我將橋樑與禱告的房屋分開。
4 | 我目前認為這是一個未知的阿拉伯文詞彙。布拉格1466版本（Prague 1466）此處似乎寫作dicacuo或de cacuo。
5 | Telam ordiri。

戰；此時適宜買賣橘黃色的織物。但對於服藥、放血、商業旅行、娶妻、參與合作或訂立合約而言，既無好處也無壞處。

——論金星時——

金星時適宜購買女人、珍珠和所有女性飾物、金戒指，欣然接受任何女性物品，訂婚，而且對於娶妻來說是最完美的時間，還有購買白色馬匹與白色服裝，服藥和放血，並有利於與王后或是貴族女性談話。

——論水星時——

水星時適宜購買所有繪畫[或]寫作的用品，小麥、粟、穀子和一切絢色又美麗的服裝[6]、絲綢[7]、[其他絲綢][8]、中國絲綢[9]以及一切與之有關之物。在此時做出決定[10]最為有利，還有娶妻、建立合作關係，甚至服藥[和]放血、商業旅行、購買頭部或馬蹄有白色印記的馬匹[11]和兩種顏色的武器（橘黃色和金色），以及綠色服裝；[並且]有利於開始[用]織布機[工作]。

---

6 | Species。
7 | Bombacem。隨後兩詞的含義也是絲綢，但我不太理解它們的差異。
8 | Setam（saetam）。通常指堅硬的鬃毛，但在中世紀它指的是絲綢；或許是由某種細小的動物毛製成的柔軟織物。
9 | Sericum。
10 | Placitum。 這也可能與約定在某時某地會面，旨在進行談判或是參與衝突有關。在里賈爾的資料中（例如VII.11.1），該詞與衝突有關。
11 | Baleianos。

—— 論月亮時 ——

月亮時適宜購買蜂蜜、橄欖油、無花果、板栗、堅果、杏仁、毛織物、亞麻布、麻、大麥、豬和其他動物的肉，但羊肉除外；還有利於購買與交易有關的禽鳥和供屠宰的牲畜[12]。亦有利於行竊[13] 和欺騙、背信、施詭計以及 [做] 任何機敏之事。此外，不利於開始那些期待能夠穩定之事，但有利於開始那些想要快速進行之事。

[§2 三方星座，當落於上升位置時]

—— 論上升星座的三方，首先論第一組三方星座 ——

若上升星座為牡羊座、獅子座、射手座的火象星座，適宜開始那些與火有關之事：例如燒窯，給金、銀、鉛、錫 [和] 黃銅[14] 著色，以及從事其他手工藝製作[15]。此外 [此時適宜開始] 任何你想要快速完成之事：航海、賽馬、送信、揚帆、鑿井、尋找寶藏，以及其他事項不勝枚舉。

—— 論第二組三方星座 ——

若上升星座為金牛座、處女座、摩羯座的土象星座，適宜從事任何與土地有關之事：例如耕作、購買土地與房屋、測量土地、發放

---

12 │ 此處採用macellus一詞的中世紀含義，而不是經典釋義「食品雜貨商」。
13 │ Furare應作furari。
14 │ Auricalcum。
15 │ Fabricalia。

衣物、購買用於造船或建築的木材，以及做任何你期待能夠穩定、持久、堅韌之事。

——論第三組三方星座——

但若是風象星座雙子座、天秤座或水瓶座落在上升位置，適宜從事與風有關之事：例如給船安裝桅杆、升起[桅杆]、準備並且展開桁端和帆。此時還適宜開始與船有關之事，賽馬或賽船，以及旅行。

——論第四組三方星座[16]——

但若是水象星座巨蟹座、天蠍座或雙魚座落在上升位置，因此適宜在此時從事任何與水有關之事：例如撒網、以各種形式捕魚、沐浴、修建浴池、製作水車、引導水流，以及其他不勝枚舉之事。

【§3 四正星座，據薩爾《擇日書》】[17]

有關星座屬性的知識[18]。首先是啟動星座。眾所周知，啟動星座代表事物是易變、快速的[等]，讓任何事物都無法延續，時間也不長久。但是它們有利於播種、購買、出售、與女人訂婚[19]（所有這些事項在啟動星座都會成功）[20]、（§12b）虛弱之人將迅速擺脫疾病；而啟

---

16 ｜此段原本見於整部著作的末尾，但屬於此部分內容，我將它調整到這裡。
17 ｜這部分內容逐字引用拉丁文版本《擇日書》§§12a-17，因此我將我翻譯校訂的克羅夫茨評述版（見下文）複製於此，而且標註了克羅夫版本的章節序號。
18 ｜自此至§20c，參見里買爾 VII.3.1。
19 ｜Firmare。
20 ｜這是譯者或後來的編者插入的評論。

動星座也使爭執無法持續，逃犯也將迅速返回，甚至對於異國旅行也是有益的；若是有人在此時許下承諾，則承諾之事將無法推進[21]。此時的宣言、夢境與傳言都是虛假的；醫生不應在此時治療，也不應在此時栽種植物、為建築物奠基，因為這是不利的。（§12c）此外，你在此時開始的任何事（若你期待它穩定）都將不穩定；然而若你要做任何易變（或緊迫）之事，則須在此時開始。（§13）最快的啟動星座是牡羊座和巨蟹座，因為它們更為扭曲且更為易變。但天秤座和摩羯座更為堅定且更為平衡[22]。

（§14a）其次，固定星座適宜任何想要穩定及持久延續之事。（§14b）它們有利於建造建築物，以及舉行婚禮——於啟動星座之下訂立婚約之後[23]。若是女人在此時離婚，她將不會再回到丈夫身邊。然而對於此時進行的判斷和開始[24]來說，後續發展卻沒有把握，除非同時存在多個吉象[25]。（§14c）若是有人在此時被俘獲[26]，他的監禁將被延長；若是有人在此時燃起怒火，他將無法迅速恢復平靜[27]。不過此時

---

21 | 也就是說，無法成功或者兌現（proficiet）。阿拉伯文版本說承諾無法被遵守。

22 | 此處及下文，應從每個星座的赤經上升時間來考量。扭曲星座（crooked signs）赤經上升時間較短，所以經過上升位置較為快速；直行星座（straight signs）赤經上升時間較長，因此上升速度較慢。在北半球，雙魚座與牡羊座赤經上升時間相等且最短，隨著向兩側呈扇形展開，星座的赤經上升時間逐漸變長：水瓶座與金牛座時間相等，比牡羊座與雙魚座長一些；同樣，摩羯座與雙子座赤經上升時間相等，射手座—巨蟹座、天蠍座—獅子座也是如此，直到處女座與天秤座赤經上升時間最長。在南半球，雙魚座—牡羊座是赤經上升時間最長的且最為垂直的，而處女座—天秤座是赤經上升時間最短且最為扭曲。薩爾所說即是如此。啟動星座雖被認為是最快速的，但是根據赤經上升時間不同，它們實際的快慢也有不同：更長的赤經上升時間甚至可以消弭和平衡啟動星座的迅速。所以在啟動星座裡，牡羊座是最快速的扭曲星座，巨蟹座是最快速的直行星座（因此它更像是扭曲星座）；而天秤座是時間最長的直行星座，摩羯座是時間最長的扭曲星座，所以它們較長的赤經上升時間抵消了其啟動星座的特質。但是薩爾可能還考慮了守護關係（正如他後文所寫固定星座的內容那樣）。

23 | 也就是說，我們希望訂婚是快速的（啟動星座）而隨後進入的婚姻是持久的（固定星座）。

24 | 即卜卦與擇時。

25 | 此處克羅夫茨版本作，「作出的判斷或是開始的計劃將無法得到令人滿意的結果，除非存在多個吉象」。這裡的想法似乎是，對於大多數行動而言，我們想要迅速得到結果，所以必須謹慎使用固定星座。

26 | 關於vinctus一詞，理解為victus。

27 | 克羅夫茨版本所言相反：即若他人對當事人發怒，將難以控制。或許這與旨在激起情緒上的回應而進行擇時有關，例如後文§§129a-c。

對於簽訂合約及發表聲明[28]是有益的，而且也有利於建造建築物或是為建築物奠基。(§15)但天蠍座比其他固定[星座]程度更輕，獅子座更固定一些；水瓶座是更緩慢、更嚴重的，但是金牛座卻更平均[29]。

　　(§16a)雙元星座對於合作關係與手足情誼是有益的，此時開始的事項將被重複。但它們對於買東西和慶祝婚禮而言並沒有益處，且預示著耍花招[30]和欺騙；此時遭到指控之人，將會逃脫並免於對他的指控。(§16b)入獄之人將不會被固定於同一地點(雙魚座除外[31]，鑒於它十分罕見)；出獄之人會再次入獄；而逃走的犯人，被抓回後將再次逃走；若在此時進行判斷，則無法得到確定的看法或決斷[32]。(§16c)任何人不[應]在此時登船去旅行，因為登船之人將從一條[船]換到另一條船。此時許下的承諾將無法兌現且其中的某些事項無法完成；患病之人將可痊癒，隨後[疾病]將復發。(§17)因而在此時，所有發生於某人身上的好事與壞事都會翻倍；若有人在此時死亡，隨後在那個地方還將有一個與他接近[33]之人死去。此外變更[34]、洗頭髮和鬍鬚、煉金或煉銀、送男孩子們[去學習]文字在此時都是適宜的。

---

28 ｜ 關於mercedes(「薪金、租金」)一詞，參考克羅夫茨的說法。
29 ｜ 薩爾在這裡使用守護關係將固定星座加以區分，正如他在《擇日書》中所寫的(即與內行星守護的星座相比，外行星守護的星座象徵著更長的時間)。例如水瓶座與金牛座赤經上升時間相等(獅子座與天蠍座也是)，我們就需要使用其他方法對兩者加以區分。水瓶座原本就是固定星座，而土星守護水瓶座讓它更加固定；金星守護金牛座則讓金牛座從某種程度來說是中等的，但因為天蠍座由火星守護，這讓天蠍座的易變性比獅子座更強。事實上這一邏輯令人費解。金牛座應該是最快的，因為它是扭曲星座而且由內行星守護，隨後是獅子座(直行星座但是由太陽守護)，然後是天蠍座(直行星座但是由火星守護)，最後是水瓶座(扭曲星座但是由土星守護)。
30 ｜ Ingenium。該詞意思十分廣泛，通常與心智技巧和特質有關；不過薩爾此處指的是聰明的花招。
31 ｜ 以里賈爾VII.3.2代替「除非藉由他自己的恐懼」。克羅夫茨的阿拉伯文版本沒有這句話，然而也令人不解。薩爾的意思是(至少在北半球)，雙魚座是赤經上升時間最短的雙元星座，因此它穿越地平線的速度非常快。
32 ｜ 克羅夫茨作：他「不會得到確定的決定或判斷」。
33 ｜ In proximo。採用克羅夫茨所說，指一位鄰居或是相關之人，由此對**第一個**死去的人而言壞事加倍了。
34 ｜ 據克羅夫茨，此處指將家從一個地方重新安置到另一個地方。

[§4 一般性說明和行星徵象，引自薩爾《擇日書》][35]

（§18）若[36]你想要開始某一件我所說之事，則要將月亮和上升位置置於與你所願相符的星座[37]，讓月亮與吉星相連結並讓吉星容納[她]。此外對於在白天進行的事項而言，日間星座更為有力；將上升星座置於日間星座[並且讓月亮落在日間星座中][38]。

（§19a）風象星座[39]與陸上及水上狩獵有關；皇家星座與國王有關；有聲星座與管樂演奏和唱小曲的人有關[40]；火象星座代表所有與火有關之事；（§19b）等分星座（在這些星座中晝夜被均分）[41]與真相、說真話以及做出衡量的人有關；改變星座[42]（也就是那些以晝夜相對而改變的星座）與改變以及想要從一件事轉換到另一件事有關。

（§20）此外針對任何你想要開始的事項，要考慮[43]環繞在天空之[44]上星座的屬性；令月亮和上升主星與其本質相契合；並且將那根本屬性及其美德都置於[45]事項開始的時刻。（§21a）若你所想開始之事與下述人等有關[46]——君主、王子、偉人、管轄城市之人、引人

---

35 │ 這部分內容逐字引用了拉丁文版本《擇日書》§§18-21c，因此我將我翻譯校訂的克羅夫茨評述版（見下文）複製於此，並且標註了克羅夫茨版本的章節序號。

36 │ 參見《占星詩集》V.4.5。

37 │ 參考克羅夫茨將 in ascendente illarum domorum 理解為 et ascendens in illas domos。

38 │ 此為克羅夫茨補充的內容。《占星詩集》增加了「為夜間進行的事項擇時，我們應將月亮和上升位置置於夜間星座」。

39 │ 克羅夫茨認為是「水象」，但里賈爾 VII.3 和常規占星邏輯認為是風象星座。

40 │ 省略了 cum crudo et voci alhool。該短語與自然狀態下演奏和歌唱有關，但與阿拉伯文卻不對應（且似乎不完整），並且阿拉伯化的詞彙 alhool 與任何阿拉伯文都不相關。克羅夫茨寫道，「代表吹奏納伊（nay）的人以及琵琶演奏和唱歌」。

41 │ 分點星座（equinoctial signs），牡羊座與天秤座。

42 │ 至點星座（tropical signs），巨蟹座與摩羯座。

43 │ 參見《占星詩集》V.30。

44 │ 即天體運行的圓圈：見里賈爾 VII.3。

45 │ 克羅夫茨認為是「伴隨那本質的根源與力量……」。拉丁文版本與阿拉伯文版本均作出了重複的說明。

46 │ Ex parte。我採納了克羅夫茨的翻譯。這裡指的是為這些人採取的行動，或是為僅僅與他們有關的事情擇時：例如說，當王子想要採取行動，或者本身是低位階的當事人想要去見王子，這兩種情況都要強化太陽。

注目之人[47]、格鬥高手及富有之人[48]——則你要藉由太陽[來實現]；
（§21b）與高尚之人有關的事項，要藉由木星[來實現]；與農民或
地位低下之人有關的事項，要藉由土星[來實現]；與將軍或格鬥的高
手有關的事項，藉由火星[來實現]；與女人有關的事項，則藉由金
星[來實現]。（§21c）而[49]購買、售賣、辯論、書寫、商人與水星有
關；此外，關於女人，涉及王后以及探尋與她們相關之事，藉由月亮
實現。

【§5 論土星時與上升位置為土星守護的星座】

這必須十分認真地加以處理：若正值土星時，以及上升星座為
土星所守護的情況下，去做任何土星時所提及之事都是極好的；其
他所有行星時和星座也照此推斷。且若你能夠做到，就讓行星時與
星座相契合，如此最佳。關於其他行星，依我們對土星所作之論述
如法炮製。

---

47 ｜ Spectabilium，字面上來講指「能夠被看到的人」。即各類名流。

48 ｜ Pugnae et largorum。克羅夫茨認為是「行刑者與特赦」，而且認為拉丁文版本的翻譯有誤。行刑及特赦與
社會正義有關。

49 ｜ 刪去了隨後冗贅的段落：「並且與購買、售賣、交易，以及與作家及商人有關之事，你藉由水星[來實現]。
（關於女人）涉及女主人以及詢問相關之事，你要藉由月亮[來實現]。」

《行星判斷技法》VII.100：
論行星時的含義

里賈爾

這些含義源自本・賽義德的著作[1]與阿布・馬謝的《自然之書》[2]。我謹將它們收錄於此，以使本書不遺漏任何先賢的論述。

在行星時之後，我還將闡述依據月宿進行擇時[3]，因為大部分阿拉伯人都運用它們，而且[它們的]源頭也為印度人所吸收（即來源於[4]都勒斯的著作）。儘管如此，依行星時及月宿擇時，並不如我們之前所述使用行星位置和狀態擇時那般有效[5]，不過我們仍可藉由參考它們而受益。

---

1 | Ablabeç filii çaed（1551版本：Abablez filii Zaëd）。見緒論部分里賈爾的資料來源。
2 | 或為 Kitāb al-Tabā'i'（塞茲金 p. 149，#28）。
3 | 見本書第一部《行星判斷技法》VII.101。
4 | 此處省略了冗餘的文字 acceptae sunt de ipsis。
5 | 即《行星判斷技法》VII的其餘部分，論述了完善的擇時（收錄於本書第三部中）。

——論太陽時 [6]——

太陽時除覲見國王之外，諸事不宜 [7]；儘管如此，你不應在日落時分去覲見他，也不應在此時穿新衣、放[血]、進行資產交易、從事製造；不應開始建造任何建築、購買牲畜；儘管如此，你可在此時求賢、執政及教學；但不應與女人同房。然而你可在此時購買武器，騎乘馬匹，以及離開你的土地去狩獵（但若你正在[國土]之外則不應回家）。

此時有利於接受官職，從事與國王或統治者有關之事，藉由未曾為自己 [8] 謀求過的資源而獲得安全[感]（譯註：阿拉伯文版本作「選擇資產及收益的託管人」。），以及賺取利潤。若你在此時給出資金 [9]，接受之人將會死亡，且他 [10] 將失去資金。此時染病之人將高燒不退，且多次瀕臨死亡，在某種程度上這將對他造成傷害。

——論金星時——

此時適宜騎乘馬匹，但不宜登船；宜尋求執政，宜參與玩笑和舒適之事、下象棋、與女人享樂，也可離家外出（但若已出門在外，則不宜回家）。此外，你可與女人訂立婚約，也適宜服用藥物 [11]。但不應放血或拔罐，種植任何樹木或播下任何種子，打你的男奴隸和女奴

---

6 | 後文每一部分的第一段均來源於本，賽義德，第二段來源於阿布·馬謝。在《行星判斷技法》VII.74中，里賈爾稱一段有關土星時乘船去旅行的論述來源於阿布·馬謝，這表明第二段與阿布·馬謝有關。

7 | infortuna一詞應為infortunata。

8 | 關於tibi一詞暫作此解讀。

9 | 此處及下文「資金」（「capital」，拉丁文capital）指的是借出的錢。

10 | 可能指給出資金的人。

11 | Species。

隸，不[12]應裁剪衣服，也不應在可以避免[睡覺]時睡覺。

若有人在此時開始旅行，將因女人的指點而受益，或諸如此類。此時有利於進行與女人有關之事，[穿著]任何彩色和美麗的衣服，與大膽並令人舒適的[13]女人同房。若有人獲得資金，將因女人、惡習或作樂而散財。若有人在此時染病，乃是因焦慮或某些錯誤發生在他身上，或是受女人作惡傷害而致，或諸如此類。

──論水星時──

此時可騎乘任何牲畜、騾子和驢；寫文章及派遣使者，你可將你的資產拿去交易，亦可去借任何想借的東西，能夠得到應得的。服用藥物，種植樹木，覲見國王。儘管如此，不應與女人結婚，也不應購買房產或土地，若你出門在外則不應回家，不應購買奴隸，不應從一個地方換到另一個地方居住，也不應把任何人從監獄裡帶走。但你可開始建造任何建築物，打井及挖水渠，但不應從他人處尋找東西。

這[14]將有利於出發去旅行，由此可獲得好處和利益；你應送男孩去接受任何形式的教育，例如書寫及諸如此類。亦將有利於從事商業活動、派遣使者、作出法律聲明、施或受。接受資金之人，將順利償清；借出之人，則將對此及償還之人感到滿意。

---

12 ｜ 1485版本遺漏了「不」這個詞，我依據1551版本作出補充。
13 ｜ De solatio[solacio]。1551版本有proterus一詞，即「急促的」。
14 ｜ 這原本是接續前一句話的，但第三人稱陳述從這裡開始（除去送男孩去上學的建議之外）。

——論月亮時——

你不應在此時開始建造任何建築，購買任何用於治療的藥物，裁剪織物，購買牛、豬或諸如此類。可砍伐樹木、購買農產品，打井或挖水渠，騎乘馬匹，向女性致敬，送你的孩子去學習認字和書寫。你應追趕你的敵人，離開國土外出（但不要回歸國土[若正出門在外]）。

據說在月亮時去旅行之人將在旅伴死亡時獲益；儘管如此，若月亮在土象星座則不適於此判斷。在此時給出資金之人，收回[資金]將十分辛勞，直至他對此感到絕望；隨後他將收回，但並非[給出的]全部。

——論土星時——

你不應在此時服用藥物，裁剪或穿著新衣，剃光頭或修剪[15]頭髮，你也不應登船。但可離家外出，若你想在當天返回的話。你可搜尋你的敵人及逃犯，購買武器，[但]不可購買男奴隸和女奴隸。可召集你的同夥，還可寫文章，騎乘騾子和驢；不應非難或嘲諷[16]他人、殺人（譯註：或指為復仇而殺人。）、與任何人立約、放血或拔罐。可買下任何租用的東西[17]以及任何糧食，亦可收禮。

將要外出旅行之人，會面臨入獄的危險或被焦慮所困擾，或耗時漫長。若是乘船去旅行，他將遭遇許多風浪且風向多變，將被拋到他所知的其他地方。這有利於租借土地，挖水渠和耕作。接受資金之人

---

15 ｜ 字面意思是剪成「圓圈」。
16 ｜ 換句話說，不要陷入爭吵。
17 ｜ Conductum。這可能來源於前面的觀點，即不應在此時立約。換句話說，對於任何事物而言，你都應該儘量完全擁有。

將失去這筆錢，也許他將會死亡，或是資金的所有者將他殺死；生病之人疾病將久延不癒，隨後死去。

──論木星時──

在此時向國王致敬，或與女人訂立婚約。你不應打男奴隸和女奴隸；[但]在此時你可裁剪織物，騎乘[你的]坐騎。不應服用有害的藥劑（drugs）[18]，[但]你可離開自己的土地外出。不應購買武器，應留心火燭及其火焰。不應挖水渠，[但]可播下種子、種植樹木、建造建築。獲取成功以使你與國王坐在一起。不應購買牲畜但可購買禽鳥，不應登船，也不應非難任何人[19]。可與國王談話；不應放血或拔罐。

即將外出旅行之人，會從資產與商業交易中獲利頗豐，或從未曾期待過的方向獲得助益，並感到滿意。這有利於觀見國王、地方行政官和法官。給出資產之人將由此獲利，且關愛他的生意夥伴[或]合夥人；生病之人將迅速痊癒。

──論火星時──

火星時應迴避一切事項、一切開始和行動[20]。

---

18 | 或「藥物」（「medicines」，species）。
19 | 同樣指陷入爭吵。
20 | 但據參見伊朗尼 II.2.8，阿布‧馬謝認為應迴避火星，但放血等事項除外。

完善的擇時

COMPLETE ELECTIONS

擇日書

——

薩爾 · 賓 · 畢雪

—— [應為何人擇時] ——

（§1）眾所公認擇時是無力的，除了為國王們[所做的擇時]之外。因這些人（即便他們的擇時盤是無力的）有所謂的「根本盤」——即本命盤——它在這一過程中強化了每一顆虛弱無力的行星[1]。（§2）但你不應為任何低賤之人、商人及那些諸如此類[社會地位]之人擇時，除非[建立]在他們的本命盤、那些年的太陽回歸盤和他們子女的本命盤之上。

（§3a）然而[2]，[對於]那些對上述信息一無所知之人[3]，則須為他們進行卜卦，由此可得知事項的結果——再依此為他們擇時[4]。

---

1 | 也就是說，即便是一張糟糕的擇時盤也能夠對一張強而有力本命盤加以利用，甚至讓這張強有力的本命盤中無力的行星發揮很好的作用。

2 | 薩爾在本段進行了進一步的論述。通常我們把客戶的本命盤視為根本盤，因為依據它可以對客戶想要採取的行動是否會成功做出大致的判斷。但如果我們不知道本命盤，可以用**卜卦**詢問事項是否能夠成功，用卜卦盤來代替本命盤：因為一張顯示行動能夠成功的卜卦盤間接地確認了行動與本命盤是不衝突的。所以本命盤是最佳的根本盤，而一張有效的、成功的卜卦盤是次佳的根本盤。實際上此處拉丁文版本比阿拉伯文版本更加清晰（至少克羅夫茨的翻譯是如此）：在阿拉伯版本中，此處暗示不應費心為需要起卜卦盤的人做擇時，儘管在下文§5a中，薩爾明確地接受依據卜卦盤進行擇時。

3 | 即不知道自己本命盤的人。

4 | 即對於本命盤未知者，我們可以起一張卜卦盤來代替本命盤。

（§3b）若有人向你詢問他自己的事項，鑒於詢問者就是他本人 [5]，其本命盤（換言之，此人前來詢問的時刻）就已顯示了吉凶。

（§3c）此外若當事人所求之事無法實現，或問事之人（即將奔赴戰場）將要死亡，則應避免此類擇時 [6]。（§4）因他的根本盤已被毀壞，尤其再加上他所仰賴的最初的開始（first beginning）和原來的根本盤（old root）[也已被毀壞]，這種情況如何才能為此人擇時呢 [7]？

（§5a）因此，要避免為本命盤或卜卦盤預示著可怕之事的人擇時。（§5b）[因為] 倘若定要為之 [8]，[即使]將吉星全部置於尖軸 [9]，且將凶星及任何與他的上升主星不合之行星置於果宮 [10]，也無濟於事，（§5c）尤其對於那些中層或底層之人：因為你不瞭解所擇之時的上升位置及行星在他的根本盤中是否有害，抑或其根本盤中是否有凶星與擇時盤的上升位置落在同一星座。

—— [根本盤的重要性] ——

（§6a）事實上，這是為了告誡 [11] 那些同時出發去航海或去異國

---

5 | Quia ipse est qui te interrogavit，刪去了附加的 et est。

6 | 也就是說，如果詢問者的本命盤未知，而卜卦盤又顯示了糟糕的結果，那麼應就此結束而不要再繼續進行擇時。

7 | 拉丁文文獻的內容似乎是仍在談論為位階低下的客戶擇時，其本命盤（最初的、原來的根本盤）很糟糕，而替代的根本盤（卜卦盤）也很糟或是「被毀壞」。但在更為簡練的克羅夫茨版本中，到底將本命盤還是卜卦盤視為根本盤並不明確。但無論哪種，都不應該為其擇時。

8 | 即你被迫要為這樣的人擇時。

9 | 阿拉伯文 watad（單數形式），也指「帳篷的支柱」或插入地面之物。拉丁文通常指的是「角」（「角落」，拉丁文 anguli），不過既然這部文獻使用阿拉伯文，我便採用了一個更好的譯法。它源自希臘文 kentron（「軸」及其他一些含義），指的是尖軸。不過有時，薩爾和其他阿拉伯作者到底指的是整宮的尖軸（上升星座、第十個星座、第七個星座、第四個星座）還是依據四軸度數計算的有力或活躍的區塊（例如中天到第十一宮始點之間的區域）並不明確。這一問題涉及宮位制系統，並且指向了在理解早期和中世紀實踐方面更多的基礎性問題和議題。

10 | 此處依據的是克羅夫茨的解讀，因為拉丁文內容更蹩腳：「且將凶星置於對它們而言的果宮，這對他無濟於事；此外任何與他的上升主星不合的行星都不會令他受益。」

11 | 這裡闡述的是，如果你為一群人擇時，其中一些人的本命盤會與擇時盤有更好或更糟的關聯，這是不可避免的：因此他們會在旅途中有不同的經歷。

旅行（有共同的目的地）的人：他們當中有些人遭遇海難，有些人得以倖免，而有些人因此獲得財富（但有些人一無所獲）。因為一些人的情況[12]與另一些人是無法相提並論的。（§6b）我[13]已驗證多次，一群人同時出發去往同一個目的地並同時抵達，然而其中有些人能夠迅速地滿載而歸，有些卻要花更久的時間，還有一些則客死他鄉。之所以如此，歸因於本命盤以及那些年的配置（distribution）[14]。

（§7）我們甚至會看到有的人在令人畏懼的壞日子裡（即多有阻礙[的日子]）縱酒歡慶，卻在值得稱道的好日子里爭吵不斷。（§8）或許還會看到徵象星[15]通過四分相或對分相與凶星連結在一起（或是兩者在同一星座中）卻能從中獲益：這種情況不會發生，除非凶星為最初的上升主星（first lord of the Ascendant）[16]、配置主星或當年太陽回歸盤的上升主星。

（§9）若所做的擇時是以卜卦盤或一張已知的本命盤的上升位置，或上升（即當年小限星座）主星[為依據]，那麼更有價值，因你瞭解什麼（行星）與它更匹配[17]以及此人的上升位置是什麼。故須小心謹慎，並讓你的所作所為[18]如同擇時一樣。

---

12 | Esse。

13 | 事實上可能是馬謝阿拉：見緒論。

14 | 即以本命盤中某一點推進通過不同的界來代表不同的時間主星時期。我並不確定薩爾所說配置法/向運法使用的是本命盤的壽命釋放星（longevity releaser）、上升位置還是其他。不過關鍵在於，如果本命預測方法已經顯示了個案在某個特定時期的吉凶，那麼它可能要比一張為一群人做出的籠統的擇時盤更為重要。

15 | 這裡可能指的是月亮，她在卜卦文獻（見《判斷九書》通篇）中常常被稱為「徵象星」或「指示者」（the indicator）。

16 | 阿拉伯文版本（此處及此句其餘各處）為單數形式。薩爾指的可能是本命盤的上升主星，正如他在§4當中將本命盤稱為「第一開始」和「原來的根本盤」一樣。

17 | （參閱阿拉伯文版本）eis 應作 ei。

18 | 克羅夫茨的阿拉伯文版本此處為「行動」（action），所以這裡可能指的是客戶在採取行動時應謹慎，正如在擇時時應謹慎一樣。

——[更多關於擇時的理論：屬性及吉星／凶星]——

（§10a）全能至高者以四種屬性——即四元素——創造萬物（亦即世界和一切），又將大地安入其位，並使大地之上的萬物（理智的與非理智的，可移動的與不可移動的）環繞四周[19]；祂於其間置入智者所知的微妙之物，（§10b）類似祂置於磁石與鐵、父親與兒子、進食者與食物之間的微妙因果[20]。須知曉並領會這些。

（§11a）因此，自兩種本質（即高層與低層）之間的和諧中，物質被適當地結合起來；而它們被逆境所破壞[21]。吉星是均衡的[22]（即擁有平和的屬性），而凶星的屬性乃是有害的（故它們想要去阻礙）[23]；（§11b）若凶星被容納[24]，其[有害的]本質與失衡的惡意[25]並不會完全消失；他們就像竊賊、惡民，製造災難與不和、變動與混亂。須領會這些。

---

19 ｜阿拉伯文本此處有細微差別：「祂又將大地及她的理智與非理智、可移動與不可移動的存在與天空結合，在其間置入難以覺察之事物，為學識淵博者所知曉……」
20 ｜ Occasio。這個詞其實指的是「原因」或「藉口」，也就是讓某事發生的原因。克羅夫茨稱為「關聯」，這更容易讓人理解；不過拉丁譯者使用這個詞或許有其見解：他旨在強調這種關聯是宇宙各部分相互作用的**先決條件**，而不僅僅是設定一種關聯。
21 ｜克羅夫茨理解為：「當和諧存在於高層與低層兩種本質之間的時候，事物是均衡的，而當不和諧存在時，事物被打亂。」（粗體是我為了強調而標出的。）
22 ｜ Aequales.
23 ｜參見薩爾《五十個判斷》#2、#32，或《四書》I.5：凶星是有害的，因其擁有極端的特質。
24 ｜（關於reciperint一詞）遵照克羅夫茨解讀。
25 ｜關於「狡猾的敵意」參閱了克羅夫茨的說法。見參見《五十個判斷》#25。

（§12a）擇時中的上升星座及其中的一切[26]

──[四正星座][27]──

　　有關星座屬性的知識[28]。首先是啟動星座。眾所周知，啟動星座代表事物是易變、快速的[等]，讓任何事物都無法延續，時間也不長久。但是它們有利於播種、購買、出售、與女人訂婚[29]（所有這些事項在啟動星座都會成功）[30]、（§12b）虛弱之人將迅速擺脫疾病；而啟動星座也使爭執無法持續，逃犯也將迅速返回，甚至對於異國旅行也是有益的；若是有人在此時許下承諾，則承諾之事將無法推進[31]。此時的宣言、夢境與傳言都是虛假的；醫生不應在此時治療，也不應在此時栽種植物、為建築物奠基，因為這是不利的。（§12c）此外，你在此時開始的任何事（若你期待它穩定）都將不穩定；然而若你要做任何易變（或緊迫）之事，則須在此時開始。（§13）最快的啟動星座是牡羊座和巨蟹座，因為它們更為扭曲且更為易變。但天秤座和摩羯座更為堅定且更為平衡[32]。

26｜這個標題是後來的編者或譯者補充的。在克羅夫茨的版本中，這一章節的標題實際上就是下文第一句話（克羅夫茨版本為：「關於星座屬性的學問。」）。

27｜關於四正星座部分的內容，參見《占星詩集》V.3-4。

28｜自此至§20c，參見里賈爾VII.3.1。

29｜Firmare。

30｜這是譯者或後來的編者插入的評論。

31｜也就是說，無法成功或者兌現（proficiet）。阿拉伯文版本說承諾無法被遵守。

32｜此處及下文，應從每個星座的赤經上升時間來考量。扭曲星座（crooked signs）赤經上升時間較短，所以經過上升位置較為快速；直行星座（straight signs）赤經上升時間較長，因此上升速度較慢。在北半球，雙魚座與牡羊座赤經上升時間相等且最短，隨著向兩側呈扇形展開，星座的赤經上升時間逐漸變長：水瓶座與金牛座時間相等，比牡羊座與雙魚座長一些；同樣，摩羯座與雙子座赤經上升時間相等，射手座—巨蟹座、天蠍座—獅子座也是如此，直到處女座與天秤座赤經上升時間最長。在南半球，雙魚座—牡羊座是赤經上升時間最長的且最為垂直的，而處女座—天秤座是赤經上升時間最短且最為扭曲。薩爾所說即是如此。啟動星座雖被認為是最快速的，但是根據赤經上升時間不同，它們實際的快慢也有不同：更長的赤經上升時間甚至可以消弭和平衡啟動星座的迅速。所以在啟動星座裡，牡羊座是最快速的扭曲星座，巨蟹座是最快速的直行星座（因此它更像是扭曲星座）；而天秤座是時間最長的直行星座，摩羯座是時間最長的扭曲星座，所以它們較長的赤經上升時間抵消了其啟動星座的特質。但是薩爾可能還考慮了守護關係（正如他後文所寫固定星座的內容那樣）。

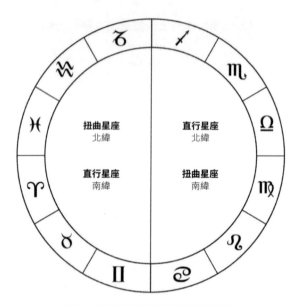

圖11：北半球南半球的直行星座與扭曲星座

（§14a）其次，固定星座適宜任何想要穩定及持久延續之事。
（§14b）它們有利於建造建築物，以及舉行婚禮——於啟動星座之下
訂立婚約之後[33]。若是女人在此時離婚，她將不會再回到丈夫身邊。然
而對於此時進行的判斷和開始[34]來說，後續發展卻沒有把握，除非同
時存在多個吉象[35]。（§14c）若是有人在此時被俘獲[36]，他的監禁將被
延長；若是有人在此時燃起怒火，他將無法迅速恢復平靜[37]。不過此時

---

33 ｜也就是說，我們希望訂婚是快速的（啟動星座）而隨後進入婚姻是持久的（固定星座）。

34 ｜即卜卦與擇時。

35 ｜此處克羅夫茨版本作「作出的判斷或是開始的計劃將無法得到令人滿意的結果，除非存在多個吉象」。這裡的
想法似乎是，對於大多數行動而言，我們想要迅速得到結果，所以必須謹慎使用固定星座。

36 ｜關於vinctus一詞，理解為victus。

37 ｜克羅夫茨版本所言相反：即若他人對當事人發怒，將難以控制。或許這與旨在激起情緒上的回應而進行擇時
有關，例如後文§§139a-c。

對於簽訂合約及發表聲明[38]是有益的，而且也有利於建造建築物或是為建築物奠基。（§15）但天蠍座比其他固定[星座]程度更輕，獅子座更固定一些；水瓶座是更緩慢、更嚴重的，但是金牛座卻更平均[39]。

（§16a）雙元星座對於合作關係與手足情誼是有益的，此時開始的事項將被重複。但它們對於買東西和慶祝婚禮而言並沒有益處，且預示著耍花招[40]和欺騙；此時遭到指控之人，將會逃脫並免於對他的指控。（§16b）入獄之人將不會固定於同一地點（雙魚座除外[41]，鑒於它十分罕見）；出獄之人會再次入獄；而逃走的犯人，被抓回後將再次逃走；若在此時進行判斷，則無法得到確定的看法或決斷[42]。（§16c）任何人不[應]在此時登船去旅行，因為登船之人將從一條[船]換到另一條船。此時許下的承諾將無法兌現且其中的某些事項無法完成；患病之人將可痊癒，隨後[疾病]將復發。（§17）因而在此時，所有發生於某人身上的好事與壞事都會翻倍；若有人在此時死亡，隨後在那個地方還將有一個與他接近[43]之人死去。此外變更[44]、洗頭髮和鬍鬚、煉金或煉銀、送男孩子們[去學習]文字在此時都是適宜的。

---

38 | 關於mercedes（「薪金、租金」）一詞，參考克羅夫茨的說法。

39 | 薩爾在這裡使用守護關係將固定星座加以區分，正如他在《擇日書》中所寫的（即與內行星守護的星座相比，外行星守護的星座象徵著更長的時間）。例如水瓶座與金牛座赤經上升時間相等（獅子座與天蠍座也是），我們就需要使用其他方法對兩者加以區分。水瓶座原本就是固定星座，而土星守護水瓶座讓它更加固定；金星守護金牛座則讓金牛座更鬆散一些；天蠍座和獅子座從某種程度來說是中等的，但因為天蠍座由火星守護，這讓天蠍座的易變性比獅子座更強。事實上這一邏輯令人費解。金牛座應該是最快的，因為它是扭曲星座而且由內行星守護，隨後是獅子座（直行星座但是由太陽守護），然後是天蠍座（直行星座，但是由火星守護），最後是水瓶座（扭曲星座但是由土星守護）。

40 | Ingenium。該詞意思十分廣泛，通常與心智技巧和特質有關；不過薩爾此處指的是聰明的花招。

41 | 以里賈爾VII.3.2代替「除非藉由他自己的恐懼」。克羅夫茨的阿拉伯文版本沒有這句話，然而也令人不解。薩爾的意思是（至少在北半球），雙魚座是赤經上升時間最短的雙元星座，因此它穿越地平線的速度非常快。

42 | 克羅夫茨作：他「不會得到確定的決定或判斷」。

43 | In proximo；採用克羅夫茨所說，指一位鄰居或是相關之人，由此對**第一個**死去的人而言壞事加倍了。

44 | 據克羅夫茨，此處指將家從一個地方重新安置到另一個地方。

——[擇時的一般性建議]——

（§18）若[45]你想要開始某一件我所說之事，則要將月亮和上升位置於與你所願相符的星座[46]，讓月亮與吉星相連結並讓吉星容納[她]。此外對於在白天進行的事項而言，日間星座更為有力；將上升星座置於日間星座[並且讓月亮落在日間星座中][47]。

（§19a）風象星座[48]與陸上及水上狩獵有關；皇家星座與國王有關；有聲星座與管樂演奏和唱小曲的人有關[49]；火象星座代表所有與火有關之事；（§19b）等分星座（在這些星座中晝夜被均分）[50]與真相、說真話以及做出衡量的人有關；改變星座[51]（也就是那些以晝夜相對而改變的星座）與改變以及想要從一件事轉換到另一件事有關。

（§20）此外針對任何你想要開始的事項，要考慮[52]環繞在天空之[53]上星座的屬性；令月亮和上升主星與其本質相契合；並且將那根本屬性及其美德都置於[54]事項開始的時刻。（§21a）若你所想開始之事與下述人等有關[55]——君主、王子、偉人、管轄城市之人、

---

45 ｜ 參見《占星詩集》V.4.5。
46 ｜ 參考克羅夫茨將 in ascendente illarum domorum 理解為 et ascendens in illas domos。
47 ｜ 此為克羅夫茨補充的內容。《占星詩集》增加了「為夜間進行的事項擇時時，我們應將月亮和上升位置置於夜間星座」。
48 ｜ 克羅夫茨認為是「水象」，但里賈爾 VII.3 和常規占星邏輯認為是風象星座。
49 ｜ 省略了 cum crudo et voci alhool。該短語與自然狀態下演奏和歌唱有關，但與阿拉伯文卻不對應（且似乎不完整），並且阿拉伯化的詞彙 alhool 與任何阿拉伯文都不相關。克羅夫茨寫道，「代表吹奏納伊（nay）的人以及琵琶演奏和唱歌」。
50 ｜ 分點星座（equinoctial signs），牡羊座與天秤座。
51 ｜ 至點星座（tropical signs），巨蟹座與摩羯座。
52 ｜ 參見《占星詩集》V.30。
53 ｜ 即環繞的天空：見里賈爾 VII.3。
54 ｜ 克羅夫茨認為是「伴隨那本質的根源與力量……」。拉丁文版本與阿拉伯文版本均作出了重複的說明。
55 ｜ Ex parte。我採納了克羅夫茨的翻譯。這裡指的是為這些人採取的行動，或是為僅僅與他們有關的事情擇時：例如說，當王子想要採取行動，或者本身是低位階的當事人想要去見王子，這兩種情況都要強化太陽。

引人注目之人[56]、格鬥高手及富有之人[57]——則你要藉由太陽[來實現];(§21b)與高尚之人有關的事項,要藉由木星[來實現];與農民或地位低下之人有關的事項,要藉由土星[來實現];與將軍或格鬥的高手有關的事項,藉由火星[來實現];與女人有關的事項,則藉由金星[來實現]。(§21c)而[58]購買、售賣、辯論、書寫、商人與水星有關;此外,關於女人,涉及王后以及探尋與她們相關之事,藉由月亮實現。

———[月亮受剋]———

(§22a)若想開始某一事項,須將上升位置及其主星、月亮、事項的主星置於適當的狀態[59]。此外,如都勒斯[60](和其他智者們)所言,在事項開始時應避免十種月亮受剋的狀況:

(§22b)第一[61],月亮距離太陽12°以內被焦傷(burned up),越過他之後也如此(但有所緩和)[62]。

第二,她位於弱宮度數(譯註:這裡給出的是最不利的情況,實際上整個弱宮星座都是不利的。)。

第三[63],她與太陽成對分相。

---

56 | Spectabilium,字面上來講指「能夠被看到的人」。即各類名流。

57 | Pugnae et largorum。克羅夫茨認為是「行刑者與特赦」,而且認為拉丁文版本的翻譯有誤。行刑及特赦與社會正義有關。

58 | 刪去了隨後冗贅的段落:「並且與購買、售賣、交易,以及與作家及商人有關之事,你要藉由水星[來實現]。(關於女人)涉及女主人以及詢問相關之事,你要藉由月亮[來實現]。」

59 | 可能還應將月亮的定位星置於適當的狀態,如里賈爾所寫的那樣(VII.3.4):參見《占星詩集》V.5.21。

60 | 參見《占星詩集》V.5.3-9,對照薩爾《導論》(*The Introduction*)§5.16、《古典占星介紹》IV.5及《心之所向》I.5。

61 | 參見《占星詩集》V.5.3-4。

62 | 也就是說,在月亮經過太陽之後,太陽在**月亮**的後面。

63 | 參見《占星詩集》V.5.5。

（§22c）第四[64]，她與凶星相連結，或與它們以光線形成四分相或對分相。

第五[65]，她落於龍首或龍尾兩側12°之內（此為蝕發生的分界線）。

第六[66]，她落在星座的最後幾度[67]（乃是凶星的界）。

（§22d）第七[68]，她落在相對於尖軸的果宮內，或是落在燃燒途徑（burnt path，位於天秤座末端和天蠍座開端）──此[69]乃月亮受剋最嚴重之處，若在此時結婚或進行與女人相關之事、購買、售賣，或開始異國旅行尤為不利。

（§22e）第八，她落於自己的星座起算的第十二個星座[70]（即雙子座），同凶星在一起，或落在與自己的宮位成對分相的位置，或是不合意於自己的宮位[71]。

（§22f）第九[72]，月亮行進速度慢：智者們認為這與土星的行進有相似之處，只要她一天之內的行進少於12°，[即便]僅僅1分之差（此即若她一天的行進少於平均行進距離）。此記載見

---

64 ｜參見《占星詩集》V.5.29。

65 ｜參見《占星詩集》V.5.5。

66 ｜參見《占星詩集》V.5.8。

67 ｜Gradus一詞應作gradibus。

68 ｜參見《占星詩集》V.5.8。

69 ｜我不清楚這裡指的是兩者都是最糟的，還是僅僅其中之一是最糟的（如果這樣，那麼是哪一種情況）。

70 ｜阿拉伯文版本作「與凶星一起落於某個十二分部（twelfth-part）」。但這就意味著在同一星座或以度數計算的合相，而上文已經提到此內容。里賈爾（VII.3.4）拉丁文版本認為是，月亮十二分部的代表星座有凶星落入，而這恰恰與亞歷山大的保羅（Paul of Alexandria）所述一致（參見保羅的著作Ch. 22，及奧林匹奧多羅斯[Olympiodorus]的案例評註）。此外，《占星詩集》V.5.5有：月亮落在凶星十二分部的代表星座，這也是保羅所描述的類型。我認為我們應使用保羅或里賈爾關於十二分部的解讀，而不是拉丁文版本使用的「第十二個星座」。

71 ｜換句話說，即與巨蟹座不合意（正如克羅夫茨和里賈爾VII.3.4所寫的那樣）。

72 ｜《占星詩集》V.5.6。

於《曆典》（*Canon*），亦即《行進之書》（*Book of Courses*）[73]。
（§22g）第十，如馬謝阿拉及當今的智者們所言：若月亮空虛。

──[更多一般性建議]──

（§23a）此外，盡你所能使月亮處於適當的狀態；不應將增光的月亮置於上升位置，因為在這種情況下[擇時盤的]主人[74]虛弱的身體令人擔憂，除非上升主星或一顆吉星[75]與上升[度數]形成相位[76]：（§23b）一顆行星與其主管宮位無相位，猶如一個人不在自己的家，無法擊退或阻止敵人。（§23c）但若行星與其主管宮位形成相位，就如同保衛著家園的一家之主：無論誰落於此宮位中都敬畏他，不在此宮位者也因恐懼不敢來犯[77]。（§24）此外若上升主星為凶星，則將他置於成三分相或六分相之處[78]。還要注意避免將上升主星[79]或月亮（若月亮與凶星成相位）置於尖軸，也勿將它們置於上升位置的四尖軸[80]。

---

73 ｜阿拉伯版本沒有這些《行進之書》（應是一本類似於《天文表》[*Zij*]的星曆表）的內容，但是卻給出了有關 kardaja 的描述：「如果你計算出月亮位於一組 kardaja 中的第一個 kardaja 時，那麼 kardaja 便為1°到15°。」根據克羅夫茨 p. 157 和薩頓（Sarton）pp. 420-422，每一 kardaja 原本為1/96 圓周（3°45'）即90°（四分之一圓周）的1/24，也就是其正弦值為0.0654。但後來它又被認為源於**整個**圓周的1/24，即15°。所以薩爾才會提出後面這個觀點，但並不為後來的所有作者所用。至少我沒有完全理解薩爾對此的詮釋。

74 ｜即採取行動的人。

75 ｜克羅夫茨版本作「及月亮的廟主星」。但值得注意的是拉丁文版本 §24 中提到了凶星的處理方法，恰與此處呼應。

76 ｜克羅夫茨自己補充了「度數」（gradum）一詞，因為拉丁文版本使用了 ascendentem（暗示了陽性對象），與往常使用的 ascendens 相反。不過阿拉伯版本本身並沒有明確指出度數，僅僅說明是整星座相位。克羅夫茨（p. 158）的註釋很有幫助，指出月亮落於上升星座且上升主星與上升星座形成相位，那麼月亮與上升星座就都與它們的主星/定位星形成相位，這也經常被薩爾所推薦。

77 ｜此處指上升主星能夠對月亮位於上升星座時造成的虛弱起到抑制作用。

78 ｜克羅夫茨在（pp. 102，158）註釋中說讓凶星與**月亮或**上升星座形成相位，但我不知道關於月亮的說法來源於哪裡。我認為此處只有上升星座是適當的。

79 ｜我視此處指的是在上升主星為**凶星**的情況下。克羅夫茨給出以下說法：「若有兩凶星與落在尖軸的月亮成相位，則要將它移開，使其不落在上升位置的四尖軸上。」

80 ｜關於到底應該怎樣做，阿拉伯版本所言含糊不清：「要小心放置上升主星與月亮，若兩顆凶星與落在尖軸的月亮成相位，則要將它移開，使其不落在上升位置的四尖軸上。」

（§25a）在任何擇時盤或卜卦盤中[81]，不可將幸運點置於與相對月亮的相位或她的合相而言的果宮之中（譯註：即不可將幸運點置於與月亮不合意的位置，之後有關不合意的翻譯皆保留原文的表達方式，讀者可從緒論的說明辨明此意。）；此外，若幸運點與上升星座及月亮形成相位，則不必審視幸運點主星，也不必介意幸運點是否落在相對於上升星座而言的果宮內。（§25b）盡量使上升主星與幸運點落於一處，這樣最為有利。你絕不可將月亮置於自幸運點起算的第二宮、第六宮、第八宮或第十二宮之中，否則後果不堪設想。[82]

（§26）此外[83]，將所有擇時盤中上升位置與月亮置於直行星座，因它們預示順利與進展；而不應置於扭曲星座，它們預示麻煩、艱難與緩慢。

上升星座與自它起算的第四個[星座][84]也預示了未來將發生之事。

（§27）故須審視吉星與凶星所落宮位有力與無力[85]，並依此對事項之開始和結果做出論斷。

（§28）都勒斯說[86]，若月亮受剋，且即將開始的事項無法延期，則不要讓月亮在上升星座中扮演任何角色。宜將她置於相對於上升星座的果宮內，然後將吉星置於上升星座，並加強上升星座及其主星。

---

81 ｜ 本段第一部分與《四十章》§241靠後的內容相似。
82 ｜ 參見《占星詩集》I.5.3-5。
83 ｜ 參見《占星詩集》V.2.2-5。不過《占星詩集》所說正相反：直行星座預示了困難與緩慢，扭曲星座則更加迅速。
84 ｜ 阿拉伯文版本中亦加上第四個星座的主星。
85 ｜ 我認為這裡指的是有力的宮位與無力的宮位，而不是以其他標準去衡量行星是有力的還是無力的。
86 ｜ 克羅夫英（p. xi）稱此來源於《占星詩集》V.5.10-11。見本書緒論中對此段的論述。

（§29a）擇時中自上升星座起算的第二個星座及其中的一切

——[借入與借出]——

若[87]為借出[88]錢財擇時，讓月亮落於獅子座、雙魚座、天蠍座、射手座或是水瓶座，並使她減光，讓兩顆吉星也減光[89]且與月亮或上升星座形成相位。（§29b）此外[90]使水星不受火星影響，並[使]月亮與木星或水星合相；注意避免月亮受剋於凶星；不要讓水星與它們[以合相]或四分相連結；也不要讓吉星落於果宮：（§29c）因為若月亮與火星落於一處，此人將陷於勞苦、憂慮、[不利的]交易、惡劣的狀況或爭執之中。若月亮受剋於土星，此人將陷於某些拖延、推遲的境況，而在經歷痛苦與勞累之後，才得以從中解脫。

（§30a）然而若[91]想暗中借出錢財而不被人發現，則須讓月亮（在獲取或尋求的過程中）在光束下，且在離開太陽之後與吉星相連結：因為這對於[擇時盤的]主人而言會更為順利，也讓此事更為隱秘不會被公開。（§30b）若月亮脫離焦傷並與火星會合，此事將被公開並陷入眾人的議論之中，尤其是那些你不想讓他們知曉此事的人。（§30c）此外注意避免使月亮落在黃道上（沒有黃緯度數，即位於北交點或南交點）[92]或燃燒途徑中，否則後果不堪設想。

（§31）都勒斯還說[93]，當月亮落於獅子座、雙子座和射手座的第

87｜此類擇時參見《占星詩集》V.20。
88｜依據克羅夫茨所寫刪去了「借入與」；下文對借入有所闡述。
89｜《占星詩集》V.20.7提到了月亮減光，但沒有寫讓吉星也如此。
90｜此處至本段結尾的內容，參見《占星詩集》V.20.2-4。
91｜此句參見《占星詩集》V.20.5。
92｜括號中的說明是拉丁譯者補充的。
93｜見《占星詩集》V.20.6。

一度，或這些星座[94]位於上升位置時，不應接受別人借給你的東西，也不應借東西給任何人：這是避之唯恐不及的，尤其對於借貸而言。（須知曉這些。）

——[商業合夥]——

（§32a）[95]與他人進行資產或事務方面的合作，須為月亮清除凶星的影響並使她與吉星相連結，將她置於雙元星座（以便於倍增）[96]，否則須置於獅子座或金牛座。（§32b）應避免使月亮落於較低的星座（lower signs）[97]（其中天秤座比其他星座更糟，因燃燒途徑位於其中；同樣要避開水瓶座）。（§33）讓月亮以三分相或六分相被容納，如此[合夥雙方]好聚好散：因為四分相或對分相預示著他們之間會發生口舌（換言之，在爭吵中散夥），尊敬的相位也象徵著他們在分開時充滿善意或真誠，彼此之間充滿忠誠與友好。（§34）此外謹防凶星落於尖軸，因上升星座對應合夥關係的發起者，或是年紀較輕者[98]；而第七個[星座]對應著合夥關係中的另一方；第十個[星座]象徵著他們之間的一切及財富的多寡；第四個可知事項之結果。（§35）須注意避免上升主星與上升星座無相位，或月亮與其定位星無相位：否則其中一方[99]將欺騙合夥人，而事項會在他們分開時變得更糟。

---

94 │《占星詩集》僅僅認為上面提到的度數是不適宜的，並沒有說整個星座都不適宜。

95 │參見《占星詩集》V.19.1-14逐一列出的每個星座，但薩爾試圖進行壓縮並做出了一些改動。他省略了《占星詩集》認為不利的牡羊座，反而認為《占星詩集》中不利的金牛座是有利的；他認為摩羯座是不利的，而《占星詩集》認為是有利的；薩爾認為雙魚座是模稜兩可的——而《占星詩集》認為它是有利的。

96 │也就是說，對於持續獲利與合作而言會一再重複。

97 │即南緯星座。

98 │就好像詢問者是一名年輕人或缺乏經驗的學徒，尋求與一位高手合夥。

99 │克羅夫茨認為是「雙方」。

——[投資謀利]——

（§36）若想撥出資產[100]以尋求財富，須使月亮、水星、財帛宮的主星處於適當的狀態，更不必說信任之宮[101]度數的主星了。（§37a）然後讓月亮與水星有連結，盡你所能使火星落在相對前兩者而言的果宮之中；還要使水星處於適當的狀態並清除他的缺陷。（§37b）若水星逆行，則讓月亮與信任之宮的度數處於適當的狀態，並使水星落於相對火星光線的果宮之中；且不應使[水星]落於相對金星與第十一宮主星而言的果宮之中。（§38）此外（在撥出[102]資產並尋求財富方面）須始終依賴水星、月亮、信任之宮以及它們的主星，並使火星及其光線都落在相對[水星和月亮][103]的果宮之中。

——[售賣與購買]——

（§39a）[104]若想為購買擇時，須使幸運點處於適當的狀態，並讓它落於木星主管的宮位，與吉星相連結：因為相比賣方而言，這對買方更為有利。（§39b）若月亮落於直行星座，增光且行進速度增快，並與吉星相連結，則此時無論購買任何物品，其所有者必將因它受損[105]：相比買方而言，這對賣方更為有利。（§39c）此外須使火星落於相對月亮與水星而言的果宮之中，因火星阻礙售賣與購買，象徵了勞苦與爭執。（§39d）南交點也如此——故尤其要將它置於相對月亮

---

100 | Mittere，對於阿拉伯文「撥出」（channel）的合理翻譯。內容涉及將錢投資於某些活動以求獲利。
101 | 第十一宮。
102 | 關於拉丁文 directione 一詞，採納克羅夫茨的解讀。
103 | 採用了克羅夫茨對此清晰的說明。
104 | 此段參見《占星詩集》V.9.1-7。
105 | 薩爾以「它」代指購買之物：買方將為此損失錢財，或者失去物品本身。

而言的果宮之中（[就凶性來說]它在火星之下）[106]。

（§40）而你若想要售賣，將月亮置於她入旺或三分性之處，離相位於吉星，且與凶星形成相位，但不要讓她與它們有連結[107]。

—— [煉金術操作] ——

（§41）若想進行煉金術操作，或開始希望能夠重複的事項，則須趁月亮落於雙元星座之時，清除凶星對她的影響，上升星座也應如此——讓它處於適當的狀態。此外，若操作與金有關，須在開始之時強化太陽並使他處於適當的狀態[108]。

（§42）[擇時中的第三個星座及其中的一切]

擇時中與第三個星座有關的一切，一部分放[109]在第九個星座中，另一部分在朋友之宮：若主允許，我們將隨後闡述。

（§43）擇時中的第四個星座及其中的一切

—— [建造房屋] ——

若想建造房屋，須讓月亮及其主星、上升星座及其主星、幸運點和水星處於適當的狀態。（§44a）並使火星落於相對上述這些徵象星

---

106 ｜ 依據里賈爾VII.11相同主題，補充了方括號中的內容。
107 ｜ 這裡似乎指的是形成整星座相位形態，而不是以度數計算的相位連結。
108 ｜ 更多與煉金術相關的內容見《論卜卦》§13.12。
109 ｜ 關於ceciderit一詞，依據阿拉伯版本使用陳述語氣。

而言的果宮之中，且絕不應讓他在與建造房屋有關的事項中扮演任何角色。（§44b）倘若他不可避免地扮演了某個角色，須使金星強有力地落於自己的宮位之中，且賦予她的力量在火星之上，並讓二者以三分相或六分相連結：因為，鑒於她對他超乎尋常的情誼，火星不會阻礙金星的事務。（§44c）須盡你所能將土星置於相對金星而言的果宮之中（考慮到他的敵意），與火星及月亮相連結，倘若它們之間能形成懷有敬意的相位[110]。

（§45a）此外[111]使月亮增光且行進速度增快，以四分相與木星相連結，因這比對分相更佳：預示房屋的美觀與完善。（§45b）還須避免讓月亮與土星或南交點落於一處，謹防土星落在上升星座或第四宮之中：因這預示建造過程中的緩慢與束縛，且將無法完工；（§45c）抑或即便完工、入住，居住之人也將一直擔驚受怕，或患病、遭遇盜賊、死亡，建築將會開裂甚至倒塌。（§45d）而若火星[與月亮]形成相位[112]，且它[113]是上升的（於遠地點或近地點所在軌道）[114]，則恐建築將被焚或倒塌；另外須使月亮處於增光的狀態，如此將有利於建築的主人。（§46）並且使月亮的廟主星與她形成相位，如上升主星與上升星座形成相位一樣（且應不受任何凶星干擾）：倘若它們沒有形成相位，主人將不會在此居住。

---

110 | 阿拉伯文版本和拉丁文版本似乎都遺漏了關鍵詞「並且」，也就是說土星不僅（a）應落在相對金星而言的果宮，並且（b）與火星和月亮有好的相位。但另見里賈爾VII.20.3源於「Nufil」的說法。

111 | 此段參見《占星詩集》V.6。

112 | 採納克羅夫茨版本，將eum解作eam。

113 | 克羅夫茨使用「它」作為所有行星的通稱，因此不清楚這裡指的是月亮還是火星。但很可能是火星，因為後面的內容與焚燒和倒塌有關。

114 | 括號中的內容是拉丁譯者添加的。克羅夫茨把「上升的」這一概念簡單地理解為星盤的左側，即從天底到上升再到中天。

——[拆毀房屋]——

（§47a）而[115]若想摧毀一幢房屋，須趁月亮在其軌道上處於下降的位置，且離相位於凶星並與吉星相連結；還要使吉星本身東出或直行上升（譯註：ascending。在赫菲斯提歐的著作中，上升[ascending]與下降[descending]都是就緯度而言的。因此，緯度上升指在北黃緯上升。），（§47b）或使月亮與她的廟主星形成懷有敬意的相位（即三分相或六分相），以便使拆除過程較為順利；但若是四分相或對分相，拆除過程則較為艱難。

——[購買及佔領土地]——

（§48）若想購買土地並與他人一道進入[116]，或擁有土地以便從他人之處獲得所產生的利益[117]，使土星落於入旺、三分性或界之處，並使木星自尖軸與他形成相位[118]或與他形成三分相，且使火星落於相對他們而言的果宮之中。（§49a）此外令月亮於[太陰]月的開端與土星形成尊敬相位，行進速度增快，且與木星形成相位：這預示土地及其所提供之物日益增加。（§49b）倘若你無法使月亮同時與土星、木星形成相位，則可以金星替代木星，使水象星座呈現吉象：若使吉星落入其中呈現吉象，則比風象星座更為有利。（§49c）還要使月亮落於入旺之處或是中天，與上升主星形成相位；亦須使月亮與上升星座不受凶星干擾並擺脫缺陷。

---

115 | 參見《占星詩集》V.7。
116 | 克羅夫茨解讀為「與他人一道佔領它們」。
117 | 此處乃是依據拉丁文版本，指的是地租，要麼是土地收穫的一部分，要麼是農作物出售之後收益的一部分。克羅夫茨解讀為「你想要獲得或從他人之處接收土地」。
118 | 我認為這裡指的是土星的尖軸，而不是於上升星座的尖軸。參見下文§61a。

——[挖掘河道與水井]——

（§50a）若為河流改道[119]或挖掘水井，土星須東出，且月亮落於地平線下第三宮或第五宮，不受凶星影響，呈現吉象且被容納；（§50b）此外注意避免凶星落於中天：此令人畏懼，恐怕水井將坍塌、河水會流光[120]。（§50c）使土星落於自上升星座起算的第十一個星座，並讓月亮與落於固定星座且在軌道上上升[121]的吉星相連結。（§50d）最佳的吉星是木星。倘若無法依此照做，則將木星[122]置於中天，如此河流將更為持久，水井將更加堅固。

——[種植]——

（§51）若想種植棕櫚樹、無花果樹或者其他樹木，月亮須落於固定星座，且她的廟主星應自水象星座與她形成相位。（§52a）此外讓固定星座或雙元星座落於上升位置，使上升主星上升並東出[123]。（§52b）因為倘若它上升而沒有東出，則樹木雖然生長迅速，卻會延遲結出果實；（§52c）若它東出、下降，樹木將生長緩慢卻迅速結出果實（若它東出、上升，則樹木生長、結果都會迅速）；（§52d）若是西入、下降，兩個[過程]：即生長與結果都會放慢。（§53）還須上升主星及月亮的廟主星與它們形成相位[124]，並使它們擺脫凶星和焦傷。

---

119 | Deducere。克羅夫茨寫作「使河水流出」。

120 | 或者說「乾涸」（克羅夫茨）。

121 | 克羅夫茨作「讓吉星與落在上升的固定星座的月亮相連結」。

122 | 刪去了（fortunas，id est）。我的理解與克羅夫茨一致。

123 | 很難分辨此處所說的東出/西入指哪種概念。里賈爾VII.25引用了哈亞特的版本，特別提到了緯度（「緯度上升」），但伊朗尼的版本中同一內容（II.5.4）僅僅寫道「上升東出」。當然如果不是確確實實在太陽前面升起的話，上升主星應該是脫離太陽光束的。

124 | 也就是說，月亮的廟主星與月亮形成相位，並且上升主星與上升星座也形成相位。

—— [播種] ——

（§54）若想種下種子（或 [不願損失的] 事物）[125]，使上升位置落於雙元星座，且主星落於啓動星座，與它的主星形成相位，並令它[126]擺脫凶星：若有凶星與它形成相位，則種子本身將遭逢阻礙。（§55a）故須使月亮增光且行進速度增快，若月亮在光束下且行進速度減慢，種子將會消失，不會長出任何東西。（§55b）若如前面所說，同時月亮行進速度增快，相對於播種的數量來說，發芽的種子較為稀少。

（§56）擇時中的第五個星座及其中的一切

—— [懷孕] ——

若為同房擇時，換言之為生育男孩，同房之時上升星座及其主星、月亮、子女之宮的主星落於陽性星座或是大圈中的陽性部分（譯註：見《古典占星介紹》§Ⅰ.11。）；且不宜將任何非陽性的行星置於上升星座或子女的星座。（§57a）若想生女孩，則須使這些徵象星落於陰性星座及大圈上的陰性部分。（§57b）倘若你無法依此照做且這些徵象星互不相同（換言之，其中一些落在陽性星座而另一些落在陰性星座），須將時主星和月亮的意向接收星（譯註：即月亮入相位的行星。）一併納入，以使更多證據指向陽性星座及星盤中的陽性部分。孩子的性別將依此而定。

---

125 ｜ 參照克羅夫茨來解讀 Quod ultra volueris exercere 這一晦澀的句子。
126 ｜ 即上升主星。

——[流產]——

（§58a）[127]若想將胎死腹中的孩子取出，須趁月亮減光之時，自[帶狀區域向南]下降[128]，與吉星形成三分相或四分相，同時與火星形成相位。（§58b）若月亮與上升位置落於陰性星座，且為直行上升星座而不是扭曲星座，則比前述情況更勝一籌。

——[教育子女]——

（§59a）若想將孩子交托去訓練，或送其去某處學習職業技能[129]或算術[130]，須如此擇時：讓月亮與水星形成相位，且使他們擺脫凶星。（§59b）此外將雙子座或處女座置於上升位置，使水星束出、上升——不要下降或逆行，（或處於第一次停滯期）[131]，下降階段，也不要讓他受剋——水星所在星座之主星也如此。（§59c）不應使月亮下降、減光，這會讓訓練變得緩慢；還要使他們與所落宮位的主星形成相位。

---

127 | 參見《占星詩集》V.18。
128 | 解讀參考《占星詩集》V.18.1。拉丁文與阿拉伯文版本都認為她自中天向第七宮下降，同時阿拉伯版本也稱此為「自帶狀區域下降」。但《占星詩集》的內容更為清晰，指的是黃緯向南移動，或許甚至赤緯也移向南方星座（即天秤座至雙魚座）。
129 | 即商業技能。
130 | Numerum.
131 | 此內容見於拉丁文校訂版，而克羅夫茨版本並沒有。

（§60a）擇時中的第六個星座及其中的一切

——[驅魔]——

若[132]某個地方或某幢房屋惡靈橫行，或某些恐怖之事與他（即居住者）如影相隨，或有幻象顯現，而想藉由吟唱[133]、乞求[134]或法術令它離開此地或此人，（§60b）須避免使月亮或上升位置落於以下任何一個星座：獅子座、巨蟹座、天蠍座、水瓶座。讓月亮落於除此之外的其他星座當中，離相位於凶星且與吉星相連結。

——[針對腸道與消化問題服藥]——

（§61a）[135]為[腸道]服藥[136]，即為患有[腸道]痙攣的人，或針對腹痛而服藥、製作膏藥擇時，須月亮[或]其與上升位置落於天秤座或天蠍座，與吉星相連結。不可將任何凶星置於相對月亮而言的尖軸位置[137]。（§61b）倘若無法避免這種情況發生，則須形成一個三分相或六分相，同時不存在對分相，也不存在兩道光線投射[138]或進入[太陽]光束下：否則造成痛苦與阻礙。

---

132 | 參見《占星詩集》V.37。
133 | 採用克羅夫茨的說法，或者更像是念咒語。亦即驅魔。
134 | 關於inquisitione（尋找、詢問）一詞，參閱了克羅夫茨的解讀。
135 | 參見《占星詩集》V.38.2。§§61a-63闡述了身體三個部分中的第一部分，§§65a-d闡述第二部分，§§66a-b闡述第三部分。關於這一主題的更多內容見伊朗尼I.2.9。
136 | Ad eos qui mali fuerint參閱克羅夫茨解讀。《占星詩集》包括處理腹瀉和使用灌腸劑。
137 | 即在月亮的整星座尖軸。
138 | 克羅夫茨認為這與行星的容許度有關，但我不認為如此。這可能與圍攻（besieging）有關。

——[各個身體部位用藥]——

（§62a）若[139]針對頭部及此處的排出物（如口中冒出泡沫含漱和嘔吐）進行治療，令上升位置[140]及月亮落於牡羊座或金牛座，[月亮]減光並與吉星相連結。鑒於太陽的高溫，須謹防與之形成四分相或對分相，特別是在牡羊座。

（§62b）對於藉由投入鼻孔的方式（比如熏蒸消毒[141]及噴嚏粉等）進行治療而言，須上升於巨蟹座、獅子座或處女座，月亮與吉星相連結；不要讓月亮與凶星以及逆行或是受剋的行星相連結。

（§63）若想對身體（手和腳）進行治療，將摩羯座、水瓶座或雙魚座置於上升位置，並讓月亮落於其中，與吉星相連結。

——[治療舊疾]——

（§64a）若治療某些舊疾，讓月亮落於她的三分性星座（金牛座更佳，因這是土元素所代表的疾病）[142]。且使月亮擺脫凶星，並使吉星落於月亮金牛座的尖軸，如此更佳更有力。（§64b）[此外要小心]為使舊疾痊癒且不再復發，尤其須避免月亮與預示疾病久延不癒的土星相連結。

---

139 | 此段參見《占星詩集》V.38.1。
140 | 刪去了多餘的**牡羊座**。
141 | 即通過鼻子吸入煙霧或其他氣味（如同吸入桉樹煙霧以清潔鼻竇）。克羅夫茨作「吸入」。
142 | 此處我採納克羅夫茨的翻譯，即薩爾希望是水象或土象三方星座（因月亮是它們的三分性主星），且土象三方星座（金牛座即為其中一員）更佳。

——[月亮所在星座、區域象徵肢體部位]——

（§65a）馬謝阿拉說：有關你想要對身體虛弱之處實施的所有治療：若為頭部、喉嚨或胸部，趁月亮落在牡羊座、金牛座或雙子座（身體上部）時治療；（§65b）而為腹部、恥骨部位或肚臍，趁月亮落在巨蟹座、獅子座或處女座（身體中部）時治療；（§65c）但若疾病位於下部，即肛門或身體較低的部位，趁月亮落在天秤座、天蠍座或射手座時治療，並且使月亮增光且行進速度增快，與吉星相連結。（§65d）若疾病位於膝蓋以下至雙腳，趁月亮落在摩羯座、水瓶座或雙魚座時治療。

（§66a）有人更進一步認為[143]，治療從頭部到肚臍的所有疼痛，須趁月亮在大地之軸（譯註：指天底。）與中天之間，向上穿越軌道的上升部分之時：即所謂「軌道的上部」。（§66b）而至於肚臍到雙腳，趁月亮在第十宮與大地之軸之間——即所謂「軌道的下部」——下降之時治療。（§66c）此外，使吉星落在上升星座：患者將被治癒並日漸強健。

——[眼睛、用鐵器處理、拔罐、放血]——

（§67a）[144]若眼睛出現水皰[145]或某些情況，有必要用鐵器處理或劃開，又或它被覆蓋住[146]，或身體其他部位有必要用鐵器處理（比如切開靜脈），則使月亮增光且行進速度增快，（§67b）但通過拔罐

143｜即馬謝阿拉（由里賈爾VII.44可確認）：源於其翻譯的都勒斯資料（見《占星詩集》V.27.26）。
144｜此系列主題參見《占星詩集》V.39-40。特別是《占星詩集》V. 40.1§67a-c。
145｜Vesica。或膿包（克羅夫茨）、囊腫。
146｜Coopertorium。克羅夫茨作「薄層」。可能指的是白內障。

吸出[液體]除外：此時須使月亮減光且行進速度減慢，與吉星相連結。此外，令木星位於地平線上方，落在上升星座、第十一宮、第十宮或第九宮內[147]；若月亮增光且行進速度增快，須謹防[她]與火星會合。（§67c）然而若你無法將木星置於上述宮位之中，則使其與上升星座形成相位。謹防月亮及上升位置落於土象星座，並避免月亮交點[148]與火星相互混合（be commingled with Mars）（亦即與火星存在某些交融）；（§67d）注意月亮[離開光束]現身之時──亦即當月亮經過太陽12°的時候；妨礙（prevention，譯註：指日月對沖。）也是同樣的；或是[醫生]切除的時候火星落於上升位置；同樣還有土星，除非正值[太陰]月的開端且月亮增光、行進速度增快的時刻。（§68a）因為從身體上切下某物或被刺破，傷口將會化膿腐爛，對病患而言毫無益處。（§68b）月亮落於啓動星座或雙元星座，被凶星覆蓋（亦即相互混合）[149]不宜切開靜脈或拔牙，除非月亮不受凶星影響或與一顆有力的吉星落於一處，或以三分相或六分相與它[150]相連結。

（§69a）對於眼睛的不適──如炎症、白色物[151]及其他需要使用鐵器治療的疾病而言，如[前]所述，讓月亮增光且行進速度增快。（§69b）尤其在治療眼疾時，須為[月亮]清除火星的影響，若與他形成相位，則請醫生暫緩進行[152]。若與土星形成相位，如果正值[太陰]月的開始，月亮行進速度增快且增光，則阻礙較少。（§69c）

---

147 | 阿拉伯版本並沒有提到第九宮。
148 | 對於「當心月亮及上升位置落於土象星座和**雙子座**」一句，採用克羅夫茨的說法。
149 | 參見《占星詩集》V.39.9。
150 | 我認為這裡指的是吉星。
151 | Phlegmon et albedo。克羅夫茨寫作「腫瘤與白斑」。
152 | Abstineatur。即不要讓醫生執行操作。克羅夫茨理解為：「……[火星]將在其中變得更加激烈。」

然而若月亮遠離妨礙[153]，則讓她與火星形成三分相，並與吉星相連結。此外，在任何針對眼部的治療中，鑒於智者們忌憚火星對此事項的阻礙，切勿強化火星。（§69d）他們還說[154]：任何以鐵器治療的疾病，檢視患病處屬於身體的哪個部分[155]，不可將月亮或上升位置置於此星座，也不可將月亮置於雙元星座或啟動星座。

—— [去除毛髮] ——

（§70a）若想以nūrah[156]剃掉毛髮（用某種治療去除毛髮），諸如此類，須趁月亮減光且落於陰性星座。（§70b）若無法為之，則勿將她置於多毛星座（如牡羊座、獅子座和其餘獸性星座），且使上升主星自中天向大地之軸[157]下降。

—— [購買奴隸] ——

（§71a）[158]購買奴隸時謹防月亮與凶星相連結，或有凶星落於地平線下，也不要讓月亮落在啟動星座：（§71b）此預示奴隸將不忠於[他的]主人，且不會安分守己；而若月亮離相位於凶星則預示奴隸會逃走（除了對此有利的天秤座）。（§72）若落在固定星座，奴隸耐勞且有助益，並尊敬主人——天蠍座除外，在此會是一個告密

---

153 ｜ 即在滿月過後。
154 ｜ 參見《占星詩集》V.39.8-9。
155 ｜ 亦即看哪個星座主管患病的身體部位。
156 ｜ 一種脫毛膏（拉丁文annora）。
157 ｜ 即天底。
158 ｜ 此段內容見參見《占星詩集》V.11。

者[159]、控告者，或不善言辭；落在獅子座則充滿欲望[160]，且會由於暴食導致腹痛；他亦是一個盜賊。（§73）此外使月亮落於雙元星座十分有利（雙魚座除外，因背叛的想法將縈繞於他的腦海，他不會忠於主人，或無故缺勤）。月亮與凶星會合也令人憂慮，與凶星相連結預示奴隸將被賣出。

（§74）若想 [從奴隸身上有所獲得][161]，如都勒斯著作第五卷所言，注意月亮在十二星座[162]的表現。

——[釋放奴隸]——

（§75a）給予奴隸自由（自由民）要趁月亮毫無缺陷之時，月亮增光且行進速度增快，並與吉星相連結。（§75b）此外使吉星東出、增加[163]：若西入 [且] 增加，雖然奴隸能尋到好處，但痛苦卻會降臨，無法擺脫潦倒[164]直至死去。（§75c）然而在月亮增光之時，他將身強體健；行進速度增快則意味著尋獲資產。（§76a）為太陽和中天[165]的星座清除凶星的影響：因若它們受剋，則將視星座屬性不同導致主人遇到不同的阻礙。（§76b）且在釋放之時令發光體彼此形成三分相或六分相，以使奴隸與主人彼此和睦、相互尊重，主人還將受益於奴隸：（§77a）四分相是中等的，對分相則預示奴隸會與主人

---

159 ｜ Susurro 一詞理解為 susurrator。
160 ｜ 或野心。克羅夫茨解釋為「貪婪」。
161 ｜ 拉丁文版本為「釋放奴隸」，在此依據克羅夫茨作出解讀。阿拉伯文版本作「若你想要依月亮落於**十二星座**的表現來從奴隸身上**有所獲得**，參見都勒斯著作第五卷」。
162 ｜ 拉丁文版本作「第十二個星座」，在此依據克羅夫茨作出解讀。
163 ｜ 可能是緯度增加，如同 §§51ff（據里賈爾 VII.25）。
164 ｜ Deficere。這個詞大意為匱乏、失敗、短缺、虛弱。
165 ｜ 克羅夫茨寫作「**落在**中天的星座」（粗體是我為了強調而標出的）。這應該指的是中天的度數所落的星座，因為星座會穿越子午線。

作對。（§77b）對月亮受剋時被釋放的奴隸而言，獲得自由還不如受奴役：因此須將月亮置於固定星座[166]。

（§78a）擇時中的第七個星座及其中的一切

──[婚姻][167]──

為婚禮擇時須謹防月亮落在第十二宮，且避免落於不利於此事的星座（即牡羊座、巨蟹座、摩羯座、水瓶座）。（§78b）若與女人訂婚，還要當心凶星與南交點所落的星座。還須使月亮落於啓動星座──其中天秤座比其餘星座更勝一籌──與吉星相連結。

（§79a）訂婚應注意避免月亮落於固定星座。

（§79b）[168] 在[性]結合時（換言之，當某人進入妻子使她供己所用時），須避免月亮落於啓動或雙元星座：而要讓月亮落於固定星座[169]：（§79c）獅子座與金牛座更佳（天蠍座與水瓶座對女方不利）。（§80a）金牛座的中間比開端和末端更佳；雙子座的前半部分更糟，而末端是有利的；此外，牡羊座和巨蟹座是不利的，但獅子座是值得讚許的（除了雙方會不斷消耗對方財產之外）。（§80b）處女座對於曾有過婚姻的女人而言是有利的，但不利於處女；天秤座亦不利；天蠍座的開端是有利的，但末端預示他們的婚姻無法持久，故而不利。（§80c）此外，射手座是不利的，摩羯座的開端也一樣（它的中間和

---

166 │「因此」（ergo）一詞放在這裡並不適當，因為月亮不受剋與落在固定星座並無關聯。在阿拉伯文版本中，這是兩個獨立的句子：若月亮受剋則受奴役對他來說更有利，**此外**宜將月亮置於固定星座。

167 │ 薩爾的這部分內容似乎混雜了訂婚、發生性關係與婚禮的擇時資料；我並不清楚薩爾的每一句話是對應哪個主題，或者他為何以此（不明確的）順序撰寫。

168 │ 見《占星詩集》V.16.8-20。

169 │ 毫無疑問是為了使性交持續更長時間。

末端是有利的）；水瓶座和雙魚座也是不利的。

（§81a）[170]金星與凶星形成相位無益於婚禮。須使金星落於吉星主管之宮和界，與她的廟主星相連結。（§81b）然而若她的廟主星為凶星，須離相位於它，並使木星凌駕於[171]她之上，或以三分相相連結；（§81c）且使月亮、木星、金星彼此形成三分相或六分相，其中以三分相為佳（尤其在水象三方星座）。（§81d）此外[172]須使月亮增光且行運速度增快，擺脫凶星，金星落於入廟、入旺或三分性之處、或喜樂宮、或與木星相連結、或與呈現吉象且有力的水星相連結。

（§82a）同樣[173]，如前所述般使太陽處於適當的狀態，因為由太陽和上升星座可知男方[174]的狀況；而由金星、月亮和第七個星座可知女方的狀況。（§82b）因此謹防凶星與它們形成合相、四分相或對分相。

（§83a）[175]女人結婚須讓月亮落於雙元星座並依照此前所述行事。使結合時[176]的上升位置和月亮落於此前所言之星座中。（§83b）且不應將任何凶星置於上升星座之中，也不應讓凶星與它形成帶有敵意的相位；此外須讓一顆吉星落於中天[177]。

（§84）都勒斯說[178]，「如此一來，在他們結合的同年就會有小孩；若中天的度數位於[水象星座][179]，女方在第一次結合時便懷孕」。

---

170 | 參見《占星詩集》V.16.21-24，或許還有 V.16.5。
171 | 即支配（overcoming）或落於自她所在位置起算的第十個星座中（見《占星詩集》V.16.22）。
172 | 或參見《占星詩集》V.16.36-37。
173 | 參見《占星詩集》V.16.1-4。
174 | 克羅夫茨稱為「孩子」，指那張本命盤的所有者。參見《占星詩集》V.16.1。
175 | 拉丁文 coniugii。克羅夫茨稱「完成」，換言之婚禮後的初次結合。Coniugium 一詞隱含此意。
176 | 拉丁文 coniugii。克羅夫茨稱「完成」，換言之婚禮後的初次結合。Coniugium 一詞隱含此意。
177 | 指的是雙方本命盤的中天：這是一種基於合盤，並非擇時的考量。見下一註釋。
178 | 此處內容應涉及《占星詩集》V.16.25-26。《占星詩集》在此做出兩條論斷，都屬合盤的內容：（a）如果有吉星落入男方和女方本命盤的中天，則女方會在他們初次結合的同一年懷孕；（b）若雙方的第十個星座均為肥沃（水象）星座，則女方將在第一次結合時懷孕。里賈爾 VII.54 中有更長且更準確的解釋。
179 | 採納克羅夫茨。

—— [**開戰**] ——

（§85）有關外出作戰時刻的學問[180]，必須使上升位置落於較高的行星所主管的星座之中，其中火星主管的宮位與上升星座形成三分相或六分相更為強而有力。（§86a）並令上升主星落於上升星座、第十一宮或第十宮之中[181]；避免落於第四宮、第七宮和第八宮，不可被焦傷、落在果宮之中，也不可與落在果宮之中且與不容納它的行星相連結[182]。（§86b）此外使第七宮的主星與上升主星相連結，或將它置於上升星座或第二宮之中。（§87a）若要他們參戰，[則]置火星於[183]尖軸，使雙方彼此對抗、開戰。令吉星在上升星座中扮演針對火星的角色，如此可為上升星座阻擋火星。（§87b）除非火星與上升主星形成友好的相位，或作為上升主星[184]且強而有力，落於有利位置且不受剋，未被焦傷且落於直行上升星座之中，否則不宜開戰。（§87c）勿將火星置於上升星座場域（domain）[185]之外的[任何地方]，如此方可幫助被派遣參戰之人和派兵參戰之人因主的安排得以保全[186]。（§88a）還要使第二宮及其主星——代表[戰爭]發起者的軍

---

180 | 關於此主題，參見《判斷九書》中薩爾§§7.160及7.167。

181 | 阿拉伯文版本沒有「第十宮」。

182 | 克羅夫茨把此處寫得看起來像是僅當上升主星處於這些不利狀況時應避免第四宮、第七宮和第八宮。但這與通常的占星實踐以及後文諸如§88a的邏輯相悖。

183 | 參考阿拉伯文版本理解。拉丁文版本含混不清，前一句說將火星與第七宮主星放在一起，這一句讀讓第七宮主星與上升主星置於尖軸。里賈爾VII.55證實了這一理解。

184 | 克羅夫茨理解為「僅當火星以他的方式指揮時，才可以成為上升主星」，其餘條件相同。（不過，使火星與上升主星形成好相位也是一個好想法。）伊朗尼II.1.8與薩爾的拉丁文版本這一內容相近，而里賈爾VII.55則與克羅夫茨契合。

185 | 阿拉伯文ḥayyiz。即火星應落於上升星座的場域中。這一詞彙在中世紀占星有幾種應用方式。阿拉伯文獻中它與「區分」（sect）有時是同義詞，但在其他情況下它指的是一種特殊的與區分有關的喜樂狀態（《古典占星介紹》III.2）：日間行星白天落於地平線上或夜間落於地平線下，且為陽性星座；或夜間行星白天落於地平線下或夜晚落於地平線上，且在陰性星座）。然而這裡使用的ḥayyiz可能僅指火星應位於星盤的東側或東半球：注意後文關於火星幫助開戰一方（由上升星座代表）的描述，以及里賈爾提到了上升星座「一側」（pars）。

186 | 「解脫」（「freed」）一詞參閱克羅夫茨的理解。

隊[187]，以及第八宮及其主星——代表敵人的軍隊，處於適當的狀態；且不應將第八宮主星置於第八宮及第七宮之中，應置於第二宮之中。

（§88b）此外將幸運點及其主星置於上升星座或第二宮，切勿將它們置於第八宮或第七宮之中。（§88c）作為發起者，不可令上升位置及其主星受剋；月亮第十二分部的尊貴（dignity）也如此[188]。（§89a）對戰爭一事而言，有必要令戰爭之星（即火星與水星），還有月亮及其主星處於適當的狀態。注意，切勿忽略使它們處於適當的狀態這一點（切勿拋諸腦後）。

（§90a）要知道，若雙方都明智地出戰[189]，如前所述，獲勝者為出生於夜晚且火星在本命盤中扮演某個角色之人[190]：因火星乃戰爭之主，戰事取決於他。（§90b）此外，（若雙方出征去參戰之時都有利[191]）也許會議和訂約或放棄戰爭。

——[軍事行為：購買武器、摧毀堡壘和武器、結束戰爭]——

（§91）購買武器和軍事裝備須趁[太陰]月之末，火星入廟、入旺或是位在三分性之時：智者們謹慎地避開月亮與火星合相於[太陰]月初的時間（而在月末更為有利）[192]。

---

187 | 即發起行動之人的**支持者**（而第八宮代表敵人的支持者）。見克羅夫茨「支持者」。
188 | 這可能指的是月亮第十二分部所在的星座及其主星，應處於好的狀態之下且沒有凶星落入。
189 | Produxeris。
190 | 此處拉丁文版本比阿拉伯文版本更加詳細，阿拉伯文版本寫道：「本命盤中擁有火星之人。」里賈爾VII.55闡述為出生於夜晚之人或本命盤中火星「位置更佳」之人。一張擁有強力火星的夜生盤顯然會入選，因為火星屬於夜區分而且在此屬於掌權的區分。薩爾應該是建議我們關注其他有利的區分狀況、守護關係和宮位：如夜生盤，天蠍座上升且火星落在第十一宮（且在陽性星座）。
191 | 克羅夫茨理解為，「若雙方出征時的星盤都是有利的」。依照里賈爾的理解（VII.55），這裡指的是一張對衝突雙方都有利的星盤。
192 | 薩爾暗示了月亮應與火星相連結，這恰恰正是里賈爾VII.56所提到的（儘管他與薩爾在某些細節上並不一致）。

（§92）攻克堡壘[193]須趁月亮受剋且無力量之時採取行動。

（§93）摧毀某些軍事裝備[194]須趁水星受剋且無力量之時。

（§94）毀掉戰爭[195]則須趁火星受剋且無力量之時。

——[摧毀村莊、偶像和邪惡之處]——

（§95）[196]摧毀村莊須趁月亮受剋且無力量之時。

（§96）若你想要摧毀某一偶像的住所或用於向魔鬼而非神祈禱之處，則須趁金星受剋且無力量之時。

（§97a）擇時中的第八個星座及其中的一切

若[197]立遺囑，切勿在上升位置和月亮落於啓動星座之時開始，因這預示[198]遺囑的委託[199]將被更改。（§97b）而要趁月亮行進速度減慢並增光之時[訂立]，且不可與在光束下的行星相連結（因這預示死亡將很快到來）。（§98）比這更詭譎的[200]是，若月亮與火星形成合相、四分相、對分相，或火星落在上升星座，或與上升星座形成帶有敵意的相位：預示委託將不會更改，病人將死於同樣的疾病，且死後委託將不被執行[或被盜走][201]。（§99）而若土星相對於月亮和上

193｜克羅夫茨理解為「摧毀堡壘」，但含義是一樣的。

194｜即敵人的軍事裝備。

195｜關於「摧毀戰爭的對手」，參閱克羅夫茨的解讀。

196｜參見《占星詩集》V.7.1與伊朗尼II.1.5。

197｜參見《占星詩集》V.42.1-7。

198｜Significat理解為significet。

199｜拉丁文commendatio，指的是委託他人去執行的事項。這種擇時關注的是死者的遺願是否被執行。

200｜Callidius。但克羅夫茨理解為「更糟糕的」，里賈爾VII.67也有同樣的說法。這個拉丁文詞彙可能是certius的誤讀，即「更加確定無疑的」。

201｜依據克羅夫茨補充了缺失的語句。

升星座[的位置][類似火星那樣]，此人的生命將得以持久延續，且死後委託將被執行，無論在他生前還是死後都不會被更改。（§100）換作金星和木星落在相對於月亮和上升星座的類似位置，委託人將更為長壽並更改遺囑[202]。

（§101）擇時中的第九個星座及其中的一切

——[異國旅行概述]——

[203]建議一群人去異國旅行，不可忽視須建立在本命盤的基礎之上（亦即以每個人本命盤的上升位置[204]及尖軸為基礎）。（§102a）使月亮落於上升位置或中天；使所求事項之主星、年主星、根本盤以及此年之上升主星[205]處於適當的狀態。（§102b）若不知曉前述提及之事[206]，則看（來訪者）所問事項之主星相對於上升主星的位置[207]。（§103a）隨後，為他指明適合其本命盤或卜卦盤的時刻（換言之，在出發的擇時盤中，不可將卜卦盤的上升星座及其主星置於相對上升星座而言的果宮之中）。（§103b）此外，若為謀求一片領地，則以卜卦或本命盤中上升星座起算的第十個[星座]作為出發時的上升星座；若為謀求一椿生意，則以卜卦盤中上升星座起算的第十一個[星座]充當；以此類推，選擇所謀求事項相應的星座作為上升星

---

202 | 拉丁文版本作「將結束他的生命且委託將跟隨」。此處對於這一混亂且不正確的說法，參照了克羅夫茨（和里賈爾 VII.67）進行解讀。

203 | 參見《占星詩集》V.21-22，儘管沒有太多相近內容。

204 | 關於 ascensiones（「ascensions」赤經上升）一詞，參閱了克羅夫茨的解讀。

205 | 因此我們須使以下行星處於適當的狀態：（a）擇時盤中代表事項的主星；（b）當事人此年的小限主星；（c）本命盤的上升主星；（d）太陽回歸盤的上升主星。

206 | 例如，若旅行者不知道自己的本命盤，則無法令其徵象星或太陽回歸盤的徵象星處於適當的狀態。

207 | 也就是說，僅看擇時盤本身的事項主星與上升主星。

座。（§104a）若月亮未受凶星影響，則令她落於尖軸或續宮中，並與上升星座形成相位。若她受剋，則令她落於相對上升位置而言的果宮中。（§104b）此外使上升主星與月亮的廟主星落於尖軸，並讓月亮與其廟主星形成相位。（§105a）須謹防月亮與凶星形成合相或四分相、對分相，凶星哪怕與上升星座形成相位也比與月亮形成相位要好[208]——（§105b）尤其對於異國旅行而言，[太陰]月之初月亮與火星會合預示遭遇強盜、國王[209]或火災。（§106）須時刻小心避免將月亮置於第四宮，應將她置於第五宮（若她在此處呈現吉象，則旅途中不會心神不寧，所求之事獲益更多，成就更大，身體不適的情形[210]更少，旅程更為輕鬆，與他同行之人也更為安全）。（§107）令人恐懼的是當旅行之人抵達和動身之時見到月亮出現於上升星座之中，預示他將在異鄉為疾病所困擾，或承受繁重的勞動。

——[會見特定之人的旅行]——

（§108a）若旅行的目的乃是覲見國王，則令月亮以三分相或六分相與太陽或中天主星相連結，且太陽位在上升星座、第十一宮或第十宮等吉宮中；（§108b）若太陽位在果宮之中，則他無法得益於他[211]；若太陽落於第九宮、第三宮或第五宮之中，則預示了辛勞與中等的成功。相似地，西方尖軸與第四[尖軸]預示了獲利寥寥，並伴隨勞苦與遲緩。（§109）若為求見貴族、法官或教派領袖（亦即主教

---

208 | 這條論斷十分有趣，我從未在其他地方見到過。
209 | Regem，不過參閱克羅夫茨，此處應理解為暴虐的統治者，如此更便於理解。
210 | 克羅夫茨理解為「重負」。拉丁文版本似乎是說旅行者的身體不會因旅行的壓力而崩潰。
211 | 拉丁文文獻似乎是說，「旅行者無法從國王處獲益」。但克羅夫茨好像理解為**占星師**無法因**太陽**獲益。實證中兩者並沒有什麼不同。

等），則令月亮與落於尖軸或相對上升位置的吉宮之中的木星會合。（§110）若動身參見戰爭統帥，則令月亮與火星形成三分相或六分相，且謹防與他會合及落於他的尖軸[212]；並使火星落於緊隨尖軸之處[213]。（§111）若動身去見年長或出身低微之人，則使她與土星友善地會合，並讓土星落於相對尖軸的續宮之中。（§112）但動身去見女人，則令月亮與金星相連結，且使金星落在陽性星座；若[能夠]同時使她（譯註：月亮。）落於我前面所說宮位之中（譯註：此處薩爾的手稿可能有誤，另見里賈爾VII.70.4中相似的句子。），那麼就如此去做。（§113a）若為見作家、商人及智者，則與水星會合。且避免水星在光束下、逆行、與凶星形成相位：（§113b）若[214]與月亮相連結的行星、或與上升位置會合[215]的行星、第七宮主星運行慢速或受剋，往往預示相應的困難與威脅。

——[海上旅行]——

（§114a）若[216]乘船去異國旅行，須使月亮落於水象星座，並謹防她與落於尖軸的土星會合。還須當心土星[的惡意]，他不宜落於水象星座，還應避免將他放在出發時刻的上升位置[217]，或與月亮落於一處。（§114b）若無法依此照做，則使月亮與他相連結的同時，與一顆有力的吉星落在一處（或在它的[218]相位之中）——藉由三分

---

212 | 這裡可能指的是火星不應落在**月亮**的整星座尖軸之處。

213 | 這裡指的是相對**上升位置**的始宮。

214 | 此句後面的部分參見《占星詩集》V.21.7。其中一些論述參見阿拉伯版本和里賈爾VII.70，它們所述更為清晰。

215 | 關於「在⋯⋯對面」這一說法，參閱阿拉伯版本作解讀。

216 | 此段參見《占星詩集》V.25.16-18及39。

217 | 克羅夫茨作「掌控出發時刻的上升位置或月亮」，指的可能是作為上升主星或月亮的廟主星。

218 | 此處可能指的是「吉星的相位」。

相、六分相或落於尖軸的形式，如此可帶走船難、阻礙、暴風雨等
土星的惡意。

　　（§115a）對於[219]航海而言，不可讓發光體受剋，若它們處於
適當的狀態並免於凶星的威脅，且未[220]藉由吉星而得到吉象，則預
示安全與成功。（§115b）但若它們受剋，此人將在旅途中死亡或失
蹤。不可於新舊月交替（the Moon is between the old Moon and
the new）[221]之時出海，否則後果不堪設想。（§115c）若[222]因商業
事務而出海，則尤其須使水星和月亮處於適當的狀態，且讓它[223]與
落於巨蟹座或雙魚座的木星形成相位：（§115d）對於航海而言，天
蠍座是令人畏懼的，原因在於它乃是火星主管的星座，對航海者懷有
敵意。（§115e）在航海中應避免凶星的界——所以相比出海而言，
沿岸航行[或翻山越嶺去旅行][224]面臨的阻礙更少。

——[陸路旅行與海路旅行]——

　　（§116）[225]若藉由陸路到異國去旅行，則月亮不可落於水象星
座或受凶星影響。在藉由陸路[226]去往異國旅行時，還須謹防與火星
形成相位，正如我曾警告過在出海時應提防土星一樣。而當月亮落
於天蠍座之時，應避免任何形式的旅行。（§117a）對於想要藉由陸

219 | 此句和下一句，參見《占星詩集》V.25.34。
220 | 這似乎有些奇怪：如果它們**得到**吉象則事情將會更好。但《占星詩集》V.25.34確實說的是發光體既不受凶星影響**也**不受吉星影響。
221 | In interlunio.克羅夫茨理解為「月亮缺席時」。我認為這指的是月亮在太陽光束下的時期。
222 | 此句或許可以參見《占星詩集》V.25.33。
223 | 水星或月亮。此句在克羅夫茨版本中寫成我們應使水星**或**月亮，而不是**和**月亮。
224 | 參照克羅夫茨補充了軼失的內容。
225 | 關於此段和下一段內容，參見《占星詩集》V.25.39，42-43。
226 | 關於「海岸」一詞，參閱了克羅夫茨的說法。

路旅行之人而言，土象星座是最佳的，而對於想要藉由海路旅行之人來說，則水象星座最佳。對於航海而言，土星的阻礙更大，且若未與木星形成相位，則阻力更甚。（§117b）藉由陸路或海路去往異國旅行時，還應謹防月亮落於天秤座最後的像[227]之中。（須知曉所有這一切。）

—— [進入某地] ——

（§118）必須知曉[228]若（希望）即將進入之地處於適當的狀態，則使自上升位置起算的第二宮處於適當的狀態：如此便使那個地方處於適當的狀態了。（§119a）此外，還應使上升位置及其主星、月亮和第二宮主星處於適當的狀態；故應以吉星充當且令它落於地平線上方第九宮、第十宮或第十一宮之中；（§119b）絕不可將它置於地平線下方（亦即第四宮、第五宮或第六宮），因這會為異國旅行和在當地所謀求之事帶來不堪設想的後果；無論它是吉星還是凶星，都應落於地平線上方。（§120a）此外力求使月亮的廟主星與第二宮主星合相於地平線上方，不可讓他落於地平線之下，因為這並非值得稱道的（除非想要隱瞞在當地謀求之事，如此它便不會顯現直到事情完成為止）。（§120b）那麼[229]使月亮落於距太陽12°到15°之間——而月亮3°後脫離太陽光束時呈現吉象，則更為妥當。就隱瞞

---

227 | 通常我認為這指的是「外觀」或「外表」（「face」，「decan」），但克羅夫茨論證了（基於阿拉伯用法，p. 184）這指的是「偕升偕降」（「paranatellonton」），同時出現的黃道之外的星座。我對此並不確定。無論如何，天秤座最後的部分屬於燃燒途徑，因此不管「像」在此意味著什麼都是不好的。另見《占星詩集》V.25.7。

228 | 參見《占星詩集》V.22.7-13及2；還有《判斷九書》§9.12（《論卜卦》§9.2）薩爾的內容。在烏瑪本命占星著作的拉丁文版本中（見《波斯本命占星II》附錄A），將此歸於馬謝阿拉，且認為它屬於卜卦而非擇時。

229 | 也就是說，如果你的**確**想要做某些隱秘之事的話。

而言，這一點勝過其他一切你所需[230]。（§121）若為尋求那個地方的統治權，則使中天及其主星處於適當的狀態，如同自上升位置起算的第二宮和月亮一樣。

──[月亮落在各個星座時的旅行]──

（§122a）此後[231]，注意在去往異國旅行時（依據都勒斯對水路旅行的論斷）月亮所落的星座。若她落於牡羊座第一個外觀，與行星形成相位（或沒有形成相位），則預示所求之事毫不費力；（§122b）若她落於金牛座，對她而言火星的阻礙會減弱，然而若與土星形成相位，將阻礙[客戶]並使其遭遇海難[232]；落於雙子座的第二個外觀，則預示了遲緩，[但]可保此後平安；落於巨蟹座之中，則可化險為夷；（§122c）落於獅子座象徵著受阻──若與凶星形成相位則更甚；而落於處女座象徵著成功、遲緩和返回[233]；而落於天秤座且超出10°之外，則無論藉由陸路還是海路[234]去往異國旅行都不可以；而落於天蠍座象徵著不幸；（§122d）落於射手座象徵著他將於中途折返[235]；落於摩羯座的開端會有些許好處；落於水瓶座象徵遲緩與平安；落於雙魚座則象徵著阻礙與艱難。（§122e）若與一顆凶星形成相位，造成的損害更甚；但若與一顆吉星形成相位，則阻礙將有所減弱且吉象將有所增強。（須知曉這些。）

---

230 ｜ 換句話說，這對與做隱秘之事來說是最有利的。
231 ｜ 參見《占星詩集》V.25.1-13，及里賈爾VII.76.1。
232 ｜《占星詩集》和里賈爾並沒有區別兩顆凶星，僅僅指出如果它們與落於金牛座的月亮形成相位則預示了損失。
233 ｜ 克羅夫茨作「平安但回程緩慢」（粗體是我為了強調而標出的）。
234 ｜ 另見《占星詩集》V.25.7。
235 ｜ 克羅夫茨認為是「象徵著他會摘下它的旗」（表達令人費解）。《占星詩集》寫道，「大浪將帶來災難與不幸」（《占星詩集》V.25.9-10）。《占星詩集》討論的是航海旅行。

（§123a）擇時中的第十個星座及其中的一切

——[與國王或王子一同旅行]——

若與國王或王子一同動身前往某個他們統治的地方，須趁木星落於上升位置或第七宮[236]之時，因這預示他將從旅行之中獲得好處與愉悅，且所見會令其欣喜。（§123b）而你應避免將木星置於第四宮之中，這是令人畏懼的；且須使月亮和金星自某一尖軸為他作證（譯註：見詞彙表「證據」。）。還須避免土星與火星[237]落於上升或其尖軸。（§123c）不應將月亮置於光束下；並謹防她與南交點或凶星落於一處，因這毫無益處：若前往異國旅行·則有去無回；若患病則必將死去；若奔赴疆場將戰死或戰敗。

——[獲得尊貴]——

（§124）若想被提升並遷移至某一王國之中[238]，須趁獅子座上升之時[239]，太陽落於金牛座中天且月亮落於上升位置，與吉星或中天主星相連結。

---

236 | 拉丁文版本補充了「或在第九宮之中」。
237 | 依據阿拉伯文版本刪去了金星。
238 | 克羅夫茨作「提高你在統治者心中的聲響」。拉丁文版本則明確地認為提高聲望的目的是為了獲得官職。
239 | 亦即應以獅子座作為上升星座。

——[**登基**]——

（§125a）若為國王登基擇時，須使上升位置與第四宮[240]落於固定星座，（§125b）並使中天主星擺脫凶星，上升主星落於吉宮之中，被容納，且第十宮主星不可與第十一宮形成帶有敵意的相位。（§126a）還須使月亮與她的廟主星形成友善的相位；另外第四個星座的主星應與吉星形成相位。（§126b）若無法依此為之，則讓月亮被容納且第四宮主星落於有力之處，與吉星形成相位。（§126c）若無法做到，就讓它[241]落於相對上升位置及其相位而言的果宮之中，且使吉星與第四個星座及中天形成相位。

——[**特定的尊貴**]——

（§127）為管理稅收而擇時[242]則要趁[太陰]月初之時，讓月亮與土星建立友善的連結，且使她落於土星主管的宮位並與吉星形成相位：這預示著穩定（且差事將可持久）；中天落於固定星座之中，如此事項將一次即可完成。

（§128a）若想保護[軍]旗[243]，則令月亮落於火星主管的宮位呈現吉象，並讓她與火星形成懷有敬意的相位，與吉星一起，於[太陰]月末，[使她]與它們相連結。（§128b）對於那些國王之下[244]的旗幟而言，為月亮清除[凶星的影響]並使她不落於凶星主管的宮位、也

---

240 ｜ 這裡指的應該是天底，應落於第四個星座、固定星座之中。
241 ｜ 這裡指的似乎是第四宮主星。
242 ｜ 克羅夫茨作「監管徵稅」。
243 ｜ 即在戰場上用於發佈通告或下達命令的旗幟。
244 ｜ 即那些非王室身份之人。

不落於巨蟹座之中，乃是更有價值的，（§128c）而戰爭之主的旗幟
另當別論：要使**她**落於火星主管的宮位（天蠍座更佳，因火星在此有
力又穩定）。

——[與國王為敵]——

（§129a）若懷有敵意欲與國王為敵，須趁月亮增光且使月亮與
上升位置均清除凶星的影響，（§129b）並使上升主星落於相對上升
位置而言最佳的宮位之中，擁有某種尊貴，順行且未受凶星傷害（無
論主星是吉星還是凶星）。（§129c）此外將第七宮主星置於相對上
升位置而言的凶宮之中，不要與吉星或發光體形成相位。

——[接近懷有敵意的國王]——

（§130）若國王發怒，不宜出現在他面前，除非月亮減光，且使
[上升位置及其主星、月亮均受剋；並使][245]第七宮主星呈現吉象，
落於相對上升位置的吉宮之中，如此自己的事項方占優勢。

（§131a）擇時中的第十一個星座及其中的一切

——[建立友誼]——

若你想要與某人建立友誼，勿使月亮落於凶星的尖軸，且令第

---

245 ｜ 依據克羅夫茨作出補充。

十一宮主星與上升位置形成友善的相位。（§131b）此外[246]使月亮與
代表你所求之事相應的行星相連結：比如金星代表女人，水星代表作
家，各界人士由相應事物代表[247]。

—— [謀求希冀之物] ——

（§132a）[248]若想從他人處謀求某事，則使上升主星與上升位置
形成友善的相位，上升位置落於固定星座或雙元星座；並讓月亮落
於[上升星座][249]，或其三方星座[250]，或形成四分相之處（譯註：即上
升的四尖軸。）；（§132b）但要謹防對分相，也不要讓[月亮]與凶
星相連結，要讓月亮與她的廟主星形成相位。無論如何，若月亮與她
的廟主星沒有形成相位，事情無法被完善。（§132c）因此，始終要
趁月亮光線增加且行進速度增快、上升主星順行、月亮與吉星相連結
之時去謀求事情；若吉星順行且月亮與行進速度增加的吉星相連結，
則預示事情增進。（§132）避免水星處於不利狀態：若他受剋且被容
納，則預示麻煩與強迫，以及謀求過程之中的再度返回[251]。

（§134）令月亮與代表所求之事的行星相連結：比如太陽代表國王，
火星代表將軍或發動戰爭之人（其餘各界人士的代表主星也依此類推）。

---

246 ｜ 據克羅夫茨（p. 187），此句屬於下一段——關於從他人之處謀取某事的內容。事實上，《占星詩集》V.14（關
於從他人之處謀取某事）在一開始就對月亮進行闡述，隨後將她與不同行星結合對應不同類型的人。

247 ｜ 關於「將因此而來」參閱克羅夫茨做解讀。薩爾指的是我們應依據此人所屬的類型選擇徵象星。

248 ｜ 關於這部分擇時，參見《占星詩集》V.14的內容，不過也與此並不十分吻合。

249 ｜ 此處採納克羅夫茨的說法，而不是使上升主星落於上升星座之中——因這與前面的內容矛盾。

250 ｜ 換言之，與上升形成整星座三分相。

251 ｜ 最後一條看似是對阿拉伯文版本的演繹，「它預示所求無法滿足和殘忍的拒絕」。拉丁文版本（而不是阿拉伯
文版本）似乎說的是他被拒絕一次並且不得不再試一次。

（§135）擇時中的第十二個星座及其中的一切

——[購買牲畜]——

若[252]購買大牲畜，將月亮與順行、東出、上升的吉星相連結；避免會合凶星，不然牲畜將是令人畏懼的。（§136a）若牲畜已被馴服並曾經被騎乘過，則趁上升位置落於雙元星座且月亮落於固定星座（水瓶座、天蠍座除外）之時購買。（§136b）還要讓與她相連結的行星順行[且]上升，以使牲畜的體型增大、價格提高：若它逆行上升，則牲畜的體型會縮小但價格會提高；若它順行但下降，則牲畜的體型雖會增長但價格與之不相稱。（§137）若牲畜尚未被馴服，換言之，還未被騎乘過，則令上升位置落於雙元星座，月亮落於啟動星座，與吉星相連結；隨後，照我在第一個標題中所說的去做[253]。

——[狩獵和捕魚]——

（§138a）外出狩獵要在上升位於雙元星座時動身，並使第七宮主星有缺陷（defective）[254]且下降，落在尖軸的續宮：若它落於果宮，則預示獵人捕獲的獵物將會逃脫。（§138b）在每一次動身前去狩獵之時，都須讓月亮離相位於火星，落於相對上升位置的吉宮之中呈現吉象。而若月亮位於星座的末端，或空虛，或落於啟動星座，則

---

252 | 《占星詩集》V.12是有關購買牲畜的簡短章節，但與此段幾乎沒有相似之處。在我看來此處的擇時有些含混不明，因為它建議與月亮入相位的行星上升（可能在它的本輪或遠地點），這樣可使價格提高。但價格提高會讓賣方受益，而不是買方。
253 | 此處指的應該是這一章的第一句話，即§135，使用同樣的關於上升、下降等的標準。
254 | 克羅夫茨認為是「行進速度減慢」（decreasing）。

不應外出狩獵。（§138c）此外須謹防月亮的廟主星與她沒有相位的狀況發生：因若它與她形成相位，則預示所求之事會順利。

（§139a）於水上狩獵時須為水星清除凶星；於山中打獵則讓月亮落於牡羊座或它的三方星座之中；（§139b）若是捕鳥，則須讓月亮落於雙子座或它的三方星座之中，與水星相連結，若水星下降，則使月亮離相位於他：因這更為有利。

（§140a）在海上捕獵時，使上升位置落於雙元星座，其主星落於水象星座；須避免上升位置落於火象星座。還要讓月亮與她的廟主星形成相位。（§140b）此外須知曉，對於海上捕獵而言，月亮受剋於火星更為不利，所獲更加寥寥無幾：故要謹防來自火星的阻礙（而在陸上捕獵時須謹防來自土星的阻礙）。（§140c）另外，海上的捕獵應使金星與月亮處於適當的狀態，且不受火星阻礙，那麼所捕獲之物將（因主人）[255]而倍增，主人將獲得最多的財富，捕獵也將依靠主人而取得成功：（§140d）故讓月亮與金星相連結，並使水星與她落於一處；水星受剋於土星不會妨礙此事。此外須小心避免火星落在水象星座，且與月亮或是金星相連結。

——[逃走或採取秘密行動]——

（§141a）若[256]想逃走或採取秘密行動，或[幫助]任何想要逃走或藏匿之人：須趁月離相位於凶星並與吉星相連結之時。此外讓月亮在光束下與土星相連結，且使她在離開光束下之時與吉星相連結[257]。

---

255 ｜ 也就是開始行動之人。阿拉伯作者在卜卦和擇時資料中頻繁稱客戶為「主人」。
256 ｜ 參見《占星詩集》V.5.3-4。
257 ｜ 在克羅夫英文版本中，後面一條論斷是針對土星而不是月亮：「當他走出光束下之時與吉星相連結。」不過我認為這條論述更像是針對月亮。該內容曾在§30a-b被提及，而且特指月亮。

（§141b）若發光體出現於某事項之上[258]，它們將令其揭露並顯現：故同樣須謹防與它們形成相位。

—— [追捕逃犯] ——

（§142）[259]若想搜尋逃犯，須趁月亮與凶星相連結或她走出光束下之時：且在她[自光束下]走出之，使她以四分相、對分相或合相[260]與一顆凶星相會；切不可將月亮或月亮的意向接收星（the planetary receiver of the diposition）[261]置於第四宮之中。

（§143）與十二星座無關的擇時

[262]寫信時須讓月亮與水星相連結，並清除凶星的影響；使水星有力且呈現吉象，不逆行，不受剋，還要使他與月亮不受凶星的影響。

薩爾‧賓‧畢雪《擇日書》終

---

258 | Orta fuerint。見里賈爾 VII.73 對此的闡述。這應與下述概念有關，（《論卜卦》§7.13 及《占星詩集》V.35）即發光體落在某些重要宮位或與之形成相位顯示小偷被發現或物品復得。

259 | 參見《判斷九書》§7.72（《論卜卦》§7.10）中薩爾的內容。這或許源於馬謝阿拉翻譯的《占星詩集》，因哈亞特和「都勒斯」都有相似的內容（分別見《判斷九書》§§7.77和7.78）。

260 | 阿拉伯文版本沒有合相。

261 | 即她（或其他行星）入相位的行星。

262 | 參見《占星詩集》V.15。

抉擇之書

伊朗尼

[序]

以主之名。阿里·本·艾哈邁德·伊朗尼雲：至愛之人，你曾請求我為你著書，論述占星師為開始每一事項挑選時間的方法。故我編著此書，它較古人所贊同的那些更勝一籌[1]。書中包含兩篇論述。

第一篇論述探討擇時的益處、應如何為本命盤未知之人擇時、[應]如何依卜卦盤[擇時]，以及所開始的事項何時完成[2]。

第二篇論述探討特定的擇時，如進入及離開城市[3]，或開始旅行，諸如此類。我已按照明確的順序將其整理，以便我們查找所需。

---

1 | Convenerint。本書自始至終，伊朗尼都突出了以往作者之間的分歧（或至少是多樣的觀點）。
2 | 即預測：見下文I.5。
3 | Villas。

　　此書（換言之，擇時）不同於論述本命的著作：在[本命]中，我們能夠推遲[某些話題]直至查閱[我們的]書籍[4]。但在此一學科中，選擇[時間]常常過於急迫，以至於不允許查閱書籍。而我相信以此種方法處理[該學科]將令你一目瞭然並感到甚為滿意。

---

4 | In quibus differe possumus donec libros revolvamus。此句要與下一句結合來理解。伊朗尼指的似乎是，在本命中，一些主題與當下並沒有關聯，或者要查閱許多觀點，我們可以稍後再針對某些人生領域為客戶提供建議；但在擇時中，客戶的需求往往十分緊迫，我們必須能夠快速給出清晰的指導。

論述一

——

第一篇論述包含五部分[5]：第一，擇時是否有助益；第二，論所有事項的擇時；第三，論為本命盤未知之人擇時；第四，論所問事項結果的吉凶，及卜卦之後的擇時；第五，所開始的事項將於何時完成。

I.1.0：擇時是否有助益

托勒密曾以清晰的推理論證[6]，依據行星進行判斷一事千真萬確。而在引述托勒密所言的同時，我又於書中增補了一些證據。因此，若我們承認這一事實，那麼這種智慧的一部分（即擇時）也必然是有助益的。故由此我們一致認為，倘若已知某個女人或動物的受孕時間，便可以藉此得知胚胎至接納氣息[7]之前會發生何事，至脫離子宮之前[會發生]何事，至死亡之前又會發生何事，正如他在[他的]占星著作中所言：但占星師們並沒有依[此方法]進行本命判斷，因他們很難獲知確切的受孕時間。然而，托勒密稱，出生的時刻意味著

5｜Differentiarum。我將它們標記為「章節」。

6｜在本段，伊朗尼提到了《四書》III.2中關於受孕盤和出生盤的討論。托勒密認為受孕盤可以被稱為最初的開始（archē），而本命盤可被視為建立在它基礎之上的一種次級的開始（katarchē）。由於katarchē在希臘文中是表示「擇時」（「elections」、「choices」）的標準詞彙，因此伊朗尼論述的主旨在於擇時占星如同本命占星一樣正當有效──他想要以托勒密所言證明這一點。此外對托勒密的這一引用顯示出，在解釋為何特定的時間具備不同的性質時對自然論或自然成因的依賴。我在緒論中對此作出了更多解釋。

7｜Inspiretur。伊朗尼似乎指的是傳統觀念所認為的：在懷孕過程中，靈魂或給予生命的呼吸進入胎兒體內的時刻。例見阿布·巴克爾（Abū Bakr）I.2(《波斯本命占星II》)。

第二個[8]開始。有鑒於此，當我們依據本命書籍的判斷法則為受孕擇時時，好事將會降臨於此人身上——占星師已根據本命書籍對此做出預測；當我們談到植樹、播種、建造城市以及任何一個開始的時候，皆同此理。

——[I.1.1：我們應為何人擇時]——

所有占星師[9]公認，不應為本命盤未知者擇時——對此我不敢苟同[10]。儘管依據本命盤擇時是有益的，然而當有兩個好的選項，即便你無法踐行最佳的那一個，也不應忽視另一個可能踐行的選項。忽視的人[11]譬如一個旅行者，儘管他本可以騎馬前往，但由於他不能乘坐黃金轎子，或不能[擁有]一頂為他遮蔽炎炎烈日的帳篷，就愚蠢地放棄騎馬而[徒步]踏上了旅程。同樣的[道理]，你須對擇時一事充滿信心——無論為本命盤未知之人，還是本命盤已知之人，除非某些事項必須要檢視本命盤才能確認。

——[I.1.2：擇時的普適性因子]——

此外[12]每一個[種類]所必需的基礎——也是讓我們在開始行動的當下充滿信心的基礎，乃是我們必須確保普適性的因子處於適當的

---

8 ｜ 關於omne（馬德里）和iudicium（巴黎16204），參閱文獻巴黎7413- I 理解為secundum……initium。托勒密認為本命盤是katarchē，一個**相對的**或**衍生的**次級的開始，而真正的開始或archē是受孕。

9 ｜ 這一開篇讓人聯想到薩爾《擇日書》§1，其中他也指出其他未提及姓名的占星師認為不應為本命盤未知的人擇時。但像伊朗尼、薩爾（§§3a-5a）等都認為我們可以使用卜卦盤作為根本盤進行擇時。（伊朗尼還認為可以為本命盤未知的人做某些一般性的處理，如我們將在下文看到的那樣。）

10 ｜ Congruum。

11 ｜ 即那些忽視次佳選擇的人。

12 ｜ 本段內容參見薩爾§§20-21c。

狀態：亦即，[1]月亮（她對於任何開始、地點、時間並且對任何人而言都有意義）、[2]太陽（他掌管著天體，如同國王）[13]、[3]象徵我們想要開始的行動的行星（如金星象徵訂婚，木星象徵財產），同樣還有[4]象徵我們想要開始的行動屬性的星座，因此若我們想要出海，則須讓水象星座處於適當的狀態（換言之，若[此星座]沒有凶星落入，也沒有與它們形成相位，則將它作為上升星座，或讓月亮或上升主星落於其中，其他事項亦如此）。

然而[14]，有些因素並非十分必要（但也要視情況而定）——無論對於已知本命盤還是未知[本命盤]的人而言——即我們應選擇陽性星座進行陽性事項，陰性星座進行陰性事項，諸如此類。

—— [I.1.3：擇時的特殊性因子] ——

而在適當地放置[15]這些普適性因子（即太陽、月亮以及與想要開始事項的自然徵象星）之後，我們還須讓特殊性因子處於適當的狀態。

首先我們應適當地放置所求事項的宮位。對於已知本命盤的人而言，須使本命盤與擇時盤中代表此事項的宮位均處於適當的狀態[16]。但對於未知本命盤的人而言，我們須使擇時盤中代表此事項的宮位處於適當的狀態。

然而[還須]適當放置上升星座、第四宮及它們的主星[17]：與其說

---

13 | 也就是說，按照從月亮到土星的順序來看，太陽在所有行星的中間。
14 | 參見《占星詩集》V.4.5及薩爾§18。
15 | Praemiserimus。
16 | 例如，假設這是有關第五宮事項的擇時，客戶本命盤中的第五宮是摩羯座。但在擇時中出於某些原因考量，最好以巨蟹座作為第五宮。在此例中，我們應確保摩羯座和巨蟹座在擇時盤中都有好的狀態。
17 | 參見薩爾§26。

可使事項達成，不如說可讓靈魂、身體和最終的結果都是適當的——
無論本命盤已知與否。

但在擇時盤與本命盤之中，[事項]由何宮[18]象徵並不具有普遍
性，舉例而言：此時此地，自上升星座起算的第二個星座象徵財產；
此時彼地，它可能代表兄弟手足；而彼時此地，同一星座則象徵了旅
行或其他事項。但木星在任何時間、任何地方都象徵財產，[還有]金
星[象徵]女人。此外，星座象徵的事項與它們的守護星相同，其他
一切皆同此理。

——[I.1.4：基於未知本命盤的兩點異議]——

[1]有智者對此提出異議：「或許一張未知的[19]本命盤是由一顆
凶[星]所主宰的，而[倘若]我們總是將凶星置於果宮及凶宮，那麼
不幸將降臨於擇時盤的主人身上。」

我們回應[智者]道：「對你所言，我們不敢苟同。因為另一方
面，也可能是由吉星主宰的。若我們[反而][同時]強化擇時盤中的
吉星和凶星[20]，則將助長惡行，為他帶來死亡和不幸。」

「此外，本命盤由凶星主宰的人為數不多，因吉星有五顆，但凶
星[僅]有兩顆[21]。」

「看：許多人[22]一同出海[23]，他們曾詢問過占星師，因此他可以

---

18 | 伊朗尼指「哪一個星座」或「星座的第幾度」。
19 | 關於出現在其他許多手稿中的 in nocte，參閱馬德里版本按 ignotae 理解。
20 | 意即我們預設本命盤由凶星主管，而採納了異議者暗示的建議同時也強化凶星。
21 | 顯然火星和土星從本質上來說是凶星，而伊朗尼認為其餘行星均為吉星（即便水星本身並不必然是吉星）。
22 | 不同手稿中使用的數詞或指示代詞均不一致，因此無法得知伊朗尼指的到底是多少人。
23 | 參見《擇日書》§ 6a-b。

為他們擇時。而鑒於前述原因[24]，占星師拒絕為他們提供建議，[以致]一干人等全部置身險境，如此拒絕提供建議之人乃是他們死亡的肇因：或許若他為他們擇時的話，他們將可倖免於難。因主在創造災禍之時已給出解決之道：祂阻止我們向死亡屈服[25]。」

　　[2] 對於[26]那些否認擇時有助益之人，我們要說：「若有人請你為他擇時，但從各方面而言那個時間是最差的，而你知道如果推遲一兩個小時或者更多的時間，便能夠為他挑選出一個無可置疑的吉時，於是你對他說，『我們用不著選擇那個未來的時間（那個無可置疑的吉時），你可在此時動身，因為或許它對你無害。』」這裡的謬誤顯而易見。因為倘若他們[對自己]說，「**或許**它是無害的」，那麼它究竟是好是壞就存在疑問。換言之，毫無疑問，擇時對所有人而言都是安全且有助益的[27]。

　　這正如有人被問及兩條路中的哪一條更安全，其中一條路經常有狼，但他不確定另一條路是否有狼。他對詢問者說[應]選擇經常有狼的那條路。他說道：「從這條路走，因為或許你不會遇到狼。」我們反對這種做法，原因在於我們贊同他們的另一句話[28]：毋庸置疑，壞的時間永遠是壞的時間。

　　然而在所選擇的時刻之中，有些堪稱完美，有些卻不盡如人意，有些會帶來十足的益處，有些只會帶來中等程度的益處[29]。倘若我們

---

24 ｜即如果我們因為害怕錯怪了一顆凶星而拒絕為本命盤未知的人擇時。

25 ｜我不清楚這句話的作用是什麼，儘管它顯然指的是我們有責任盡力去避免無謂的死亡。關於神創造災禍這一神學細節也存在問題。但巴黎7413-I寫作concedens（「准許」），所以這裡可能指的是「主准許災禍存在的同時也已提供了補救辦法……」。

26 ｜這一段話闡述了職業責任。

27 ｜也就是說，由於認可存在好的時間和壞的時間這一原則，那些以不知道本命盤為理由避免擇時的占星師們是虛偽且不專業的。

28 ｜關於其他手稿中出現的concessimus（「我們屈服於」），參閱馬德里版本及巴黎16204按consensimus理解。

29 ｜這似乎有些冗贅。伊朗尼或許想要它們與下文提到的情境相契合，但我認為拉丁文文獻可能有誤。

為某人選擇了能使事項達成的時刻開始行動，而他的本命盤也有此跡象，同時他此年的回歸盤也顯示了好運，那麼將事事如意。另一方面倘若本命盤或回歸盤（或兩者皆有）不支持此事，擇時盤或許足夠強大，令他得以完全摧毀凶象，如同解毒劑[30]能夠化解所有毒藥一般；它或許可以減輕災禍，如同[藥用]糖漿一般；又或許既沒有好事也沒有壞事發生在他身上（這取決於[他的]本命盤的強力程度）。最後，儘管如此，不論多好的擇時盤都無法完全消除災禍，僅能減少些許凶象。

若我們知曉他的本命盤和回歸盤，知道情況對他不利，而他又完全無法避免即將發生之事，則我們最好為他選擇一個吉時，正如我們為某些病人提供藥物那樣：若不能使病人受益，[至少]它不會造成傷害。

倘若他所求之事在本命盤和回歸盤中都呈現吉象，但他卻在一個糟糕的時刻開始行動，則或許這個時刻是如此的不利，以至於本命盤和回歸盤中的吉象完全被它破壞，也可能被它減損，或者他無法得到任何益處。

因此綜合上述內容，很明顯一個良好的擇時不會造成阻礙，同樣地，一個糟糕的擇時也無法帶來助益。由此可知，蒙主庇佑，我們千萬不可忽視一個良好的擇時。

I.2.0：論為所有人擇時的一般性步驟

擇時即是行動的開始，它並非在行動之後：如建造房屋開始於

---

30 | Tyriaca，源於阿拉伯文 tiriāq。

奠基或進行測量的時刻[31]。擇時以出身、地位、時間、地點、年齡為
依據,也要以所求事項本身為依據。為國王擇時與為商人擇時不可
相提並論,為拳擊手擇時與為抄寫員擇時不可相提並論,為建築工
擇時與為農民擇時亦不可相提並論;若有人想要在冬天播種,我們
不會為他擇時在三月,但如果此人要在山上播種,三月是可行的。
同樣的道理,你無法藉由擇時讓垂暮之人生育子嗣,也無法藉由擇
時讓不育之人或[太過]年輕之人生育[子嗣],對於老婦或諸如此類
的人而言亦如此。因為除非事項是有意義的,否則支持[32]的效果不
會顯現。

　　而對開始任何事項的擇時而言,須適當放置:[1]上升位置、[2]
第四宮及[3-4]它們的主星,[5]月亮及[6]其主星,[7]太陽亦如此,
[8]幸運點及[9]其主星,[10]擇[時]所求事項的自然徵象星,[11]代
表事項[33]的宮位及[12]其主星。然而若你想要破壞某事,則破壞其
徵象星便等同於破壞了這一事項,正如下文所述。

　　[1]上升位置及[3]其主星、[5]月亮和[8]幸運點象徵了我們所開
始事項的樣貌;而上升位置及其主星尤其象徵著採取[行動]之人的
身體與靈魂[34]。故所開始事項的徵象如同我們所言:亦即,上升位置
及其主星是吉是凶,它們的狀態起決定作用,此外要參考月亮、幸運
點的狀態。倘若上升位置及其主星對於吉星或凶星而言是空虛的[35],

---

31 | 波那提在此對伊朗尼作出評論指出,儘管測量及「類似的準備工作是為建造建築所做的,但它們仍然不是建
造這件事本身」(《天文書》Tr. 7,Part 1,Ch. 6)。波那提認為,對於建造建築而言,適當的開始(也就是
擇時要挑選的時刻)是疊第一塊石頭或實際開始建築過程的時刻。

32 | Firmamenti。即擇時盤(更確切地說,是其中描述的情況)。我懷疑伊朗尼或他的資料來源自於一部希臘
文獻,這部文獻在此處使用了hypostasis一詞。

33 | 刪去了in ascendente(「在上升位置」),它在占星學上不合邏輯。上文已經提到了上升位置及其主星。

34 | 參見阿布・馬謝有關(太陽回歸盤的)上升位置象徵身體,而它的主星代表靈魂的說法(《波斯本命占星III》
II.2)。

35 | 我認為此處指的是吉星與凶星對它的影響是均等的;但也可能指沒有行星與上升度數形成容許度內的相位。

而上升主星又介於二者之間（即介於有力和無力之間），則徵象將視月亮而定──根據吉星與凶星對她的影響，此外還要參考幸運點。但若月亮如同上升位置一樣空虛[36]，則徵象將視幸運點而定──根據所有的徵象[37]。且依我之見，（上文提示的）所有徵象往往是混雜的，而其中我們應以何者為優先並使[它們]呈現吉象，正如我們在提示中所闡述的那樣。

此外[7]太陽代表國王、貴族及可持續之事，且我們尤其應關注在這些事項之中，他是否處於適當的狀態及有力與否。[10]代表擇時所求事項的行星將依自身狀態主導該事項──[11]事項宮位及[12]其主星亦如此。

── [I.2.1：主要徵象星──據哈亞特] ──

占星師哈亞特言道[38]：「須考量上升主星及月亮：我們以其中強而有力者作為開始的徵象星。我們應斟酌這一觀點及由此帶來的後果[39]。因倘若上升主星無力卻呈現吉象，並與吉星會合，而月亮有力卻未呈現吉象，並與凶星相連結，則我將以月亮作為徵象星[40]並且判斷事項將是不利的。」

但這是錯誤的。原因在於，我們理應判斷事項是有利的、成功的，而月亮的參與是有限的。若此時上升位置是有力的，則我們完全

---

36 | 根據前一句話可知此處指吉星與凶星對月亮的影響是均等的。
37 | 我認為這指的是幸運點將**代表**所有一切的徵象。
38 | 此觀點事實上正是我所謂「馬謝阿拉的傳承」（馬謝阿拉、薩爾、哈亞特）與烏瑪對於在**卜卦**中如何挑選徵象星的看法。見《判斷九書》§§A.130，1.1，附錄C摘錄自馬謝阿拉《論容納》Ch. 2的內容。我不確定哈亞特是否試圖將它應用於擇時，但我們將會看到，伊朗尼對於這樣的應用提出了批評。
39 | 換句話說，伊朗尼十分謹慎地對待力量和吉/凶性質之間的區別。他認為偏重力量（例如位於尖軸）而忽視性質是錯誤的，並於隨後做出了解釋。
40 | 即，**如果**我們按照哈亞特的建議。

不必觀察月亮。故就追捕（hunting）[逃犯][41]而言，我們傾向於讓月亮會合凶星，並且使上升主星呈現吉象[42]。

—— [**I.2.2：主要徵象星——據阿布·馬謝**] ——

阿布·馬謝稱，代表事項結果的徵象有五：其一 [1] 第四宮主星；其二，[2] 月亮所在星座的主星；其三，[3] 月亮在當下星座之中最後入相位的行星[43]；其四，[4] 幸運點所在星座的主星；其五，[5] 月亮所落星座起算的第四個星座。（而當今某人[44]認為還須添加幸運點所在宮位起算的第四宮之主星。）

然而倘若上升位置代表擇時之事項（藉由我們已闡明的方式），則事項結果的徵象星為 [1] 自上升位置起算的第四宮主星，且它須與第四宮形成相位；否則 [2] 月亮所在星座之主星象徵著結果，且它須與月亮形成相位。若兩者皆非，則結果之徵象星為 [3] 月亮於所在星座中最後連結的行星。但若月亮空虛，徵象星則為 [4] 幸運點的主星，且它須與月亮形成相位。但若它未與 [她] 形成相位，則取 [自月亮起算][45]第四個星座之主星，且它須與月亮形成相位。否則 [2] 月亮所在星座之主星象徵著結果，並且我們會將它與所有其他代表結果的徵象星合併在一起。

---

41 | 括號中的內容是我補充的，因為有關狩獵（hunting）的內容並未提及使用月亮無力——但追捕逃犯的內容確實提到了這一點（見 II.13.2-3 和薩爾§142），伊朗尼自己在後文的論述二序中重申了此點。

42 | 在此處伊朗尼或許過於輕率。他實際上認為月亮十分重要，但她並不是**客戶**或行動的主要徵象星。然而由於哈亞特正是如此對待月亮的，如果上升主星有力的話，他甚至可能根本不會去觀察月亮。相反，伊朗尼認為月亮代表事件的過程本身，因此在某些情況下我們要讓她無力或有力，不論上升主星如何。

43 | 換句話說，在她離開目前所在的星座之前。在與那顆行星相連結之後，月亮便空虛了。

44 | 目前未知此人的身份。

45 | 我按照上一段的邏輯進行了補充，因為我們已經提到了第四宮主星。

而倘若如前文所述[46]，月亮為擇時事項的徵象星，則事項結果之徵象星為[2]月亮所在星座之主星，且它須與她形成相位；若未形成相位，我們將依前述順序繼續[3-5]。

而倘若以幸運點為徵象星，[4]幸運點主星則代表事項之結果，且它須與月亮形成相位。[此外]徵象往往會返回[2]月亮所在星座之主星身上。

不過鑒於有人欲以自幸運點所在宮位起算的第四宮主星作為徵象星，我們應將其列入，置於[4]幸運點主星之後。

此外，若月亮在當前星座中與任何一顆形成正相位會合（conjoined to any planet，degree by degree），[3]則此行星即為結果之徵象星，列於[2]月亮所在星座主星之前。

——[I.2.3：主要徵象星——據金迪]——

此外金迪稱[47]，須適當放置上升位置及其主星、[主星所在]星座之主星、月亮及她的主星、**她的**主星所在星座之主星，同樣還有幸運點所在星座、代表擇時事項的星座及它們的主星、主星之主星。

他認為[48]上升位置代表詢問者開始的狀態，而其主星[代表]過程，**它的**主星為事項的結果。

此外[49]依同樣的方式，他慣於以代表事項的特殊點作為徵象星。

他[50]甚至常常以落在某些位置上更強有力的行星作為徵象星——

---

46 | 見上文I.2.0。
47 | 此段內容伊朗尼主要參考了《四十章》§§141-43及552。金迪認為上升位置、月亮或特殊點所在位置代表事項的開始；它們的主星代表事項的發展或中間的狀況；那些主星的主星則代表結果。另見里賈爾VII.2.1。
48 | 《四十章》§143。
49 | 《四十章》§141。
50 | 《四十章》Ch. 3.2。

例如，配置法的釋放 [者]，即太陽、月亮、幸運點、上升、（出生前）
會合或妨礙的位置（譯註：指出生前的朔望月位置。）。他習慣於以那
顆行星作為所問事項的徵象星。

他[51]還慣於使用事項宮位中更強而有力的行星作為事項的徵象星。

有時[52]他甚至習慣於以上升度數的主星作為所問事項的徵象星。

——[I.2.4：主要徵象星——據烏瑪‧塔巴里]——

但烏瑪‧塔巴里[53]的判斷卻不如金迪和阿布‧馬謝細緻。原因在
於，他習慣適當放置我們在前文所提到的因子，並且將 [它們**全部**]
作為徵象星[54]。不過他特別以第四宮及其主星作為事項結果的徵象，
還有月亮所在星座——對此大多數談及擇時的占星師都認同。無論如
何，我們無法依照 [所有的] 觀點讓因子均處於適當的狀態。故我們
應盡力而為——在適當地放置那些必要因子之後。

阿布‧馬謝說[55]，對於我們而言，讓十二個宮位均處於適當的狀
態絕無可能，原因在於你無法令凶星從天空中消失；然而我們須使
上升度數及其主星處於適當的狀態，每一個發光體所在度數也同樣如
此。因倘若它們受剋，則一切都將無法挽救。

故由此看來[56]，在適當放置前述因子**之後**，使代表事項結果之宮
位處於適當的狀態是十分必要的，其次為中天[57]，再次為幸運點（它

---

51 |《四十章》Ch. 3.1。
52 | 這一點似乎是顯然的；我無法確定伊朗尼指的是《四十章》的哪個章節。
53 | 資料來源不明。
54 | 補充了括號和粗體強調的部分，以闡明伊朗尼的觀點；烏瑪僅僅簡單地認為要使用全部的因子。
55 | 資料來源不明。
56 | 此段看起來是伊朗尼對上一段阿布‧馬謝的內容的思考。
57 | 但此前從未提及這一點，這裡可能是錯誤的。另一方面，伊朗尼也可能想要強調的是使中天落於第十個星
　　座的重要性。

們代表當事人的具體狀況）；但為使事項得以完成，還須適當放置象
徵事項的行星[58]、宮位及其主星。

——[I.2.5：論星座的適當狀態]——

　　同樣，所謂星座的適當狀態（當它的狀態不差且遠離所有阻礙之
時）即星座擺脫凶星[59]及它們的相位（四分相與對分相），亦未遭受
兩顆凶星的圍攻（也就是說應有一顆吉星落於其中或與之形成三分相
或六分相）[60]：如此將會增加吉象。而隨吉星數量增加，獲益亦將更多
（除此之外，即便星座位於相對尖軸而言的果宮之中，抑或遭受兩顆
凶星圍攻，它亦可安然無恙或[僅]受到些許傷害）。而若吉星與之形
成四分相或對分相，則無濟於事（尤其是對分相）。但倘若吉星和凶
星同時與之形成相位，我們將比較它們的徵象，其中更為強有力者勝
出。而若雙方勢均力敵，則視同此星座與吉星、凶星都未形成相位。
此外，若與星座形成相位之行星擁有尊貴，則更佳。
　　此外亦應適當放置星座的主星，因它具有雙重意義：即它所落宮
位的意義和它原本的意義[61]。

---

58 ｜ 就一般性徵象而言，例如木星代表財富，金星代表戀愛。
59 ｜ 換言之凶星沒有落在此星座中。
60 ｜ 圍攻可藉由度數或星座而產生（見《古典占星介紹》IV.4.2）。在此，伊朗尼指的是某一星座因兩側落有凶星
　　 且與吉星不合意而遭到圍攻；但如果有吉星與星座形成三合或六分相位則可以解救。見（圖12）。
61 ｜ 我並不認為這是通常所說的行星的自然徵象（例如木星代表財富，金星代表愛情）：我認為伊朗尼指的是行星
　　 主管我們所關心的宮位。如果是這樣，那麼行星的雙重含義就是：它所落的宮位和它主管的宮位。這兩點通
　　 常是描述一顆行星的關鍵，超越了行星的一般性含義。但或許拉丁文版本有些欠妥，而伊朗尼**確實**指的是行
　　 星的自然徵象和所落宮位。

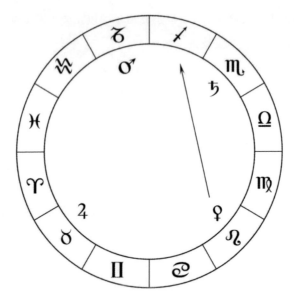

圖12：金星解救射手座脫離星體圍攻

——[I.2.6：論行星的適當狀態]^[62]——

　　所謂行星的適當狀態即它的狀態不差，[且]遠離所有阻礙：它未受凶星影響、順行，且不可無力，亦不可落於果宮或受剋的星座之中。倘若它不僅未受凶星影響[還]呈現吉象^[63]，則無論如何，結果之宮位都不會阻礙它^[64]；也不應認為它落於凶宮之中就為凶，因有吉星相助於它。若它未受凶星影響並呈現吉象，且有力，又落於吉宮之

---

62 | 有關這些狀態的相似列表見《古典占星介紹》IV.3-5。

63 | 例如與吉星形成相位。

64 | 關於馬德里版本中的impediet locum，參閱其他手稿理解為impediet locus，雖然我不太確定它的含義——或許是：如果結果的宮位（第四宮）狀態糟糕也沒有關係。

中，則它幾乎堪稱完美。但若有其他吉星相助於它，則其獲益將更多；若與吉星形成的相位朝向右方，則更有價值且更佳（類似地，與凶星形成右方相位 [right aspect] 則更為不妙）[65]。

因此若我們已將星座及徵象星置於前文所述的適當狀態，則所擇時刻將與此相呼應，是有利的且可令人得償所願。

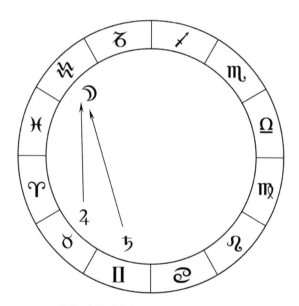

圖13：木星、土星向月亮投射光線形成右方相位

---

65 | 右方相位（也稱「右旋」[dexter]）即行星向更早前度數的黃道位置──在我們來看是朝向它的右方──投射光線所形成的相位。左方相位（也稱「左旋」[sinister]）即行星向更靠後的黃道位置──在我們來看是向它的左側──投射光線形成的相位。所以，假設月亮在摩羯座，火星在天蠍座，那麼相對火星而言，月亮在他左方形成六分相。而如果金星落在金牛座，那麼相對金星而言，月亮在她右方形成三分相。右方相位通常被認為更加有力，因此伊朗尼指出與吉星形成右方相位比左方相位助益更大，而與凶星形成右方相位比左方相位傷害更大。

——[I.2.7：增強適當的狀態]^[66]——

有一些因素能夠增強或削弱適當的狀態。使開始之時的星座與擇時所為事項的本質相合則可起增強作用：即與水有關的擇時則選取水象星座，與土地有關的擇時則選取土象星座（其餘[元素]以此類推）；而我們想要快速開展的事項則選取啓動星座，與四足之物有關的事項則選取四足星座——即便^[67]我們無法嚴格依此照做（所謂嚴格依此照做，即為四足[動物]選取爪子數目一致的星座，等等）。同樣地，特定的星座適用於國王與權貴，如牡羊座、獅子座[和]射手座（但尤其是獅子座）。故我們若想要為國王擇時，則應將獅子座置於上升位置或第十宮。若無法做到，則可返回此一類星座當中，將獅子座、牡羊座或射手座放置於此位置。並且，月亮的位置、上升主星的位置、代表事項之宮位主星的位置、事項之自然徵象星的位置均須依此方法照做。我們應選取本質相合者，若無法做到，則從那一類中選取^[68]。

行星的星座與它們的主星象徵意義一致：金星的星座^[69]如同金星一樣象徵娶妻與婚禮，余者皆同此理。

如此亦可增添吉象：即令事項宮位之主星與宮位或其本質相合^[70]；若無法為[之]，則令它與上升星座及其主星相合^[71]；並且它們

---

66 | 這一章節是伊朗尼自己對於《四十章》Ch. 4內容（里賈爾將它收錄在VII.2.1中）的闡述版本。前兩段論述的就是金迪所謂的「相似」或「相合」。第三段論述的是金迪所謂的使徵象星「呈現吉象」的內容。

67 | Ita tamen si。

68 | 伊朗尼似乎指的是他有關皇家星座的例子：如果不能選取最佳最貼切的星座（「本質相合者」，proprietas），那至少要從它的同類星座中選擇一個。

69 | 即金星的廟宮：金牛座與天秤座象徵婚禮，因為它們由金星主管。伊朗尼可能並不是說它們直接象徵婚禮，但這類事項包含在它們所象的典型事項之中。如果金牛座落在第十二宮，那麼首先它代表與土地有關的事項，因為它是土象星座；但它也代表了敵人，因為它落在第十二宮。婚禮是其他可能的象徵意義之一，因為它由金星主管。

70 | 我認為伊朗尼指的是：如果為婚禮擇時，就讓金星（愛情的自然徵象星）主管第七宮，或者對於觀見國王而言，讓太陽主管第十宮。

71 | 我不清楚這句話的含義是什麼。

之間應形成友善的相位；同樣，上升星座及其主星，或它們全部，都應如此——或 [至少] 其中的一部分應如此。另外還須避免使此兩者與另兩者之間產生任何分歧，抑或使上升星座與其主星之間、事項宮位與其主星之間存在任何矛盾。

令上升星座符合當時的區分亦可增添吉象 [72]，徵象星所落星座亦如此。行星應當落於與其陰陽相符且其他性質亦相合的星座之中。

而 [73] 若想要使 [事項] 有力而持久，則令上升位置落於固定星座；同樣，將月亮 [74] 也置於這些星座當中。若想要使事項快速完成，不要長期持續，則令上升位置落於啟動星座，並將徵象星（即月亮）也置於上述星座當中。而雙元星座介於啟動星座與固定星座之間，它們象徵交替與更改。

而 [75] 對於任何想要適當處置之事，須讓上升位置落於直行上升的星座之中，如此我們可明瞭真相與公正：且這些可令事項的調查過程十分順利。若月亮與其他徵象星亦落於其中，將是有利的。

應使一顆在徵象星所落位置擁有尊貴的行星與徵象星形成吉相位。倘若其他主星未形成相位，則至少使界主星與之形成相位，並且尤其 [使一顆與] 太陽 [形成相位]：因一顆在它所落位置擁有尊貴的行星與太陽形成相位是有利的。

此外讓幸運點和它的主星——或二者之一——落於代表事項的宮位、上升星座、第十宮或第十一宮之中。

然而尖軸應是固定的 [76]，不應是遠離的（特別是針對那些我們想

---

72 | Ex ayz horae。這句話與《占星詩集》V.4.5十分相似，後者認為上升位置和月亮應落於星盤中同區分的星座之中（日間星座對應白天進行的事項，夜間星座對應夜晚進行的事項）。
73 | 參見薩爾 §§12a-17。
74 | 據巴黎16204添加了luna，而馬德里版本遺漏了這個詞。
75 | 參見薩爾 §26。
76 | 即落於固定星座之中。薩爾（《論卜卦》§1.1、《判斷九書》§1.1）認為雙元星座是次佳的。

要持續的事項）。但倘若尖軸是遠離的，且每一個尖軸（即中天度數
所落星座和上升度數所落星座）的主星彼此形成相位，則它將是有益
且值得稱道的，尤其當它們又與上升位置形成相位之時；並且若這些
相位來自尖軸，則預示著拔擢與顯赫的名聲。而若它們的主星未形成
相位，則可綜合判斷兩個星座的徵象。

此外被視為吉星、擁有吉星屬性的恆星落於上升度數、中天度數
或代表事項之宮位亦可增強適當的狀態，尤其當它與代表事項的行星
本質相合之時[77]。

阿布‧馬謝稱，若你為某人選擇了某一時刻——無論[是]異國
旅行抑或其他事項[78]，而你發現它的主星或[它的]旺主星所落的星座
強而有力[79]，則不必為此事憂慮；抑或，倘若太陽或月亮落在那裡，
或它容納太陽或月亮，則勝於其他一無所有的[星座]。他還說，落於
其中的行星若為凶星，則須使它擁有某種尊貴；若為吉星，則無須考
慮它是否擁有尊貴。不過容納[80]月亮時，上升星座不可為月亮落陷或
入弱之處，容納太陽亦同此理。

---

77 ｜ 例如一顆擁有金星和木星屬性的重要恆星落於上升位置，而所詢問的問題也是與錢財（木星）或愛情（金星）
有關的。

78 ｜ 關於馬德里版本中「若你為開始某一事項而做選擇，無論是異國旅行或是其他」，參閱巴黎16204進行解讀。

79 ｜ Fortis一詞訂正為forte。

80 ｜ 此處的想法是，如果行星向它落陷或入弱的星座投射光線，則它的影響可能在某種程度上被拒絕或者沒有任
何作用。金迪在《四十章》§102中對此進行了闡述。

──[I.2.8：月亮落於上升位置][81]──

金迪稱[82]不可將月亮置於上升位置，因上升位置與她相悖，而太陽卻不與上升位置相悖，他使事項得以發生並顯現，亦可為受限之事紓困[83]。

但阿布·馬謝更認同托勒密的觀點[84]：因據[托勒密]稱，月亮性熱且為吉星，如金星一般──阿布·馬謝在談及異國旅行時即如是說[85]。

然而馬謝阿拉和他的支持者[86]稱，若論異國旅行，則不應將月亮置於上升位置：而阿布·馬謝不贊成此觀點。[且]他本人嘗言道[87]：

---

81 │ 這一章節必須連同里賈爾VII.2.3的內容一起閱讀。段落的順序是雜亂無章的，但伊朗尼的論述（還有里賈爾的回應）可歸結為六點。（1）馬謝阿拉和金迪（還有烏瑪：見伊朗尼II.13.2）認同月亮不應落在上升位置，尤其對於旅行來說，因為月亮的質料與上升位置的質料是相反的。金迪還補充說太陽落在上升位置是沒有問題的。（2）而阿布·馬謝不同意關於旅行的說法，但他的觀點是前後矛盾的。因為一方面，他在自己的著作中論述旅行時，似乎支持將月亮置於上升位置，並且認同托勒密廣為人知的觀點（來源於《四書》I.4）即月亮是暖的：這就是說月亮的質料並非與上升位置的質料相反，因此她不應被禁止放置在這裡。但問題在於，在其他地方（例如《古典占星介紹》V.7中引述的內容）他又認為月亮是冷的，不是暖的。（3）不僅如此（里賈爾補充），當談及本命壽命判斷方法時，他還說月亮是一顆「切斷」的行星，她會奪走生命（可能當上升位置推進到月亮時）：這又顯示出它們的質料是相反的。因此阿布·馬謝的觀點是自相矛盾的。（4）正是因為他的自相矛盾，所以里賈爾認同其他人的觀點，即月亮不應被放置在這裡。（5）但伊朗尼和里賈爾卻由這些內容得到不同的結論，或者至少里賈爾曲解了伊朗尼的說法。（5a）伊朗尼推斷，由於月亮象徵所有事情的開始並且她為上升位置帶來吉星，因此她可以被放置在這裡──他稱之為「適宜的位置」。（5b）然而里賈爾以幾乎一樣的話，先談到月亮象徵「鮮少」旅行（或許他指的是「短暫的」旅行），無論她在其他開始中具有什麼象徵意義，並且具體指出她「適宜的位置」是與上升星座形成相位的位置。（6）最後，伊朗尼和里賈爾都僅僅指出，對於太陽在上升星座中扮演何種角色存在爭議（金迪也提到這點），但他們沒有再作進一步論述。

82 │《四十章》§147。

83 │ 關於「分割合為一體的事項」參閱里賈爾VII.2.1作解讀。雨果翻譯的金迪著作稱太陽將消除延遲，而羅伯特（Robert）版本稱他將揭露隱藏的事物。

84 │ 在《四書》I.4中，托勒密稱月亮在某種程度上是熱的，但主要是濕的。

85 │ 資料來源不明。

86 │ 見《擇日書》§23a關於一般性阻礙的內容，以及107關於阻礙旅行的內容。

87 │ 見《古典占星介紹》V.7，其中包含了阿布·馬謝的兩部著作《簡明占星學介紹》(*The Abbreviation of the Introduction to Astrology*)及《占星學全介紹》(*Great Introduction to the Knowledge of the Judgments of the Stars*)之中的觀點。

月亮性冷且濕，而上升位置性熱——故它們[88]不一致。

她亦象徵著一切事項的開始，尤其是異國旅行的開始：有鑑於此，她應被置於適宜的位置，除此之外她亦可令上升位置呈現吉象。

他們稱太陽落於上升位置是不利的，因他在會合與妨礙之中為一顆凶星[89]：眾人對此看法不一。

——[I.2.9：烏瑪·塔巴里論吉星落於上升位置]——

若某吉星落於上升位置，未受剋，且強旺，將十分有利。令烏瑪·塔巴里讚許有加的[90]乃是吉星落於上升星座的第一個三分之一部分之中：因他認為如此可使事項加速。然則依我之見，若它落於上升度數，或緊隨上升度數之後上升（因它朝上升位置推進）則更佳，且可為上升位置增添吉象。

——[I.2.10：擇時前的會合與妨礙][91]——

若[92]所擇時刻之前的會合與妨礙[93]未受凶星影響並呈現吉象，

---

88 | 如果我們遵照拉丁文版本，那麼這裡有兩處不一致。首先，由於上升位置是熱的，而阿布·馬謝在後一句說月亮是冷的，因此它們的實料是不一致的。此外阿布·馬謝自己的觀點也是不一致的：他在其中一處認同托勒密，認為月亮是熱的，而另一處又說月亮是冷的。

89 | 關於巴黎16204的內容「他在會合與妨礙之中擁有力量」，參閱馬德里版本作解讀，因馬德里版本與里賈爾VII.2.3相關段落的闡述一致。而我注意到巴黎7413-I看起來與馬德里版本相似。

90 | 資料來源不明。

91 | 參見里賈爾VII.2.4。

92 | 從這裡開始直到引述阿布·馬謝的內容為止，伊朗尼似乎對金迪在《四十章》§§478-79、483、488-89、494-95a及536中偏離主題的闡述進行了整理和補充。

93 | 伊朗尼（更確切地說是金迪）指的是在所選擇的時間之前發生的最近的新月（會合）或滿月（對分，或稱妨礙）。

則更可增添吉象；會合或妨礙之主星所落位置亦如此。(但[94]妨礙的位置乃是位於地平線之上的發光體所在位置。若其中一個落於上升度數而另一個落於下降度數，則妨礙位於上升度數。)

由於金迪稱會合象徵一切於妨礙之前發生之事，而妨礙則代表自妨礙至會合之間發生之事。有鑒於此，在任何開始或本命盤中，都有必要仔細檢視與會合和妨礙有關的全部因子，知曉它位於始宮、續宮抑或果宮之中，會合和妨礙度數之上或星座之中落有哪顆吉星抑或凶星，是否與它們形成相位；它與何者形成正相位或其他相位[95]；同樣還有會合或妨礙之主星，即它是否在光束下或在自己的光線之中[96]。因倘若它們受剋，所開始之事將是無力或不穩定的。而倘若相反[它們]未受剋，則預示事項得以完成且令人受益。

且[97]當月亮離開會合或妨礙之時，須謹防她與凶星相連結(而若她與吉星相連結則是有益的)。

此外[98]令會合或妨礙的位置落於尖軸，會合吉星，且月亮應入相位於吉星：因如此則預示了提升與十足的好運，乃至值得稱讚的結果。

但若會合或妨礙的位置呈現我們所說的[吉象]，而月亮(當她離開會合或妨礙時)卻與凶星相連結，則預示事項開始是順利的，結果卻是不利的。

---

94 | 我依巴黎16204解讀此段，但馬德里版本還包含了「是月亮位置」(est locus lunaris)這句話。傳統上對於滿月(妨礙)使用哪個位置有兩種觀點。一種觀點認為我們要始終使用月亮的位置(在《心之所向》附錄F中，伊本・伊茲拉將此觀點歸於馬謝阿拉、印度和一些穆斯林占星家)。而另一種觀點(見《四書》III.3，烏瑪・塔巴里在《本命三書》中也對此觀點表示贊同)就是這裡所提及的，儘管托勒密並沒有談到如果妨礙恰好發生在地平線的位置要如何處理。

95 | 這句話似乎承認與會合/妨礙的星座形成的整星座相位可被納入考量，而不僅僅是正相位。

96 | 即它距離太陽足夠遠而可以被看見。

97 | 以下幾段參見《四十章》§§483及495a。金迪所闡述的內容與為挖水渠和造船擇時有關，但他可能認同在許多不同類型的擇時中，要觀察會合或妨礙是否處於適當的狀態。

98 | 現在伊朗尼分析會合/妨礙與月亮的入相位的四種組合：吉—吉、吉—凶、凶—吉和凶—凶。

若會合或妨礙的位置（如我們所說）與凶星相連結，而月亮（當她離開會合或妨礙時）卻與吉星相連結，則開始是不順利的，結果卻是好的。

若會合或妨礙的位置（如我們所說）與凶星相連結，[且]月亮（當她離開會合或妨礙時）亦與凶星相連結，則事項自始至終都是不利的。

若，會合或妨礙發生之時，其主星[99]東出[100]，且落於自己的廟宮、旺宮或三分性之位，則開始行動之人將是聰慧[且]謹慎的，而藉由聰慧和謹慎，他將得以倖免於前述災禍。因會合或妨礙之主星象徵於其間所開始之事的本質[101]，若會合之主星與之相悖，則適得其反[102]。

若會合或妨礙的位置落於續宮之中，則我們所說的聰慧與謹慎將於事項結束之時顯現於事項的主人身上。

若會合或妨礙的位置落於相對尖軸的而言的果宮之中[103]，其間發生之事將是不利的，無法取得令人滿意的結果。此乃金迪所言。

而[104]若我們僅依字面含義理解他所言，則於同一會合或妨礙之中開始的事項，其發展過程相同，結果的吉凶亦相同：事實卻並非如此。因同一天開始兩件相同類型之事，結果卻不盡相同：其中一件有好的結局，另一件卻相反。但正如本章節開篇所言，我們應從他的話

---

99 | 發生時所在星座的主星。

100 | 我採納巴黎16204而不是馬德里版本，選用了「東出」一詞，因為最後一段也提到了會合/妨礙的主星東出——儘管是在擇時中所選的時刻。

101 | 關於馬德里版本中distantiam，參閱巴黎16204理解為substantiam。

102 | 參閱馬德里版本解讀，因巴黎16204馬上跳躍到隨後的段落中，並把兩者混合在一起。

103 | 里賈爾VII.2.4認為這裡指的是相對於**擇時盤**上升位置而言的果宮，前面關於始宮和續宮的闡述也同樣如此。

104 | 在此伊朗尼先對金迪所言提出異議，隨後又進行了反駁。異議是，既然會合或妨礙影響大約兩周，那麼它會使這段時間里任何人開始的任何行動都得到相同吉凶的結果（這顯然很荒謬）。他對此的解釋是，擇時並不能絕對地讓某事發生，而它僅僅能夠起到增強或減弱的作用。

中領會[105]：倘若事項之擇時盤呈現吉象（連金迪所提及的那些因子亦呈現吉象），則吉象將得以累加並迅速顯現，不會延遲。若擇時盤呈現凶象，金迪所提及的因子卻[呈現]吉象，則吉象將減弱。若兩者（即擇時盤和金迪所說的）都不利，則凶象將倍增且迅速顯現。

（倘若[前述因子]都已確定）在任何一張擇時盤中，我們應適當放置當年當季之主星[106]，正如處理會合或妨礙一般，如此可增添吉象。但相較當年當季的主星而言，適當放置會合或妨礙更具獨特性[107]；相較世運的年主星而言，適當放置當年當季之主星[更具獨特性]。然而，若我們能夠適當放置全部，則更佳。

阿布‧馬謝稱，若擇時盤主星[108]即為此年回歸盤中月亮所落星座之主星或此年的上升主星，並且它在回歸盤與擇時盤中都呈現吉象，則顯示開始[事項]之人將獲得更多榮耀，事項的結果亦值得稱道[109]。他還稱，倘若此年上升主星、發光體的位置及中天的位置均不能作證[110]，則情況[僅]會得到略微改善[111]。

塔巴里稱，若會合或妨礙的度數[112]及它們主星所落位置可嘉，則事項亦將穩固且值得讚許，而若在那時出生、被任命或執掌某些要職亦是如此[113]。他還闡述了開始之時的可嘉位置[114]，而我認為此觀點承襲自古人。

---

105 | 此處伊朗尼指的是擇時盤與金迪提出的代表因子在吉凶方面的四種組合，然而手稿中似乎只列出了三種，且羅列順序也不一樣。不過金迪想要闡述的內容是顯而易見的。

106 | 在此段中，伊朗尼指出理想的擇時盤應考慮到世運占星中該年與季的始入盤（但為什麼不是本命盤此年的小限主星，或回歸盤的上升主星呢？），如同金迪在氣候預測中建議的那樣（《判斷九書》§Z.8、《四十章》Ch. 38）。

107 | Proprius。

108 | 可能是擇時盤的上升主星。

109 | 略去了馬德里版本中的：「亦即，它既不在擇時盤的上升位置，也沒有與之形成相位。」

110 | 這裡我們或許應參照馬德里版本更為清晰的闡述，即它不落於擇時盤的上升位置，也未與後者形成相位。

111 | Subtiles。里賈爾的措辭更為激烈，他說事項的品質會是低劣的並且令人憎惡。

112 | Pars。

113 | Praepositurae。這一中世紀詞彙指的是許多有權力的職位，從牧師到修道士、僧侶、副主教、皇家執行官等等。

114 | 可能是上升位置、中天及第十一宮。

　　金迪稱[115]，若發生於所擇時刻之前的會合或妨礙的主星在擇時盤中東出，落於自己的廟宮或與之形成三合的相位，則它預示著對事件有影響；若它沒有形成相位，則是無用的。

——[I.2.11：其他判斷法則]——

　　此外他們[116]還以會合或妨礙之時月亮的三分性主星為依據（判斷想要進行的事項是否順利），因它們是本命盤及一切開始的護衛者：若它們在擇時盤中得到容納並呈現吉象，則為吉；反之，則凶。

　　使擇時盤上升位置落於此年回歸盤中呈現吉象的星座之中亦可增添助益。並且使那呈現吉象的星座落於任何一個尖軸（尤其是上升星座或第十宮），或使它落於緊隨尖軸之處[117]，或落於事項的代表宮位之中。

　　使徵象星落於與它們相合的吉宮之中。且讓它們在所擇時刻是強力的：所謂行星強力即它們上升於北方[118]（而有時，它們必須上升於南方[119]）。若我們想要事物增長，則使月亮落於尖軸，增光且快速[120]，若所求相反則反之。若我們想要快速完成事項，則徵象星應快速運行且均等（even）[121]，且行經吉星之下、凶星之上[122]。

　　令事項的徵象星月亮落於地平線上（在我們想要展現的任何事項中）；若落於地平線之下——代表在我們想要隱藏的任何事項中[123]。

---

115 ｜ 確切來源不明，但它與《四十章》§§483及495a中的觀點相似。梵蒂岡與慕尼黑版本並未將此觀點歸於任何人。
116 ｜ 來源不明，但可參見《占星詩集》V.5.30。
117 ｜ 即續宮；伊朗尼可能想的是第十一宮，它緊隨著第十宮。
118 ｜ 即在北方的黃道經度上。
119 ｜ 此例見伊朗尼II.2.10和里賈爾VII.9.2。
120 ｜ Quantitate。
121 ｜ Aequo。我不確定伊朗尼在此指的是什麼。
122 ｜ 此處可能指應以吉星以優勢刑剋（superior square）支配它們，而它們應以優勢刑剋支配凶星。
123 ｜ 換句話說，她應落在星盤中與這些類型的事項相對應的半球。

上升主星[應]東出[124]，我們應盡力[使]其他徵象星亦如此。

且[125]令月亮與吉星相連結：因這預示所開始之事的未來。

金迪稱[126]，若發光體彼此形成值得稱讚的相位，則預示[那時]開始之事強而有力，尤其若月亮「位於她喜樂的開端」——亦即龍首所在星座[127]。

馬謝阿拉稱[128]，當行星相對月亮西入時是強力的，正如它們相對太陽東出時一樣[129]；且月亮主宰夜晚，正如太陽主宰白晝。

塔巴里[稱][130]，若我們無法[同時]使月亮與上升位置均處於適當的狀態，而擇時又在白天，則須首先適當放置上升位置，尤其當月亮落於地平線下之時。然則若擇時在夜晚，須首先適當放置月亮，尤其當月亮落於地平線上之時。倘若我們能夠將開始由白天推遲至夜晚（或相反），則須考慮適當放置何者為佳——換言之，適當放置月亮抑或上升位置——擇其最有利者為之。此外[131]月亮於白天落於地平線上，或於夜晚落於地平線下，是十全十美的，且提升了上升位置的力量。而[132]若我們必須為某人擇時，卻又無法使月亮處於適當的狀態，則我們應將木星或金星置於上升位置或第十宮之中，因如此適當的狀態可帶來與之相應的良好開始。

---

124 | 這裡可能指的是，在停滯轉逆行之前，先於太陽升起且脫離光束下。

125 | 參見《占星詩集》V.28.4。

126 | 來源不明，但在此處及下文，巴黎7413-I寫作Alchimenides或Alchimemdes，而在拉丁文版本裡買爾的著作中寫作Alaçmin，即一個類似烏茲曼（'Uthman）的人名。

127 | 這可能是金迪/Alaçmin或他的資料來源中的一個特殊說法。月亮落在那個星座顯示她正行經或者將要行徑黃緯北緯的度數。

128 | 來源不明。

129 | 這與古代護衛星（bodyguarding）的定義有關（《古典占星介紹》III.28）。馬謝阿拉指的是行星星體應落在黃道上相對太陽而言靠前的度數（這樣它們藉由周日運動先於太陽升起），但它們應落於相對月亮而言靠後的度數（這樣她藉由行星運行或在黃道上的行進而走向它們）。

130 | 前兩句源於《占星詩集》V.5.32-33。

131 | 這句話與區分喜樂狀態——即halb（古波斯文的區分[Sect]之意，《古典占星介紹》III.2）——的思想相衝突。後者認為夜間行星總要落在與太陽相對的半球之中。

132 | 這句話以《占星詩集》V.5.10-11為依據。

　　有一位先賢稱：若我們想要讓所開始之事長久持續，則必須如此[133]行事。然而對於我們想要長久持續之事（如婚姻、建造城市，諸如此類），須優先使月亮處於適當的狀態。若月亮無力，則須將她從尖軸或緊隨尖軸之處移開，若無法將她從尖軸移開，則勿使她與上升位置、上升主星及事項主星形成相位[134]。若上述相位無法全部避免，則我們應盡力而為。

　　金迪稱[135]，若我們無法使全部徵象星都處於適當的狀態，則適當放置月亮足矣，[儘管]這無法確保那些與破壞有關的事項[136]。此外，相較適當放置月亮而言，他更偏好適當地放置徵象星[137]。

　　而[138]塔巴里慣於偏好適當地放置事項主星，而非月亮、上升主星或是其他徵象星。但他所言[僅]對此有助益，即我們所開始之事將會如願以償；[然而，]相較完成事項而言，保護身體與靈魂乃是更有益的。

　　若[139]月亮慢速，即少於12°（如同土星的行進一般），則預示著事項緩慢與困難。

　　哈亞特[稱][140]，當月亮處境不佳卻不得不進行擇時時，若[令她陷於不佳狀況的]凶星可用且狀態可嘉，則以此行星作為上升主星；且若它容納月亮則更佳。他又言道，若[吉星][141]落於上升位置則是有利的。

---

133 ｜ 可能指的是塔巴里的上述觀點。

134 ｜ 這裡可能指以容許度計算的相位，因為如果她落在尖軸，那麼顯然她會與上升星座形成相位。

135 ｜ 見前一段「金迪」所述內容的註解。

136 ｜ 參閱巴黎7413-I進行解讀，因為它更符合里賈爾的內容（特別因為它提到了月亮）。巴黎16204寫作，「充分地適當放置是有利的，但它無法給予我們保證，除非事項應被破壞」。

137 ｜ 依據巴黎7413-I補充了這句話。

138 ｜ 本段參閱巴黎7413-I進行解讀，因為它的篇幅更長，也與里賈爾VII.2.5的內容更加吻合。

139 ｜ 依據巴黎7413-I補充了這段話。

140 ｜ 參見《擇日書》§28，其說法是不同的。這句話在I.3、里賈爾VII.1和VII.2.5當中也出現了不同形式的表達。

141 ｜ 我根據《擇日書》§28及里賈爾VII.3.5進行補充。見本書緒論對此段落的討論。

且[142]須知，值得嘉許之事增添美德，而不值得嘉許之事增添罪惡。故他所言是充分的。

——[I.2.12：須謹慎的情況][143]——

不過，請允許我說明那些須謹慎的情況，如此我的闡述方可更加完善。

你[144]須謹防與凶星相連結——避免這樣的連結存在於任何一顆徵象星身上，無論是在同一星座抑或以對分相、四分相的形式。以三分相或六分相連結尚可，尤其當它們之間存在容納關係之時。倘若如此，據馬謝阿拉所言[145]，它們即呈現吉象。而我會告訴你，它們並未受剋。

且謹防凶星落於我們選取徵象星的宮位之中（亦不可在第四個宮位、相對的宮位或是它們的尖軸[146]），徵象星也不應落於果宮或無力。

此外你應當心蝕點，尤其謹防它落於開始行動之人本命盤[147]中發光體所在的星座。

月亮亦不應在太陽光束下，且應為她徹底清除一切傷害。

且謹防擁有凶星屬性的恆星落於上升位置或中天，或擇時所為事項的代表宮位之中。

---

142 | 這似乎是伊朗尼所說的。
143 | 這裡列的許多條目可以追溯到薩爾《五十個判斷》中的觀點，儘管闡述的方式不盡相同。
144 | 本段內容參見《五十個判斷》#2、5和31，以及下面的註解。
145 | 參見薩爾《五十個判斷》#2，因此它可能源於馬謝阿拉的著作；這條判斷本身與《占星詩集》V.5.13有關，不過似乎進行了改動。烏瑪的版本僅僅說，當它與凶星有相位或與凶星聚集（assembly）時，行動將「沒有力量」（即，它是無效的，或者既不好也不壞）。但是薩爾的判斷#2（同樣應來源於馬謝阿拉）卻稱，與凶星形成六分相或三分相為吉，或者可將它們轉變為吉星，就像在此處伊朗尼理解他所說的那樣。
146 | 參閱馬德里版本補充。
147 | 參閱巴黎7413-I補充。

勿使徵象星[148]與太陽相連結（或使太陽與它相連結[149]）。還須當心與太陽形成四分相或對分相。然而若它們之間存在容納關係，則略好。此外，對分相總是帶來爭吵與對立。

不應使凶星落於始宮，尤其不可落於上升星座或第十宮，特別當凶星為凶宮（如第六宮、第八宮）主星之時：此時它們代表其宮位之事項。

不應選取同年太陽回歸盤中，其主星即將被焦傷的星座作為上升星座，也不應選取回歸盤中受剋之星座作為上升星座。

對於[150]我們想要迅速完成的任何事項，亦應提防月亮慢速[151]或減速（當她行進少於12º時），因如此她將令事項延遲，為其帶來困難，除非有諸多徵象星[152]。

且[153]對於任何我們想要穩定、持久之事，都應避開啓動星座。同樣的道理，對於任何我們想要了結之事，[都應避開]固定星座；[而]對於任何想要如他所期待的那樣發生之事[154]，須避免雙元星座：因它們會為任何發生於其間之事帶來困難。

不利的情況是[155]，尖軸是遠離的、落於[它們的]遠離之處[156]：即依次序為第十宮[157]，依星座計數為第九宮[158]。一些人亦稱之為「退

148｜我認為這實際上指的是月亮(阿拉伯資料有時稱之為「徵象星」)。這一小段文字可能來源於《占星詩集》V.5.5和V.43.6。
149｜括號中的內容參閱了慕尼黑版本作解讀。兩者的區別顯然在於分別描述的是內行星和外行星。
150｜參見《占星詩集》V.5.6-7、《擇日書》§22f和《五十個判斷》#13。
151｜關於calidior一詞，參閱巴黎7413-I作解讀。
152｜參閱巴黎7413-I解讀為nisi。或許此處指的是其他預示快速的徵象星可以抵消月亮慢速的影響。
153｜參見《五十個判斷》#36，尤其因為關於雙元星座的論述與此處的意思相近；也就是說，事項中事情會橫生枝節(而不是按照客戶想要的樣子發展)。
154｜即沒有任何更改、重複或橫生枝節。
155｜手稿此處似乎寫作dominus enim或domini（不清晰）(慕尼黑版本)，不過看起來有誤。
156｜關於remotione cadenti一詞作此解讀。見我在緒論中對這一主題說明。遺憾的是，拉丁文版本在此處的概念表述上相當混亂。
157｜關於recedentem一詞，參閱巴黎7413-I和慕尼黑版本作解讀。
158｜即象限制第十宮為第九個星座。

縮」[159]。但上升的退縮是有益且值得嘉許的，尤其對於那些我們想要長久持續的事項而言──所謂上升的退縮，即依次序計數的第十宮，落於依星座計數的第十一宮當中。

甚至須小心上升主星、事項宮位主星、事項的自然徵象星、月亮所在星座主星及月亮入相位之行星「處於衰老狀態」：即於黃昏時分靠近沈落的太陽[160]，因如此預示事項是不潔的。倘若我們無法令前述因子悉數免於此情況，則至少讓上升主星和事項主星避免此情況。此外若一顆行星處於衰老狀態，沈落於黃昏且遠離[161]太陽，則並非不利的，但它預示事項的影響會滯後或姍姍來遲。

然而若必須於前述值得嘉許的時刻開始某一事項，而月亮卻與火星或土星相連結，且所開始之事由吉星象徵（如水星象徵貿易與買賣），則可於此時開始，因為它[將]得以完成：但那顆凶星的某些屬性將混合其中。而[162]若凶星得到容納則是較好的狀況，若它們凶惡則為最壞的狀況。

若上升星座及其主星與太陽形成相位，且太陽[是]有益的、與上升星座形成良好的相位（月亮亦如此[163]），而發光體彼此之間亦形成良好的相位[164]，則事項將被公開（[甚至][165]傳至國王處）。若它代表逃犯，則他將被俘獲。但[166]若形成不利的相位，則它將以原本不

---

159 | 關於馬德里版本中「前進」（advancing）一詞，參閱巴黎16204作解讀。伊朗尼可能指的是金迪，見《四十章》§§477、485、490。
160 | 也就是說，如果它在太陽之後沈落並且與太陽十分接近。對於外行星而言，意味著它們會合週期的末端，出現在太陽光束附近，同時太陽即將與它們會合。對於內行星而言則意味著逆行，這樣它們才能進入光束下。
161 | Procul。
162 | 參見《五十個判斷》#25和《擇日書》§11b。
163 | 參見《占星詩集》V.36.51。在手稿中月亮為主格，也就是說她也與上升星座形成相位；但《占星詩集》作「太陽與上升星座和她形成相位」。
164 | 參見《占星詩集》V.35.8。
165 | 在手稿中看起來像是 non poterit/potius/potus 的變體。
166 | 參見《占星詩集》V.35.2-3。

應有的方式被發現。若徵象星落於地平線上方或落於中天，則它將被
發現，且事項會變得顯而易見。

　　而若上升主星或月亮位於太陽光束下，或發光體落於相對上升星
座的果宮、未與彼此[167]形成相位，或月亮及[168]徵象星落於地平線下
方（尤其落於第四宮之中），則預示事項非但不會被發現，還將被隱
匿。若上升主星為凶星[169]，災禍將隨著它被隱匿而發生，尤其當兩顆
發光體[170]受剋之時。而若它們呈現吉象，則他將倖免於前述災禍。

—— **[I.2.13：有關適當性和根本因子的其他建議]** ——

　　但我們前述全部論斷，包括好的與壞的，須在我們適當放置此論
述開篇所提及的根本因子之後方可考慮：

　　　　[1] 若前述根本因子由吉星主宰，則不需考慮那些伴隨因
　　子[171]，即便它們是不利的。
　　　　[2] 而若吉星強而有力且它們是主宰[172]，則我們不需察看那
　　些伴隨因子，即便它們是有利的。
　　　　[3] 若每一項都是有利的，則[吉]象將倍增。
　　　　[4] 若根本因子不利，但伴隨因子是有益的，則它們的助益
　　不多；而若[伴隨因子]亦不利，則它們將增添災禍。

---

167 ｜ 這裡或許應作「它」，指的是它們與上升星座不合意。
168 ｜ 巴黎16204作「或」（aut），但它應該是「及」（et）的誤讀。
169 ｜ 這裡可能指的是「呈現凶象」而非一顆凶星。
170 ｜ 刪去了non（「不」），因為它以占星學的角度看是不合理的，而且下一句也對它們呈現吉象的情況進行了闡述。
171 ｜ 見後文I.3，「伴隨因子」即次要的根本因子，如太陽回歸盤，而不是擇時盤本身。
172 ｜ Dominante一詞解作dominantes。

[5] 此外若有必要開始某一事項，而凶星卻主宰[173]那一時刻[174]，則須適當放置伴隨因子：如此它們將使災禍得以減輕——即便[僅]是略微地。且須小心避免使伴隨因子處於不利狀態。

若某人請求占星師為他即將開始的事項擇時，而占星師卻不確定該事項由何行星、何宮位象徵，則須令上升星座及其主星處於適當的狀態，兩顆發光體亦如此，象徵事項結果的宮位及其主星亦如此，以保護開始行動之人的身體和靈魂[175]，以及事項之結果——無論它是否有效果[176]。而當某人不願向占星師透露擇時所為何事時，亦須如此照做。對於此類事項而言，開始於木星、金星或太陽主管的時刻是有利的，因如此則無論事項為何，皆可適得其所。

然而若詢問者的本命盤已知，且有必要削弱某一徵象星（如當我們想要狩獵或徵戰時，即為第七宮主星，諸如此類），則不可削弱任何在本命盤中具顯著代表性的行星，尤其本命盤之勝利星（victor）[177]（及擁有充分證據顯示其不可被削弱）：這些對於任何開始而言都是適用的。

而對某些人，應當如下行事，對另一些人，則不必如此。對於為國王所做的擇時，應適當放置太陽、第十宮及其主星；且在為國王所做的擇時中，這不應被視為伴隨因子，而應被視為必要和根本因

---

173 | 針對其他手稿中的fuerint一詞，參閱馬德里版本作praefuerint，如果依照前者，這句話即為「而那一時刻存在凶星」。
174 | 這裡事實上可能指的是「本命盤」。
175 | 據馬德里版本補充「與靈魂」。
176 | 這裡似乎是說，如果我們不知道確切的宮位或自然徵象星，那麼我們所能做的最好的事就是保護客戶的身體健康並防止在事件中發生災禍，哪怕最終他並沒有得到想要的結果。
177 | 中世紀判斷勝利星的方法參見《心之所向》。

子[178]。但對於抄寫員而言,則無論想要開始何種事項,都應適當放置水星。而對於火星所象徵之人——如拳擊手、鐵匠、廚師而言,應適當放置火星。對於法官和商人而言,[應適當放置]木星,而對於女人和令人愉悅之人而言,則為金星。[179]對於農民、老者、寡婦而言,則為土星。大體上,要適當放置與他的民族、國家、派系[180]、職業以及年齡相應的行星,乃至星座和小時(如女人對應陰性星座和夜晚的小時;男人對應陽性星座和白天的小時);且對於任何人而言,星座都象徵他的民族與國家:如牡羊座對應Accumuedi和Alcordi[181],天蠍座對應阿拉伯人[182]。

有時甚至會發生須適當放置數個宮位的狀況:例如,若想要購買奴隸或牲畜,則要適當放置代表此事項的宮位(在此例中為第六宮),還要適當放置代表資產的第二宮,因奴隸和牲畜被計入資產之中。也正是因為如此,可以為同一事項適當地放置數顆行星:正如當我們為將織物染成紅色而擇時,須令火星(象徵紅色)處於適當的狀態,且要使他與月亮、上升位置及其主星形成友善的相位。而倘若這是供女人所用的織物,則[還]須適當放置金星;若供斯拉夫人(Slavs)或奴隸所用,則為土星;若與戰爭有關(如軍旗)或增加[戰爭][183],則為火星;而若它供所有人使用,應使盡可能多的行星處於

---

178 | 伊朗尼可能指的是,在為特定類型的人所做擇時中,特定行星與宮位的適當狀態應被視為基本和必要的因素,無論他們想要做什麼事:因此在為國王所做擇時中,無論他想要做什麼,都應使太陽處於適當的狀態。
179 | 對此有不同的說法,例如arabilibus(梵蒂岡,「可耕作之物」)和oratoribus(馬德里,「演說者」),依據慕尼黑版本作amabilibus。
180 | 即他的宗教或哲學派系。
181 | 這兩個詞可能指的是哈馬丹人(Hamadhān)和庫爾德人(Kurds),在《古典占星介紹》I.3中,它們被歸入金牛座。
182 | 以天蠍座對應阿拉伯人的一個理由是,穆斯林(早期以阿拉伯人為主)崛起前,發生於西元571年的木土會合就在天蠍座。但也可能因為阿拉伯人屬於沙漠民族(見《古典占星介紹》I.3)。
183 | 關於馬德里版本中algensem一詞與巴黎16204中aligens一詞,勉強根據梵蒂岡版本和慕尼黑版本作augens,儘管它們可能是阿拉伯文al-jān(「歹徒」、「罪犯」)或類似jināzah(「葬禮」)等的音譯。

適當的狀態，且尤其是象徵[其]色彩的行星。

在此論述開篇，我們提及若需削弱某一徵象星，則應以正確的方式削弱它：如在搜捕逃犯時，意在破壞逃犯和他的敵人的狀態，因此要使月亮無力且受剋於凶星──鑒於她象徵著所有的開始[184]。

而對於服用瀉藥[185]之人，[使]月亮受剋的狀況與此事項相契合：即應將月亮置於她自身下降之處[186]：由此使[身體的]下部鬆弛以便有害的體液（我們服藥的目的是想要祛除它們）通過。且月亮不可受剋於凶星，以免體液與藥劑受阻無法達至其應去往之處，服藥者亦將受到傷害：因土星會將其緊壓在一起並阻止其離開，[而]火星則會以過度劇烈的方式將它驅除──我認為此二者將傷害服藥之人。此種受剋方式就是如此作用於這些事項。

然則上升位置及其他徵象星不應以任何方式受剋於凶星，且須盡力使上升主星處於適當的狀態；若月亮於所擇之時受剋，則我們要盡己所能令它們呈現吉象。而若上升主星呈現吉象，即便[187]上升位置位於燃燒途徑之中（或無論上升星座為何），也不會形成阻礙。

而正因為如此，當出征或狩獵時，應使第七宮主星受剋。這是擇時的一個普適性觀點，對於本命盤已知或未知之人皆如此。有鑒於此，本書將介紹一些有關特定類型擇時的例子，以進一步闡明上述內容。我們將此放在隨後的論述之中。此外，在每一種擇時中，任何[關於擇時的普適性]因子，將不再被重複提及。許多人都慣於做出巨細靡遺的論述，但我們在每一章節中僅闡述必要的事項[188]。

---

184 | 採納馬德里版本。巴黎16204作「意在破壞他的狀態及使[逃犯]虛弱：要使月亮受剋於凶星，因她象徵著所有的開始」。不過正如波那提在評論這一段落時（《天文書》Tr. 7，Part 1，Ch. 12）所指出的，受剋或呈現凶象不等同於無力。

185 | Catarticam。伊朗尼在此似乎指一種瀉藥。

186 | 因馬德里版本過於簡略，此句剩餘部分依巴黎16204解讀。例見下文II.2.10。

187 | 關於馬德里版本中et si及巴黎16204中et non，理解為etsi。

188 | 也就是說，他不會再重複所有關於吉星、凶星等等的一般性觀點，而僅僅闡述每一類擇時所特有的觀點。

　　且我們將回溯前述的五條判斷[189]（如為服瀉藥擇時一例）：因此上升位置和月亮[有時][190]應位於燃燒途徑之中，月亮於南方下降亦值得稱道。同樣的道理，應當心某些[此前]被認為有利的狀況，正如我們談及服用瀉藥時所說：因此應避免與凶星形成相位，無論是何種類型的相位。而之前曾說與它們形成三分相或六分相並不壞，尤其當它們得到容納時[191]。但若你被問及為何會如此，[則]你不難藉由前述內容知曉答案——不使用此知識的人例外[192]。

　　本書已省略了諸多畫蛇添足的因素[193]，而它們的理由[194]亦不充分。因為若將它們納入考量，則良辰吉時如此之稀少，以至我們無法為任何人擇時，除非在長久的等待之後：例如印度人所謂「灼傷」的小時[195]，以及航海者和埃及人所謂「水減少之日」[196]，還有阿布·馬謝在他的擇時著作中提到藉由[月]宿擇時的內容（他的論述亦太過冗長）[197]。

　　我們亦省略了其他人在擇時著作中所闡述的諸多因素：如固定星座、雙元星座和啟動星座；乃至直行星座和扭曲星座，以及諸多其他屬於導論而非擇時的內容[198]。

---

189 ｜ 可能指的是這一章節開頭我標明序號的條目。
190 ｜ 伊朗尼在這一段闡述的是，有時候特定的擇時需要讓行星落在那些以普遍性法則來看不利的位置。
191 ｜ 參見《五十個判斷》#2和25。
192 ｜ 即對於雖然學習了這些法則，卻並未花心思把知識**活學活用**的人。
193 ｜ Nimia. 伊朗尼的意思是，無論它們的用處是什麼，要求人們加入考慮都是過分的。
194 ｜ Ratio。
195 ｜ 即半日時或「燃燒的小時」。來自金迪的標準說法以及它的梵文詞源，見里賈爾VII.57.2。在《古典占星介紹》VIII.4中，卡畢希提出了另一種不同說法。另見馬謝阿拉《亞里士多德之書》II.4（《波斯本命占星I》）及本書附錄D。
196 ｜ 我不清楚這些是什麼。
197 ｜ 關於使用月宿擇時——或許是也或許不是來源於阿布·馬謝的著作——見本書第一部，摘錄自里賈爾VII.101。
198 ｜ 里賈爾在此顯然與伊朗尼存在分歧，他在自己的著作中摘錄了《擇日書》的相關段落：例見里賈爾VII.3.1。

若將占星學書籍類比物理（physic）[199] 書籍，則本書便如同一部關於用藥的著作，而此篇論述如同一部指導執業醫者針對病症使用何種藥物、如何使用及用量多少的著作。而本書的第二篇論述如同一部涵蓋藥劑（如丸藥、舐劑等 [200]）等內容的著作。在占星書籍中，處理固定星座、雙元星座和啓動星座的內容，就如同物理書籍中處理簡單藥物的內容，但在行醫之前，醫者首先應該瞭解這些知識。

I.3：論為本命盤已知之人擇時

在此情況下，須考慮的根本因子有三：

[1] 應檢視本命盤的勝利星 [201]，且應將它置於始宮或續宮之中；若它落於地平線上方 [202]，擺脫凶星且與吉星相連結 [203] 則更佳。然而若勝利星為凶星，則應將其置於續宮之中以遠離尖軸：因或許它將令事項遭到破壞，且破壞來自事項的主人 [204]。但伴隨於此根本盤且可增加適當狀態的是，將當年太陽回歸盤的主星以前述本命盤勝利星一樣的方式處置，根本盤 [205] 與回歸盤中幸運點的主星亦如此。此外依某些占星師所言，[應適當放置] 小限主星 [206]，及圓環主星（lord of the orb）[207]。

[2] 第二個根本因子乃是以根本盤的上升位置（或中天）作為擇時盤的上升位置——倘若它未受凶星影響。若有吉星落於其中，或與其

---

199 | 物理是醫學的舊稱，它建立在這樣一種觀點之上：即疾病與健康的關鍵因素，是四元素（火、土、風、水）及它們的交互作用。物理（「physics」或「physic」，希臘文 phusis）意為「自然」。

200 | 舐劑是一種通過吮吸——而非飲用或吞咽——融化在口中的藥劑（例如通過吮吸藥片治療喉嚨中的鵝口瘡）。

201 | 各種尋找勝利星的方法見《心之所向》，特別是緒論中的勝利星表格。

202 | 據梵蒂岡和慕尼黑版本，補充了落在地平線上方這一觀點。

203 | 馬德里版本增加了「有力」（fortis），但似乎是 fortunis 一詞的冗余誤讀。

204 | 也就是說，來自客戶，因為這是他或她的勝利星。

205 | 即本命盤。

206 | 亦即年主星。

207 | 可能指的是「輪替主星」（「lord of the turn」，阿拉伯文 dawr）：見《古典占星介紹》VIII.2.3。

形成友善的相位，則更佳。而若根本盤的上升位置或中天無法作為擇時盤的上升位置或[其]中天，則令它落於第十一宮之中。然而倘若[無法做到]，則以小限星座、根本盤中幸運點所落星座或太陽回歸盤中幸運點所落星座代之——若它們未受凶星影響（如前所述）。

　　哈亞特說，你應以本命盤中代表事項之宮位作為擇時盤的上升位置；且若月亮未與凶星形成相位，則可令她與上升位置形成相位[208]。但若她與某凶星形成相位，此凶星卻為本命盤之主星[209]，則不會阻礙於[她]。且擇時盤之上升星座絕不可為本命盤的疾病之宮、死亡之宮及敵人之宮[210]。擇時盤之上升位置應為本命盤之吉宮，且若太陽回歸盤的上升位置、小限星座、本命盤中幸運點所落位置與太陽回歸盤中[幸運點]所落位置亦如此，則是有利的。但若無法為之，則盡可能多地[適當放置]它們，尤其本命盤中的幸運點[211]。此外，徵象星的力量、與吉星形成相位可減免災禍。

　　而後[212]，若能夠將（本命盤、太陽回歸盤或小限[213]中）事項的主星置於擇時盤或太陽回歸盤的上升位置，擺脫凶星，則將使事項得以順利促成。若除此之外，它還未受凶星影響、有力且呈現吉象，則此事項將較[其他]同類事項更為完美。而若根本盤、擇時盤或太陽回歸盤的上升主星，落於本命盤或擇時盤或太陽回

208 | 參見《擇日書》§28，其內容可能啟發了這一說法。
209 | 這可能應為本命盤的「勝利星」，如伊朗尼在前文所述。
210 | 即本命盤的第六宮、第八宮和第十二宮。
211 | 這似乎是說，本命盤中幸運點所落的星座，應位於擇時盤的吉宮之中。
212 | 這段話涉及卜卦的一條基本法則，即如果事項主星落在上升位置，那麼事項將會來到詢問者（或此處所說的客戶）身上；但如果上升主星落在事項的宮位，那麼客戶必須更加努力讓事項發生。例見《判斷九書》§10.1。
213 | 關於馬德里版本中electionis一詞，參閱巴黎16204解讀為profectionis。

歸盤中代表事項的宮位，則顯示完成事項會伴隨著辛勞，且應主動謀求此事：若它有力且[214]擺脫凶星，則會如此。而若無法依之前所言[放置]行星，但它們與事項星座形成友善的相位，則亦有利；若前述兩個宮位的主星彼此形成友善的相位，則亦有利。

[3] 第三個根本因子乃是應檢視本命盤，它顯示了他當年的災禍[215]：此年你不應開始任何重大事項，尤其是與它顯示的災禍有關的事項。然而若此事不可避免，則須令象徵[災禍]的行星位於果宮，且應盡所能適當放置上升位置——同樣還有事項結果之主星，以及它們的主星。甚至還須將一顆吉星置於那顆凶星在本命盤中所落之處，或[將本命盤中那一位置]置於吉星的光線之內。若無法為之，則應清除所有凶星[216]，且特別是引發當下災禍的凶星。

然而若[217][總體而言]本命盤並未顯示當年會發生災禍，但此一年[218]顯示，想要開始之事將遭逢破壞，則應使本命盤及太陽回歸盤、擇時盤中事項之自然徵象星所落星座以及它們的主星處於適當的狀態——尤其它在[本命]盤和擇時盤中所落星座。

而若本命盤顯示此事在那一年[219]是順利的，則不需付出太多辛勞即可令事項如願以償：因事項將會完成，且它不會受阻，即便擇時盤並不完美。

---

214 | 巴黎16204作「或」。
215 | 伊朗尼似乎是說，在卜卦中，本命盤（通過小限或太陽回歸盤）顯示了災禍大致的狀況，例如有一顆狀態糟糕的凶星落在小限星座之中。他並沒有說它會特別為擇時的事項帶來麻煩——對此請參閱下一段內容。
216 | 這裡或許指的是：「使擇時盤中的凶星不合意於關鍵的宮位。」
217 | 依據巴黎16204解讀這段內容，因為它更為清晰並且在結尾處有附加內容。此處，伊朗尼似乎論述關於特定事項本身狀況不佳的情況：例如，如果為子女之事做擇時，但太陽回歸盤的第五宮卻有一顆狀態很差的凶星。
218 | 關於hora（「hour」時刻）一詞，理解為anno。
219 | 關於hora（「hour」時刻）一詞，理解為anno。

此外，須在適當放置之前章節[220]提出的全部因子之後，方可考慮於此章節中所說的一切——因前者乃是不容忽略的。

然而，有一些時刻對於開始任何事項而言都是不宜的，如蝕發生之時，尤其當蝕發生於[本命]盤上升星座或其三方星座[221]之中，或與它形成四分相之時。

烏瑪認為，第七宮的相位[222]對應土星，因它的星座與發光體的星座對分。而依此類推，則三分相對應木星，四分相對應火星，六分相對應金星。但若其中一顆[行星]在本命盤中受剋，則在擇時盤中，我們不應讓月亮與任何行星形成[那顆]受剋行星所對應的相位（無論它是吉星抑或凶星）——例如：若金星（對應六分相）在本命盤中受剋，則在擇時盤中，月亮不應與木星或[任何]其他行星形成六分相。不過令我甚為滿意的[223]，乃是將此判斷應用於凶星：我認為此判斷不適用於吉星；事實上，它或許會減少獲益，但應用於凶星時，它[減少的災禍]更多[224]。

且須注意，若想要阻礙任何徵象星（如第七宮主星——在外出征戰或狩獵時），切不可阻礙任何在本命盤中強而有力的因子，尤其是本命盤的勝利星。但若我們將自己換做其他[225]，且若我們不會削弱太陽回歸盤中的任何徵象星，則是有利的。

---

220 | 我不確定伊朗尼指的是哪一章節。
221 | 也就是說，整星座宮位制中與上升的星座形成三分相。
222 | 即對相。這段內容間接涉及宇宙誕生圖（Thema Mundi），它描述了行星守護的星座與相位之間的關聯。見《古典占星介紹》III.6.2，及金迪自己在《四十章》Ch. I.1.8中對此的解釋。木星守護的星座與獅子座、巨蟹座形成三分相，火星守護的星座與它們形成四分相，金星守護的星座與它們形成六分相。
223 | 此處似乎是伊朗尼對烏瑪觀點的評論。
224 | 也就是說，最好從避免來自凶星的更大傷害這一角度來看這條判斷，因為帶著困難的吉星依然是吉星：所以如果我們把這條判斷應用於吉星，那麼我們就冒著剝奪它們仍然帶有的一些益處的風險。
225 | Divertamus nos ad alium. 我不確定這指的是什麼。如果它指的是另起一張擇時盤，那麼據推測應是 aliam。

I.4：論卜卦之後的擇時——無論事項能否完成[226]

　　某些占星師[227]欲為某人擇時，慣於以當事人之名義為將要開始之事起一張卜卦盤；而他們往往視[228]卜卦盤的上升位置如同本命盤的上升位置，主管[卜卦盤]的行星及它的主星[229]如同本命盤的主星，幸運點亦如此——然後，他們往往如同為已知本命盤之人擇時一般行事。但若他們藉由卜卦盤察覺事項無法達成，或他們對某些不利情況感到擔憂，他們便不會進行擇時。而若事項勢在必行無法推脫，則他們為他擇時時，往往如同本命盤示現凶象時一般行事。若卜卦盤顯示事項能夠達成，則他們為他擇時時，往往如同本命盤示現吉象時——如我們之前所說——一般行事。

　　哈亞特在他的一部著作中寫道，不可為任何本命盤未知者擇時，亦不可藉由卜卦盤進行擇時。對此觀點，所有人似乎都不贊同，但亦未無端[反對]。因眾多有智慧的占星師往往會為所有的人擇時；然而假使其中一位不願在沒有卜卦盤的情況下為人擇時，那麼原因乃是他慣於使用卜卦盤以令擇時更加完美——並非因為它在**任何**[230]擇時中都是必不可少的。

　　所有占星師都認為，本命盤中所示現的災禍，有時可藉由好的擇時盤得以轉變，或得以消除，有鑒於此，我們又如何能（因卜卦盤

---

226 | 這一章節闡述如何在擇時中使用一張成功的卜卦盤中的細節：例如，以**卜卦盤**中上升位置作為**擇時盤**中的上升位置。對於用卜卦盤中成功的**結果**讓占星師**對**擇時感到安心，伊朗尼沒有異議，但他不願以卜卦盤中的細節作為根本。而看來哈亞特也贊同這一點。

227 | 即薩爾，見《擇日書》§§3a-5a。

228 | Ponebant。

229 | 伊朗尼在這裡並非說的是兩顆行星：他指的是「主管[卜卦盤]的行星」和「[卜卦盤]的主星」。

230 | 粗體字是我強調的內容。

未曾顯示便）否認事項將得以完成呢？[231] 故有必要檢視本命盤。因若將它排除[232]，則判斷的書籍將毫無用處，托勒密在[《四書》[233]]第一卷第二章中對此做出了完善的闡述。再者，確立[234]卜卦判斷與本命判斷乃是不同的。因本命盤是自然的事物，[但]卜卦盤是**類似**自然的事物[235]。

而那些追捧此觀點[236]之人，雖並未否認根本盤，但他們限制了操作[237]：其中一例便是，他們考慮當年世運太陽回歸盤的上升星座，以及卜卦盤的上升星座：檢視吉星、凶星在兩張星盤中分別落於何處，他們以當年世運太陽回歸盤和卜卦盤中均有吉星落入的星座作為擇時盤的上升星座。而對本命盤已知之人，我們使用本命盤的上升星座，而非卜卦盤的上升星座。對[本命盤]未知之人，我們則可仰賴當年的[世運]太陽回歸盤的上升星座。我們不必太過焦慮，以至於去考慮那些沒有助益的因子——雖然考慮它們並不會造成傷害[238]。

且依他們所言，須使同樣時刻的上升星座呈現吉象，而發生於太陽回歸、卜卦與所擇時刻之前的會合或妨礙盤的上升星座亦不受剋。此外他們還認為，倘若當年太陽回歸盤之主星在卜卦盤中得到證據，則你應使它在擇時盤的上升星座之中扮演某一角色，且以卜

---

231 | 伊朗尼在這裡似乎指的是：擇時理論認為，擇時盤可以強化或消除本命盤中的徵象。但那些在擇時中使用卜卦並適當放置卜卦盤徵象的人，等於引入了一張外來的星盤——即卜卦盤——這與擇時理論是矛盾的。相反地，我們應依賴於本命盤而不是這第三張星盤。

232 | 即沒有本命盤的話。

233 | Alharhaha（巴黎16204）或 Alarbaa（馬德里版本），即 Quadripartitum。伊朗尼似乎指托勒密的因果及自然占星論：托勒密認為，未來發生於當事人生命中的事件，是出生後外部原因和內部原因影響的結果。內部原因由元素的交互作用引起，而它們又由本命盤的行星配置決定。

234 | Rata。也有「定、確定」的含義。

235 | 這個觀點很有趣，但僅對於相信自然占星論的人具有說服力。

236 | 即那些認為可以使用卜卦盤作為根本盤的人。

237 | Constringunt opus。我不清楚此觀點的限制是什麼。

238 | 針對 nec tam nos（梵蒂岡版本和慕尼黑版本），參閱馬德里版本與巴黎版本解讀為 nec tamen nocet。換句話說，此處認為：卜卦盤根本沒有幫助，但它們不一定會造成傷害——不過還是不應以它們**代替**本命盤。

卦盤的中天作為擇時盤的上升星座或所求事項的宮位：因這可令事
項迅速完成。

　　而對於那些本命盤未知之人，他們往往檢視是否有某些重大事
項（無論是吉是凶）即將發生在他們身上[239]，例如他們是否會加官進
爵[240]，尤其是首次或接掌他們從未管理過的事項，或他們[是否]會
遭逢厄運，如囚禁或船難：此外他們還會檢視那一時刻的上升星座，
將其視為本命盤的上升星座：他們依卜卦盤推演當事人的流年，並且
由此做出判斷，如同判斷本命盤那樣——而這與事實亦大致吻合。

　　此外，若我們證實，（當某行星強而有力時）某人處於有利的狀
態，而（當同樣的行星受剋時）他處於不利的狀態，則可推測此行星
在某種程度上主管著他的本命盤，對於星座而言亦是如此。故若某一
星座呈現吉象時[為他]帶來相應的順境（抑或當它受剋時，使他陷入
逆境），我們應推測它即為本命盤的上升星座，且我們將在為他所做
的一切擇時中適當放置此行星和此星座，如同我們處理本命盤一樣。
但不可依賴於它[241]。

　　而依此方法，占星先賢們得以判斷哪顆行星或哪個星座主管氣候
與城市[242]。

I.5.0：所開始之事何時得以完成

　　如前文[金迪]所述[243]，當徵象星落於始宮或續宮之中，且與發光

---

239 ｜ 伊朗尼所闡述的是我們如今所謂的「事件盤」。
240 ｜ Praepositurae。
241 ｜ 也就是說，對於擇時而言，這是把不利影響降至最低的一種方式，但不要將此作為依據進行本命分析。
242 ｜ 參見里賈爾 VII.20。
243 ｜ 本段及下一段內容參見《四十章》§132-35。

體（尤其是主宰那一時刻的發光體[244]）形成吉相位，並與主管其所落宮位之行星[245]形成良好的相位之時，若你想要所開始之事項持久，則會如願以償。金迪稱[246]，若我們想要開始之事項迅速結束，則須將代表事件結果的徵象星置於果[宮]之中——當它們呈現吉象時。因適當的宮位與它們相悖[247]。

　　然而[248]知曉事項結束的時間與速度快慢，須藉由星座及它們的宮位，還須藉由行星及它們的意義與屬性。但此處所謂的快與慢，乃是相對於[249]我們所開始之事本身而言：如某些事項於一個月後完成被視為迅速的，而某些事項於同樣期限完成卻被視為緩慢的。而我們應以代表事項的宮位所落的星座、上升星座或某些落於上升星座中預示時間的[行星]為依據。我們亦以星座的屬性為依據，如啓動星座預示迅速，固定星座預示延遲與緩慢，[而]雙元星座介於兩者之間（且它們顯示事項虛弱，而它們所代表的事物既不太有力又不安全）。若上升星座為直行星座，則預示緩慢；扭曲星座[預示]迅速。火象星座最為迅速，其次為風象星座，土象星座[最為]緩慢，其次為水象星座[250]。

　　但[251][亦]以星座所落宮位為依據：如上升星座與第十宮代表快速（即天或小時）；第七宮，不太緩慢（如月）；第四宮則使事項延緩，可能代表年。而續宮與它們所靠近的始宮含義相同，不過它們在令所開始之事延緩方面，較[始宮]更溫和。然而，第七宮比第四宮

---

244 ｜即區分內發光體（日間盤為太陽，夜間盤為月亮）。

245 ｜也就是它們的主星。

246 ｜《四十章》§133。

247 ｜針對「相悖的宮位適合它們」一句，參閱馬德里版本和慕尼黑版本作解讀。也就是說通常所謂適當的宮位（始宮、續宮）與果宮是相對立的。

248 ｜這段內容似乎廣泛建立在《四十章》§134-35內容之上。

249 ｜Relata ad。

250 ｜參見里賈爾VII.102.6中哈桑・本・薩爾的內容及馬謝阿拉《論天空的運動》§3。

251 ｜參見《論應期》§2。

令事項延緩更甚[252]。果宮[代表]緩慢。大體而言，相較落於地平線之下，任何落於地平線之上的事物都象徵著更快的速度。

此外[253]，東方象限（自上升位置至中天）預示快速；南方象限（[自中天至第七宮]），中等的快速。西方象限（自第七宮至第四宮）預示中等的慢速；北方象限（[自第四宮至上升位置]），慢速。且若某象徵快速的星座落於第四宮，則預示事項是快速的；而若某啓動星座落於上升位置或第十宮，則最為迅速。

——[I.5.1：作為依據的徵象星]——

但[254]我們判斷應期所依據的行星乃是上升主星與事項主星——當它們形成相位時。若它們未形成相位，則依據月亮——若她未落於果宮之中。若她落於果宮之中，應依據月亮入相位之行星。而若不存在[這樣的行星]，則依據太陽。

我認為，兩顆發光體在應期判斷中的作用不可小覷。而某些人則認為，應檢視前文所述全部行星；找出上升位置及事項宮位的勝利星，而後以此作為判斷應期的依據。

與慢速行星相比，快速行星預示更快。若一顆行星以較快的速度前進，則預示快速；而若它以平均速度運行，則預示中速；以慢速[運行]，則慢速。

若恰逢徵象星均為從各個角度而言都象徵快速的行星，[且]落於從各個角度而言都象徵快速的宮位之中，則此種情況將是所有同

類事項中最為快速的。而若它們從各個角度而言都象徵慢速，且落
於從各個角度而言都象徵慢速的宮位之中，則將是所有同類事項中
最為緩慢的。

　　但[255]倘若象徵事項完成之應期的行星改變狀態——無論是微弱
抑或顯著的改變——則將呈現與它們自身相應的狀況（無論是有利的
抑或不利的）。而所謂微弱的改變，即為行星落於（大圈當中的）某
一象限，通過蒼穹的運動而改變自身的狀態：換言之，行星由東方來
到西方，進入另一象限之中，或落於地平線下方的行星即將變換至地
平線上方，[或]它即將由上部[區域]下降至下部區域。而所謂顯著
的改變，乃是東出的行星即將成為西入的行星，反之亦然；[或]它將
要由一個星座變換至另一個星座（尤其當改變涉及該行星擁有某種尊
貴的星座時）。

——[I.5.2：應期的長度——據薩爾《論應期》§3][256]——

此外[257]我們已獲知諸多辨別應期的方法[258]，其中[第一種]乃
是，應觀察[1]一顆應期徵象星與它正在毗連[259]的另一顆應期徵象
星[260]之間的度數。而後我們以此數字作為小時或日或月或年的數
量——依據宮位所象徵的快慢，[或]徵象星運行速度快慢的象徵，
以及其他於前文所闡述的因素，並且還依據所開始之事的屬性（它是

---

255 | 參見《論應期》§1。

256 | 關於這些應期的討論，參見緒論內容。

257 | 此段內容參見《論應期》§3。

258 | 即《論應期》§3當中所列出的幾種應期預測方法。

259 | Adiungitur。即以度數相連結。伊朗尼在下文舉的例子考慮到了相位，但此段落的另一版本（其中不含例子）認為只考慮星體連結。

260 | 即擇時盤的徵象星——儘管這些法則事實上與卜卦關聯更大。

否屬於可在數小時內完成的事項，還是數日內，抑或更久），而藉由度數所計算的一切都會照此顯現。在此舉一例：以月亮為徵象星，她落於牡羊座第四個度數，即將與太陽（落於獅子座第十個度數）相連結。將其間相差的六度視為小時或日或月的數量[261]。

[2] 在此之後是：當一顆行星即將與另一顆行星相連結時，我們應觀察它何時於所落星座精確行至與慢速行星所在度數一致之處，這一時刻即為所求之應期[262]。例如太陽與月亮所落位置如前文所述，則應觀察月亮何時行至牡羊座第十個度數（因太陽落於獅子座第十個度數）。我們發現月亮將於約12小時[263]之後行至此處，則會判斷事項於那時完成──倘若事項能夠在如此之短的時間內完成。

[3] 在此之後是：應觀察快速行星和它即將連結的行星之間的 [距離]──即以星座和星座的分數而論。而後將此度數作為完成事項所需的小時或日或月的數量──依據前文所述的方法[264]。在月亮與太陽相連結的例子當中，兩者相距126°，將它視為小時或日或月──依事項自身的需求而定。

[4] 在此之後是[265]：應觀察何時連結得以完成，這一時刻即為應期。在同樣的例子當中，我們得到約6 1/2 小時[266]，此即為藉由度數和分數完成連結的時刻。

[5] 在此之後是：若象徵開始的行星與它即將連結的行星之間存在容納關係，則應觀察前者主管的年數[267]：而後如同前文所述一樣，

261 | 也就是說，根據宮位代表快慢的標準來看：在上升星座可能對應小時；在第四宮可能對應較長的時間單位。
262 | 也就是說，當它們以過運完成聚集或相位時的「真實時間」。
263 | 馬德里版本作「**8**」，巴黎16204似乎寫作「5」。但因為月亮每天大約行進12°，她進6°大約需要12小時。
264 | 也就是說，將它們之間實際相距的度數和分數作為時間單位的數量。此段的另一個版本認為一度等同於一天，而不等同於伊朗尼在這裡提到的其他時間單位。
265 | 這條實際是上文 #2的變化或重複。
266 | 我認為這裡應是12小時而不是6 1/2 小時。
267 | 參閱馬德里版本和《論應期》作annos。巴黎版本做gradus（「degrees」度數）。

將此數值視為年或月或日或小時。並且依據行星的力量，將其與較大或較小或中等的年數相對應[268]。

[6] 有時[269]，上升位置與意向接收星[270]所在位置之間的每一度象徵一天：而照此方法，每一個星座象徵一個月。

[7] 再者[271]，若獲取它們之間意向的行星藉由星體或光線將它傳遞給另一顆行星，則取它們之間的度數並將此度數視為日或月。

[8] 此外，若獲取它們之間意向的行星（藉由星體或相位）抵達並將它傳遞至另一顆行星，則我們可依據後者所在星座的赤經上升，將兩者之間的度數視為月或日。

——[I.5.3：進一步論代表應期的行星]——

在任何事項中，月亮都代表應期，尤其在那些進展快速的事項之中。太陽亦如此，但尤其在那些進展慢速的事項之中。然而，若上升主星與事項主星相連結，則意味著事項將得以快速完成。而若其他情況被證實，尤其當上升主星是慢速行星時……[272]

而[273]若月亮下來到（dismounted in）[274]上升星座或代表事項的宮位之中，或她與它們[275]之一形成相位（且尤其是四分相或對分相），則它將代表應期的小時或天數。而若太陽與之前所述月亮的狀

---

268 | 見里賈爾 VII.102.3 行星年數表。
269 | 關於馬德里版本中 quinque（「五」）一詞，依巴黎版本作 quandoque。
270 | 即「管理」接收星、入相位的行星。此段的另一個版本允許以兩種方式計算，即從行星到上升位置，或從上升位置到行星。
271 | 這一條和下文 #8 都涉及光線傳遞；#7 與過運的真實應期和使用黃道度數計算的象徵應期有關，而 #8 以赤經上升度數計算同樣的距離。
272 | 這似乎是一個不完整的觀點，一些內容應該在拉丁文手稿中遺失了。
273 | 這一段似乎是《論應期》§3 最後一段內容的粗略版本；另見《心之所向》II.5.2。
274 | 即「落於」。
275 | 即宮位。

況一樣，則他在此判斷中比月亮更有力[276]。同樣，月亮到達徵象星所在位置的時刻即為應期。

此外[277]或許可將開始的勝利星作為應期的徵象星，觀察它和事項宮位的勝利星狀態。

而我們發現有人[278]如同處理本命盤一般從事項之中擷取一顆釋放星，他們將它的度數推進（direct）至吉星或凶星的位置，然後依據事項的屬性，以赤經上升的一度作為一年或一個月。而若它抵達一顆吉星（即，在一顆[凶星]之前），事項將得以順利完成；但若[它抵達]凶星在先，則相反。然而火星象徵迅速，換言之，一些軍事因素會混入事項當中。依照同樣的方法，他們將上升度數和事項宮位的度數推進至吉星或凶星。而[279]有時他們將事項宮位的度數推進至上升度數。

但[280]他們寄望於幸運點，[並且]如同釋放星一般推進幸運點；而後他們將徵象星綜合。

而有時他們[281]旋轉擇時盤的上升位置（譯註：為擇時盤起太陽回歸盤。），如同旋轉本命盤的上升位置那樣。

---

276 | 巴黎16204遺漏了關於太陽更「有力」的部分。在馬德里版本中，這種力量似乎指的是，太陽代表較長的時間，或許有更重要的意義。
277 | 這個觀點十分常見，它可能出自任何一個來源。
278 | 例如金迪，見《四十章》Ch. 3.3。
279 | 後面的內容參照慕尼黑版本作解讀。
280 | 《四十章》§141；赫曼在《心之所向》II.5.1中也提到這一點。
281 | 這可能與《論應期》§12（源於馬謝阿拉）提到為事件盤起太陽回歸盤有關聯。

論述二

【前言】

我們已在之前的章節中闡述了擇時的普適[282]法則，而今應牢記前述內容，以便於使用。倘若有必要選取某些法則，抑或無法仔細核對之前所述的每一條法則，則此篇論述將提供解決之道。

首先，我們已闡明[283]，（對於任何事項而言，）一個成功的擇時[需要]適當放置上升位置和第四宮及它們的主星、月亮及她的主星、太陽和幸運點及它們的主星、代表所求事項的自然徵象星、事項代表宮位，且它的主星[284][應落]於擇時盤的上升星座之中。

另外，若一顆行星乃是開始行動之人本命盤上升位置（若他的本命盤已知）的有力代表——尤其若為它[285]的勝利星，則切不可將其作為在行動中[削弱的徵象星]，亦不可將回歸盤的徵象星作為被削弱的行星。

這些乃是在擇時盤中尤其應適當放置的根本因子。當然，對於一些事項而言（會在[下文]它們對應的宮位處提示[你]），也許所謂適當放置是要削弱它們當中的一員——正如在搜尋逃犯時須削弱月亮，因我們不想讓[286]**他**處於適當的狀態。

---

282 | 巴黎16204作「有助益的」（utiles）。
283 | 見前文I.2.0。
284 | 手稿原作dominum，說明它也是需要被適當放置的因子；但除非假設（如同伊朗尼曾說過的）事項代表宮位的主星落於上升星座中，否則這句話餘下的部分就無法讓人理解。
285 | 這裡可能是指上升星座，但也可能指整張本命盤的勝利星，見I.3。
286 | 針對其他手稿中的volumus（「我們**想要**」）一詞，參閱馬德里版本作nolumus。

本書含13章，其中有64節[287]。而在其中的任何一個章節中，都不必疑惑是否要回憶其他章節的內容。因為屬於一個類別的事項並不屬於其他類別。且此為主所讚美的萬物之數[288]。

II.1.0：[為權貴擇時][289]

第一章乃是針對那些專屬於國王及王子之事的解決方法（就大部分而言）[290]。第一節[是]論尊貴身份的確立；第二，論尊貴身份的免除；第三，論建造城市與要塞；第四，論建造房屋及城市或要塞中的其餘建築；第五，論摧毀敵人的建築；第六，論河流及泉水的改道[291]；第七，論為擊敗敵人而建造船隻；第八，論外出征戰或其他；第九，論與敵人和解；第十，論返回；第十一，論狩獵；第十二，論賽馬；第十三，論遊戲。

──論開始有關國王及王子之事項──

在國王或王子採取的任何行動或為他們而採取的任何行動之中，須在開始之時使太陽、第十宮及其主星處於適當的狀態。依都勒斯及他人所言[292]，太陽不可與凶星會合，亦不可[落於]與它形成四分相或對

---

287 | 即以下的13章分為64個子章節。

288 | 這似乎是對於數字的說明，或許指64是8的平方。

289 | 在下文中，我的章節標題為每一部分都標出了論述、章和節的序號，並且我還在標題中保留了下面小節的標題。在手稿的開頭部分，章節的劃分和命名有些不規則，有兩個不同的段落競相作為第一個章節，而後面小節的標題也與這裡所描述的略有不同。

290 | Secundum maiorem partem。這句話也有「依據大多數」的意思，暗示伊朗尼即將陳述一系列得到大多數人認同的觀點。但我更偏愛我的解讀，因為雖然第一部分中的大部分擇時都與有權勢的人相關，但其他人也可能會有敵人或者想要賭馬等等。

291 | 關於其他手稿中edificatione（「建造」）一詞，參閱馬德里版本作eductione。

292 | 目前來源未知。

分相之處，而他應與吉星形成相位，落於始宮或續宮之中，或他應落於自己的星座之中，或應使一顆在他所落之處擁有尊貴的行星與他形成相位（但不可形成對分相或四分相[293]），且它不應與太陽落於同一星座之中[294]。此外，他應落於陽性象限及陽性星座之中，且若他落於他擁有尊貴之處，則更佳。而他不可落於此年即將發生蝕的星座之中。

且每一顆發光體都應落於吉星的界內，彼此形成良好的相位。甚至連它們的界主星亦[應]擁有某種尊貴，且與發光體形成相位。總而言之，應從力量與吉凶的角度考量，盡可能地適當放置它們。

而若會合或妨礙呈現凶象，則切不可開始任何與權貴之人有關的事項，除非於15天之後：且此後，應依照之前所述適當地進行擇時。

II.1.1：論確立尊貴身份[295]

[首先]，須適當放置在之前關於皇家行動的[章節]中所述全部因子。

故[296]，讓我們從任命戰爭統帥開始。須以火星主管的星座之一作為上升星座，且使火星呈現吉象，與上升星座或[297]其主星形成三分相。

但若任命與戰爭無關，則須以木星主管的星座之一作為上升星座（這甚至對勇士而言亦是有益的）。並且使木星與上升星座或其主星形成良好的相位。

且須知，為想要長久持續的事項擇時，相較啟動星座而言，固定

---

293 ｜依照馬德里版本補充「或四分相」。
294 ｜可能由於受到太陽光束的威脅。
295 ｜關於electione一詞，參閱此前這一章的內容作解讀。
296 ｜參見《擇日書》§128a。
297 ｜巴黎16204作「及」。當然如果能和兩者都形成相位是最好的。

星座（及雙元星座）更值得稱道且更為有利。月亮與太陽藉由相位相連結，且太陽友好地注視著[298]木星，亦是有利的。而若太陽落於牡羊座的三方星座之中，則是有利的。

此外，為國王們和他們的孩子擇時，或為任何想要長久持續的重大事項擇時，也須依此行事。

但若想要任命書寫官員，則須使水星與上升星座及其主星形成友好的相位，如此可令他忠於職守。而若任命財務官員[299]，則須適當放置第二宮及其主星，且它不可受剋。

II.1.2：論免除尊貴身份

若想要將那些曾經任命的人免職，且考慮到他們的作用，意圖在免職之後再為他們恢復同樣的尊貴地位，則應將月亮置於雙體星座[300]，且置於始宮之中。同樣，還須使上升位置及其主星和月亮所落星座之主星落於雙體星座之中。但應使月亮及其主星[301]增光且增速[302]，並且它們應上升於北方[303]；並在此注意曾闡述的關於等級的內容[304]。

但若你不想在免除[他的職權]時受阻[305]，則須使月亮呈現凶象，被焦傷，落於第六宮或第十二宮，落於固定星座，落於吉星擁有尊貴之處，且上升星座及其主星狀態良好。並使它們呈現吉象，等等。

---

298 | 關於「以友好的相位容納」（aspectu amicitiae respectus），按照慕尼黑和梵蒂岡版本（amicitiae respectu）翻譯。但顯然被太陽容納是好的。
299 | Camerarii。
300 | 即雙元星座。
301 | 但慕尼黑和梵蒂岡版本作「及上升主星」。
302 | 巴黎16204作「計數」（「computation」，拉丁文compoto）。
303 | 可能指在黃緯北緯，但或許也是赤緯。
304 | Ordinatione，可能指上文I.1.0所作的一般性說明。
305 | 關於volueris/voluerimus，參閱慕尼黑版本作nolueris/noluerimus。

你不應認為上述說明[306]與第一部書中所言相悖，在其中我們曾說月亮乃是詢問之事的徵象星，因[她]對上升星座而言並不具象徵意義[307]。在本章中，因已確保上升位置是安全的，且呈現吉象，故月亮將代表想要適當處理或破壞的事項本身。因她乃是所有**行動**的徵象星；且須依此方法理解即將在此書闡述的內容[308]。

II.1.3：論建造城市與要塞

若[309]你想要建造城市或要塞，須將上升位置置於固定星座、土象星座，同時月亮與上升主星所落星座亦如此[310]。此外月亮應增光且增速，即將進入她自己的旺宮位置，並與一顆落在自己旺宮或月亮旺宮的吉星相連結，且得到容納。然而，倘若它[311]落於水象星座之中，亦不認為是不利的。她[312]上升於北赤緯是有益的。此外須讓她漸盈，露出一半以上的光芒[313]。

塔巴里認為，她應落於扭曲星座，因它們象徵擴大[314]。

金迪認為[315]幸運點應落於任意一個始宮之中，且尖軸不應是

---

306 | 即前一段內容。
307 | 我認為這指的是I.2.1，在其中伊朗尼批評了哈亞特提出的以月亮作為客戶的主要徵象星這一觀點。伊朗尼指出，由於要剝奪某人的尊貴身份，因此讓月亮處於不好的狀態是合理的，因為月亮象徵著總體的狀況，而不是客戶自己。客戶（即剝奪他人尊貴身份的人）由上升位置代表，在此被強化。
308 | 即上升位置代表將要對他人進行任免的**客戶**；月亮代表行動或狀態本身。因此使上升位置呈現吉象，以使他的努力獲得成功，同時使用月亮受剋，以破壞他人的官職或權位。伊朗尼已經在I.2.13中對這種情況作出了說明。
309 | 本段內容參見里賈爾VII.20.3。
310 | 根據描述，上升星座應在金牛座，金星和月亮也落在其中（然而，如果使用象限宮位制，當宮位的跨度足夠大時，月亮和金星也可以落在雙子座）。
311 | 上升星座。
312 | 拉丁文版本並不明確，但結合上下文，我認為這裡指的是月亮。
313 | 即月亮週期的四分之一到滿月之間。
314 | 塔巴里可能從諸如《占星詩集》V.43——其中描述了月亮與價格和商品的關聯（見伊朗尼II.3.2-3和里賈爾VII.11.2）——等資料中得到這種判斷。當月亮落在扭曲星座時（對北半球而言，但對南半球而言落在直行星座），依照定義她的赤緯度數是增加的。
315 | 見《四十章》Ch. 15對此內容更充分的討論。

遠離的[316]。龍尾[應]落於第十二宮，但會合或妨礙的主星應快速運行，落於自身擁有尊貴之處。此觀點乃是有益的，並且具有權威性。

　　然而有時無法使所有因子都處於適當的狀態。我們讚賞的是，月亮落於地平線下方，且正與一顆出現在地平線上方的行星相連結。亦應適當放置土星，將它視為一顆徵象星，代表城市中的建築與土地上的人口；而若它與徵象星形成三分相並存在容納關係，則更加值得稱道。此外，應適當放置上升星座的旺宮主星及月亮所落星座的旺宮主星。

　　烏瑪・法魯罕（'Umar al-Farrukhān）[塔巴里][317]稱，當興建建築或任何立於地上之物時，旺宮主星勝於廟宮主星。此觀點乃是有益的。

　　我們須努力適當放置之前論等級[318]的章節中列出的全部因子。然而倘若建築物屬於地位低下之人[319]，則在適當放置擇時的根本因子之後，應盡己所能讓更多因子處於適當的狀態。

II.1.4：論建造房屋及城市或要塞中的其餘建築

　　若它是一座用於飲酒、遊戲或其他行樂事項的建築，則須讓金星與上升位置形成值得讚美的相位，她應呈現吉象，處於良好狀態。若它是一座用於學習的建築，則須以水星替代金星。若它是一座監獄[320]，則以土星替代她。

---

316 ｜ 金迪指中天的度數不應落在以整宮制計算的第九宮，而應落在第十個星座。但他可能允許它落在第十一個星座。
317 ｜ 馬德里版本與巴黎16024都顯示是法幹尼（al-Farghani，兩版本分別寫作afargani和alfragani），但法幹尼的名字中並不包含烏瑪。所以我認為這是法魯罕的誤稱，而它是烏瑪・塔巴里名字中的一部分。
318 ｜ Ordinationis。這似乎指上文II.1.0中為重要人物做出的具體說明。
319 ｜ 即並非國王、王子或貴族的普通人。
320 ｜ 巴黎16204似乎作sectitus，此處參閱馬德里版本作carcer。

II.1.5：論摧毀敵人的建築[321]

須注意摧毀與興建相反：故須反其道而行之[322]。應以火象星座或風象星座為上升星座，並使月亮及上升主星亦落於這些星座之中。

塔巴里稱[323]，上升星座應為直行星座，且上升主星西入（western）[324]，上升於上升位置之後，進程縮減[325]，與處於同樣狀態的另一顆行星相連結。且它應朝向它下落[326]的星座和度數行進；它不應慢速或逆行；且它應落於相對尖軸而言的果宮之中。

月亮[327]不應西入[328]，且她應落於相對尖軸而言的果宮之中，進程和光線均縮減，與一顆落在果宮的行星相連結，並且它正朝向它的弱宮度數或月亮的弱宮度數行進。

但若她在地平線上方，她應[329]與一顆落在果宮的（cadent）[330]且位於[地平線]下方的行星相連結，且她應位於赤緯和黃緯的南緯，她不應與逆行的行星相連結，上升主星亦不應逆行。此外該行動應開始於太陰月最後四分之一的階段，不應使月亮與她的主星形成相位，亦不應與太陽形成相位。

此擇時的目的在於摧毀那些不想重建的建築[331]。但若意不在此，則操作更為簡便。此外在任何情況下，都須適當放置此前所闡述的根本因子。

---

321 ｜ 本章節參見里賈爾 VII.58。
322 ｜ 見上文 II.1.3-4。
323 ｜ 目前我不確定下文內容究竟有多少出自塔巴里。
324 ｜ 這可能指它應即將「沈入」太陽光束下。在阿拉伯文與拉丁文中，「西入」（western）與「沈入」（sinking）是同一個詞。
325 ｜ Minuens，也可指「減少」（見下文）。
326 ｜ 即入弱，這裡和下文都如此。
327 ｜ 或可參見《占星詩集》V.7.1。
328 ｜ 即在太陽之後升起：因為這樣一來她就是漸盈的，漸盈代表增長而不是破壞。
329 ｜ Sitque 作 sit。
330 ｜ 或者也許是「與一顆落在[即，位於]地平線下方的行星相連結」，里賈爾著作的拉丁文版本便是這樣解讀的。
331 ｜ 巴黎 16204 作 volumus，此處參閱馬德里版本作 nolumus。

II.1.6：論河流及泉水的改道[332]

在此事項中[333]，須使土星東出（eastern），上升主星亦如此，擺脫凶星影響[334]。但月亮[應]位於地平線下方，即落於第三宮或第五宮之中，位於固定星座[335]；而若她位於地平線上方，則令她落於第十一宮；甚至土星落於第十一宮亦是有利的，[但]他不應以星體與月亮相連結。此外應使木星處於適當的狀態，且不應有凶星位於中天。

金迪稱[336]，月亮應處於第一個四分之一太陽週期（the first square from the Sun）中，呈現吉象，增速，落於始宮；尖軸不應是遠離的[337]。且上升主星應東出且擁有尊貴，落於始宮或續宮之中，而上升星座為水象星座，藉由一顆強而有力的吉星呈現吉象（月亮亦如此）。還須適當放置幸運點以及會合或妨礙的度數。

II.1.7：論為擊敗敵人而建造船隻[338]

須令[339]上升位置落於固定星座，且若所有尖軸均位於固定星座則更佳。但月亮及上升主星應落於尖軸；然而，應將一顆強大的吉星置於中天，且令它有力（換言之，令它東出且擁有尊貴，並快速運行）。此外使月亮以其較快的速度運行。

---

332 ｜參見里賈爾 VII.21。
333 ｜參見《擇日書》§§50a-d。
334 ｜馬德里版本認為土星也應擺脫凶星影響，但這一內容不合文法並且可能是錯誤的。
335 ｜針對手稿的不同形式的陳述，諸如「位於地平線下方，即落於第三宮或第四宮」（馬德里版本）和「落於地平線下方，即落在第五宮的起點或其中」（巴黎16204，將initio誤作tertio），參考薩爾和里賈爾 VII.21 作解讀。
336 ｜參見《四十章》Ch. 16.1，§§482-483。金迪自己補充了比這裡所提到的更多的信息，與雨果版本的金迪著作細節略有不同。
337 ｜見我的緒論部分。
338 ｜參見里賈爾 VII.59，但這一章節的大部分內容都來自《四十章》Ch. 17。
339 ｜參見《四十章》Ch. 17，§§490-92a。伊朗尼在某種程度上改寫了這一段落，因為金迪設想船隻是用於運輸的，所以警告提防火星。但伊朗尼告訴我們要適當放置火星，隨後使用了金迪關於月亮遠地點的闡述。

若它的用途是征戰，則亦應適當放置火星。但若它們的用途是運輸，則須月亮以平均速度行進，上升於自己的軌道中[340]。

此外[341]在所有這些因子中，若適當放置了會合或妨礙的主星，則更佳。並且使月亮與它們之一分離後[342]，與一顆吉星相連結。

若上升主星朝向某一尖軸移動，亦為我們所稱道。且須看（consider）[343]第四宮：此為船隻所在之處，諸如此類。故應將其適當放置，並令其落於水象星座。

有些人[344]聲稱月亮落於金牛座或雙子座是有益的，因為此處有一條河流[345]；且應謹防火星的相位。

我們還判斷月亮位於地平線上方的狀態是有利的。

對於船隻下水而言亦如此[346]。

II.1.8：論外出征戰或其他[347]

適當放置火星是必要的，且要使他與上升位置形成三分相。之後，他應在其中擁有[348]最高的尊貴（且若它為他的廟宮則更佳），他亦應與上升主星形成良好的相位。並且須令第七宮主星無力，呈現凶象，位於果宮。而倘若令它呈現凶象的行星為第一宮主星，則更佳。

此外，使上升主星東出，朝向尖軸移動，擁有尊貴，凌駕於第七

---

340 ｜ 即落在（她的本輪或均輪的）遠地點。
341 ｜ 參見《四十章》Ch. 17，§494-95a。
342 ｜ 也就是說，在她離開最近的會合或妨礙之後。
343 ｜ 里賈爾解讀為：上升主星應與第四宮形成相位（即注視，看）。
344 ｜ 參見《占星詩集》V.23.3-4。
345 ｜ 這應指長長的天文星座波江座（河流），它確實覆蓋了前述星座（並且在過去幾個世紀中可能覆蓋更多）。
346 ｜ 參見《占星詩集》V.25。
347 ｜ 參見里賈爾VII.55。
348 ｜ Habuit作habeat。

宮主星之上——從[自它起算的]第十個[星座][349]。若上升主星為一顆凶星[350]，即將越過[351]第七宮主星，亦是有益的。若上升主星位於地平線上方，而第七宮主星位於地平線下方，則是有利的。且若第七宮主星因上升主星而呈現凶象，則我們確信，在主的幫助之下，叛軍的國王將被俘虜。

且應適當放置第二宮及其主星，以使財產和盟友處於適當的狀態。此外中天主星與上升位置形成相位，並在此擁有尊貴（即入廟、入旺或其他）亦是有利的；而它不應與第七宮的度數形成相位，亦不應[在那裡]擁有任何尊貴[352]。倘若無法為之，則須使它在上升位置擁有[比在第七宮]更高的尊貴。

且須依照處理上升主星的方式處理月亮。

金迪稱[353]，當月亮呈現吉象時，叛軍所反抗的王子不與他們開戰是有利的；但若在她呈現凶象時需要開戰，[則他不應逃跑]。

[此外][354]，所謂「燃燒的」小時亦應為參戰者所忌。且須在已適當放置擇時盤的根本因子和其餘此前在此章節所列的因子之後，考慮這一因素。

---

349 | 即支配它（見詞彙表）。
350 | 馬德里版本作fortuna，此處參閱巴黎16204作infortuna。
351 | Transiens。這指的是它行進經過第七宮主星的星體。
352 | 巴黎16204作：若它與第七宮的度數形成相位，則它不應在那裡擁有尊貴。
353 | 參見《四十章》Ch. 11.6，§§406b-07a。此處伊朗尼的版本被不必要地縮減了，里賈爾VII.57.1中的解釋更好一些。這裡的重點是，月亮代表開始的行動：在此，反叛者發起衝突，金迪設想國王或王子即將迎戰。所以，如果反叛者（發起者）在月亮呈現吉象時發起衝突，則這對他而言比對國王更有利，但金迪稱，當國王必須迎戰時，這不是逃跑的理由。同樣地，在月亮呈現凶象時，發起衝突的一方應三思並「拒絕戰爭」。
354 | 參見《四十章》Ch. 11.7以及我在里賈爾VII.57.2中對此的進一步說明（附有一張根據金迪所述製作的例表）。

——論一切與戰爭無關的旅行——

而[355]這必然優先於為出征擇時：若旅行藉由陸路，則上升星座為土象星座是有利的。但若藉由水路，則為水象星座。還須使月亮位於地平線上方，朝尖軸移動。且藉由陸路須提防火星，藉由水路須提防土星。此外應使第九宮和它的主星處於適當的狀態。

哈西卜稱[356]，第三宮和它的主星應如第九宮及其主星一樣被適當放置。

阿布·馬謝稱適當放置陸路旅行出發時刻的時主星。

塔巴里和另一個人[357][說]，上升星座及其主星象徵某人離開之處，而第七宮及其主星象徵他前往之處。然而，中天及其主星[象徵]旅行和它的狀況，[且]以大地之軸象徵結果。故須適當放置尖軸和它們的主星，尤其是第七宮（它是事項的宮位）和第四宮（結果的宮位）。

而月亮應增光且增速，她不應落於[相對]上升位置的果宮[358]。但月亮所落位置的主星和上升主星[應]不在太陽光束下，並且是「啟動的」——而所謂「啟動的行星」指它落於始宮或續宮之中。月亮速度的增加預示旅行者將快速抵達他去往之處。水星脫離焦傷、與吉星相連結同樣為我們所讚美：因這對於那些以購買或售賣為目的的出行是有利的——鑒於水星代表道路與商品。

---

355 | 參見《擇日書》§§116-17a及《占星詩集》V.25.39-42。
356 | 我目前認為這可能是胡拉扎德·達爾沙德、哈西卜（見續論），下文似乎再次引用他的話。有關適當放置第三宮的內容，請注意哈亞特在下文所作說明（與《擇日書》相關），即月亮應自第九宮或第三宮形成相位。在手稿中他的名字被拼寫為Achacib、Alchabib、Alkabith、Alkab、Alchabit等等。
357 | 或許是金迪Ch. 8.3，不過這一段和下一段另請參見薩爾《論卜卦》§9.1（《判斷九書》§9.1）；也可參見源文本《占星詩集》V.21.1-4及里賈爾在VII.70.4中對它的引用。
358 | 除了馬德里版本中的ascendens之外，參閱巴黎16204和《占星詩集》V.21.2補充cadens。《占星詩集》特別提到第六宮和第十二宮。

哈亞特稱[359]，月亮與代表事項的行星相連結或者她落在它的宮位之中，是有利的：因此若出行觀見國王，則她要與太陽相連結；若見軍人，則與火星相連結；其餘皆同此理。最後，每一個（即月亮和代表事項的行星）都不應受到傷害。此觀點乃是有益的。

馬謝阿拉稱[360]，若有一顆凶星落於第二宮之中，而它又得不到任何證據（testimony。譯註：見詞彙表。），則象徵他留下的那些事項將會帶有那顆凶星性質的障礙。而若它得到容納，則障礙將有所消減；但若它未得到容納，抑或它位於自身入弱之處，則障礙將有所增加，尤其若它是逆行的。而對於吉星亦須依此方法論斷。此外[361]若第七宮主星落於上升位置，則顯示障礙會在路途之中發生於他身上；而若月亮與一顆妨礙[362]她的逆行行星相連結，亦是如此。

伊本·哈西卜[363]稱，但凡月亮落於天秤座的第二個外觀之中，就必須推遲行程。

哈亞特稱[364]，凶星與上升位置形成相位，要比與月亮形成相位有所緩和。因月亮被賦予旅行的意義，亦因她尤其象徵著一切開始。故她在旅行中有雙重意義，因此更具影響力。但若旅行者的本命盤是已知的，則以本命盤的第十宮[365]作為旅行的上升星座，使月亮落在本命盤的第九宮之中，增光且增速，抑或使她與來自第九宮或第三宮的吉星相連結。而若他的旅行目的是觀見國王，則使本命盤的第十宮置

---

359 | 參見《擇日書》§§108a-13b和《論卜卦》§9.1（《判斷九書》§9.1）。
360 | 參見《論卜卦》§9.3（《判斷九書》§9.12）。
361 | 這句話的前半部分來源於《論卜卦》§9.2（《判斷九書》§9.12）。
362 | 馬德里版本作recipienti（「receiving」容納），此處參閱巴黎16204作impediet或impedienti。
363 | 參見《擇日書》§122c，另見《占星詩集》V.25.7和這一節的開頭。這可能是胡拉扎德·達爾沙德·哈西卜，也就是里賈爾VII.20.3中引用的胡拉扎德（薩爾的一位追隨者）。但是一些伊朗尼的手稿把名字寫作Abnalchasib、Abnalcadib、Albualchacib等等。
364 | 參見《擇日書》§§101、103b、104a、105a、110。
365 | 參閱慕尼黑版本和薩爾《擇日書》§103b作解讀，雖然薩爾自己（像下文哈亞特一樣）說這應僅限於此人旅行是為了謀求第十宮事項的情況。

於上升位置，且月亮與太陽相連結；然而，若他前去參戰，則使月亮
與火星相連結；其餘皆同此理。但若月亮受剋，而無法推遲行程，則
使月亮落於相對上升位置的果宮之中，妨礙她的行星亦是如此，且應
適當處理進入[他前往的地區]，並且關注於此。

塔巴里稱[366]，無論何人想要迅速且成功地返回，應將金星和木星
置於與太陽和月亮呈四分相之處，且讓月亮落於兩顆吉星之間，離相
位其中一顆並與另一顆相連結。此外須使月亮增光且增速。

且大體而言，若太陽與吉星形成對分相，則預示迅速返回。而凶
星會延緩回程，它們會造成最大的阻礙。若吉星與它們在一起，則成
功將會相隨。若月亮落於第四宮之中，則預示長久的停留。

II.1.9：論與敵人和解

鑒於[367]提及戰爭之後就應提及和解，讓我們依此照做。於是，
須使第七宮主星無力且呈現吉象[368]，並使它[369]與上升主星以三分相
或六分相相連結，抑或與上升星座形成良好的相位。

亦須使第十二宮主星無力並位於果宮；而若第十二宮自身受剋，
亦是有利的。還應適當放置第十一宮及其主星，並且第十二宮及其主
星須照第七宮及其主星一樣處理[370]。

且上升主星應落於中天，抑或朝向它移動；盡我們所能使上升星
座及其主星更為有力並呈現更多吉象。

---

366 ｜參見《占星詩集》V.22（這段內容大致建立在它的基礎上）和里賈爾VII.72。
367 ｜從這裡開始到下文對塔巴里的引述來源未知。
368 ｜依照巴黎7413-I作fortunatus。其他手稿作fortuna（雖然巴黎16204作unfortunatus）。它呈現吉象（暗示善意和開放）卻無力（暗示敵人不那麼強大，更適宜和解）是合理的。
369 ｜依照大多數手稿iunctus（雖然巴黎16204作Luna iuncta「使月亮與……相連結」。）
370 ｜即，讓它們都無力但在某種程度上呈現吉象。

然而若第十二宮主星對上升主星友善（譯註：行星的友善關係詳見《古典占星介紹》§III.27。）抑或與它形成友好的相位，則更佳。且若上升度數與第十二宮的度數強度相等（換言之，其中一個的天數與另一個天數相等，抑或它們的赤經上升時間相等）[371]，則是最為適當的狀態。

而若達成和解者乃是國王，應適當放置那些在此章節開始[372]所列因子，並且使上升主星正在越過第十二宮主星[373]。若代表因子的星座為固定星座或直行上升星座，則更佳。

然而若和解乃是藉由各方使節會晤或書信所達成，則應適當放置水星。但若藉由[戰鬥]的各方會晤而達成，應適當放置木星。且上升主星應落於命令[374]星座（譯註：通常指長上升星座，同直行星座。），而第七宮主星和第十二宮主星落於服從星座[375]（譯註：通常指短上升星座，同扭曲星座。）。

塔巴里稱，若你想要藉由誘騙或計謀將敵人從他們自己的地方引出，則使月亮和上升位置落於牡羊座、金牛座、雙子座、處女座、射手座、摩羯座或雙魚座；須使月亮與一顆吉星相連結，或應有一顆吉星落於上升座之中。且上升主星不應落於相對尖軸的果宮，[並應]與上升星座形成友好的相位——還須使它與吉星形成相位。此外第十二宮主星無力是有益的。

---

371 | 參見《古典占星介紹》I.9。不過在象限分宮制下，這兩個度數呈現這種關聯是不太可能的。伊朗尼可能僅僅指的是這些宮位的**星座**呈現這種關聯（例如當第十二宮是雙子座、第一宮是巨蟹座的時候）。

372 | 或許是在II.1.0中。

373 | 這裡可能指的是支配。

374 | Praeceptorio。

375 | 同樣參見《古典占星介紹》I.9。

II.1.10：論返回

在談論 [從衝突中] 退出之後，須提及返程。這時須適當放置第二宮和它的主星。

當然，所謂王子或任何統治那一城市的人抵達時刻即為他進入城門之時；而那些擁有較低尊貴地位之人抵達的時刻，即為 [各自] 進入自己的宮殿大門之時，或進入受他約束的人 [向他] 表示尊敬 [376] 的地方之時。然而就任何經過城市的異國旅行者而言，他們的抵達性質不同於此，因他們在這裡既無權力也無尊貴地位。

阿布・馬謝 [稱]，國王抵達一座城市的時刻乃是他首次進入其中之時。然而若他隨後退出並再次返回，則我們不會將他的返回作為普適性因素處理，而是作為次要因素處理。因這正如本命盤的一張太陽回歸盤：無論本命盤是好是壞，太陽回歸盤都僅能夠略微增加或減損 [那種狀況] [377]。

故 [378]，對於任何抵達而言，在適當放置擇時盤的根本因子之後，須使第二宮和它的主星處於適當的狀態，如此足矣。且若第二宮主星落於上升位置，未受損害且呈現吉象，則更佳；而若它未落於上升位置，則使它落於第十宮或信任之宮 [379] 當中，切不可將它置於地平線下方。但若月亮恰巧即將與第二宮主星會合，同時她又呈現吉象，則更佳。還須將上升位置置於固定星座，並使中天主星遠離凶星，亦不應使它與第

---

376 | 將 veneratur eos 理解為 venerantur eum。這個動詞也有乞求、崇拜等含義；顯然，這個地方向他致以最高的敬意。

377 | 阿布・馬謝似乎認為應更加關注一次完整的征戰之後的返回或重大的出行的返回（就像這裡說的本命盤一樣），而不是暫時性的返回，它僅僅是一次完整出行中的一部分（就像這裡說的一張太陽回歸盤，它僅僅在一年之內有效）。

378 | 參見《論卜卦》§9.2（《判斷九書》§9.12），及《擇日書》§§118-20a。這一段也可能是上文阿布・馬謝觀點的延續，因為它與許多段落相似，並且可能是阿布・馬謝對它們的綜合。

379 | 即第十一宮。

十一宮形成不友好的相位。但須使第四宮位於固定星座。而若無法使月亮處於適當的狀態，則要將她驅離上升星座，並讓吉星與象徵事項結果之宮位及中天形成相位。且須留意第二宮主星，謹防它將自身的管理權[380]交予第六、第十二、第四或第八宮主星；而最為不利的是，它即將由這些位置把自身的管理權交予它們的主星，且若這些位置在此年世運[381]太陽回歸盤中是不吉的。而月亮增光且增速是有利的。

而若你想要抵達之人帶著成功與獲利迅速離開，則應使第八宮主星東出且快速行進、增速，月亮亦如此。亦須使與月亮相連結的行星以較快速度行進。

II.1.11：論搜尋和狩獵

對於任何搜尋及狩獵而言[382]，使第七宮位於與獵物相關的星座乃是有利的。換言之，倘若想要捕獵陸地上的四足之物，則令其位於土象星座；若為飛翔之物，則位於風象星座；而若為海中之物，則位於水象星座。我們甚至認為，第七宮主星落於相對應的星座是有利的，且上升主星應強而有力並呈現吉象，而第七宮主星則應無力並呈現凶象。且若令它呈現凶象的乃是上升主星或火星，則是有利的。然而正與月亮分離的行星應和她正在連結的行星形成相位。此外應使太陽處於適當的狀態，因他象徵狩獵[383]。亦須適當放置此前論戰爭的章節中提及的所有因子。而若在河流中捕獵，則上升星座應為雙體星座。且須以各種方式使第七宮主星被減損、下降、落在果宮、遠離。

---

380 | Dispositionem。
381 | 這裡或許應該作「在他**本命盤**的太陽回歸盤中」。
382 | 馬德里版本作「對於任何對逃犯的搜尋及狩獵而言」，來源不明。
383 | 可能因為狩獵派對（至少，就大型娛樂活動而不是維持生計來說）通常是上層社會的消遣，在許多情況下是貴族或皇室的特權。要記得伊朗尼在論述二的這一部分中，主要討論的是為國王和貴族擇時。

哈亞特認為[384]，[第七宮主星]應落於續宮之中：因若它遠離，則[獵物]會從獵人手中逃脫。但若第七宮主星與上升星座未形成相位，則恐無法尋到獵物。且月亮應增光，且與她相連結的行星應落於果宮。但上升主星[應]凌駕於[385]與月亮相連結的行星之上。

II.1.12：論賽馬

某人曾說，開始此事之人應於時主星出現在上升位置之時離家，如此是有利的。且這也是金迪的忠告[386]。

由此[387]，第一[時主星]將居所有領先者之冠[388]。而若它位於中天，[馬匹]將位居第二。然而若它落在第七宮，則以此類推他將獲得第三。最後，若它出現在第四宮之中，則將使他獲得最後一名。且須避免它落在入弱之處，否則尤其須為他擔憂。

他還稱[389]月亮應落於射手座或天秤座的中間。

II.1.13：論遊戲

某人曾說[390]，欲行此事之人應在啟動星座之時離家，因固定星座毫無益處。依他所言，似乎雙元星座介於兩者之間。而若月亮以三分相與

384 ｜ 本段前兩句話參見《擇日書》§138a。
385 ｜ 即支配（見詞彙表）。
386 ｜ 依據《四十章》§649來看並非如此，儘管這種說法是合理的。在雨果所翻譯的金迪的著作中，所有尖軸都是重要的（不過尤其是上升位置），並且那一時刻（可能是比賽的時刻）的時主星代表獲勝者，下一個小時的時主星代表下一名，以此類推。也許伊朗尼或這位「某人」將這兩種觀點結合作為擇時之用，因此上升主星要在出發去比賽的時刻落在上升位置。
387 ｜ 這源於薩爾（並且可能最終源於馬謝阿拉）《論卜卦》§12.1（《判斷九書》§12.1）。
388 ｜ 刪去了巴黎16204中的一句話，即還須盡力適當放置星盤的其他任何因子。因這一內容薩爾並沒有提及。
389 ｜ 目前來源未知。
390 ｜ 可能是馬謝阿拉，鑒於在里賈爾VII.64中把面向月亮的內容歸於馬謝阿拉。

火星相連結[391]，則是有利的，此外應提防土星。且他認為[客戶的]面部和胸部應對著[392]月亮。月亮應落於地平線上方──這是他所讚賞的。

II.2.1：論以上升位置為代表因子的事項，[首先論哺乳][393]

乳母開始哺乳男孩之時，必要使月亮與金星以星體相連結，且每一個都未受傷害；且若金星正在下降[394]，則更佳。

此外我們所提及的一切都是對的，因此首先要適當放置根本因子。

II.2.2：論使男孩離乳[395]

若月亮遠離太陽並與她自己所在星座的主星相連結，是有利的。且上升位置應落於吉星主管的星座，即便金星主管的星座為某些人所不喜（譯註：也就是說某些人在此僅使用木星主管的星座作為上升星座，因為他們認為金星象徵女性的吸引力。），因他們往往擔憂孩子的母親將會不讓另一個男孩離乳[396]。

且某人曾說，若在月亮位於al-Ṣarfah[397]──第十二個月宿（它位於獅子座）[398]之時將男孩與乳母分離，則男孩將不會介意由另一個人照顧。

---

391 ｜另見里賈爾VII.64另一種的解讀。
392 ｜即面向月亮。
393 ｜參見里賈爾VII.31。
394 ｜依據里賈爾所述，可能指在黃緯下降。
395 ｜參見里賈爾VII.32。
396 ｜關於ne genetrix alterius [ulterius?] alium puerum ab uberibus non subtrahet 暫且作此解讀。如果將其理解為nutrix（乳母）而不是genetrix（母親），則含義可能會有所不同。這似乎是說乳母或母親隨後不願讓另一個孩子斷奶。
397 ｜拉丁文Acarfa。見本書第一部當中里賈爾VII.101所述。
398 ｜原為**天秤座**，在此訂正為正確的天文星座。

　　但另一些人認為，須使月亮和上升主星落在種子星座（如處女座、金牛座、摩羯座），如此男孩便會想要吃穀物和植物。

II.2.3：論剪指甲[399]

　　須使月亮增光且增速，落於始宮或果宮之中，且她不應位於雙子座或射手座[400]，亦不應與它們的主星相連結——因恐它們無法恢復生長。

　　然而須使她落在金星或火星主管的星座，或落在巨蟹座、獅子座。

II.2.4：論修剪頭部或身體的毛髮[401]

　　須使月亮和上升位置落在雙體星座。然而，某些人推薦處女座，他們亦未指責牡羊座或天秤座，亦未推崇摩羯座或金牛座。而若月亮和上升位置未受傷害[且]落在種子星座，則生長會加速。

　　且應提防土星的相位，尤其是他懷有敵意的相位[402]，因恐蠕蟲將隨之而來。而若與火星形成不利相位，則恐他將會被剃刀割傷或出現膿腫，諸如此類[403]。

II.2.5：論入浴[404]

　　月亮落在火星主管的星座，並以三分相或六分相與太陽、金星或

---

399 ｜參見里賈爾 VII.8。
400 ｜里賈爾作「雙魚座」。
401 ｜參見里賈爾 VII.6。
402 ｜巴黎16204作 amicitiae，此處參照馬德里版本作 inimicitiae。
403 ｜溫斯托克 p. 59 指出，為剪指甲或剪頭髮時是針對儀式性的特殊場合，而不是日常修剪。但是，有些人仍
　　　想知道他們必須為這些可怕的事情做些什麼。
404 ｜參見里賈爾 VII.5。

木星相連結是有利的；而他們不讚賞與金星會合或與土星形成相位。

而若她未落於火星主管的星座，則要使她落於太陽主管的星座或她自己的[星座]之中。他們不喜水星、金星或土星主管的星座。且謹防月亮與上述行星在同一星座中形成正相位。但[405]若他不在那裡塗nūrah（這是[人們]在沐浴時為了去除[毛髮]而塗的一種油膏），則不認為其他星座是不利的──若它們未受傷害。

II.2.6：論治療疾病

開始此事時，若月亮未與第六宮主星或第八宮主星──即便它們是吉星──形成對分相，則是有利的。但若它們為凶星，則她不可與它們形成任何相位。而若無法為[之]，則勿與它們形成不利的相位，月亮亦不應下降[406]。還須適當放置代表患病之處的行星（如水星代表耳朵）；而上升位置象徵整個身體。

II.2.7：論與手術相關的治療[407]

哈亞特認為[408]，月亮應增光且增速，並使她藉由金星和木星呈現吉象。

然而，須謹防一切與火星的相位。因當月亮增光之時，她受到來自火星的阻礙會加劇。而若她減光，則受到來自土星的阻礙會加劇。

---

405 | 參照馬德里版本作解讀，並對比《擇日書》§70a。這裡各手稿的差別很大，可能因為iunctio、iuncta（joining、joined，會合）與unctio（anointing，塗油）相似。但注意《擇日書》對此的闡述十分不同。

406 | 可能指在黃緯，但也可能指在赤緯。

407 | 部分內容參見里賈爾VII.46。這一章節是來自哈亞特的雜亂無章的內容，大致上與《擇日書》§§67a-b和d、69a和d。

408 | 參見《擇日書》§§67a-d，源於《占星詩集》V.39-40。

且月亮應落於固定[星座]。並避免月亮與象徵手術部位的星座形成任何相位；甚至連上升主星亦不應落於其中。

且月亮不應落於果宮。而上升主星落於上升位置或中天是有利的。治療由膿腫或斑造成的眼疾時亦應如此。

且要適當放置象徵那一部位的行星和星座。

II.2.8：論藉由靜脈或拔罐放血[409]

月亮減光，落在陽性星座，並與火星相連結，乃是有利的；不應懼怕火星，除非他的緯度上升並位於其遠地點的軌道中。而月亮所在星座的主星應與他形成值得讚許的相位。

而某人曾言道[410]，在此事項中須避免金牛座和獅子座，且他證實無需懼怕雙體星座（尤其有吉星落於其中之時）。他還認為，若有必要[僅]放出少量血液，則要讓月亮落在天秤座或天蠍座，且月亮不應與水星或土星相連結；且摩羯座、處女座和雙魚座為他們所忌。而他們往往使月亮減光，自月亮所落星座起算的第二個星座之中亦不應有凶星落入。啟動星座亦為他們所忌，除非它們與吉星形成相位。

阿布・馬謝稱，火星在任何事項中都是不吉的，但與血液、切開靜脈和藉由拔罐放血有關的事項或治療疾病除外。

金迪稱[411]，必要使月亮和上升位置落於風象星座或火象星座之中，它們的主星亦如此。且你不可觸碰任何上升主星所落星座象徵的身體部位。中天主星為吉星，與月亮或上升主星形成相位，且上升主

---

409 ｜見里賈爾VII.7.1，其中包含其他一些觀點。
410 ｜目前來源未知。
411 ｜參見《四十章》Ch. 32。

星和月亮未落於第四宮之中，亦為我們所讚許。而在妨礙發生之後拔罐[412]更佳。此外，在月初放[血]更為人們所稱道。還須避免月亮與第八宮主星相連結。

II.2.9：論男孩的割禮[413]

月亮應凌駕於金星之上[414]，且與木星相連結。此外，須留意上升位置及其主星、金星、月亮和土星，謹防[土星]與[它們當中的]任何一顆形成不利的相位，尤其是上升位置[415]及月亮。因土星預示著重複切開、污染和腐爛。上升主星應上升，然而月亮及其主星位於北方（譯註：北黃緯。），朝向尖軸移動。且火星不應落於尖軸；而上升位置和月亮不應落於天蠍座之中[416]。

II.2.10：論給瀉藥[417]

若[418]我們欲行此事，則月亮位於天秤座後半部或天蠍座開端是有利的[419]，且須使她的主星呈現吉象並有力，上升主星亦如此。上升位置落在這些星座之中也是有利的，抑或落於較低的星座之中：換言之，天秤座及隨後那些星座，即[天蠍座]、射手座、摩羯座、水瓶

---

412 | Aerea一詞參照金迪進行解讀。金迪認為以空氣吸力為基礎的拔罐操作最好在滿月之後進行，而通過靜脈放血最好在新月之後進行。

413 | 參見里賈爾VII.33。

414 | 可能指支配（見詞彙表）。

415 | Ascendentis 作 ascendens。

416 | 里賈爾此處似乎作：火星不應落於尖軸，**亦不應**落於上升位置（這裡是冗贅的）。

417 | 即通過口服給瀉藥。但它或許也涉及通過結腸或栓劑給藥的藥物。這一章幾乎完全取自《四十章》Ch. 34。另參見里賈爾VII.47。

418 | 前四段，參見《四十章》Ch. 34；第一段也見《擇日書》§§61a和65c-d。

419 | 刪去了馬德里版本中的quia ista significant anima[m]。

座、雙魚座——它們象徵著較低的[身體部位]。月亮落於它們之中亦是有利的。

且須使[月亮]落在象徵那個肢體部位的星座之中，呈現吉象[420]且有力。

而若想要用那種藥物加熱、冷卻、乾燥或潤濕，則須使月亮落在相應的星座之中（即熱、冷、乾或濕的星座）。

且應謹防徵象星或上升位置落在反芻星座之中，因這些預示嘔吐。

且[421]須永遠使月亮上升於南方。

而某人曾言道[422]，反芻星座之中，惟忌摩羯座[423]。

此外[424][金迪]禁止月亮與凶星——即火星與土星——形成任何相位。（因土星使藥物凝固，而火星則將它引至流動的血液中。且對於舐劑而言，亦須如此照做，只是無論上升星座為何，若它呈現吉象，則它不會受到如此程度的傷害——上升主星及月亮所落星座亦如此。）還須小心第八宮主星。

II.2.11：論起凝固作用的藥物[425]

若[426]它們屬於易引發某些人嘔吐的藥物[——即便它們起凝固作用]，則應小心所謂「反芻星座」。但若它不會引發嘔吐，則不需在意反芻[星座]。然而，無論如何，都須小心金牛座。

---

420 | Fortuna 作 fortunata。
421 | 這並非來源於金迪的資料。我認為它指的是上升在南黃緯。
422 | 目前來源未知，但里賈爾 VII.47 認為，給瀉藥可以使用金牛座和處女座。
423 | 關於馬德里版本中的 Scorpius，參照巴黎 16204 解讀。
424 | 這裡又回到金迪 §638 的內容，括號中的說明是伊朗尼所寫。
425 | Constipantes。即止瀉或幫助保留水分的藥物，與瀉藥作用相反。
426 | 本段參見里賈爾 VII.47。

且我們應盡力適當放置象徵用藥肢體部位的星座。

此外，使月亮以她自身的平均速度行進，位於北方，並應謹防與火星形成相位。而若她落於金牛座第一個三度之內[427]，則是有利的，且若上升主星[428]即將進入它自己的旺宮亦如此。

II.2.12：論致噴嚏的[藥物]及藉由藥水或其他[方法]含漱、嘔吐[429]

若有人想要使用其中之一，則使上升位置、月亮和徵象星位於反芻星座乃是有利的，其他一切如此前在論用瀉藥時所言[430]。

而塔巴里稱，須使月亮減光且減速，上升於[她的]遠地點軌道中。

哈亞特稱[431]，須使月亮和上升主星落在巨蟹座、獅子座或處女座。

II.2.13：論穿著新祭服[432]

本章節與前述章節有關，因它涉及身體。

月亮與上升位置位於啟動星座乃是有利的，位於雙體星座亦不壞。而固定星座之中，須謹防獅子座，除非它乃是與戰爭有關的祭服。

須使太陽位於中天，且月亮增光乃是有利的[433]。

且適當放置第二宮和它的主星亦是有利的，尤其在購買及裁剪祭服之時。

427｜精確的月亮旺宮度數通常被認為在金牛座3°。
428｜依據巴黎16204補充了ascendentis。
429｜參見里賈爾VII.49。
430｜見上文II.2.10。
431｜更多內容參見《擇日書》§62b。
432｜參見里賈爾VII.34。
433｜可能因為這個位置代表卓越和引人注目。

II.3.1：論與第二宮有關的擇時，首先論歸還或收回借款

——［財務事項的普適性代表因子］——

在 [434] 涉及財產、收益或任何想要從中獲利的事項中，優先考慮某些普適性因子乃是正確的。故，必要適當放置第二宮及其主星；還有木星，因他是財產的自然徵象星 [435]。

而若你希望收益源源不斷，則使上升位置和徵象星落在固定星座之中，且尖軸亦不應是遠離的。但若你想要出售某物，則在適當放置擇時盤的根本因子後，反之而行 [436]。

——［償還貸款或收回自己的錢財］——

故 [437]，若想要收回或歸還錢財，須使上升星座及其主星處於適當的狀態，木星亦如此，且使火星落於相對月亮、上升星座、幸運點和資產點（Lot of assets）[438]（據相信特殊點的人所言 [439]）而言的果宮之中。甚至還須使火星落在相對第二宮、上述全部因子的主星而言的果宮之中。同樣，在接受錢財時，交換星座（即全部風象星座）[440] 被視為有利的（譯註：薩爾在其本命占星著作中曾提及風象星座會花費或給出金錢，所以此處伊朗尼或許認為使用風象星座可以

---

434 ｜本段和下一段，參見里賈爾VII.9。
435 ｜里賈爾還補充了幸運點。
436 ｜這可能包括使用雙元（甚至還有啟動）星座。
437 ｜本段和下一段參見里賈爾VII.10。
438 ｜日間盤和夜間盤的資產點或金錢點、物質點（Lot of assets or money or substance）是將第二宮主星到第二宮的距離，再從上升星座投射出去而得：見《古典占星介紹》VI.2.4。
439 ｜這一評註顯示，伊朗尼除幸運點之外並不特別偏好使用其他特殊點。
440 ｜這也涉及命令/服從、看/聽星座：見《古典占星介紹》I.9中有關於此的不同說法。

讓他人給出金錢。）。

　　而若想要歸還食物，須謹防上升星座或月亮落在大食量星座（牡羊座、金牛座、獅子座、射手座後半部、摩羯座和雙魚座）。亦不應使上升星座或月亮與土星會合（in the conjunction of Saturn）。

II.3.2：論購買 [441]

　　在此，須使月亮落於某陰性象限 [442]，上升主星亦如此，減 [443] 速（譯註：指月亮減速，也可能指月亮、上升主星都減速。）。但中天主星和水星應未受傷害。而若月亮與水星相會合，則是有益的。若水星行進較少 [444]，則是有利的。

　　烏瑪・塔巴里稱 [445]，扭曲星座對買方有利，甚至似乎亦有助於賣方。而若月亮落於 [在赤緯] 上升的星座之中 [446]、增速，則購買的任何物品都是昂貴的——反之則反。

　　而某人曾言道 [447]，太陰月的第一個四分之一對於購買和售賣都有利；但第二個四分之一更有利於賣方；然而，第三個四分之一對 [買方] 最為有利 [448]；但第四個，相反，據稱對於買方非常有利 [449]。

　　此外某些人不認為月亮應與土星形成相位。

---

441 | 本章節參見里賈爾VII.11.2的內容及圖表。
442 | 關於（巴黎16204中）「星座」一詞，參考馬德里版本和里賈爾VII.11.2的內容解讀。
443 | 或「縮小」（minuens）。
444 | 這可能指的是他運行非常緩慢。
445 | 《占星詩集》V.43.2並沒有說它有利於買方，雖然她位於赤緯南緯、從摩羯座到雙魚座的位置或許更有利的。見里賈爾VII.11.2。
446 | 刪去「直行」，因就占星學的角度而言，這是不合理的，並且與它所源自的《占星詩集》V.43.2中的語句相悖。
447 | 參見《占星詩集》V.43.4-8及里賈爾VII.11.2。
448 | 參閱《占星詩集》V.43.7作解讀。儘管拉丁文版本認為它也對賣方更有利。
449 | 或許伊朗尼認為，在太陰月最後一個四分之一，價格將大幅下跌，但《占星詩集》（以及里賈爾VII.11.2、《古典占星介紹》V.7、卡畢希）中的普遍性觀點認為，最後一個四分之一對於買方略好一點，但對雙方都是公平的。

II.3.3：論出售種子、其他與田地有關之物及任何待售之物[450]

須[451]選擇太陰月中第一個四分之一階段，且使月亮增速，落在增加星座之中（即扭曲星座）[452]。

且[453]使她落在[454]上升星座，位於兩個上漲象限（即陽性象限）之一，且使上升主星也落在這些位置之一。此外，中天和它的主星[應]擺脫凶星。

月亮甚至[應]與水星會合，且他東出、快速、擺脫凶星。

II.3.4：論借出金錢[455]

上升星座[456]和它的主星代表借方，而第七宮與它的主星代表他所欠之人（亦即借出[錢財]的人）。水星和月亮代表債務本身。

故若上升主星與第七宮主星彼此和諧，且月亮和水星位於上升星座或與它的主星會合、呈現吉象，則事項可順利達成。

但若月亮在太陽光束下，則太陽將取代月亮象徵錢財本身[457]。

---

450 | 本段參見里賈爾VII.11.2的圖示及內容。

451 | 參見里賈爾VII.11.2，特別是《占星詩集》V.43.2、5。月亮週期的第一個四分之一帶來公平的價格和獲利，在赤緯增加的星座中快速移動對賣方和獲利是有益的。

452 | 扭曲星座（在北半球，自摩羯座的開端到雙子座的末端。）的赤經上升時間較短，但它們同時也是在赤緯上向北移動的星座——從最低的（摩羯座）到最高的（雙子座）。見里賈爾VII.11.2。

453 | 參見里賈爾VII.11.2。

454 | 關於馬德里版本中的ab，參閱巴黎16204作解讀。

455 | 本章節很多內容建立在《占星詩集》V.20和《擇日書》§§29b-31的基礎上。

456 | 參見《判斷九書》§2.14中哈亞特的內容，間接源於《占星詩集》V.20。不像伊朗尼這樣，《占星詩集》（和里賈爾VII.13）以上升星座作為貨方或資產的所有者，以第七宮作為借方。但哈亞特認為，客戶以上升星座代表，無論他在交易中扮演什麼角色。

457 | 但《占星詩集》還認為，此現象不是資產受到損害（對於公開的借貸而言），而是事項是隱秘的。

且[458]若月亮位於燃燒途徑或下降於南方[459]，或落在獅子座、雙子座、射手座三個星座的第一度，或倘若這些度數本身正在上升，則不利於貸方，但有益於借方。

而某人曾言道[460]，我們認為，在土星時或太陽時借出，絕非有益的。

II.3.5：論舉起手[接受金錢][461]

須[462]注意這與之前所述章節相反，因對於借出之物的接收方而言，值月亮落在獅子座、天秤座、水瓶座、天蠍座或射手座之時接收是有利的。且須使月亮減光，與木星、金星和水星形成相位。上升位置亦應落在上述星座之中。同樣，上升主星與第七宮主星應未受傷害且[彼此]和諧。

而某些人[463]忌諱火星時和太陽時。

II.3.6：論更換寄宿地[464]

此事與第二宮象徵之事及其狀況有關，諸如旅行者進城市。已於本書第一章論述了此類擇時[465]。

---

458 | 參見《擇日書》§§30c-31及《占星詩集》V.20.6。
459 | 或許是在南黃緯（依據里賈爾，他明確地這樣說）；但依據月亮與價格關係的赤緯模型來看（尤其見里賈爾VII.11.2），這也許指落在赤緯南緯的星座中。
460 | 顯然是阿布‧馬謝：見本書第一部里賈爾VII.100。
461 | 參見里賈爾VII.14。
462 | 本段參見《擇日書》§§29a-b及《占星詩集》V.20.7。
463 | 見里賈爾VII.100中阿布‧馬謝的內容，不過里賈爾認為火星時對於任何事情都是不利的。
464 | 參見里賈爾VII.15。
465 | 可能是II.1.10。

　　然而，在此須稍作補充，即第四宮應位於金牛座或獅子座[466]：因這些意味著房屋將是潔淨的、令人愉悅的且少有動物（即老鼠、臭蟲、蝨子和跳蚤）妨礙。天蠍座象徵匍匐的有毒之物，且尤其若它與土星形成相位──故忌之。亦不應有任何凶星落於第四宮之中，或與它形成懷有敵意的相位。金星應落於第四宮，這甚至是值得稱道的。

II.4.1：論與第三宮有關的擇時，首先論與手足和解[467]

　　此事須於適當放置根本因子之後，使第三宮及其主星處於適當的狀態。不過，第三宮主星應與上升主星以三分相或六分相會合[468]，並具有容納關係，且［第三宮主星］應與上升星座形成友好的相位。此外，上升主星落在第十宮或第十一宮，以及月亮與兩者均形成相位，都是有益的。

　　且若意在安撫兄長們，則應使土星處於適當的狀態，令他與第十宮或第十一宮[469]形成具有容納關係的良好相位。而若意在中間的兄弟們，則以[470]火星替代土星；但若與弟弟們有關，則為水星。對於姐妹而言，應適當放置金星──無論針對何種類型：年長的、年幼的抑或中間的。

　　此外，為父親與子女和解而擇時時，你亦須採取此法，只是須適當放置第四宮而非第三宮。同樣還有子女宮──若想要讓他們與父親和好。

466｜巴黎16204中沒有獅子座。
467｜參見里賈爾VII.17。
468｜即以容許度計算的相位連結，而不是聚集在同一星座中。
469｜依馬德里版本，但其他手稿（及里賈爾VII.17）都沒有提及應與土星形成相位。如果這是後來補充的，那麼抄錄者應假設上升主星位於第十宮或第十一宮，正如上一段建議的那樣。
470｜此句其餘部分參閱巴黎16204。馬德里版本省略了火星及年幼的兄弟，並錯誤地將水星歸於中間的兄弟。

II.4.2：說明那些與忠誠於神[471]有關之事

適當放置第三宮及其主星、木星及每一顆發光體乃是有益的；且使上升星座位於木星的廟宮之一。（若想要以精細的方式進行擇時，還須適當放置水星。）此外，須使這些行星彼此形成良好的相位。同樣，盡你所能使它們每一個都與對方主管之星座形成相位。

II.4.3：論遣使[472]

使月亮與我們遣[使]去面見之人的代表行星相連結。故若為國王，則使她與太陽相連結，且它們不可落在果宮。若為法官或商人，則為木星；餘者皆同此理。且須讓與月亮相連結的行星擺脫[凶星]。

II.5.1：論與第四宮有關之事，首先論購買土地[473]

在所有這些當中，都應使第四宮處於適當的狀態——在適當放置前述與買方有關的因子之後。

——[購買土地用於建造]——

若[474]想要於此居住，則須使月亮落在她自己的廟宮或旺宮，或

---

471 | Cultum dei。
472 | 參見里賈爾 VII.36。
473 | 參見里賈爾 VII.22。
474 | 參見《擇日書》§49c。

位於中天，與上升主星形成相位。避免火星的一切相位。且[475]讓第四宮落於固定星座。還[應]使尖軸的主星東出，行進速度增加，上升於北方[476]。

—— [購買土地用於耕種][477] ——

然而[478]購買任何土地，都須使擁有尊貴的吉星落在尖軸，尤其是上升星座和第四宮。並使每一顆發光體都與上升星座和第四宮形成友好的相位。不應有任何逆行的行星落於尖軸，[尖軸]的主星亦不可逆行。

金迪稱[479]，凶星不可落於第九宮、第十一宮或第五宮。第四宮不可為火象星座，亦不應有火象行星落於其中，尤其若它們相對於吉星而言落在果宮[480]。並且，若第四宮為水象星座，則不可使土星與之形成相位。而若中天主星為凶星，則是不利的。

上升星座[481]及其主星亦象徵土地本身及它的[新]所有者、它的效用[482]和住所[483]。而中天及其主星象徵一切土地長出之物，諸如樹木等。第七宮及其主星代表它的耕種者。（此外某些人甚至認為，它們象徵藥草及其餘萌芽於[土地]之物[484]。）第四宮及其主星象徵它的

---

475 | 參見《四十章》§475。
476 | 可能指在北黃緯上升，但也可能是赤緯。
477 | 這類擇時的大部分內容都以《四十章》Ch. 14.1為基礎。
478 | 參見金迪§469。
479 | 參見《四十章》§§472-73，另見我在里賈爾VII.22中對他的觀點所作的評註。
480 | 即「不合意」。
481 | 參見《四十章》§470及里賈爾VII.22。在下面兩張圖中，粗體字是金迪與「馬謝阿拉的傳承」（以及《占星詩集》V.10.1）不一致的觀點。
482 | Utilitatem。或許指它的價值或收益。
483 | 將habitationem解讀為habitationes。
484 | 這是伊朗尼插入的內容：他指出「馬謝阿拉的傳承」《判斷九書》4.5、4.8和4.9中薩爾、哈亞特和「都勒斯」）在購買土地的卜卦中作此闡述。「馬謝阿拉的傳承」與《占星詩集》V.10.1的看法是一致的。

品質和一切擁有之物——就種子而言。故，這些之中無論哪一個呈現吉象，都可依據它的象徵預言有利之事。

塔巴里稱[485]，木星和與月亮離相位的行星代表買方。與月亮相連結的行星代表事項的結果以及[售賣或耕種]將產生的結果。

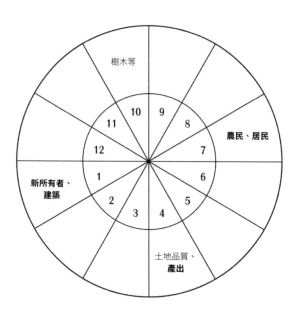

圖14：尖軸的象徵意義——關於購買耕種用地（金迪《四十章》§470）

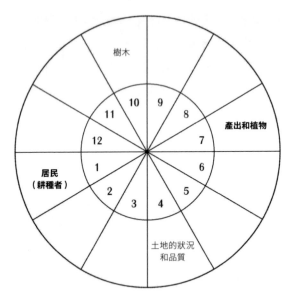

圖15：尖軸的象徵意義——關於購買耕種用地
（「馬謝阿拉的傳承」[《判斷九書》§4.5，4.8-9]、《占星詩集》V.10.1）

II.5.2：論開始開墾土地[486]

　　月亮被吉星容納乃是有利的，但她及容納她的行星應落在始宮或續宮之中。還須使上升主星處於同月亮一樣的狀態。甚至還須盡力使吉星落在資產之宮當中，擺脫[凶星]，且幸運點主星[亦落於此]。金迪還說：或資產點[落於此處]。他甚至認為會合或妨礙的度數應位於尖軸。

　　[當月亮離開會合或妨礙，她應入相位於一顆吉星，後者須落在

---

486 | 這一章節參見《四十章》Ch. 16.4及里賈爾 VII.23。

尖軸]^[487]或朝尖軸移動。然而會合或妨礙的主星應為吉星，第四宮主星及月亮所落星座主星亦如此。

II.5.3：論造磨^[488]

將月亮或上升位置置於牡羊座或天秤座，抑或處女座及雙魚座的後半部。甚至還須避免月亮落在巨蟹座或摩羯座，因它們與均等是相悖的（譯註：因為這兩個星座為夏至與冬至星座，是日夜時間最不均等之時。）：鑒於它們的白天和夜晚是[最]不平均的。而若月亮和上升主星落於其他星座^[489]之中，未與凶星形成相位，則是有利的。

此外，若磨懸掛於船上，除須在開始造磨時適當放置上述因子外，亦須按照之前對開始造船一事的論述^[490]開始建造船隻：因船的起源乃是最初的開始^[491]。

II.5.4：論植樹、播種及當年（即在它自己的季節）收穫的一切^[492]

須使月亮落於啟動星座之中；且若她位於摩羯座、巨蟹座^[493]或處女座，則是有利的。並使月亮增速。甚至若她落於雙魚座，亦是好的。

對於樹木而言，須使月亮落於固定星座之中，尤其金牛座或水

---

487 ｜據金迪和里賈爾做了補充。
488 ｜參見里賈爾VII.24。
489 ｜這裡似乎指牡羊座和天秤座（或處女座後半部和雙魚座後半部），里賈爾便是如此理解的。
490 ｜見上文II.1.7。
491 ｜即開始建造船隻的時間：如果船隻是在錯誤的時間開始建造的，那麼即便為造磨選擇了好時間也無濟於事。
492 ｜參見里賈爾VII.25。
493 ｜巴黎16204沒有巨蟹座。

瓶座。並使土星順行，落於續[宮]之中，甚至要落在他擁有尊貴或
證據之處，或落於上升星座之中。且須以上述星座之一作為上升星
座。而要使木星位於擁有某些證據之處，與土星形成值得稱道的相
位。顯然，必須提防火星。在植樹時，某些人甚至偏愛旺宮主星甚
於廟宮主星。

　　哈亞特稱[494]，使月亮所落星座的主星自水象星座與月亮形成相
位；而若上升位置未落於固定星座，則使月亮及她的主星[緯度][495]
上升，東出。

II.5.5：論締約[耕種]土地[496]

　　須適當放置上升星座及其主星。並使上升主星朝向尖軸移動且
落在土象星座（月亮亦如此），或使它落在大地之軸。然而月亮離相
位之行星應未受傷害，因它代表土地。且應以吉星作為第七宮主星，
並[497]盡你所能[讓它]與上升主星相一致；且[使]月亮相連結之行星
與她離相位之行星相一致。

　　為河流或開墾土地擇時締約亦同此理。

　　但上升星座及其主星、月亮離相位之行星象徵它們的所有者；第
四宮象徵[土地]本身，而[第七宮]代表承接方，同樣還有第七宮主
星和與月亮相連結的行星。亦應適當放置須被適當放置的一切。

---

494 │ 參見《擇日書》§§51-52a及里賈爾VII.25中的觀點。
495 │ 據里賈爾補充。
496 │ 參見里賈爾VII.26。這種擇時似乎認為，客戶（上升星座）是土地的所有者，想要付錢讓別人（簽約的農民，
　　　第七宮）來耕種。相反的情況見下文II.5.6及里賈爾VII.27中相應內容。
497 │ 這句話餘下的部分是據巴黎7413-I補充的。

II.5.6：論出租房屋和生產[498]

上升星座象徵居住之處[499]，第七宮為居住者[500]。而中天[象徵]出租價格。大地之軸[象徵]事項的結果。所有這些都必須被適當放置。

[**戴克修訂版本：**]上升星座象徵居住者，第七宮象徵居住之處。而中天[象徵]出租價格。大地之軸[象徵]事項的結果。所有這些都必須被適當放置。

因若上升星座呈現凶象，則住所的所有者乃是不誠實的。若第七宮如此，則居住者將會說謊。

[**戴克修訂版本：**]因若上升星座呈現凶象，則居住者乃是不誠實的。若第七宮如此，則住所的所有者將會說謊。

與月亮相連結的行星象徵租借[土地耕種]者，亦即價格的接受者[501]；而月亮離相位的行星[象徵]開價者[502]。同樣，月亮所落星座的主星象徵結果。

[**戴克修訂版本：**]與月亮相連結的行星象徵開價者；而月亮離

---

498 | 參見里賈爾VII.27。在我看來，這種擇時是反向的。首先，這一章節和前一章節都以上升位置作為土地所有者，以第七宮作為承接者——這使簽訂租房契約變得多此一舉。其次，第二段明確將這種擇時與《占星詩集》V.8的內容（被《判斷九書》§§4.11-12中薩爾和哈亞特的內容所繼承）相關聯，而《占星詩集》的方法卻相反：以上升位置作為想要租借土地的承接者，而第七宮為所有者。（事實上，許多有關出租和商業交易的擇時和卜卦都弄不清誰扮演什麼角色。）因此，我建議這種擇時與之前那種相反：客戶為想要承租某人的土地耕種賺錢（獲取利潤）的一方，第七宮是資產所有者。在下文縮進的段落中，我根據《占星詩集》和「馬謝阿拉的傳承」，對這種擇時提出了我認為正確的解讀。

499 | 據伊朗尼的版本，這是所有者。

500 | 即承接方。

501 | 即接受所有者提出的條件的承租方。

502 | 即所有者，列出條件並為耕種土地付費的人。

相位的行星[象徵]租借[土地耕種]者，亦即價格的接受者。同樣，月亮所落星座的主星象徵結果。

塔巴里稱[503]，應適當放置木星和土星，且使它們彼此形成值得稱道的相位。

II.6.1：論與第五宮有關之事，首先論孕育子嗣[504]

在此類擇時中，上升星座為陽性星座、直行上升星座乃是有利的，而尖軸為固定星座且不為遠離的[505]亦是有利的。上升主星[應]落於上升星座、中天或第十一宮之中，且藉由自身行進[506]最先到達上升度數的行星應為一顆吉星。須注意，在前述那些因子當中，適當放置每一顆發光體乃是必要的，且尤其必要的是適當放置時間之主（即在白天為太陽，在夜晚為月亮）。尖軸不應有凶星落入，而[僅]可見吉星，它應擺脫凶星且強而有力。

此外[507]關注上升主星乃是有益的，且謹防上升主星於第九個月受剋，因通常在[那個月]生產。甚至（倘若可能的話）在第七個和第十個[月]防範同樣的事情亦是值得讚許的：因生產的確往往在此時發生。[故]此時上升主星應強而有力，且呈現吉象，發光體[亦]如此。

且必須保持警惕，以免第六宮或第八宮主星（若為凶星）以任何方式與任何代表因子混合在一起；總體而言，應避免本命書籍提及的

503｜同樣參見《擇日書》§§48-49b。
504｜參見里賈爾 VII.30。
505｜即中天應落在第十個星座（也可能是第十一個星座），但不可落在第九個星座。見緒論。
506｜即以自身在黃道上的移動。這裡可能也包括相位連結，否則大部分情況下都是月亮。
507｜關於月的討論參見《波斯本命占星II》阿布‧巴克爾（Abū Bakr）I.2、I.5。

一切不利之事，而須奉行它們認可之事，同時符合擇時的根本條件。

哈亞特稱[508]，我們認為月亮落於上升星座之中，與太陽形成三分相最為有利。他還說，要小心燃燒途徑，並應適當放置金星。因若金星受剋，則栽培[509]（即女人）已被損壞。但若月亮[受剋]，則種子已被損壞。此外，須使第五宮及其主星處於適當的狀態。

某些人還認為受孕應於奇數的小時進行（換言之在第一、第三或第五個小時等）。

若正值上升星座為天秤座（它是人性星座），且天秤座及其主星未受[凶星]影響，則是有利的：因如此則巨蟹座（它是多子女星座）位於中天。此外須使其餘代表因子落在陽性星座之中：為了能夠懷上男胎。

而還要做好身體相關準備：換言之，應避免使她醉酒，或子宮變形，或虛弱。因星盤中徵象的實現，取決於[它們]所代表之事對這些徵象的接納程度[510]。

II.6.2：論禮物[511]

送[512]禮物給他人或接受禮物時，須適當放置第五宮及其主星。

在送禮時，須適當放置在借出資產一章（即第三[章]）中提及的全部因子[513]。

---

508 | 目前來源未知。

509 | Cultura。哈亞特將子宮喻為土壤，將精子喻為種子。

510 | 即對於子宮有問題的女性而言，只有當子宮具備條件時，一個好的擇時才能發揮作用。伊朗尼再次強調了根本盤和現實身體狀況的重要性。

511 | 參見里賈爾 VII.35。

512 | 關於 dixerimus 一詞解讀為 direxerimus。

513 | 關於 tractatu 一詞解讀為 capitulo。參見上文 II.3.4。

而收禮時，須考慮在那一論述開始[514]提及的全部因子。

此外，應使上升主星處於適當的狀態，並使他上升於第七宮主星之上[515]，同時符合擇時的其他根本條件。

II.7.1：論第六宮，首先論購買俘虜

—— [金迪的觀點] ——

須使[516]上升位置與月亮落在直行上升的固定星座，且落在馴養星座（不是野性星座），上升主星亦如此。還應使第六宮及其主星處於適當的狀態，且應使它與上升主星藉由友善的相位相連結，並具有容納關係；月亮及月亮的主星亦如此[517]。金迪稱，俘虜與奴隸點[518]的主星亦應 [藉由友善的相位與上升主星相連結，並具有容納關係]，且它[519]應使上升星座與月亮呈現吉象。

而切勿使上升位置、月亮或第六宮主星落在獅子座。但若它落在金牛座或射手座末端，則為我們所讚賞。

—— [其他人的觀點] ——

阿布‧馬謝稱[520]，須使月亮及上升位置落於具有男人形象的星座

---

514 | 可能為II.3.1。
515 | 即支配（見詞彙表）他。
516 | 這一段以《四十章》Ch. 19、§§512、514、516為基礎。
517 | 即這些行星應與月亮和她的主星形成良好配置，等等。
518 | 波斯—阿拉伯傳統的兩個奴隸點見《古典占星介紹》VI.2.20。
519 | 更確切地說，前述全部行星。
520 | 參見《占星詩集》V.11，尤其ll.3、6、7、11。不過阿布‧馬謝可能自《四十章》Ch. 19得到這部分內容。

之中，或與吉星一起落於其他星座（牡羊座、天蠍座、摩羯座、雙魚座除外）之中。並使第六宮及其主星與上升星座及其主星相和諧。

某些人還認為[521]，俘虜將符合星座的本質，符合那種動物的特點：如雙魚座象徵魯莽之人，會衝動行事[522]，而獅子座象徵驕傲，[這樣的]奴隸不會服從他的主人。此觀點是值得稱道的。

而某人[523]證實，若凶星位於地平線之下，則奴隸不忠。

若射手座上升，象徵奴隸是自由人[524]。

II.7.2：論釋放俘虜、囚徒及馴養馬匹[525]

在[526]標題所列出的所有這些事項中，必要適當放置上升星座及其主星。因上升星座代表釋放俘虜之人，而第七宮代表被釋放之人；中天為他被釋放的[原因]；第四宮，釋放的結果及將發生之事。故若月亮在第七宮呈現凶象，則恐他將再度回到囚禁之處或監獄中[527]。

II.7.3：論購買動物[528]

上升位置[529]及月亮落在動物星座乃是有利的，或者尤其是對應

---

521 | 巴黎16204確認也是阿布・馬謝。參見《占星詩集》V.11及《擇日書》§§71a-73。
522 | Qui cum impetu faciunt omnia。
523 | 《擇日書》§§71a-72。
524 | Liber。不過這指的是他**將被釋放**，還是他被俘時是一名自由人呢？
525 | 在馬德里版本中後半部分標題為「因神而捐獻馬匹」。不過里賈爾VII.51很明確將此寫作馴養，所以我也照此解讀。
526 | 《占星詩集》V.13.5-8。
527 | 巴黎16204認為這是他「曾經待過的」囚禁地或監獄，不是其他任何囚禁之處，而是回到同一個主人或是獄卒的看管之下。
528 | 參見里賈爾VII.52.2和伊朗尼在II.13.4結尾的評論。
529 | 本段內容參見《四十章》§§578。

那種動物的星座，藉由此星座主星或其他（若她未被容納）呈現吉象；而若此星座主星並非一顆吉星，但形成友善且具有容納關係的相位，則不會造成阻礙。

而[530] 若動物為雄性，須[盡可能]讓更多的徵象星落在陽性星座，但若是雌性，則相反。

然而，若有必要使肢體受傷或病弱的動物康復[531]，則須將月亮置於象徵那一肢體部位的星座之中，並呈現吉象。

且應使那種動物的特質或與之相似的特質處於適當的狀態。而若動物並非供騎乘之用，則須適當放置獅子座，或射手座的末端[532]。

此外無論如何，都應適當放置第六宮及其主星，不應將之棄而不顧。

II.7.4：論購買狩獵使用的動物

須使月亮落在雙子座或它的三方星座，或落在射手座，或落在摩羯座的前半部分——因這半部分乃是鷹的居所[533]。而同時，使第六宮和它的主星，以及所有擇時根本因子處於適當的狀態。

此外，就購買飛[禽用於]狩獵而言，塔巴里認為：月亮落在雙子座的後半部分、獅子座或射手座（因此處有一匹狼[534]，而它是掠食動物，正如狩獵使用的飛禽一樣）對此最為有利。購買獵狗等亦如此。

而另一個人認為，月亮應位於巨蟹座（他之所以這樣說似乎因為

---

530 | 這一章節餘下的部分參見《四十章》§§580、582-83和《占星詩集》V.12.4。
531 | 金迪認為這與打上烙印或刺青有關。
532 | 關於「……獅子座末端，或射手座」參照金迪作解讀。
533 | 這毫無疑問指的是天文星座天鷹座（「鷹」），在古代文學作品中有時被稱作Vultur volans（「飛翔的禿鷲」）。它位於赤緯北緯，剛好在天文星座摩羯座的上方。
534 | 我不確定這裡指的是哪一個天文星座。

這是月亮的廟宮），且月亮是[535]滿月（此時行進速度最快，因此狗也會是快速的）。

II.8.1：論第七宮

無論何時[536]任何發生在兩個人之間的事項，通常以上升星座作為發起[行動]者，而第七宮為受邀者；但中天[對應]在雙方之間作決定者（而若是戰爭，它代表獲勝方）；第四宮，事項的結果。月亮甚至可代表[他們之間的]往來：月亮離相位者，[象徵]發起方，而與她相連結者，為受邀方。而月亮所在星座的主星代表事項的結果。故，中天主星將藉由尊貴或相位支持的一方──若為上升星座、第七宮或月亮──將更強大。

II.8.2：論合夥[537]

須使上升位置位於雙體星座，同樣還須使月亮落在雙體星座，或讓太陽落在獅子座（因太陽及他的星座與合夥相符）。

II.8.3：論購買和售賣

塔巴里稱[538]，上升星座及其主星代表賣方，第七宮及其主星代

---

535 | Est。這裡可能應作「應是」（sit）。
536 | 參見《四十章》§§150-52、《擇日書》§34薩爾的版本；《論卜卦》§7.8（《判斷九書》§7.37及7.48）；《論卜卦》§7.23（《判斷九書》§7.147）。
537 | 參見里賈爾VII.60及《占星詩集》V.19.1-14。
538 | 參見《判斷九書》§§7.56、7.58-59及《占星詩集》V.9。

表買方。而中天及其主星[代表]價格，第四宮及其主星代表售賣之物。甚至離相位於月亮的行星[為]賣方，月亮自身代表售賣之物，而與她相連結的行星代表買方。

哈亞特稱，對於買賣而言，月亮落在上升星座並不壞。而他不喜旅行時月亮落於此處 [539]。

II.8.4：論與女人訂婚

須使 [540] 上升位置落在固定星座，且（如哈亞特所證實）金牛座與獅子座乃是最佳的。

而 [541] 上升位置及其主星代表男人，第七宮代表女人。甚至以太陽、月亮離相位的行星代表男人；而以金星、與月亮相連結的行星代表女人。而中天顯示雙方的未來；第四宮，結果（嫁妝——因它讓某些人歡喜）。

而若男人和女人的徵象星都位於陽性星座，則對於男人更為有利；反之，則對於女人更有利。若男人的徵象星落在陽性星座，但女人的徵象星落在陰性星座，則雙方都會越來越好。

某人 [542] 甚至以月亮離相位的行星代表發起方，而與她相連結的行星代表另一方，以月亮自身作為雙方的[徵象星]。但他們往往以水星代表子女，並且月亮落在人性星座為他們所忌。

---

539 | 參見《擇日書》§107。
540 | 參見《擇日書》§§79b-c，事實上是關於結婚圓房的擇時，並非訂婚。正如薩爾所指出的（§14b），希望為圓房選擇固定星座，而要為訂婚選擇啟動星座。
541 | 《占星詩集》V.16.1。
542 | 或許是《占星詩集》V.16.1和5。

而 [543] 若以交合 [544] 為目的購買女俘，則擇時操作與此相同。但因其他目的購買女俘時，不作此考量。

II.9：論第八宮，首先論適當地繼承 [545]

以木星或金星守護的星座之一作為第八宮，且免於傷害，乃是必要的；此外須使它的主星落在續宮之中。若它落於第二宮，將是有利的，但同時它要擁有良好狀態（譯註：儘管它在第二宮是落陷的，但或許它擁有其他尊貴，或者與吉星形成相位。），而 [第八] [546] 宮及它的主星亦如此。

而若恰好第八宮的度數 [547] 落於木星或金星的界之中，則是有利的。

須適當放置月亮，使她與第八宮主星形成值得讚許的相位；此外亦應適當放置擇時的其餘根本因子。

II.10.1：論第九宮，首先論道德教育 [548]

須使月亮及上升星座位於人性星座，且中天 [549] 主星落在中天或向它移動。此外須使中天及其主星與上升主星和諧一致，月亮與水星相會合，或以友善的相位與他相連結。

此外須使水星處於良好狀態，呈現吉象且強力。我們亦讚賞水星

---

543 ｜ 與此相關的卜卦見《論卜卦》§6.9（《判斷九書》§6.61）。
544 ｜ Causa agendi cum ea。字面意思是「以此為目的與她之」。
545 ｜ Haereditatum。傳統上，繼承的往往是土地：這個拉丁文單詞和「不動產」是一樣的。參見里賈爾 VII.68。這可能是立遺囑的另一種擇時方法：見里賈爾 VII.67中都勒斯/薩爾的版本。
546 ｜ 據里賈爾補充。
547 ｜ 這顯示出伊朗尼或他的資料來源至少有時候使用的是象限宮位制。
548 ｜ 參見里賈爾 VII.77及《擇日書》§§59a-c。
549 ｜ 里賈爾作「上升星座」，我認為這似乎更為妥當。

與上升主星形成相位,而月亮不宜縮減[她的]進程,也不宜自遠地點下降。

且須適當放置第九宮及其主星。然而在傳授書寫時,(除全部這些之外還)須使第十宮處於適當的狀態(它象徵工作):因書寫既是學問也是工作。

在這一章節中,我們甚至領會了在論述一當中提到的方法[550]。

II.10.2:論傳授歌唱及愉悅之事[551]

對此,須適當放置金星,且使她落於自身擁有尊貴之處,水星亦如此。並須令他與她相連結。還須使月亮落於自身擁有尊貴之處,或落於雙魚座,出相位於水星,並與金星相連結。

此外須以金星擁有尊貴的星座作為上升星座。甚至,若上升度數為金星或水星擁有尊貴之處[552],將是有利的。

金星、水星、月亮均不宜落於果宮。而若月亮落在第九宮(即知識之宮),呈現吉象且有力[553](譯註:可能中天也落在第九個星座,因此月亮是有力的象限位置。),將是有利的:因這預示事項如願以償。還須使其他因子呈現吉象。

然而若上升主星落於第九宮,呈現吉象且有力,將是有利的。

某人曾言道,彈奏七弦琴時,使月亮落在摩羯座乃是必要的;但對於擊打鈴鼓[554](一種木質樂器,尤其為撒拉遜人在遊戲中使用)等

---

550 | 我不確定伊朗尼這裡指的是什麼,因為這些擇時中的大部分使用的是多種準則。
551 | 參見里賈爾 VII.78。
552 | 參閱馬德里版本之外的其他手稿進行解讀,似乎這裡是指金星的界和水星的外觀。這樣就把可能性限制在金牛座、巨蟹座和水瓶座的特定度數上。
553 | 這句話的剩餘部分和下面一句,我綜合馬德里版本和巴黎16204作解讀。
554 | Athabur(巴黎16204)、attabur(馬德里版本)。顯然後面括號中的內容是中世紀譯者自己做的評註。

而言，須使她落在獅子座末端。然而對於吹奏喇叭而言，須使她落在聲音匱乏的星座。然而，有聲星座在擇時中有利於唱歌和演奏[555]，尤其是雙子座和處女座。

而在此類事項中，應適當放置第九宮和它的主星。且若你的意圖與工作有關，則使第十宮處於適當的狀態乃是有利的，這也是我們在一切事項的開始中都贊同的。

II.11.1：論第十宮，首先論傳授游泳 [556]

須使月亮及上升星座位於水象星座，且使上升主星落在中天或朝向它移動，強有力且呈現吉象。甚至要使月亮上升於北方[557]，落在她自己擁有尊貴之處，巨蟹座更佳。

II.11.2：論教授戰鬥 [558]

使月亮及上升星座落在牡羊座三方星座乃是必要的，且須使火星擁有良好的狀態。此外月亮不應落在她入弱之處，尤其在軍事教學中。而若月亮位於自己的旺宮，則是有利的，上升主星亦如此。而若無法為之，須使它[559]落在中天或朝向它移動。

而某些人認為，在傳授摔跤時，須使月亮落在雙子座。

---

555 | Modulandis。
556 | 參見里賈爾 VII.92。
557 | 我不確定這裡是經由黃緯還是赤緯。
558 | 參見里賈爾 VII.91。
559 | 我認為這裡指的是上升主星，和前一章節一樣。

II.11.3：論其他職業教學[560]

須適當放置第十宮（它代表工作）和它的主星；還有月亮。且應將那工作的自然徵象星置於它擁有尊貴之處，使它呈現吉象且有力：如火星代表工匠和屠夫，而太陽代表貨幣兌換商和金匠。

且應使水星與它相連結，因他也與工作相關聯，尤其那些藉由敏銳思維完成之事，如繪畫、構圖或製造觀象儀。此外，使水星處於良好的狀態。然而必要將月亮置於她擁有尊貴之處，與代表事項的行星形成帶有容納關係的友好相位。而若它落在代表此工作的行星主管的星座中，將是有利的，尤其落在與它有關的星座之中。

此外，使上升星座及月亮即將落在[561]與事項相對應的星座，如土象星座對應那些與土地有關的工作，水象星座對應那些與水有關的工作。

II.12.1：論第十一宮，首先論與獲得好名聲和信譽有關之事[562]

開始此類事項時，適當放置第十一宮及其主星乃是有利的。且以木星主管的星座作為上升星座，且倘若有可能，就將他置於第十一宮或上升星座，或使他與它們形成良好的相位，這將是有益的。木星強力且未受傷害更加有利。然而若第十一宮主星落在上升星座，將是有利的，反之亦然。

甚至須使太陽擺脫傷害，落在第十宮，而應使月亮以三分相或六分相與他相連結；此外若她離相位於第十一宮主星或木星，則更佳：

參見里賈爾VII.90。
561 | Veniens。據里賈爾，這裡指的就是上升星座和月亮應「落在」相應位置。
562 | 參見里賈爾VII.94。

如此事項更為公開並獲得更多讚譽。

總體而言，要使所有這些代表因子相互形成良好的相位，尤其兩顆發光體與上升星座、第十一宮。並使它們全部或盡可能多地得到容納——與其他擇時根本因子一起。

II.12.2：論謀求某事，承諾方與謀求方[563]

對此須使第十一宮及其主星處於適當的狀態，還有資產點[564]及其主星，並使它們中的每一個（或其中的一個）與上升星座形成良好的相位。此外，使上升主星、月亮以及事項的徵象星被第十一宮主星容納[565]。

此時，上升星座及其主星代表謀求財富的一方。第七宮及其主星為財富來源方。而有鑒於此，有必要使第七宮擺脫凶星；如若不能，則訴求將落空。月亮則代表事情本身。

但[566]倘若向年長之人或任何由土星象徵之人提出訴求，則須使第十一宮的度數[567]落在土星的某種尊貴之處。但若向抄寫員提出，則須落在水星的[尊貴之處]：即廟宮，或旺宮，或界。且應使那顆行星處於適當的狀態：亦即，若向年長之人提出訴求，應適當放置土星；餘者皆同此理。

哈亞特稱[568]，須使水星與木星或金星相連結，但中天主星應朝向上升主星移動。

---

563 | 參見里賈爾 VII.95。
564 | 里賈爾作「幸運點」，可能是正確的。
565 | 巴黎16204似乎讀作上升主星和月亮還應被事項的自然徵象星容納。梵蒂岡版本則創造了一個單獨的條款，似乎認為事項的自然徵象星應上升。
566 | 本段參見《占星詩集》V.14.6-7。
567 | 這再次顯示伊朗尼或他的資料來源至少有時使用的是象限宮位制。
568 | 目前來源未知。

而 [569] 若謀求錢財，則應適當放置第二宮和它的主星，以及前述因子；並使資產之宮的主星與上升主星形成相位，且不可有凶星從中切斷 [570]。同時，第十一宮主星及幸運點主星應與它 [571] 形成有利相位。

此外，若事項與女人或婚禮有關，[適當放置]第七宮及其主星——如對於第二宮及其主星的論述一樣，其餘皆同此理。

II.12.3：論尋求愛與友誼 [572]

須使月亮（同時第十一宮及其主星應處於適當狀態）被金星以三分相容納；且她藉由廟宮或旺宮被容納更佳。而若無法為之，則使[金星]被月亮以三分相容納，而她自身應被木星或她所落星座的主星容納。而若連這也無法做到，則使月亮落在金星擁有尊貴之處，且未受傷害。

而若某人乃是因想要獲利而尋求，則使幸運點落在上升星座或它的三方星座之中。若乃是因不動產或土地而謀求，則使[幸運點]落於第四宮，餘者皆同此理。

II.13.1：論第十二宮，首先論阻擋敵人或國王抓捕敵人及權力較小之人 [573]

令第十二宮呈現凶象，並使其主星亦呈現凶象且無力。且若它因上升主星而呈現凶象，則值得稱道。但若在旅程開始之時並非如此，

569 ｜我目前不確定這是否仍來源於哈亞特。

570 ｜不同形式的「切斷」（cutting）見《古典占星介紹》III.23。

571 ｜我不確定這裡「它」指的是什麼。

572 ｜整個這部分擇言以《四十章》Ch. 22 §§546-49為基礎。文獻之間存在某些差異，因此應加以比較。參見里賈爾VII.96的版本。

573 ｜此標題後半部分參閱里賈爾1551版本作解讀。參見里賈爾VII.99。

則令月亮因太陽而呈現凶象，且太陽落於有利之處。若她因另一顆並非太陽的行星而呈現凶象，則更佳[574]。

II.13.2：論搜尋逃犯[575]

然而若是王子或其他人想要阻礙他治下之人，塔巴里認為，須使月亮位於會合或妨礙之處，或位於燃燒途徑，或會合龍首或龍尾，或落於上升星座（因依據他的觀點，上升星座與月亮相悖）[576]，或她應與凶星形成相位，或她應在月蝕前後三天之內。此外，太陽應未受傷害且擺脫[凶星]，並落在中天，強而有力。而月亮受剋有多麼嚴重，對他們想要阻礙之人就有多麼不利：因月亮代表普通人和非官方人士。

II.13.3：論搜尋逃犯[577]

這屬於之前所述的那些有關敵人之事。若搜捕意在殺死逃犯，則使第十二宮及其主星，還有月亮，如同之前所述那樣入弱和無力。但若並非想要置於死地，則須照如下所述進行擇時：

哈亞特稱[578]，須使月亮與凶星相連結，不可將月亮或與月亮相連結的行星置於第四宮之中。

而馬謝阿拉稱[579]，有必要使上升主星與第七宮主星相連結。他還認為，若月亮與一顆落在第十二宮的行星相連結，則他將無法尋得逃犯。

---

574 ｜伊朗尼可能指的是最好有一顆凶星使她呈現凶象，如同《占星詩集》V.36.16-18所說一樣。
575 ｜參見里賈爾VII.99。
576 ｜參見伊朗尼I.2.8對此的討論。
577 ｜參見里賈爾VII.61。
578 ｜參見《擇日書》§142。
579 ｜目前來源未知。

II.13.4：論使盜賊或看守[580] 揭露所求[581]

阿布・馬謝稱，須使月亮及與她相連結的行星落在具有人形的人性星座之中。此觀點值得稱讚。

———

此外，必須在適當放置擇時根本因子和伴隨它們的因子之後，再依照第二部書中所述行事。且必須提防此前所述應避免和注意的一切。

而鑒於我們認為第十二宮象徵著動物，因此在購買它們的擇時中[582]，適當放置第十二宮及其主星乃是有利的。然而我沒有提及為何我未發現古人對此的論證[583]。

阿里・本・艾哈邁德・伊朗尼《論擇時》全書終，於巴塞羅那城，由亞伯拉罕、一位名叫薩爾瓦科達（Salvacorda）的西班牙猶太人（他是口譯者）自阿拉伯文譯成拉丁文。他的翻譯完成於星期一，九月二十五日（the 7th of the calends of October），太陰月 Dhū al-Qaʿdah[584] 的第二十四天，[午後]第三個小時，水瓶座上升，主曆1133年，亞歷山大曆1444年，阿拉伯曆527

---

580 | Excubatore。

581 | 參見里賈爾 VII.62。

582 | In electione emptionis eorum。

583 | 薩爾・賓・畢雪在《擇日書》§135（見里賈爾 VII.52.1）中，將第十二宮與購買動物相關聯，但他實際上並沒有讓我們適當放置第十二宮。

584 | 拉丁文 Ducheida。見比魯尼《年譜》pp. 332、322，阿拉伯曆第十一個月。

　年。太陽位於天秤座9°10′，月亮位於獅子座第七度，土
　星位於射手座第五度五十五分；木星位於牡羊座第十七
　度二十四分，逆行；火星位於處女座第十度二十分；金
　星位於處女座第二十三度十五分；水星位於天秤座第
　十一度，逆行；龍首位於水瓶座第十九度十七分，故龍
　尾（它的最低點）位於同樣的度數，若蒙主應允。[585]

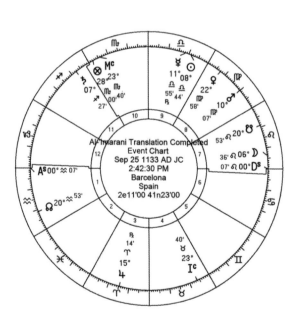

圖16：伊朗尼著作翻譯完成時近似的星盤

585 ｜ 卡莫迪（Carmody）有關阿拉伯文占星學資料的拉丁文翻譯方面的經典著作，即將由大衛‧朱斯特更新出版，我按照朱斯特的評註對最後一段進行了調整。手稿中所述日期、時間與盤大相徑庭，但朱斯特合理地論證了這個日期和時間是正確的（見星盤）。

《行星判斷技法》VII：
論擇時

—

里賈爾

本書序

阿里・本・阿比・里賈爾雲：「再次讚美與感恩主——恩賜、智慧與科學之主；祂創造萬物，祂的意志主宰萬物；祂是一切的開端和時間的改變者：祂以己之力上抬並開闢天空，下壓並固定大地[1]；祂創造一切生命且通曉所有秘密；祂孕育萬物並賜予它們結局，故祂應受讚美與祝福，與祂的偉大與崇高相稱。」

作者序[2]

我於此書中收集了全部行星擇時與事項開始的內容，且我已盡我所能和理解力所及進行了應用與實證。

須知曉先賢們對擇時這一作法意見不一，一些人對擇時及其助益

---

1 | 疑似 figiavit（一個不存在的詞），解讀為 fixit。
2 | 在前文總祈禱詞之後，里賈爾開始介紹第七章。

給予肯定，而[另]一些人則對擇時及其助益和判斷予以否認[3]。我已於本書開篇（第一部[關於]卜卦）[4]將這些不同意見分類並羅列——在那裡，我所言勝過所知[5]。而在此我要說，我相信他們所言是真實且正確的。我將由此開始，蒙主庇佑。

我現論及擇時。毋庸置疑，其中一些是有助益的（蒙主庇佑），而[它們的]成功與益處顯而易見。另一些效用則未顯現，抑或它們所象徵之事並未獲得成功。例如，某人的本命盤有明確徵象顯示他不會有子女（或即便他有子女，亦無法成活或被養大），因他的子女宮及代表因子受剋；抑或在他的本命盤中婚姻宮及代表因子受剋（如金星及其他代表因子被焦傷，或落在它們自己弱宮或凶宮之中、遠離命主星的一切相位[6]）；抑或凶星主管本命盤的旅行宮，且此宮的徵象星對命主星造成傷害——如此，假使這些之中的任何一個（即子女、婚姻、旅行[的代表因子]）在本命盤中受剋——當你欲為受孕、成婚或旅行擇時，成功都不會顯現，因擇時盤的力量不夠強大，無法消除[那些]行星在本命盤中的徵象。而若其呈現吉象時，則相反。

然而，擇時確有效果，且有人從中獲益——他們的本命盤顯示能夠生育子女，或代表因子綜合在一起[7]的狀態是中等或良好的。因若擇時盤是良好的，而根本盤中的代表因子是中等狀態（或受剋不甚嚴重），則擇時盤能夠引導事項朝好的方向發展。而若代表因子和擇時盤都是好的，則吉象得以確定，且將壯大，並在更大的程度上支持他，因擇時盤對根本盤中的徵象有所助益——鑒於根本盤中的代表因

---

3 ｜ 伊朗尼在I.1.4中提及那些人。
4 ｜ 或許指的是早期討論有關勝利星的不同觀點、意念推測等內容的章節：見《心之所向》附錄A。
5 ｜ Cui prima parte quaestionum; et in hoc locutus fui melius quam scivi。這似乎是試圖自謙。
6 ｜ 最後這種狀態里賈爾或許指的是不合意。
7 ｜ 疑似communerales一詞，解讀為communiter，1551譯本中為communes。

子有利且強力象徵著好的結果。同樣若擇時盤強力、有利並呈現吉象，事項將得以發展：變得強大、確定、幸運，且盡可能地顯現一切吉象。而此觀點正是有效擇時的依據之一——由托勒密所言亦可確認此觀點[8]，他於[他的]《金言百則》[9]中寫道：「建立在出生時刻基礎上的擇時可起到促進作用。但若相反[10]，則無法獲得成功——無論結果看起來可能有多麼的美好。」我認為這是真實不虛的，我贊同此觀點並以此作為實踐的依據。

——[未知本命盤者的擇時——據薩爾]——

我[11]告誡你，避免為未知本命盤之人擇時：因當你為**已知**本命盤及當年回歸盤之人擇時時，（藉由主的祝福）將對他產生良好且顯著的作用。而若你為**未知**本命盤（及當年回歸盤）之人擇時（甚至連他的卜卦盤上升位置亦未知），將帶來危險，因為你或許會迅速選一個與本命盤相悖且對其不利的上升位置：事實上，你可能因此為他選了本命盤的第十二、第八或第六[宮]作為上升星座，而他的敵人力量得以增強，或許他們將毀滅或殺死他，你會將傷害帶[給]他，而你為他匯集的吉象並不足以阻擋災禍；又或許吉星與他的本命盤相悖且對其不利，或它們是有害的、不利的宮位之主星；或被你放在擇時盤中的果宮、弱化的凶星是根本盤的主星及徵象星——而你並不知情[12]。（同

---

8 ｜ Verbum。
9 ｜ 即偽托勒密的《金言百則》格言6。原始作者不詳。我使用的是1551版本的翻譯，它更接近希臘文（這顯示1551譯本的編者不贊同1485版本的翻譯）。
10 ｜ 即客戶沒有確切的出生時間。
11 ｜ 本段內容參見《擇日書》§§1-5c中的論述。
12 ｜ 也就是說，凶星並非永遠是壞的：如果凶星對於當事人的成功而言扮演著關鍵角色，那麼簡單地將其視為凶的並試圖弱化它會在不知不覺間對擇時盤造成傷害，因而這是不可取的。見伊朗尼在I.1.4中對此的討論。

樣，你須避免為邪惡之人及敵人擇時，除非你能知道他們的本命盤。）

考慮到[13]那些海路或陸路旅行之人，你便可領會：當他們一起出發，或他們於同一天同一時刻去往一座城，而其中一些人迅速地滿載而歸，平安又順遂，另一些人卻要花更久的時間，還有一些人會患病返回；一些人在旅行中一無所獲，而另一些人會失去他們所擁有之物，還有一些人在旅行中迷路並死亡。那些同一時刻登船之人亦是如此：有人或許會被殺害，其他人卻得以倖存。抑或所有人同一時刻動身前往同一地點——而其中一些人將帶著收穫返回家鄉，另一些人卻空手而歸，還有一些人在旅途中迷路永無歸期：發生這種情況的唯一原因在於，他們的本命盤具有不一致性，於某日某時動身無法令他們都受益[14]。

同樣[15]，有人在不吉的日子動身去旅行，卻安然無恙並有所收穫；而有人在挑選的良辰吉日動身卻受到阻礙、遭受損失：而發生這種情況的唯一原因便是他們的本命盤具有不一致性[16]。對於其中一些人而言，吉星帶來吉祥與助益，凶星帶來災禍與損失，但對於另一些人而言，凶星帶來吉祥與助益，吉星帶來災禍與損失：而這一切藉由至高之主的意願與力量顯現，應讚美主。

須知曉[17]，主——祂的名字應受讚美——以四種屬性創造萬物，祂將地上、世間生長和腐朽的所有（理性的和沈默的，移動的和固定的）與天空相連結；祂為它們設下因緣與微妙的比例——這是此學科的智者們所領會並通曉的；而其他通曉自然及哲學的賢者瞭解祂在磁

---

13 | 參見《擇日書》§§6a-b。
14 | 也就是說，一張擇時盤可能對一些人有益，卻對另一些人不利。
15 | 參見《擇日書》§§7-8。
16 | 即他們各自的本命盤與他們選擇採取行動的時間之間的不一致。
17 | 參見《擇日書》§§10a-11a。

石與鐵之間、父與子之間、愛人者與被愛者之間設下的因緣與微妙的比例——故你應領會[這一點]並將它記在心間。此外你應知曉,物質被兩種特性(高層與低層)之間的和諧一致所調和並驅動向前,而物質被這兩種特性之間的不合與分歧所傷害、破壞。

須知曉[18]吉星具有平和、吉祥的性質,但凶星具有扭曲、凶險的性質:即便[凶星]容納(receive)[19],它們也無法確保[成功],原因在於它們凶惡的本質:如同盜賊與惡民一般。

——[資料來源論述]——

須知曉擇時著作雖數量眾多,但其中的早期資料源於都勒斯與瓦倫斯,及其他一些在本書第一部論述智者們的不同觀點時提及的作者[20]。每一位摩爾人(Moors。譯註:中世紀生活在伊比利亞半島及西北非的穆斯林。)智者都遵循、讚賞先賢的方法,而摒棄另一種方法——依自己的才智與思考判斷什麼是真實且正確的,進而作出取捨。我即為他們中的一員,因我遵從我認為真實且合理的方法,而摒棄其他:我已研究了全部擇時及採納在我看來真實且正確的論述、我所見能夠被理論與經驗所證實。時興的擇時著作的作者有:馬謝阿拉、Abimegest[21]、托馬斯之子西奧菲勒斯、哈亞特和金迪。這些是其中較為知名且在論述及事項歸類方面都更勝一籌的作者。而阿布·沙伊巴尼[22]、薩爾·賓·畢

---

18 | 參見《擇日書》§§11a-b。

19 | 這可能指的是接受入相位,或一種形式的容納(如推進自然徵象或古典容納關係,《古典占星介紹》III.15、III.25)。重點在於,當凶星成為星盤的決定性力量時,無法確保成功。

20 | 這顯然說的是《行星判斷技法》I-III中有關卜卦的不同觀點。

21 | 不詳,這可能是對馬謝阿拉的敬稱(注意它與Almagest有相似之處,而這是托勒密《天文學大成》一書的阿拉伯文名稱,意為「最偉大的」。)。

22 | 拉丁文作Abuezaben。

雪、阿布‧馬謝、阿里‧本‧艾哈邁德‧伊朗尼[23]、哈桑‧本‧薩爾[24]
的論述較他人有所不及。不過我採納了他們每個人較好的方法，並補充
了我認為真實與正確的內容。祈求主引我走向真理之路。

VII.1：擇時所必需且不可迴避的法則與基礎

烏圖魯克西斯稱[25]，當月亮呈現凶象卻不得不進行擇時時，讓那
凶星作為上升主星。

若你無法適當放置擇時盤的全部代表因子，應始終使上升主星處
於恰當的狀態。

若[26]吉星落於尖軸（尤其落於中天），你大可不必擔心其他。

當那年的回歸盤呈現凶象時，擇時盤所帶來的助益不大（而[對
於好的回歸盤而言]正相反）。

火星[27]不會對水路旅行造成傷害，正如土星不會對陸路旅行[造
成]多大傷害。

就旅行[28]而言，固定星座是不吉的，啓動星座則是值得讚賞的。

當[29]凶星遠離尖軸且為外來的，又落在與其屬性不調和、損害其
屬性的星座時，則無法阻擋它所帶來的傷害，除非[藉由]主。

---

23 | Haly filius Hamet Benbrany。里賈爾把薩爾和伊朗尼放在次要位置讓人感到意外，因為《行星判斷技法》
VII中有很多內容直接引用他們的資料。

24 | Alohaç filius Zaet。我將這一拉丁文名字譯為哈桑‧本‧薩爾還有待推敲，因為在其他地方拉丁文作
Alhasen filius zahel或Alhaçen filius zabel，這似乎更合理。

25 | 據下文哈亞特VII.2.5。另見伊朗尼I.2.11。見我在緒論中對這一段內容的論述。

26 | 參見《占星詩集》V.5.11。

27 | 也就是說，火星**會給**陸路旅行帶來困難，而土星會為水路旅行帶來困難（儘管對於狩獵和捕魚而言並非如
此）。見《擇日書》§116；伊朗尼II.1.8也如此認為。

28 | 參見里賈爾VII.71。

29 | 參見《五十個判斷》#21、26、37。

金星及月亮落在南方象限十分有力，而落在東方象限是虛弱無力的[30]。

當[31]一顆凶星容納一顆吉星，則凶星不會對吉星造成嚴重傷害，尤其當它擺脫敵意的相位時。

當[32]行星位於疏遠的[33]位置時，其所帶來的不幸大為增加。

對於攻打一座城而言，若徵象星為當年世運回歸盤上升主星，則不宜與之作戰。

在一切開始中，都應使天空與代表因子本質相一致，並[使]代表因子和那些與之有交集的因子相一致。

當日間行星東出於太陽並落在陽性星座、夜間行星西入於月亮並落在陰性星座[34]時，擇時盤更為有利，呈現更多吉象，且更為成功。

忌月亮自金星的廟宮入相位於火星、自水星的廟宮入相位於木星或自土星廟宮入相位於太陽[35]。

若自上升位置起算的第十一宮主星、自月亮起算的第十一宮主星以及自幸運點起算的第十一宮主星，落在它們的場域內[36]或呈現吉象，則大為有利。

若恰好行動開始前的會合或妨礙之界主星呈現吉象，則事項將是幸運的且能夠達成。

---

30 | 里賈爾實際上可能指的是她們與太陽的關係：如果在太陽之前升起（因此在黎明位於東方象限），那麼她們將因為位於東方（譯註：eastern，詳見詞彙表。）或者說是日間的位置，並且向太陽移動而變得虛弱無力；但如果在太陽之後降落（因此在夜晚位於南方象限向西方行進），那麼她們將因為位於西方或者說是夜間的位置，並且越來越遠離太陽而變得強力。

31 | 參見《五十個判斷》#2。

32 | 參見《五十個判斷》#26、28、29、41。

33 | 即「外來的」（拉丁文 extraneus）。

34 | 這是一種場域（《古典占星介紹》III.2）與護衛星核心概念（《古典占星介紹》III.28）的組合，兩者都源於日夜區分。里賈爾所說東出於太陽，即落在更靠前的黃道度數上（因此比太陽早升起）；而西入於月亮，指落在更靠後的黃道度數上（因此在月亮之後西降，她沿著黃道朝它前進）。可能他還傾向於在日間擇時盤中使日間行星有此配置，在夜間擇時中使夜間行星有此配置。

35 | 更確切地說，自太陽廟宮入相位於土星。這些情況被視為「門戶洞開」（「opening of the doors」），傳統上是下雨的徵兆：見《判斷九書》§ §Z.4-6。

36 | 也稱為 ḥayyiz 或 haiz。《古典占星介紹》III.2（拉丁文 haiç）。

若行動開始[前]的會合或妨礙之界主星落在吉宮、狀態良好、落在自己的廟宮，且其本質與事項本質相一致，則事項將能夠延續，穩固且持久。

VII.2.0：論行動的原則

——[VII.2.1：金迪][37]——

在行動開始之時，宜適當放置上升星座及其主星，使其位於[相似之處並][38]呈現吉象。

相似[39]即：就性質（Quality）與緣由（Reason）[40]而言，上升星座具備與事項相似且契合的屬性。所謂「性質」如同為旅行選擇[41]我們想要的：想要迅速完成[42]並易於遷移[43]，或是尋求裁決[44]或國王授予榮譽時選擇火象星座。所謂「緣由」正如在爭端中選擇火星主管的星座。

[再者]，你有必要適當放置事項代表宮位、宮主星以及宮主星的主星：因宮位代表象徵事項開始時的狀況，宮主星象徵中間的狀況，而宮主星的主星象徵最後的狀況。同樣，上升星座象徵採取行動之人開始時的狀況，上升主星象徵中間的狀況，而上升主星的主星象徵採取行動之人最後的狀況。同樣，你應查看幸運點及其主星，以及

---

37 │ 這一章節的幾乎全部內容都源於《四十章》Ch. 4。但雨果和羅伯特對類別的劃分（如「呈現吉象」與「相似」）有不同解讀：他們的說法見附錄C。
38 │ 據金迪§142的雨果譯本和羅伯特譯本，否則下文所討論的內容是不合理的。
39 │ 替換「呈現吉象」（fortuna）。
40 │ 雨果和羅伯特作「方式」（modus）。
41 │ 據1551譯本，excollegimus作cum eligimus。
42 │ 這可能指的是扭曲星座，它們的赤經上升時間較短。
43 │ 這可能指的是內行星，它們移動更快速。
44 │ Rationem。

它的主星的主星：因若你能夠使它們全部的得到增強並呈現吉象，則[整個事項]將得以圓滿完成。

且你應使它們呈現吉象[45]——藉由吉星與它們形成相位或入相位[46]，亦藉由使本質相一致，且你應將凶星阻擋於這些位置之外。你應謹防上升主星逆行，因它的逆行預示著阻礙、禁止與緩慢。即便全部代表因子有利且預示事項能夠達成，只要上升主星逆行，則首先事項存在失信，且遲緩，除非付出辛勞否則無法完成。

你應避免任何一顆發光體（在它們會合或對分時）與龍尾落在一起，亦不應使發光體落在[它的]會合或對分之處[47]。還須謹防龍尾落在上升位置或事項代表宮位之中，或與事項的特殊點落在一處：因它會藉由廉價、管理不善[48]和辛勞令事項受到損害。

而注意將一顆吉星置於上升位置，或事項代表宮位之中，或尖軸。須知曉主要吉星[49]在任何事項、任何想要改善之事中都具有影響力；而次要吉星[50]在所有遊戲、喜悅、墮落、粉飾[51]、友誼及諸如此類之事中都具有影響力。

在一切事項中，你都應避免將月亮置於上升星座之中，因她與上升星座相抵觸；但太陽與上升星座不相悖，而他令事項顯露並展現出來，他亦可為受限之事紓困。

你應盡力避免使凶星落於上升位置或任何尖軸——尤其若它且

---

45 | 這是在上文第一段中提到的「呈現吉象」的羅列。隨後幾段內容繼續討論徵象星如何呈現吉象或凶象這一主題。

46 | 注意，以星座形成相位與以容許度計算的入相位是不同的（《古典占星介紹》III.6-7）。

47 | 金迪似乎指的是擇時盤不可選在觸發生的時刻（即會合或對分發生在月亮交點時），並且在所選擇的時刻它們也不應位於月亮交點上——尤其與龍尾會合。

48 | Miscurationem。

49 | 即木星。

50 | 即金星。

51 | Affectamentorum。據金迪資料的雨果譯本，這似乎指精緻的服裝和珠寶首飾。

是凶宮之主星：因若凶星為第八宮主星，則預示因死亡、敵人的盟友或長期的監禁而受苦。而若它為第六宮主星，則預示來自敵人、奴隸、疾病、斷肢、短期監禁或四足動物的傷害。而若它為第十二宮主星，則預示來自辛勞、不信任、敵人或中期監禁的傷害。而若它為第二宮主星，則預示因資產、盟友、飲食而引發[52]狀況。故你應盡力避免。

注意[53]在白天，上升星座應為日間星座，而在夜晚，上升星座應為夜間星座；且它應為直行星座而非扭曲星座；此外若你能夠做到，應使發光體也落在此類星座之中，且使前述位置的主星強而有力，正如之前所言。

而[54]有力的狀態可分為兩種：一種為自然的，另一種為偶然的。所謂自然的，即一顆行星東出、不在光束下，在自己的廟、旺、界、三分性或外觀之處、向北行進或位於北緯、順行。而所謂偶然的，即一顆行星與吉星會合或形成三分相、四分相、對分相、六分相而得以強化，且不與凶星形成任何相位而免於傷害，由此呈現吉象。

——[VII.2.2：阿布・馬謝論結果的代表因子][55]——

一些智者[56]認為，為了使事項的結果呈現吉象，須查看五個代表因子：其一，第四宮主星；其二，月亮所在星座之主星；其三，月亮

---

52 | Occasionem。

53 | 同樣參見《占星詩集》V.4.5。

54 | 參見《四十章》§63。不過金迪並未指明這裡所列出的行星狀態及位置究竟屬於哪個類別。或許是里賈爾自己做出了闡述，也可能是他掌握了更清楚的金迪的資料。

55 | 參見伊朗尼 I.2.2。

56 | 指阿布・馬謝，引用在伊朗尼 I.2.2 中。

於當前所在星座中即將入相位的最後^[57]一顆行星；其四，幸運點所在
星座之主星；其五，第四個星座及月亮所落星座^[58]。

——[VII.2.3：月亮落在上升位置]^[59]——

馬謝阿拉和他的支持者稱，月亮落在上升位置是不利的且為人所
忌^[60]，而金迪^[61]亦如是說。他們認為，因她性冷且濕（儘管她是一顆
吉星）^[62]，而上升位置性熱——[故它們性質]不調。

但阿布‧馬謝並不忌諱月亮落在上升位置^[63]，他似乎堅持托勒密
所言，她性**熱**且濕^[64]：有鑒於此，他不認為她與上升位置相悖。

---

57 ｜ Postremus。通常應觀察月亮**下一個**入相位的行星。

58 ｜ 但伊朗尼的資料係為「由月亮所落星座起算的第四個星座」。我們應採納伊朗尼的說法，因為隨後他附上另一
個人的觀點：主張使用自幸運點起算的第四個星座——在上下文中將這兩者結合在一起是說得通的。如果阿
布‧馬謝指的是第四個星座及月亮所在星座（即此處里賈爾拉丁文譯本所說），那麼我們猜想它應該出現在列
表中更靠前的位置。

59 ｜ 這一章節必須連同伊朗尼I.2.8的內容一起閱讀。段落的順序是雜亂無章的，但伊朗尼的論述（還有里賈爾的
回應）可歸結為六點。(1)馬謝阿拉和金迪（還有烏瑪：見伊朗尼II.13.2)認同月亮不應落在上升位置，尤其
對於旅行來說，因為月亮的資料與上升位置的資料（熱）是相反的。金迪還補充說太陽落在上升位置是沒有
問題的。(2)而阿布‧馬謝不同意關於旅行的說法，但他的觀點是前後矛盾的。因為一方面，他在自己的著
作中論述旅行時，似乎支持將月亮置於上升位置，並且認同托勒密廣為人知的觀點（來源於《四書》I.4)，
即月亮是暖的：這說明月亮的資料**並非**與上升位置的資料相反，因此她不應被禁止放置於此。但問題在於，
在其他地方（例如《古典占星介紹》V.7引述的內容）他又認為月亮是**冷**的，不是暖的。(3)不僅如此（里賈
爾補充），當談及本命壽命判斷方法時，他還認為月亮是一顆「切斷」的行星，她會奪走生命（可能當上升位置
推進到月亮時）：這顯示出它們的資料是相反的。因此阿布‧馬謝的觀點是自相矛盾的。(4)正因為他的
自相矛盾，所以里賈爾認同其他人的觀點，即月亮不應被放置在這裡。(5)但伊朗尼和里賈爾卻由這些內容
得到不同的結論，或者至少里賈爾曲解了伊朗尼的說法。(5a)伊朗尼推斷，由於月亮象徵所有事項的開始並
且能為上升位置帶來吉象，因此她可以被放置在這裡——他稱之為「適當的位置」。(5b)然而里賈爾以幾乎
一樣的話，先談到月亮象徵「鮮少」旅行（或許他指的是「短暫的」旅行），**無論**她在其他開始中具有什麼象
徵意義，並且具體指出她「適當的位置」是與上升星座形成相位的位置。(6)最後，伊朗尼和里賈爾都僅僅指
出，對於太陽在上升星座中扮演何種角色存在爭議（金迪也提到這點），但他們沒有再作進一步論述。

60 ｜《擇日書》§23a說明了一般性的禁忌，但因為里賈爾汲取了伊朗尼I.2.8的內容，因此認為這一禁忌與旅行
有關（《擇日書》§107)。

61 ｜《四十章》§147。

62 ｜ 在《四書》I.4-5中，托勒密從暖與濕（屬性）的角度對吉星和凶星特質作出說明。所以里賈爾指出馬謝阿拉（或
許還有金迪）的內容前後不一致：儘管他們認為月亮是冷且濕的，卻又把她視為吉星。

63 ｜ 目前來源未知。

64 ｜ 托勒密在《四書》I.4中說，月亮有稍許是熱的，但大部分是濕的。

然而我認為，她在此是不利的且為人所忌，而我亦不贊同阿布‧馬謝所言——因他所言自相矛盾：當他談及釋放星的主限向運[65]與切斷者（cutters）[66]時，稱月亮在上升星座起切斷（cutting）作用，並將生命帶走，但[他之前所述內容之中]他卻並不忌諱她。這是矛盾的，難以自圓其說。

除此之外，她亦不利於旅行，因她象徵鮮少旅行[67]——無論在其他擇時事項中她象徵的是什麼。故宜將她置於與她相合之處，因她可藉由相位使上升位置呈現吉象。

一些人忌諱太陽落在上升位置[68]或事項的代表宮位，他們認為太陽在會合與對分中會成為一顆凶星，而並非所有人對此都贊同。

——[VII.2.4：擇時前的會合與對分]^[69]——

你[70]應知曉，有一事可極大地增加開始的吉象，且令事項獲得顯著改善與巨大的好運[71]，本命盤及一切擇時盤都是如此——即會合發生的位置（若開始是會合的），或對分發生的位置（若開始是對分的）[72]擺脫凶星並呈現吉象；會合或對分所在星座之主星亦如此。（而你應知曉，對分所在星座乃是位於地平線上方的發光體所在的星座。

---

65 | Atazir hylech，阿拉伯文 al-tasyīr al-hīlāj。即主限向運的壽命釋放星（longevity releaser，拉丁文通常稱作 hyleg）。

66 | 所謂「切斷者」是指諸多行星、相位或點。當壽命釋放星推進至它們的時候，預示著死亡或其他危機。

67 | 我不清楚此處里賈爾表達的是什麼意思。

68 | 在下文中，里賈爾自己並不贊成太陽落在上升星座，除非是上升是獅子座或牡羊座（VII.2.7）。

69 | 這一子章節參見伊朗尼 I.2.10。里賈爾沒有簡單地拓印裡頭所有的資料，但他所使用的部分似乎是稍作挑選過的（尤其歸於金迪的資料）。

70 | 從這裡直到引用阿布‧馬謝的內容之前，里賈爾縮寫了伊朗尼的內容，後者的內容源於《四十章》§§478-79、483、488-89、494-95a 及536。

71 | Fortuna……eam 作 fortunam……ea。

72 | 里賈爾指的是所擇時刻是在新月（會合）發生之後還是在滿月（對分，有時又稱為「妨礙」）發生之後。

若其中一顆發光體在東方尖軸而另一顆在西方尖軸，則為位於東方尖軸的發光體所在位置。）[73]

當[74]月亮離開[與太陽]會合或對分的位置朝凶星行進，應避免一切行動，因如此一來任何開始都是不利且為人所忌的：若會合或對分之處呈現凶象，則預示事項的**開始**是不利的；當月亮離開與太陽的會合或對分朝凶星行進時，預示那開始事項的**結果**將是不利的，且為人所忌[75]。

[令會合或妨礙位於某一尖軸，且月亮應入相位吉星：因此預示了提升與十足的好運，而它們的結果將是值得稱讚的。][76]

其次，若會合或妨礙的位置良好且呈現吉象，而月亮自那裡離開後入相位於凶星，則預示事項的開始是順利的，結果卻是不利的。

若會合與妨礙的位置呈現凶象，而月亮（自那裡離開後）入相位於吉星，則預示事項的開始是不順利的，結果卻是好的。

若會合與妨礙的位置呈現吉象，且月亮（自那裡離開後）入相位於吉星，則預示事項的開始和結果都是順利的。

而若會合與妨礙的位置呈現凶象，月亮（自那裡離開後）又入相位於凶星，則預示事項的開始與結果都是不順利的，且為人所忌。

若會合或妨礙（或其主星）位於續宮，則預示獲益與提升將出現於事項結束、完成之時；若位於相對上升位置的果宮（此論述與上升位置作為事項、擇時或本命的開始有關），則預示事項將遭受譴責且

---

73 | 托勒密對於發光體位於地平線上方持此觀點（《四書》III.3），但沒有提及恰好發生在地平線位置的妨礙。

74 | 隨後幾段內容參見《四十章》§§483及495a。在金迪的資料中，這些內容與挖掘河道和造船有關，但他或許贊同在許多不同類型的擇時中觀察會合或妨礙的吉凶。

75 | 這段話含混不清，因為「開始」一詞同時代表行動本身以及擇時事項最初的經歷和發展。里賈爾指的是，擇時前的會合或對分的位置代表事項的第一步，而月亮下一個入相位的行星代表隨後的發展——就像事件發生時月亮的離相位和入相位一樣。

76 | 我依照伊朗尼I.2.10補充了缺少的段落。

毫無益處：此為金迪所言，而我亦確認如此。

　　而在一切開始中，你都應注意改善此前發生會合或妨礙的位置及其所在星座之主星。

　　你[77]應知曉，相較那年的季主星（the lord of the quarters of the year）而言，會合或妨礙所在星座的主星更具獨特性[78]，而相較年主星而言，季主星更具獨特性。而若你將它們全部加以改善，將更為有利且更為確定。

　　阿布·馬謝稱，若擇時盤主星[79]為當年世運的太陽回歸盤中月亮[80]所在星座之主星，或[為]當年之年主星或上升主星，且它在回歸盤與擇時盤中都呈現吉象，則預示所開始之事及他的一切作為都是崇高與高貴的。他還稱，若當年世運的上升主星在[事項的]開始、發光體所在位置或中天沒有得到任何證據，則事項將是低劣、被人藐視的。

　　塔巴里稱[81]，若會合或妨礙的位置（及其主星）均位於吉星的界內並且位於吉宮，則事項將穩固而持久——在那之後出生之人以及確立某種尊貴地位之人亦是如此，或者依此人的上升位置而定。

　　金迪稱，若[行動]開始之前的會合或妨礙所在星座的主星於開始之時東出，且它落在自己的星座之中，或與自己的[星座]形成三分相或六分相，則預示事項獲得提升與好運；而若它未形成相位，則無法獲益。

---

77 ｜ 見我在伊朗尼 I.2.10 所作註解。
78 ｜ Proprior，字面意思是「緊密」，指它與擇時的時刻、屬性之間的關聯更精細。
79 ｜ 可能是擇時盤的上升主星。
80 ｜ 依照伊朗尼的資料解讀「兩顆發光體」。
81 ｜ 目前來源未知。

——[VII.2.5：其他判斷法則][82]——

此外你應盡力 [使用] 會合或妨礙時月亮的三分性主星來改善開始，因它們對於本命盤和開始都具有影響力。因此，若它們在開始的時刻得到容納並呈現吉象，則象徵順利。而若在開始的時刻它們處於與此不同的狀態，則象徵不利。

而擇時盤上升位置為當年回歸盤中吉星所落的星座，且有吉星落於尖軸（尤其落在上升位置或中天）、續宮或事項代表宮位之中，能夠對事項有所助益並增添吉象。

Alaçmin[83] 稱，若兩顆發光體彼此形成吉相位，則預示所開始的任何事項都將進展順利，尤其若月亮「位於她喜樂的開端」——亦即龍首所在的星座之中[84]。

馬謝阿拉稱[85]，當行星相對月亮西入時，自身力量得以加強，正如當它們相對太陽東出時，自身力量得以加強一樣[86]；月亮乃是夜晚的主宰，正如太陽乃是白晝的主宰。

塔巴里稱[87]，若無法在開始時同時增強上升位置與月亮，[且] 擇時在白天應先增強上升位置（且尤其，若月亮落在地平線下方，不必在意她）；而若擇時在夜晚，則應先增強月亮（且尤其，若她落在

地平線上方，便不必在意上升位置）。若有選擇的餘地[88]，應盡力從各方面增強兩者（即上升星座和月亮）。若月亮在白天落在地平線下方，而在夜晚落在地平線上方，則上升星座的影響力與吉象將得以提升。而[89]若擇時迫在眉睫，亦需無餘地增強月亮，則須將木星或金星置於上升星座或中天，因為它們將為事項帶來巨大改善。

先賢們稱，對於[諸如]不[打算]長久持續之事可如此[90]行事。然而，對於他們欲長久持續之事（諸如婚姻、建築等等），則有必要增強月亮。若她受到傷害，你應設法將她置於相對尖軸的果宮或續宮之中；而若你無法[做到]自尖軸[91]，則尤其[須使]月亮不與上升位置及其主星[92]、事項代表宮位之主星、她自己所落星座之主星、事項本質與屬性的自然徵象星[93]形成相位。若你無法讓她遠離上述所有位置，則應盡力而為。

Alaçmin稱[94]，相比將月亮置於龍首以增強她[95]，增強徵象星更為有利。

[但]塔巴里認為，增強[事項代表]宮位的主星比增強月亮、上升星座或其他位置更有利——而我對此並不認同，伊朗尼[96]（在[我][97]之前的人）亦不認同：毫無疑問，相較完成事項而言，[伊朗尼]寧願保護[那人的]靈魂與身體，因生命優先於事項[98]。

---

88 ｜ Spatium habueris in electione。即如果你能夠從一段較大的時間範圍之內挑選。
89 ｜ 參見《占星詩集》V.5.11。
90 ｜ 可能指的是塔巴里的上述觀點。
91 ｜ 對照伊朗尼的資料，此處的意思是「而若你無法將她自尖軸移開」。
92 ｜ 這可能指的是以容許度計算的相位，因為如果她落在尖軸，顯然會與上升星座形成相位。
93 ｜ 例如，如果為獲取財富則是木星，為婚姻則是金星。
94 ｜ 見上文關於另一處引用自「Alaçmin」的內容的註釋。伊朗尼資料中的相關段落內容有很大出入。
95 ｜ 見上文，他建議將月亮置於龍首所在星座。
96 ｜ Alambrim。
97 ｜ Ego（「我」的主格）作me。
98 ｜ 換句話說，人身與心理不受傷害要比完成事項更重要。

若[99]月亮的行進速度像土星一樣慢（即當她一晝夜行進少於12°時），則預示事項緩慢、複雜且存在阻力。

哈亞特稱[100]，若擇時迫在眉睫，而月亮卻入相位於一顆凶星，則宜以此凶星作為上升主星；若[此凶星]未受傷害且狀態良好，則更佳；若它從上升星座容納[月亮]，亦更佳。

——[VII.2.6：須避免的情況][101]——

你[102]應避免徵象星以對分相或四分相入相位於凶星；然而若以三分相或六分相入相位，則並非不利，尤其具備容納關係[103]。[因]馬謝阿拉說，與凶星形成三分相或六分相是有利的——我對此並不贊同[104]。相反，我認為此類相位不會帶來好運，亦不會帶來厄運，也不會阻止災禍與它的傷害。

此外你應避免與太陽會合，因這十分不利且應被譴責[105]。而一些人認為在核心內[106]是有利的，對此我並不贊同：相反，我認為這更糟且傷害更大。還應避免與他形成四分相或對分相，而若存在容納關係，他所造成的不幸與傷害將減輕。

且你應謹防上升位置落在當年回歸盤中凶星落入或呈現凶象的星座之中。

---

99 | 參見《占星詩集》V.5.6-7及薩爾關於月亮受剋的內容（《擇日書》§22f）。
100 | 這段內容裡買爾引用自伊朗尼I.2.11，但有所改動。見我在緒論中關於這段內容的論述。
101 | 這一章節的部分內容引自伊朗尼I.2.12，他還補充了其他資料。
102 | 本段內容參見《五十個判斷》#2、5和31，以及下面的註解。
103 | 參見《五十個判斷》#2、5、31，還有《占星詩集》V.5.13。
104 | 此處裡買爾不同意伊朗尼的觀點，而伊朗尼贊同馬謝阿拉的觀點。
105 | 或者可能是「可能受到傷害」（damnabilis）。
106 | Tasim，即所謂的「核心內」（cazimi），與太陽落在同一度數（且特別是與經度只相差幾分）。在《古典占星介紹》II.9中，我引用了伊本·伊茲拉（ibn Ezra）的內容對核心內作出說明。

尖軸落於果宮亦為他[107]所忌——例如，自上升星座起算的第十個星座落在以象限宮位計算的第九[108]宮：他稱之為「後退的」。然而，若它們是偏離的同時又是前進的[109]，則有利[且]能夠完成——如第十個星座落在以象限宮位計算的第十一宮：有人稱之為anafamentum[110]。

你亦應避免上升主星及與月亮相連結的行星西入並隨太陽之後沈落：因如此一顆行星恰似一個精力消耗過半[111]之人。

赫密斯（Hermes）在《黃經之書》（*Book of Longitudes*）[112]中言道，上升與中天（及落在那裡的一切）如同青年；第七宮如同即將步入老年之人，而第四宮如同老人。且他還談及行星的給予和在他主管的宮位[113]之中增長的事物。

——[VII.2.7：行星與發光體一同落在上升位置]——

忌太陽落在上升位置，除非他位於獅子座或牡羊座；且與土星同時落於上升位置時，他會令事項受到傷害且不允許事項被完成，除非歷經千辛萬苦；對海上旅行而言，顯然日土位於上升位置為人所忌。土星與月亮一起落在上升位置預示想法[114]、重大的疾病、死亡、因國王而

---

107 | 里賈爾此處似乎指的是伊朗尼；見我對伊朗尼資料中的段落所作的註解。
108 | 參考伊朗尼和薩爾（《論卜卦》§1.7、《判斷九書》§1.1），undecimam（「第十一」）一詞作nonam。里賈爾或譯者似乎理解成了相反的意思：伊朗尼的意思是，象限第十宮(以中天為標誌)不應落在第九個星座。
109 | In antea。伊朗尼的拉丁文譯本將此理解為「上升的」。
110 | 或anasamantum。這可能源於阿拉伯文對希臘文anaphora的音譯，這個詞指的是提起來或拎起來（bring or carry up），它與續宮有關（這裡指第十一宮）。
111 | Semifesso。
112 | 目前來源未知。但可參見《古典占星介紹》I.11、《亞里士多德之書》II.13及亞歷山大的保羅（Paulus Alexandrinus）的Ch. 7。
113 | Dono（「禮物」）一詞作domo。不過我不明白里賈爾在這裡所說是什麼意思。
114 | Cogitatus。這似乎更像是「憂慮的想法」，或思慮過度而不是無憂無慮。

損失、失去財產、血親或合夥關係的決裂，亦象徵一次不長久的旅行。

　　若木星與太陽一同落在上升位置，則預示悲傷、想法[115]、少量的獲利以及從一個地方換至另一個地方。而若他與月亮一同落在上升位置，則預示大量的水、青年、妾、婚姻及榮譽。

　　若火星與太陽一同落在上升位置，則預示悲傷、焦慮、敵人造成的痛苦、友誼難以增進[116]、損失、因鐵器或火造成突然的死亡。而若火星與月亮一同落在上升位置，則預示血親反目，同時[117]他象徵著藉由欺騙與損耗而獲得勝利與權力。

　　若金星與太陽一同落在上升位置，則預示懶惰、倦怠、尋求虛妄的信任[118]、朋友或血親的指責，還代表過程中有骯髒之事以及女人所求[119]。而若她與月亮一同落在上升位置，則預示良好的健康狀況、改善、來自女人的助益，但中間存在不潔與猜忌。

　　若水星與太陽一同落在上升位置，則預示悲傷與痛苦。而若他與月亮一同落在上升位置，則預示諸多有利之事，只是血親與朋友之間的關係經營不善。

　　若月亮與太陽一同落在上升位置，則預示艱難、猜疑、花費與破壞，以及眼睛的疼痛。

——[VII.2.8：四正與赤經上升][120]——

　　若欲事項穩固而持久，則應避免啟動星座。同樣，欲事項迅速完

---

115 ｜ 見上文註釋。
116 ｜ Perfectionem 作 profectionem。
117 ｜ 拉丁文譯本作「因為」（quare），但我認為這不合理。
118 ｜ Fiducias vanas。
119 ｜ Causam mulierum。
120 ｜ 本章節參見伊朗尼 I.2.7。

成，應避免固定星座。

同樣，若不欲事項長久持續、欲迅速完成，應避免直行星座。而若欲事項得以直接、公平地達成，則你應避免扭曲星座——因這些星座在任何行動與問詢中都象徵著困難。

VII.3.0：論星座及其象徵[121]

——[VII.3.1：四正星座][122]——

眾所周知，啓動星座代表事物是易變的，且在任何形式下，它們的徵象都得不到鞏固，也無法延續。它們有利於播種、購買、出售與訂婚。若有人於此時患病，將迅速痊癒（或死亡）[123]；此時的[法律]案件不會持久；逃亡之人將迅速返回；它們對於異國旅行也是有益的；此時許下的承諾將無法兌現；而此時的夢境與恐懼都是虛假的。且你須避免在此時種植任何植物，亦不應進行建造，因這是不利的。且在此時開始任何你期待能夠持續之事，都將無法持續；但是，可於此時開始任何你想要在[規定]期限內完成之事，因這是有利的。而牡羊座和巨蟹座是較輕的啓動星座，因為它們更為扭曲且改變更為迅速；但天秤座和摩羯座更為堅定且更為平衡[124]。

固定星座對於一切想要延續及持久之事都是適宜且有利的。它們有利於建造建築物，建立婚姻（在於啓動星座之下訂立婚約之後）[125]；

---

121 | 這一章節由里賈爾逐句抄錄自薩爾《擇日書》§§12a-22a。
122 | 參見《擇日書》§§12a-18。
123 | 薩爾本人沒有提到死亡。
124 | Temperata。如何使用這些星座參見《擇日書》相關章節。
125 | 即在啓動星座訂婚以求快速成婚，但在固定星座結婚以求婚姻持久。

若女人在此時被丈夫拋棄,她將不會再回到丈夫身邊;而在此時旅行、爭吵及開始[126]都不會是有利的,除非同時存在多個吉象。若有人在此時被俘獲,他的監禁將被延長;若某人被他的憤怒所支配,則他將無法被他的愛所支配[127];而此時簽訂協議是有利的;奠基及建造亦是有利的。但天蠍座是最輕的固定星座,而獅子座更固定;水瓶座最極端,而金牛座更均衡。

雙元星座對於合作、友誼與手足情誼都是有益的,且此時開始的事項將被重複;此時購買或結婚不會持久,且此時會產生欺騙。此時遭到指控之人(由此而受到[懲罰]),將從中脫身(雙魚座除外,因它[僅有]短暫的出現)[128]。此時出獄之人會再次入獄。而此時逃脫之物將被捕獲[129],但還將再次逃脫。此時在律師或法官前辯論之人,將無法得到確定判決。且你不應在此時登船,因若你登船,將從那條船[130]換到另一條船。而此時許下的承諾,將無法兌現。此時接受禮物,[轉而]將它們贈出[131]。此時患病之人將被治癒,但隨後會復發。且此時發生於某人身上的一切(包括好事與壞事),都會再度發生。而若有人在此時死亡,則在他死後數日之內同一處將有另一人死去;洗頭、煉金或煉銀、送男孩子們[去學習]閱讀或接受其他教育在此時都是有利的,[借貸]資產亦如此[132]。

當你欲開始某事(即之前所提及的事項),你應使月亮與上升位

---

126 | 薩爾《擇日書》§14b的(卜卦)判斷,而不是旅行和爭吵。但里賈爾的說法是合理的。
127 | 薩爾的說法認為憤怒無法被控制(或者,在阿拉伯文版本中為有人難以控制地對當事人發怒)。
128 | 里賈爾(或許還有薩爾——儘管克羅夫茨的阿拉伯文版本中沒有出現)的意思是,雙魚座是赤經上升時間最短的雙元星座(在北半球),因此它穿越地平線的速度非常快。
129 | 薩爾這裡寫作逃犯,但里賈爾拉丁文譯本顯然包括動物。
130 | 依據薩爾的資料,「事」(thing)應作「船」。
131 | 薩爾的資料沒有這一內容,不過這是合理的。
132 | 薩爾的資料沒有關於借貸這部分,但這是合理的。

置[133] 落於與你所求之事相合的星座之中，並使月亮入相位於吉星，且具備容納關係；此外，日間星座更有利於白天的事項，夜間星座更有利於夜晚的事項，你應使月亮與上升位置落於此當中。

—— [VII.3.2：星座的其他分類][134] ——

飛行星座有利於在陸地或海上狩獵之人。

皇家星座[135] 有利於國王。

有聲星座有利於號手、歌手及樂器演奏者。

火象星座有利於 [與火有關之事][136]。

[分點星座[137] 有利於] 真相、法律、公正 [以及那些使用天平之人]。

分歧星座[138] ——即晝夜差異顯著的星座——有利於從一幢房子[139] 搬遷至另一幢。

—— [VII.3.3：擇時中的屬性說明][140] ——

隨後，查看（你欲開始之）事項的屬性，以及天空中哪一星座與該屬性相合，並使月亮、上升主星與之相關聯——而你應盡力在開始的時刻增強、鞏固這一屬性。

---

133 ｜依照薩爾的資料（另見下文相似的內容），in ascendente（「在上升星座之中」）應作 et ascendens。

134 ｜參見《擇日書》§ 19a-b。

135 ｜即火象星座。

136 ｜里賈爾拉丁文譯本將這一句與下一句合併，但我把它分開並據《擇日書》§ 19b 進行了合理的補充。

137 ｜牡羊座和天秤座。

138 ｜即摩羯座和巨蟹座——至點星座（阿拉伯文版本《擇日書》§ 19b 確認了這一點）。

139 ｜或者說，從某「事」（薩爾）變換至其他事。

140 ｜參見《擇日書》§§ 20-21c。

當你欲向國王、有權勢之人、一城之主、受人們尊敬的[141]有影響力之人尋求某事物，則應與太陽關聯。而若向貴族尋求，則應與木星關聯。若向勞動者或下層人尋求，應與土星關聯。若向決斷者（譯註：judges，此處指將軍。）、軍人或擁有兵器之人尋求，則應與火星關聯。若向女人尋求，則應與金星關聯[142]。若向作家、商人尋求，或與購買、售賣、[法律]案件有關，則應與水星關聯。而若向女性統治者尋求，則應與月亮關聯。

——VII.3.4：論月亮受剋[143]——

隨後，若你欲開始某事，應增強上升星座及其主星、月亮及其主星——同時，正如都勒斯和其他智者所言，任何開始、任何行動都須警惕月亮的不良狀態。有十種[不良]狀態：

第一，當她在太陽之前或之後12°內被焦傷時；但位於太陽之後凶性減低。

第二，當她落在自己的弱宮度數時（譯註：這裡給出的是最不利的情況，實際上整個弱宮星座都是不利的。）。

第三，當她與太陽呈現對分相時。

第四，當她與凶星聚集，或形成四分相、對分相時。

第五，當她在12°之內會合龍首或龍尾時（此為蝕發生的分界線）。

---

141 | Quibus 作 quem。
142 | 里賈爾拉丁文譯本將購買、售賣和法律案件與金星相關聯，但《擇日書》明確地將它們歸於水星。我調整了相關語句。
143 | 除最後一句之外，這一章節幾乎是由里賈爾逐字逐句地抄錄自《擇日書》§§22a-f。

第六，當她落在星座的最後幾度——即凶星的界時。

第七，當她落在相對尖軸的果宮時，或位於燃燒途徑（天秤座末端和天蠍座開端）——這是所有月亮受剋情況中最為嚴重的，尤其對於婚姻、一切與女人有關之事、購買與售賣、旅行而言。

第八，當月亮的十二分部[144]與凶星會合[145]，或當她落在自己的星座對面[146]，或她未與自己的星座形成任何相位[147]時。

第九，當她以慢速行進（即智者們所謂[類似於][148]土星的行進）：即她一晝夜行進12º以內。

第十，馬謝阿拉（及他之後的其他人[149]）認為是她空虛之時。

——[VII.3.5：其他說明][150]——

隨後，盡你所能增強月亮，且絕不可將她置於上升位置[151]，因她在此處是不利的，預示痛苦降臨[152]於身體——除非月亮得吉星相助、遠離凶星而呈現明顯的吉象：如此一來，對於購買與售賣而言，她落在上升星座之中並非不利。且使月亮及上升主星與上升星座形成相位：因當一顆行星與其主管星座無相位時，猶如一個人處在無法完

---

144 | Duodenaria。

145 | 薩爾資料的阿拉伯文版本作「與凶星一起落在十二分部」。但這表明是在同一星座或度數聚集，而上文已經提到此內容。里賈爾在此處指的是月亮的十二分部所在星座有凶星落入，而這恰恰與亞歷山大的保羅所述一致（參考保羅的著作Ch. 22，及奧林匹奧多羅斯[Olympiodorus]的案例評註）。此外，《占星詩集》V.5.5有：月亮落在凶星的十二分部星座——這也是保羅所描述的類型。我認為應使用保羅或里賈爾關於十二分部的解讀，而不是拉丁文譯本使用的「第十二個星座」。

146 | 即她落陷（在摩羯座）。

147 | 即她不合意於巨蟹座。

148 | 按照薩爾的資料補充。

149 | 這半句話源於薩爾，他將此歸於馬謝阿拉和不知名的「當今的智者們」。

150 | 本章節除最後一句之外的所有內容參見《擇日書》§§23a-28。

151 | 薩爾稱不可將漸盈的月亮置於上升星座。

152 | Occasiones 作 occidentes。

成有益[之事]的地方，亦無法使[他的家]免於傷害。而當一顆行星與其主管星座有相位時，則猶如一個人在自己的家中且保衛著它，盜竊之人畏懼他，外人亦不敢入內。

而若上升主星為凶星，則使它與上升星座形成三分相或六分相。還須避免使上升主星或月亮所落星座的主星（當它們為凶星時）自尖軸與月亮形成相位，亦不可將它們置於任何尖軸，儘管它們要與她形成相位。

在某些開始或行動中，不應將幸運點置於果宮，亦不應遠離與月亮形成相位或會合之處[153]；也不必關注幸運點的主星及它與月亮的相位。你應盡力將上升主星與幸運點置於一處，因這對於事項有極大助力，令[事項]獲益倍增。而你絕不可將月亮置於自幸運點起算的第二宮、第六宮、第八宮或第十二宮之中，這是為人所忌的[154]。

無論任何開始，始終將上升位置置於直行星座之中，因以直行星座作為上升星座預示事項將獲得成功。

自上升位置起算的第四宮及它的主星，代表所開始之事的結果。

然後考慮吉星與凶星，以及它們的狀態是有力或無力。

都勒斯說[155]，若你見到月亮受剋，而事項緊迫無法推遲，則你不應讓月亮在上升星座中扮演任何角色，並且宜將她置於相對於上升星座及其尖軸的果宮內。然後將吉星置於上升星座，並盡你所能加強上升星座及其主星。

且在任何擇時中，你都不應忽略時主星，因它在擇時中有顯著的力量與象徵意義。

---

153 | 換句話說，不要讓幸運點不合意於月亮。
154 | 月亮和幸運點都代表一系列影響與事件，因此希望它們相協調。
155 | 參見《占星詩集》V.5.10-11。這是馬謝阿拉對此的觀點，正如在《擇日書》§28中所見。見我在緒論中對這段內容的討論。

第一宮

VII.4：論第一宮及其擇時

我列入此宮的擇時有：入浴、剪髮、放血、拔罐及剪指甲。

VII.5：論入浴 [156]

多數占星師認為 [157]，為此擇時應使月亮 [落在] 火星所主管的星座之一，不可入相位於土星或金星。

而若月亮未落在火星所主管的星座，則須使她落在木星或太陽所主管的星座，或她自己主管的星座——而她不宜落在金星或水星所主管的星座。

然而我認為，月亮落在水象星座對入浴而言更佳。若她落在巨蟹座，則令她入相位於木星；而若她落在天蠍座，則令她入相位於金星。

對於想要沐浴較長時間之人，則宜將她置於巨蟹座，以三分相或六分相入相位於木星或金星——因對入浴者而言，入相位於金星預示著美、清爽或使外貌更佳。而對於想要快速離開之人，則須將月亮置於啓動星座。

而你不宜在月亮位於熱且乾的星座時入浴，除非你為了治療患有

---

156 ｜ 其中一些說明似乎可以應用於現代的水療。參見伊朗尼 II.2.5（可能還有《擇日書》§70a）。
157 ｜ 本段參見伊朗尼 II.2.5。

濕症或麻痺 [之人][158]：如此，則她以三分相或六分相入相位於太陽或火星乃是有益的。而若你欲以沐浴潤滑身體[159]，則應選擇與此相反的星座及行星。

然而，若你入浴是為了以氣味芬芳的油塗抹身體，則月亮位於光束下（且離相位於太陽）並入相位於吉星乃是有利之時。且若她落在木星、火星、太陽或她自己主管的 [星座] 之中是有利的。

VII.6：論剪髮

在此，月亮落在天秤座、射手座、水瓶座或雙魚座，入相位於木星或金星較為有利。且在此金星更佳，因她象徵更完美的 [髮] 型，並且生長更緩慢。

而[160] 若 [月亮] 入相位於火星或土星，則不吉。當火星落在上升星座時，你應謹防 [理髮師] 以鐵觸及你的頭部，月亮亦如此，她不可與土星或火星形成入相位——尤其自尖軸：因她入相位於土星預示剪髮之人將為 [煩惱] 的思緒與悲傷所苦，直到頭髮長 [回來]；而入相位於火星預示某些因鐵造成的傷害或錯誤的修剪。

---

158 | 或許指使用熱且乾燥的空氣，例如桑拿。
159 | 這裡指濕潤皮膚以使它柔軟。
160 | 本段參見伊朗尼 II.2.4。

VII.7：論放血和拔罐[161]

——[VII.7.1：金迪的建議][162]——

在此，最佳做法是使上升星座[主星][163]及月亮落在風象星座或火象星座，均呈現吉象且得到容納[164]，同時顯現於他們自身的光之中（他們的主星亦如此）[165]。

注意月亮所落星座及上升主星所落星座象徵的身體部位，應避免用鐵觸碰那一部位（或將[鐵]放置[其上]）。

而若要放[靜脈血]之人的體質接近血液質，則土象星座對他有利；若屬於黃膽汁質，水象星座對他有利；而若屬於黏液質，火象星座對他有利；若為黑膽汁質，風象星座對他有利。

謹防第八宮主星與月亮、上升主星及它們的主星有任何交集，亦不可讓其落於尖軸。且注意以吉星作為中天主星，並與月亮或上升主星形成相位。此外避免使月亮落在第四宮（上升主星亦不可[落於此處]）。

但是，拔罐與藉由靜脈放血的不同之處在於，當你想要以拔罐吸出血液時，在[太陽和月亮]對分之後、[太陰]月的後半月進行是有利的。而若你想要藉由靜脈放血，則前半月更有利，而在兩種[情況]下均還須考量之前所述之星群（constellations）[166]和吉星。

---

161 ｜ 使用某些方法拔罐時，會將皮膚劃開或切開，這樣罐可以將血液經由切口吸出：因此里賈爾及其他人都認為放血和拔罐有緊密關聯。
162 ｜ 這一節摘錄自《四十章》Ch. 32（但某些段落未按照順序編入）。
163 ｜ 依據金迪的內容進行補充。
164 ｜ 金迪認為他們應位於始宮或續宮，並未提到容納。
165 ｜ 在此，所謂在「他們自身的光」之中指的是沒有在太陽的光束下。
166 ｜ 即各種相位。

──[VII.7.2：其他建議]──

我認為月亮在雙元星座時不可放血，因它預示為他放血之人將刺他不止一次，或他有必要在短時間內再次放血[167]。

同樣，在月亮以對分相或任何四分相趨近火星時放血也是不利的（而對分相更加不利），因這可能預示靜脈會受傷，或出血比原本應當的量更多，以至於他們無法[止]血。不過以三分相或六分相入相位並不壞。月亮入相位土星星體（或以四分相、對分相入相位土星）同樣為人所忌，因為這預示血液可能無法流出、或它可能凝固、或靜脈將會收縮[168]，抽血者[169]將懷有憂鬱和不愉快的想法。

而若月亮位於牡羊座或天秤座，入相位於金星或木星（或兩者），預示放血之人將不會對放血心懷恐懼或[煩惱]，且對此感到放鬆，而這對他是有利的，從[170]他身上抽取的血會得到填補，[儘管]經歷時間較長，且放血之後緩慢恢復對他並無壞處。壞血離開他的身體，而他將重新獲得好[血]。

同樣，若月亮入相位於火星或上升主星，則預示放血之後，黃膽汁將得以袪除[171]。而若她入相位於土星，黑膽汁將得以袪除。而若月亮空虛，黏液將得以袪除。

此外，在靜脈放血中，須避免月亮落在上升星座且上升星座為雙子座；而在拔罐放血時，避免她落在上升星座且為金牛座。

---

167 | 里賈爾不同意伊朗尼II.2.8中提出的一種觀點。
168 | 或「縮進」（attrahetur）。這可能指靜脈很難觸及或似乎在肌肉中消失了。
169 | 應將此視為病人而不是抽血師。
170 | 這一句的剩餘部分暫且讀作：supplebit quid sibi ablatum est de sanguine longo tempore duraturum，et non faciet sibi malum quod post minutionem se tardet。我認為更好的結果是身體可以**迅速**補充血液。
171 | 我認為這是指放血將可以除去火星象徵的黃膽汁血液，因此黃膽汁氣質也得以袪除（土星及黑膽汁也是同樣的道理）。

VII.8：論剪指甲[172]

在此，最佳的做法乃是，使月亮增光、增速、得到容納，並且使她不落在雙子座或雙魚座[173]，這兩個星座也不是上升星座。

且須避免使月亮及上升主星與這些星座的主星（即木星和水星）形成相位，因這對於剪指甲而言是最不利的，它們預示當指甲長出來的時候，剪掉指甲的人將陷入[煩惱]與憂慮[174]。

而你可將月亮置於金星、火星主管的星座之一，或巨蟹座、獅子座，它們對於剪指甲而言是適宜的。

---

172 ｜ 參見伊朗尼II.2.3，它更為簡短，在某些細節上也有所不同。
173 ｜ 伊朗尼作「射手座」。
174 ｜ 我認為這是指「被剪指甲的人」，而不是理髮師或指甲修剪師。

第二宮

VII.9：論第二宮及其擇時[175]

涉及此宮的擇時有：委託資產[給他人]、謀求資產與舉債、購買與售賣、售賣產品、給予錢財、接受錢財、從一幢房子搬遷至另一幢、煉金術操作。

——[財務事項的普適性代表因子]——

在我看來你要知曉，大體而言，對於一切與錢財有關的事項，因其歸於交易、購買、售賣的能力，故宜令第二宮及其主星、木星、幸運點（因[幸運點]是重要且有力的代表因子）處於適當的狀態。

然而，若某人想要保持收入[176]，則有必要使上升位置及其它尖軸落在固定星座，且尖軸不應是遠離的（如之前所言）[177]，故而星盤是正的，每個宮位都在自己的星座之中。而若某人想要購買、售賣[178]或進行商業交易，則應反之而為，同時強化擇時盤的根本因子[179]，並依之前所言，藉由木星令它們呈現吉象。

---

175 ｜ 本章節參見伊朗尼 II.3.1。
176 ｜ Separatim。見伊朗尼。
177 ｜ 可能指上文 VII.2.6。另見我在緒論中所述內容。
178 ｜ 即對於想要轉賣或並非自己保留的物品。
179 ｜ Electionem 作 electionum。

VII.10：論經營[180]、謀求資產及舉債[181]

在此，如之前所述，你宜令第二宮及其主星、月亮及其主星、木星、幸運點與資產點呈現吉象；並藉由將火星置於相對這些代表因子而言的果宮之中，清除火星對它們的影響：因火星令財產損失[182]巨大，南交點亦如此；而土星造成損失較小。且你應將代表因子置於交換星座[183]，因它們在此是有利的。

然而，若你想要經營餐飲，須將月亮置於上升星座為大食量星座（即牡羊座、金牛座、獅子座、射手座後半部、摩羯座和雙魚座）之中，此外勿使月亮及上升星座落於土星的位置[184]。

VII.11.0：論購買與售賣

——[VII.11.1：購買與售賣——薩爾]——

須知曉[185]上升星座及其主星、月亮入相位之行星象徵買方；第七宮及其主星、月亮離相位之行星象徵賣方。第十宮及其主星象徵價格，第四宮及其主星象徵售賣之物。月亮亦為價格之徵象星。故在購買與售賣中，你改善其中哪一個，[它代表的]事項就會得到改善。而你傷害哪一個，[它代表的]事項就會受到傷害。

---

180 | Gubernando。

181 | 本章節參見伊朗尼 II.3.1。我認為此類擇時與當事人歸還債務以及他人將借走的錢還給當事人都有關。

182 | 我將 damnum 譯為「損失」（loss）而不是「傷害」（harm，我通常使用這個詞），因為 damnum 一詞有特別的含義，指因罰款或其他原因損失錢財。

183 | 據伊朗尼，這指的是風象星座。

184 | 據伊朗尼，此處或許應理解為與土星「會合」（conjunction）。

185 | 本段參見《擇日書》§§34-5（及更相近的《占星詩集》V.9.5-7）。在伊朗尼 II.8.3 當中，塔巴里假設客戶是賣方，而第七宮是買方。

　而[186]若你欲購買某物，須使幸運點處於適當的狀態並將它置於木星主管的星座，且入相位於[187]吉星：因在此情況下，購買比售賣更為有利。而[188]若月亮落在直行上升星座，增光且增速，並入相位於吉星，則[擇時盤的]主人將失去此時購買之物，相比買方而言，此時對賣方更有利[189]。有必要使火星落在相對於水星和月亮而言的果宮之中，因在購買、售賣及債務事項中，火星將帶來恐懼、爭吵和爭奪[190]——龍尾亦如此。故你尤其有必要為月亮清除掉[龍尾]；不過，[龍尾]作惡不如火星那樣多。

　而[191]若你欲售賣，將月亮置於她自己的旺宮或她具備三分性尊貴之處，同時離相位於吉星並與凶星形成相位（[但]不是入相位於它們）[192]。

　Nufil認為[193]，若你欲購買某物，則須將幸運點置於木星主管的星座，並入相位於[吉星]，因買方將由此受益。而若你欲售賣，則須將月亮置於她自己的旺宮或擁有三分性之處，位於相對凶星而言的果宮而不與它們形成相位，並遠離吉星：如此一來售賣將依你的意願完成。

---

186 │ 本段參見《擇日書》§§39a-d。薩爾再次假定客戶（上升位置）想要購買。
187 │ 幸運點無法入相位於任何行星；薩爾作「連結」。
188 │ 注意這句話與伊朗尼II.3.2中塔巴里的內容有相似之處。
189 │ 這意味著價格是高的（因為月亮增光、增速），且交涉會拖延（因為直行上升星座）。
190 │ Placita。
191 │ 本段參見《擇日書》§40。
192 │ 也就是說，她應形成整星座相位而不是以度數入相位。
193 │ 作者不詳，不過注意，這實際上與上文薩爾的觀點是一致的。但重要的區別在於：在售賣中，薩爾讓月亮離相位於吉星並與凶星形成整星座相位（但不是度數上入相位）；但Nufil似乎認為月亮應不合意於凶星同時又不合意於吉星，或者是與吉星離相位。里買爾重複收錄累贅的資料並且是一個明顯混亂的版本，這在我看來很奇怪。

—— [**VII.11.2：月亮週期**][194] ——

若你欲以公平的價格[195]購買某物，你應趁月亮第二次與太陽四分且落在縮減星座[196]時，且她自身減光並減速，與水星相連結，且[兩者均]擺脫凶星。而若她未與水星相連結，則須令水星免於凶星傷害。

於月亮第一次四分太陽時所購買之物，其價格是公道的（物有所值），且此時採取的任何行動，都是誠實而公正的。而若木星與月亮形成相位（且月亮現身於此處），售賣貨物將幸運又公道。

而當她越過這一四分相後，她即將形成對分相，這對於賣方、謀求競爭或[法律]訴訟者——即發起方——都是有利的[197]。

當她離開對分相的位置、即將第二次四分太陽之時，對於買方是有利的。

而當她離開這個四分之一週期朝會合行進時，對於買方是有利的，[尤其是][198]秘密進行的或欲隱瞞、不願讓他人知曉之事——且尤其她被吉星所見[199]。

此外若她位於兩個西方象限（即從第十宮到第七宮、從第四宮到上升位置）（譯註：托勒密多使用此劃分方法，即ASC-MC與DSC-IC屬於陽性象限、東方象限、日間象限，其餘兩個象限為陰性象限、西方象限、夜間象限。），且上升主星自身行進減速，中天主星未受凶星傷害，則對於以公道價格購買貨物而言最為有利。

---

194 │ 同樣參見伊朗尼 II.3.2 與 II.3.3。
195 │ Bono foro。
196 │ 自巨蟹座開端至射手座末端的星座，此時月亮在赤緯向南方移動：見《占星詩集》V.43.1-3 以及下文圖表。
197 │ 即對於原告更有利（見《古典占星介紹》V.7 中卡畢希的觀點）。
198 │ 我對此作了補充，因為里賈爾把在伊朗尼 II.3.2、《占星詩集》V.43.4-8 及卡畢希（《古典占星介紹》V.7）這些資料中分開列出兩條合併在了一起。當月亮位於最後四分之一週期時，大體來說對每個人（包括買方）都是有利的，因為價格是公道的，但當她進入太陽光束下時，對於隱秘的行動是有利的。
199 │ Prospecta。這可能指的就是形成相位。

圖17：月亮、價格與赤緯（來源：《占星詩集》V.43.1-4）

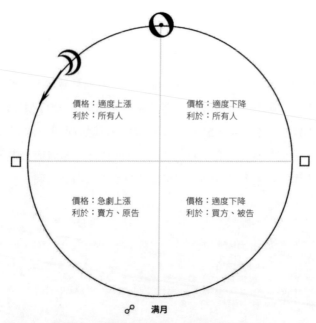

圖18：月亮、價格與月相（來源：《占星詩集》V.44.5-8）

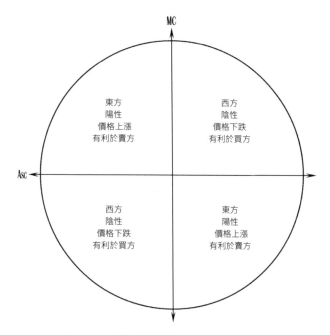

圖19：月亮、價格與象限（里賈爾 VII.11.2、伊朗尼 II.3.2-3）

——[VII.11.3：投資]——

　　若[200] 你欲撥出[201] [你的] 財產從中獲利，須適當放置月亮和水星，或資產之宮[202] 的主星及信任之宮[203] 的度數，還須留意它們的主星位於何處，並令水星扮演其中之一的角色並將其強化，且讓月亮與吉星產生一些交集，盡力為它們清除火星的影響，且使水星順行，落在他自己的廟宮、旺宮或喜樂的位置，脫離太陽光束，同時使他與火星、土星無交集；亦不可使他落在自己的弱宮或凶星的界內（即星座的末端）。

　　而若你急於撥出財富或資產，水星卻逆行，你無法等待他順行，

---

200 ｜ 本段和下一段內容源於《擇日書》§§36-38。
201 ｜ Mittere，按照阿拉伯文及拉丁文《擇日書》。
202 ｜ 第二宮。
203 ｜ 第十一宮。

則尤其須避免他被火星傷害，且令他與木星或金星聚集並入相位它們[204]。還須使月亮處於適當的狀態，因水星逆行時你不可忽視他；且以吉星作為信任之宮的度數之界主星或信任之宮的主星，與水星形成相位，勿使他落在相對[那顆吉星]而言的果宮中[205]，而吉星亦不應落在相對他而言的果宮中。

而瓦倫斯與Cadoros認為[206]，若你希望撥出錢財以獲利，你應適當放置水星且使他順行，並適當放置幸運點度數、信任之宮的度數，且應避免火星與它們產生任何交集。

VII.12：論出售產品[207]

你要在[太陰]月的第二個四分之一階段採取行動，並使月亮增速且落於增長星座（它們為扭曲星座）[208]，此外須使她位於圖中兩個上升象限（即陽性象限）之一[209]，而上升主星亦落於這些位置之一；且中天及中天主星未受傷害；而月亮亦未受傷害，會合水星，且快速。

VII.13：論提供資本[210]

你須知曉，上升星座及其主星象徵資產所有者，即提供資本之

---

204 | Et eum applices illis。這似乎是冗贅的，且並未見於薩爾的資料中；不過這與《占星詩集》V.5.20相似，《占星詩集》稱，當木星、金星、水星均與上升星座形成相位時宜借錢。
205 | 即「不合意於」。
206 | 目前來源未知。
207 | Proventus。這指的是所有具體的收穫與產出：農產品、作物產出、收成。參見上文VII.11.2、伊朗尼II.3.2-3，以及《占星詩集》V.43中的原始資料。
208 | 它們也是《占星詩集》V.43中的上升星座（ascending signs）——即扭曲星座，因為它們自南赤緯向北赤緯上升。
209 | 所謂東方或陽性象限：自上升位置至中天以及自下降位置至天底。
210 | 參見伊朗尼II.3.4、《擇日書》§§29b-31及《占星詩集》V.20。

人。而第七宮及其主星象徵接受之人。月亮與水星[為]資本的徵象星。

而若上升主星與第七宮主星達成一致[211]，且月亮、水星落在第四宮或與第四宮主星落於一處，呈現吉象，事項將順利完成。

若月亮位於太陽光束下，則資產受到損害，因太陽（[此刻]為資產的徵象星）焦傷了月亮[212]。此外[213]若月亮位於燃燒途徑，或朝南方的緯度行進，或落於獅子座、雙子座、射手座這三個星座的第一度內，或上升於這些度數[214]——所有這些情況均不利於提供者，但有利於接受者。

有一些智者[215]認為，於土星時或太陽時提供資產是不利的。

且你應知曉，太陽象徵提供資產之人，月亮象徵接受之人：因月亮從太陽接收[光]。

VII.14：論接受資本[216]

須知曉[217]這與之前所言之事相反：因欲接受資本之人應樂見月亮落在獅子座、處女座、天蠍座、射手座或水瓶座，且減光並與金星、木星或水星形成相位；且上升星座為前述星座之一，而上升主星與第七宮主星擺脫凶星，且它們——即一方與另一方（譯註：指上升主星與第七宮主星。）達成一致。

而在此，火星時與太陽時為一些智者[218]所忌。

---

211 | 例如三分相、具有容納關係的困難相位（如四分相）、光線傳遞等等。
212 | 更確切地說（如《占星詩集》所言），資產將因為有人想要將事項公開而受損；但或許有利於想要保密之人。
213 | 參見《擇日書》§§30c-31及《占星詩集》V.20.6。
214 | 伊朗尼作：這些度數上升。
215 | 顯然是阿布‧馬謝：見本書第二部中里賈爾VII.100的內容。
216 | 參見伊朗尼II.3.5。
217 | 本段參見《擇日書》§§29a-b及《占星詩集》V.20.7。
218 | 見里賈爾VII.100中阿布‧馬謝的內容，但里賈爾在任何事項中都不喜火星時。

VII.15：論搬遷

當[219]從一幢房屋變換至另一幢房屋時，需要檢視的代表因子與旅行者進入城市時所需檢視的代表因子相同[220]。

在搬遷時更為必要的是，將金牛座或獅子座置於第四宮，因這象徵潔淨[221]、吉祥之所，且沒有爬行之物。然而若天蠍座位於此處，則意味著有許多爬行之物在此，且有毒，尤其若土星或火星與此形成相位。此外你應避免將凶星置於第四宮，亦不可使其與第四宮形成懷有敵意的相位。且在此，金星落在第四宮更有利。

但為搬遷擇時的基礎是：勿使上升星座與第七宮被凶星所傷，月亮亦如此，且月亮入相位於吉星，而此吉星上升於北方且增速，月亮增光又增速，第八宮主星與第二宮主星亦未受凶星傷害，第二宮主星落在上升星座、第四宮或信任之宮：因這對此事最為有利，蒙主庇佑。

VII.16：論煉金術操作[222]

若你欲進行煉金術操作或其他與火有關之事，或你希望重複之事，則令月亮落在雙元星座，避免被凶星傷害，上升星座亦如此，且在此（若操作與金有關），則盡力適當放置太陽最為有利，而象徵其他金屬的行星亦是如此[223]。

---

219 | 前三段參見伊朗尼 II.3.6。
220 | 例見伊朗尼 II.1.10關於適當放置第二宮的內容。但須留意余下的部分將擇時聚焦於第四宮，因為並非僅僅關注隨後會發生什麼（第二宮），而是關注選擇新住處本身（第四宮）的特徵。
221 | Limpiditatem，通常指明亮和清晰：不過結合上下文這裡似乎指的是房屋明亮、乾淨。
222 | 參見《擇日書》§41。這一主題之所以被列入第二宮，或許是因為薩爾認為它與通過製造貴金屬賺錢有關。
223 | 例如，比魯尼《占星元素說明》(§§409-11)列出鉛對應土星、錫對應木星、鐵對應火星、珠寶及珍珠對應金星、水銀對應水星、銀對應月亮。

第三宮

———

VII.17：論第三宮及其擇時

涉及此宮的擇時有：與兄弟[和]血親建立友好關係，以及教授法律。

——[親戚之間友好關係][224]——

關於兄弟，適當的做法是，使第三宮及其主星處於適當的狀態，且事先檢視擇時盤的基礎，而此宮主星應以三分相或六分相入相位於上升主星，且具有容納關係；此外它須與上升星座形成吉相位。而在此，宜令上升主星落於第十宮或第十一宮且使月亮與它們形成相位。

而若事項與兄長們有關，宜適當放置土星並讓他與那裡形成有容納關係的吉相位。若與中間的兄弟們有關，則你應以與土星相同的方式檢視火星；若與弟弟們有關，則以與土星相同的方式[檢視]水星；若與姐妹們有關，則依所述的這種方法適當放置金星。

當欲與父母[225]建立良好關係時，亦應依此擇時，使用之前所言處理第三宮的方法來處理第四宮；欲與子女建立良好關係亦是如此，使用之前所言處理第三宮的方法來處理第十一宮[226]。

---

224 | 此類擇時參見伊朗尼II.4.1。
225 | 這是一個概括性的詞語，它泛指父母以及他們自己或老一輩的其他親戚。
226 | 通常會認為這裡應該是第五宮；伊朗尼認為應以同樣的方法處理「子女之宮」，這似乎是更為適當的。

VII.18：論開始說明法律的學問[227]

在此，宜適當放置第三宮及其主星、木星和兩顆發光體（若他們落在木星主管的星座更佳）。若你還想要學習細節與原則[228]，則亦須適當放置水星，並使所提及的代表因子彼此形成吉相位。同樣，你還應盡可能使它們與彼此主管的星座形成吉相位。

---

227 | 參見伊朗尼II.4.2，它認為這與對神的忠誠信仰——即宗教法律有關。
228 | Decreta。

第四宮

VII.19：論第四宮及其擇時

涉及此宮的擇時有：著手建造城市以及要塞與房屋、關於[從井中]抽水、與河道有關的事項、挖掘土地、購買土地、開墾[土地]、造磨、播種與種植樹木、取得土地耕種以獲報酬、以房屋換取報酬[229]，為房屋驅魔。

VII.20：論建造城市與房屋

——[VII.20.1：建造城市]——

須知曉建造城市和大型建築僅限於國王與權貴[230]：故若你欲為此事作出良好的擇時，則要考慮他們想要在何處建造，屬於何氣候區，該氣候區由何行星主管，此地位於何星座的分區之中，該星座由何行星主管，是吉星抑或凶星，是否有同伴（譯註：partner，可能指與其形成相位或會合的其他行星。），該星座的三分性主星屬於何種類型及其分區位於何處[231]。

---

229 | 拉丁文原文是以土地換取報酬、取得用來工作的房屋以獲得報酬。我對它們進行了調整，這樣更符合下文 VII.26-7的內容。

230 | 因此伊朗尼在II.1.3中將這種擇時歸入為國王和權貴擇時一類。

231 | 里賈爾的意思是，因為城市以及有格局之人的房屋在整個地區扮演政治角色，因此應適當放置對那一地區具有世運象徵意義的行星和星座。更多有關行星與星座的地理區域分配見《四書》II、《古典占星介紹》I、《薩爾與馬謝阿拉著作集》（*Works of Sahl & Māshā'allāh*）中的世運部分、《天文書》Tr .8以及我即將出版的世運系列《世界占星》（*Astrology of the World*）。

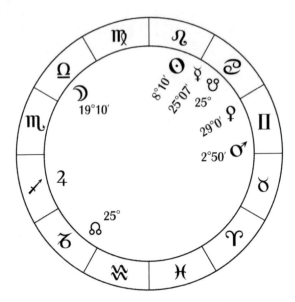

圖20：巴格達建城盤——據比魯尼[232]

　　然後，若恰巧該地點的主星為土星，你莫擔心：於工程開始之時，使木星與他聚集，或將他置於[土星]的任一尖軸。將月亮與木星置於一處，且增光，或與金星置於一處，或落在它們中間，並離相位於土星；且使土星在建城盤中對中天與上升位置都形成支持[233]。

---

232 | 阿拉伯曆中的日期對應西元762年7月31日（見霍登[Holden]2003年的出版著作）。木星落在上升位置，但確切上升度數不詳。據比魯尼（《年譜》p. 262）稱，這張星盤的時間是由波斯人諾巴赫特（Nawbakht）負責挑選的。曼蘇爾王（al-Mansūr）為此團隊而雇用的成員還包括馬謝阿拉和烏瑪，塔巴里。霍登指出這些占星師使用的是「與回歸黃道有大約4度之差的固定黃道」。

233 | Partitionem解讀為partem。

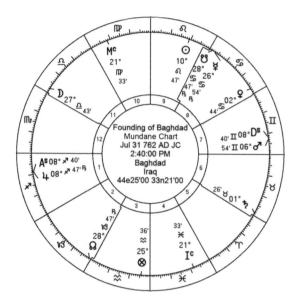

圖21：巴格達建城近似的星盤
（現代計算）

　　你應盡量以木星主管的星座作為上升星座。而若你無法為之，仍應[使它]避免被火星所傷[234]。使火星落在果宮之中，遠離月亮、上升位置、開始時刻的主星、上升位置的界主星；而上升位置的界主星應為吉星，順行且增加（譯註：可能指增速。）。你應謹防它逆行，且上升主星應位於自己的旺宮或喜樂之處，太陽應位於較輕的星座並且位於直行星座（譯註：較輕的星座可能指由較快速的行星主管的星座。快速的並為直行的星座應為巨蟹座、處女座、天秤座，可能還包括太陽自己主管的獅子座。）。

---

234 ｜ 原文為「Et si non sit aliud [aliquid?], tamen salvum a Marte」。

　　須使幸運點及其主星落在吉星主管的星座，且幸運點與月亮形成相位：因從幸運點及其主星、月亮的狀態及此相位，可獲知城市的繁育力、統治者與居民的德行、城市中的財富與好處、由交易帶來的利潤與成功。此外須為幸運點清除火星。

　　此外盡你所能適當放置土星：因若土星為星座分區的主星（如前所述），則如此前所言，藉由會合木星或他的吉相位來增強土星，則預示城市堅固持久，並擁有諸多民族及眾多定居者，他們之間和平且和睦，人口亦不會減少。

　　而城市的繁育力取決於木星、月亮與太陽的力量：因若木星得到支持且兩顆發光體[被]增強，則土星在此不但不會對木星造成傷害，反而象徵城市長久延續，居民世代承襲。

　　在建造城市時，須盡你所能留意火星，因所有智者都認為：若他與城市所在地之主星有某種聯合關係，或他為該地的主管行星之一，而他與木星或開始建城之時的發光體融合，則預示此城障礙重重，它和其中的民族總是受限制與圍困。若火星入相位於幸運點及其主星，或[它們]之間形成相位或有某些交集，則預示繁育力的匱乏與降低，且[城市]之主永遠對百姓作惡。

　　Bericos[235]（及與他同時期的其他先賢們）稱，他們發現有一座城[236]在開始建造之時火星與木星、金星聚集，落在自上升位置起算的續宮之中：故火星藉此傷害該城的國王，並使他變得邪惡、令人憤怒、多行不義並對城中的百姓敲詐勒索。

　　故須注意，在開始建城之時，你應盡己所能將火星置於果宮；若

---

235 ｜目前不詳。
236 ｜根據這裡的描述，這個「城市」應該是一個致力於某一行業勞動的小型社區，由一個小小的獨裁者統治，並不是真正的「國王」。

無法[為之]，則應將他削弱，並使木星比他更加強大，同時增強兩顆發光體和幸運點：因倘若他被削弱，且木星比他更強大，兩顆發光體和幸運點亦得到加強，則城市不會受到嚴重傷害。儘管如此，爭端與勞苦依然會出現在城中。

此外你應盡力爭取使月亮的十二分部落在吉星的界內[237]，或落在吉宮，或與吉星相連結：因這對於開始建造城市而言是好兆頭。

法德勒・本・薩爾認為，在為開始建造城市（或其他事項）擇時時，更為有利的做法是，使月亮避免凶星的傷害，遠離會合或對分[太陽]的位置，避免焦傷，遠離燃燒途徑，且月亮不可空虛，亦不應下降於南緯，不可位於星座的末端，亦不可位於星座的初度數，不可位於她自己的弱宮，亦不可位於井度數（welled degree，譯註：詳見詞彙表。），不應使她所在星座的主星不與她形成相位[238]，亦不應使她落在第六宮、第十二宮或兩個交點處（即沒有緯度）。而要使她增光且增速[239]，緯度向北上升，且她應位於自己的旺宮或木星（譯註：阿拉伯版本為「太陽」。）的旺宮，此外使木星或金星順行且與她落在一處，落在相對開始之時上升位置的尖軸（尤其在上升星座或第十宮之中），且擁有尊貴，並位於自己的場域[240]。上升位置與月亮落在土象星座是有利的，尤其是金牛座與處女座。

同樣，若龍首與木星會合於上升位置，且那一時刻的發光體位於中天，則預示城市長久延續，在其中的各民族發展且得到好的結果。

---

237 | 我不太清楚這是什麼意思。或許里賈爾的拉丁文譯本把「落在吉星的界」與「有一顆吉星落在月亮的十二分部所在星座」混為一談了？

238 | 換句話說，她所落星座的主星**應**與她形成相位。

239 | 本句參見《擇日書》§45a。

240 | 見《古典占星介紹》III.2。

　　而若上升星座為雙元星座，則預示那裡生活著擁有不同習俗的諸多民族，尤其若有許多行星與上升位置和月亮形成相位時。

　　若開始建城時恰逢水星會合龍尾，則預示此處謊言遍布，充斥欺詐與爭辯。而若木星會合龍尾，則有損城中貴族。若太陽會合龍尾，則有損統治者地位。若金星會合龍尾，有損女人。若土星[241]會合龍尾，則有損年長之人及奴隸。若火星與之會合，則有損所有軍人。若月亮會合龍尾，則有損城中百姓。

　　而若在開始建城之時，恰逢上述行星中的一顆得到增強，落在吉宮且擁有良好狀態，則依之前所述[242]，與它相對應的事物將獲得好運與成功。

—— [VII.20.2：宮位的世運象徵意義] ——

　　你須知曉，城市的上升星座代表其中的百姓；第二宮代表資產、援助[243]、維持生計之道[244]；第三宮，法律；第四宮代表事項的結果，它的狀況[245]會導致什麼，城市的隱蔽之處（如財寶等）；第五宮代表城中居民的子女；第六宮，城中的奴隸，居民的疫病；第七宮代表他們的婚姻與[法律]案件；第八宮，城中較大的房屋和他們的援助者；第九宮代表他們的道德習俗與旅行；第十宮代表職業、工作及他們的主人；第十一宮，朋友與同盟者；第十二宮代表野獸、軍隊以及他們的敵人。

---

241 | 原文作 Mercurius。
242 | 即上一段所說：金星對應女性等等。
243 | Valimenti。這個詞也有貨幣價值的含義。
244 | Victui。
245 | Causa。遺憾的是這個拉丁文詞彙太過籠統，因此很難知道里賈爾指的是什麼。

故凶星所落宮位或主星呈現凶象的宮位，斷定其所代表之事不吉且有害；而從（開始建城之時）吉星所落宮位或主星呈現吉象的宮位，斷定其所代表之事吉祥且有力。若土星位於城市的某一尖軸，藉由自身[246]離相位[於其他行星]，則預示事項及城市行動的延遲。若火星位於那裡，則預示惡行、掠奪[247]、損失與燥熱的空氣。若土星和木星在開始建城之時東出，彼此形成吉相位，且位於吉宮並得到強化，則預示城市擁有長久的穩固與繁榮。

──[VII.20.3：其他權威觀點]──

胡拉扎德稱[248]，在一張較為有利的建築擇時盤中，上升位置及其主星應落在土象星座或水象星座，月亮增光（自第七天至第十四天），快速且增速，於黃緯、赤緯向北方上升，甚至還自她的弱宮向旺宮行進，入相位於一顆落在自己旺宮或月亮旺宮的吉星，[且]它東出又未受凶星傷害；此外，在夜晚令月亮落於地平線上方，在白天落於地平線下方[249]，入相位於落在上升位置右側的吉星（譯註：通常指東方象限。在北半球，當你面向東方時，右側的一切都是朝中天方向上升的。）；且她[250]應位於長上升星座（即自巨蟹座至射手座末端）[251]：若你能做到上述全部，最佳；否則，你應盡力而為。

---

246 | Per se separatus。

247 | 或者是搶劫、搜刮戰利品（raubariam）。

248 | Harzet。參見伊朗尼II.1.3，而他沒有說明來源。

249 | 即在她的區分（ḥalb）：見《古典占星介紹》III.2。

250 | 或許是「它」，即月亮入相位的那顆行星。

251 | 北半球的直行上升星座。在南半球（如澳大利亞）這些星座是扭曲星座，而長上升、直行星座從摩羯座到雙子座末端。

此外[252]你應避免月亮位於自龍尾起90°的位置，因這對她而言最為不利，如此一來她的緯度向南方下降[253]；而當她處於這種狀況且在處女座至天秤座時是最低的，因她的赤緯亦是下降的[254]。除此之外若她還減光且慢速，則更為不利：若月亮集上述全部狀態於一身，則所受傷害尤甚。

同樣，你應小心避免凶星落在上升星座或第四宮：因若它們位於此處，則預示建築建成後會因水、雨、水流[255]而受到損害；若土星為損害者，預示在工程開始之時會伴有拖延與勞苦；若火星為損害者，則預示建築將被火焚、拆毀或被敵人破壞。

Nufil稱[256]，據他之前的其他智者們說：若你欲為自己及子孫建造一幢房屋，應適當放置月亮、上升位置及其主星、幸運點（因這些對於財富、竣工、房屋的耐久性而言是更為必要的代表因子），亦須適當放置水星。且應盡己所能為所有這些代表因子清除火星。若你無法為之，則確保金星落在吉宮，使金星強過火星，並與他形成三分相或六分相；或她應落在尖軸，被抬高在他之上[257]。且盡你所能為她清除土星，因火星與金星相伴[僅僅]造成適度的傷害，鑒於他們在一起總是感到喜悅和快樂——當他與月亮形成吉相位時亦如此。然而當土星與金星有交集時，土星的傷害將加劇，當其自強力位置及擁有尊貴之處形成相位時亦如此。此外確保月亮增光且快速，與木星、金星

---

252 | 我認為這段話和下一段話也是胡拉扎德的觀點，因為在最後一段末尾里賈爾用一句話將這些全部關聯起來並歸於胡拉扎德。

253 | 里賈爾所說的是月亮位於她的南「轉折點」（「bending」），即在龍尾之後90°。由於龍尾是月亮緯度向南移動時穿越黃道的標誌，南轉折點則是她在最終向北移動之前的最低點。

254 | 自處女座向天秤座移動即是從北赤緯星座移動到南赤緯星座。如此一來，當月亮在黃緯和赤緯上都位於南緯時，里賈爾認為這是更糟糕的。

255 | 按字面意思來說是「溝渠」（aqueductus）。

256 | 參見《擇日書》§§43-45d。薩爾可能就是這裡所說的「其他智者們」之一。

257 | 即金星以右旋六分相、三分相或四分相支配火星。

聚集，或形成三分相、六分相、四分相，為她清除土星及火星：因土星代表專心[258]工作、良好的秩序及耐久力、結束，而這預示行動將被拖延，疲勞日漸增長。火星預示將開裂、被焚或遭盜賊、惡人損害。在這些論述及此類擇時中，Nufil對胡拉扎德[上述觀點][259]表示贊同。

VII.21：論藉由挖掘及從河流、小溪[260]引流取水[261]

對此有利的擇時為[262]：月亮位於地平線下方[263]，落在固定星座且落在自上升星座起算的第三宮或第五宮；上升星座及其主星擺脫凶星並呈現吉象；且土星東出。若月亮落在地平線上方，須使她落在第十一宮。若土星落在第十一宮，則是有利的，但他不可與月亮以星體相連結。此外，適當放置木星，使凶星不落在中天。

若[264]月亮處於第一次四分太陽的階段則有利；並且盡你所能使月亮呈現吉象、落在始宮並被容納，而尖軸在星盤中不可落在遠離的位置（如之前所述）[265]；且上升主星東出並落在擁有尊貴之處，位於尖軸或朝向尖軸移動；上升位置落於水象星座，藉由吉星增強而呈現吉象。月亮與幸運點亦應具備上述特徵。此外，適當放置事項開始前的會合或對分之處。

---

258 | Appositurae。

259 | Hazet。不過依然參見薩爾《擇日書》§§45b-d。

260 | Zequias（1485譯本）、zequiis（1551譯本），阿拉伯文為sāqīyyah。這個詞指包括天然的和人工的許多類型的水流。

261 | 參見伊朗尼II.1.6。

262 | 本段參見《擇日書》§§50a-d。

263 | 參閱伊朗尼和薩爾原文中對「上方」一詞的解讀。

264 | 里賈爾的這一內容摘錄自伊朗尼，但它最初源於《四十章》§§482-83。

265 | 見本書緒論。

VII.22：論購買土地[266]

在所有此類事項中，藉由適當放置之前所述因子[267]，使土地之宮（即自上升位置起算的第四宮）處於適當的狀態乃是有利的。

——[VII.22.1：購買土地用於建築]——

若[268]土地用於居住（如房屋等），須使月亮落在自己的廟宮或旺宮，或中天的位置，同時與上升主星形成相位，並從她的相位將火星清除。且[269]使第四宮位於固定星座；使各尖軸的主星東出，快速並向北方上升[270]。

——[VII.22.2：購買土地用於耕種][271]——

而[272]購買任何土地都應使擁有尊貴的吉星落在尖軸，尤其落在上升位置和第四宮，且兩顆發光體與上升位置、第四宮形成吉相位。不可使逆行的行星落在尖軸，亦不可使尖軸的主星逆行。

金迪稱[273]，第四宮不可為火象星座，亦不[應使其一]置於第九宮、第五宮或第十一宮，亦不可使火象行星位於[第四宮]，尤其若

---

266 ｜ 本章節全部內容參見伊朗尼II.5.1。
267 ｜ 伊朗尼II.5.1明確指出這是與購買相關的因子：見II.3.2-3及里賈爾VII.11.1-2。
268 ｜ 參見《擇日書》§49c。
269 ｜ 參見《四十章》§475。
270 ｜ 可能是在北黃緯上升。
271 ｜ 此類擇時的大部分內容源於《四十章》Ch. 14.1。
272 ｜ 本段源於金迪《四十章》Ch. 14 §469。
273 ｜ 這段內容與《四十章》Ch.14 §472-473相對應。但在我看來雨果的譯本中第一句似乎更合理，特別是因為他含括了一些說明。在雨果的譯本中，金迪警告我們不要讓凶星落在第九宮、第十一宮或第五宮，並且避免使火象星座或行星落在第四宮——當它與吉星不合意時。

凶星在此被強化[274]。且若第四宮為水象星座，則勿使土星與其形成相位。若中天呈現凶象則不吉。

你應[275]知曉，上升位置及其主星象徵事項、買方及由此所得收益、住所；中天及其主星象徵地上植根之物（如樹木等）。第七宮[276]及其主星象徵土地、居民及為土地的主人服務之人。（而[有人]認為它們象徵藥草與植物。)[277]第四宮[278]及其主星象徵土地的產出及播下的種子。故若這些代表因子中的某一個受剋，則預示相應事項受到損害；而若它們中的某一個得到增強，則預示相應事項得到改善。

[烏瑪・]塔巴里稱：木星、與月亮離相位的行星代表購買土地之人；而月亮入相位的行星代表結果，以及土地和售賣將會如何。

VII.23：論在土地上定居[279]

在此，宜使月亮被吉星容納，且該吉星位於始宮或續宮，同時上升位置及月亮所落星座的主星狀態良好。注意使吉星落在資產之宮當中，且它未受凶星傷害，而幸運點亦落在其中。金迪稱資產點應落在此處，並使會合或妨礙的位置落在尖軸。

此外，月亮（當她離開會合或妨礙後）入相位於一顆強力的、落在始宮或朝始宮移動的吉星，且會合或妨礙的主星應為吉星；月亮所在星座[的主星]與第四宮主星亦如此。

---

274 | 根據金迪的說法，這指的是：尤其若它們不合意於吉星時。

275 | 本段與《四十章》Ch. 14 §470一致。參見伊朗尼 II.5.1中圖示，它顯示了金迪與「馬謝阿拉的傳承」/《占星詩集》內容的不同之處。

276 | 原文作「第四宮」，此處依照金迪和伊朗尼的資料作解讀。

277 | 這是伊朗尼添加的內容：他指出「馬謝阿拉的傳承」(《判斷九書》4.5[薩爾]、4.8[哈亞特]、4.9[「都勒斯」])將此歸入購買土地的卜卦中。

278 | 參閱伊朗尼和金迪的資料為「第七宮」。

279 | 本章節參見伊朗尼 II.5.2，雖然它溯源於《四十章》Ch. 16.4。雨果譯本的金迪資料細節有所不同。

VII.24：論造磨[280]

在此，樂見上升位置及月亮落在牡羊座、天秤座、處女座末端；並謹防月亮落在巨蟹座或摩羯座（因它們是日夜差異［最大］的星座）[281] 且若月亮及上升主星落在前述星座之中，未與凶星形成相位，則是對此有利的擇時。

而若為建造另一種類型的磨[282]擇時，你亦應採用這種方法。

VII.25：論播種與種植樹木[283]

若你為欲在當年收穫的作物（如蔬菜、小麥等）擇時種植，且這些作物都適合此季節，則須使月亮落在啓動星座。若她位於摩羯座、巨蟹座或處女座，則是有利的。使月亮增速；落在雙魚座亦有利。

而若你為種植樹木擇時，則使月亮落在固定星座，尤其位於金牛座或水瓶座；且令土星處於良好的狀態，或落在續宮，或落在擁有尊貴之處，且他在上升位置具有相應的證據；上升星座為之前所提及的星座之一；且木星自其具有尊貴之處與土星形成吉相位。此外，在所有這一切當中，你應提防火星。且在種植樹木時，旺宮主星比廟宮主星更具影響力。

哈亞特稱[284]，使月亮所在星座的主星落在水象星座，與月亮形成

---

280 ｜ 本章節參見伊朗尼 II.5.3。
281 ｜ 這裡的想法是，磨的重量必須十分均勻地分布，因此需要用分點星座而不是至點星座。
282 ｜ 伊朗尼明確指出是懸掛在船上的磨；詳見他的說明。
283 ｜ 本章節參見伊朗尼 II.5.4。
284 ｜ 這幾乎與薩爾《擇日書》§§51-52a 內容相同，不過薩爾（和伊朗尼 II.5.4 的說法）在某些方面有差異。

相位。而若上升星座並非固定星座，則以雙元星座代之，且其主星須東出，緯度上升。

VII.26：論租賃土地[285]

在此，宜使上升星座及其主星呈現吉象，上升主星須朝向尖軸移動且位於土象星座（月亮亦如此），或落在大地之軸；並且使月亮離相位於一顆未受凶星傷害的吉星，因它是土地所有者的徵象星；而第七宮主星應為吉星，且你應[安排]它與上升[主星]和諧一致。同樣，月亮入相位之行星亦應與它離相位之行星和諧一致。

這種擇時亦可用於租賃溪流及開墾[286]土地。

你須知曉：上升星座及其主星、月亮離相位之行星象徵土地的所有者；第四宮及其主星象徵土地本身；第七宮及其主星、月亮入相位之行星象徵承接土地以獲取報酬之人。故，注意適當放置你欲增強的代表因子。

VII.27：論出租房屋與為獲報酬而生產[287]

你須知曉，上升位置為房屋所有者的代表因子，第七宮為[土地]

---

285 ｜ 參見伊朗尼 II.5.5。這種擇時似乎認為，客戶（上升星座）是土地的所有者，想要付錢讓別人（簽約的農民，第七宮）來耕種。

286 ｜ Postulandis 一詞解讀為 populandis，這樣與伊朗尼的資料更一致。

287 ｜ 參見伊朗尼 II.5.6。在我看來，這種擇時是反向的。首先，這一章節和前一章節都以上升位置作為土地所有者，以第七宮作為承接者——這使簽訂租房契約變得多此一舉。其次，第二段明確將這種擇時與《占星詩集》V.8 的內容（被《判斷書》§§4.11-12 中薩爾和哈亞特的內容所繼承）相關聯，而《占星詩集》的方法卻相反：以上升位置作為想要租借土地的承接者，而第七宮為所有者。（事實上，許多有關出租和商業交易的擇時和卜卦都弄不清誰扮演什麼角色。）因此，我建議這種擇時與之前那種相反：客戶為想要承租某人的土地耕種賺錢（獲取利潤）的一方，第七宮是資產所有者。在下文縮進的段落中，我根據《占星詩集》和「馬謝阿拉的傳承」，對這種擇時提出了我認為正確的解讀。

上居留者的代表因子，中天為價格^[288]的代表因子，而第四宮為事項的結果。故，適當放置你欲增強的代表因子。

> **[戴克修訂版本：]** 你須知曉，上升位置為 [土地] 上居留者的代表因子，而第七宮為房屋所有者的代表因子，中天為價格的代表因子，而第四宮為事項的結果。故，適當放置你欲增強的代表因子。

現若上升位置呈現凶象，則預示房屋所有者將毀約。而若第七宮呈現凶象，則預示為獲報酬而持有 [土地] 者將毀約。

> **[戴克修訂版本：]** 現若上升位置呈現凶象，則預示為獲報酬而持有 [土地] 者將毀約。而若第七宮呈現凶象，則預示房屋所有者將毀約。

月亮入相位之行星為 [那個人，即]^[289]租住者的徵象星。而她離相位的行星為接收租住者之人^[290]的徵象星。月亮所在星座的主星 [為] 事項結果的徵象星。

> **[戴克修訂版本：]** 月亮入相位之行星為接收租住者之人的徵象星。而她離相位的行星為 [那個人，即] 租住者的徵象星。月亮所在星座的主星 [為] 事項結果的徵象星。

[烏瑪·] 塔巴里稱^[291]，在此宜適當放置木星及土星，且使二者彼此形成吉相位。

---

288 | loci（「地方」）一詞參閱伊朗尼和《占星詩集》作此解讀。
289 | Domini。在中世紀拉丁文文獻中，這往往指的是由宮位所代表的人，如該主題的「所有者」或「主人」，因此客戶有時被稱為「卜卦盤的主人」。
290 | 即想要進行擇時的客戶——被假定是出租自己的財產並接收租住者的那個人。
291 | 參見《擇日書》§§48-49b。

VII.28：論為房屋驅除幽靈[292]

若在某房屋中或其他地方出現某些令人們驚恐之物，抑或一些凶兆[293]將人們從家中嚇跑或令居住者感到煩惱，而你欲藉由咒語或其他手段，或某種神力[294]將其從房屋中驅除（或 [使它] 離開那個 [地方]），則你應避免使月亮落在上升星座，不應使上升位置位於獅子座、巨蟹座、天蠍座及水瓶座；亦不應使月亮落於這些星座，須使她落在其他星座之中，並離相位於凶星 [且] 入相位於吉星。

---

292 ｜ 參見《擇日書》§§60a-b。
293 ｜ Signale。
294 ｜ Magisterium（遵照尼梅爾[Niermeyer]的資料）。

第五宮

———

VII.29：論第五宮及其擇時

涉及此宮的擇時有：與女人同房以使她懷孕、為嬰兒哺乳、使其離[乳]、施洗、行割禮、穿著新衣、關於禮物、派遣使者、以寄出為目的進行寫作、關於食物和酒、關於氣味美好之物、放飛鴿子以吸引其他鴿子、從母親腹中取出死[胎][295]。

VII.30：論與女人同房以使她懷上男孩[296]

關於此事，適當的擇時乃是：你應使上升位置落於固定星座、直行上升星座之中，且[使]尖軸落於固定星座[297]，[置]上升主星於上升星座、中天或第十一宮；且第一個跨越上升度數至地平線之上[298]的行星應為吉星。並在此擇時中盡力適當放置每一顆發光體（尤其那一時刻的發光體）[299]，且不可有凶星落於任何一個尖軸——然而須讓未受傷害並強而有力的吉星落於此處。

且在此[300]，檢視上升主星並保護它乃是適當的，避免讓它在孕期

---

295 | Creaturam。
296 | 參見伊朗尼II.6.1。
297 | 如果嚴格依照這一法則，那麼僅獅子座可以作為上升星座：它是唯一同時符合陽性、直行以及固定這三個條件的星座。不過伊朗尼認為，所謂「固定」指的是尖軸不是遠離的——也就是說，中天落在第十個星座而非第九個星座（但也許是第十一個星座）。
298 | 伊朗尼更指明這必須通過「它自身的行進」，即，在黃道上的行進而非通過周日運動或向運法。
299 | 即區分內發光體。
300 | 關於月數的討論，參見《波斯本命占星II》阿布‧巴克爾I.2及I.5。

的第九個月呈現凶象：因那將是分娩之時。而若你能夠保護它在孕期的第七個月、或第十個月避免呈現凶象，則更佳：鑒於可能在這三個時間分娩，因此有必要在這些時間令它呈現吉象，且有力，兩顆發光體亦如此。

且你應當心第六宮[301]主星或第八宮主星：若它們呈現凶象，則不可與前述代表因子有任何混合。且還須提防凶星及龍尾。

而哈亞特稱，月亮落於上升星座之中、與太陽形成三分相乃對此事最為有利。他還說，你應小心燃燒途徑，並讓金星處於適當的狀態：因若金星受剋，母親將受到傷害。而若月亮受剋，形成的[胎兒]將受到傷害。且須使第五宮及其主星處於適當的狀態。

此外，於白天及夜晚的奇數小時（如第一、第三或第五個小時等）開始此事乃是適當的。

若正值上升星座為天秤座，且未受剋，同時其主星亦未受剋，則是有利的，因它是人性星座；如此則中天位於巨蟹座，它是多子女星座。此外須使[其他]代表因子位於[302]陽性星座之中，因這預示胎兒為男性。

且你應充分利用源於物理的自然事實，並集合其中有利此事的因素──這是必要的：因上天的允諾得以實現取決於自然物質接受了什麼[303]。

而[304]你應知曉東方的行星被視為陽性的，當它們位於西方時，則為陰性的；且那些落在兩個陽性象限的行星，將其視為陽性的，而那些落在陰性象限的行星，為陰性的。

---

301 | 參閱伊朗尼的資料為「第七宮」。
302 | Sunt一詞，參閱伊朗尼解讀為sint。
303 | 見伊朗尼和我對這一段的註解。
304 | 參見《古典占星介紹》I.11及《天文書》II.15。

VII.31：論為嬰兒哺乳 [305]

在此，你應樂見月亮與金星聚集，且兩者均未受傷害。而若金星在緯度下降，則更佳。

此外我們曾提及完備之道，應適當採納此前所述擇時的根本盤。還須適當放置月亮且保護她免受凶星傷害及焦傷，並使她入相位於吉星。

VII.32：論使嬰兒離乳 [306]

在此，你應樂見月亮遠離太陽，入相位於她所在星座之主星，且上升星座為吉星所主管。但金星所主管的星座為一些智者所忌。

另一位智者說，若嬰兒離乳時，正值月亮位於名為 al-Ṣarfah [307] 的月宿之中，則嬰兒不會因離乳而感到痛苦，也不會再尋找母乳。

另一些人認為，當上升主星與月亮落在象徵發芽植物的星座 [308] 時，嬰兒將會熱切盼望發芽之物，而將不會在意乳房。

VII.33：論行割禮與施洗 [309]

月亮凌駕於金星之上 [310]，且金星入相位於木星，對此更為有利。且你應保護上升星座及其主星、金星、月亮，避免與土星形成任何相

---

305 ｜參見伊朗尼II.2.1。
306 ｜參見伊朗尼II.2.2。
307 ｜拉丁文Acarfa是「轉移」（戴克）或「改變」（伯內特2000年出版著作，《四書》II），ṣarrafa是「改變」。這一月宿似乎以位於獅子的尾巴或是附近的恆星為中心。見本書第一部中里賈爾VII.101的內容。
308 ｜伊朗尼稱這些星座為種子星座，並指出它們是土象星座。
309 ｜參見伊朗尼II.2.9。
310 ｜這可能指落在自金星起算第十個星座，以優勢四分相支配她。

位，尤其[311]月亮與上升星座：因土星象徵囤积許多毒物，應於其他時間切割較好。此外，須值上升主星緯度上升且月亮及其主星落於北方星座及續宮時為之。且你應小心避免火星落於尖軸或上升星座之中，亦不可使月亮落於天蠍座[312]。

VII.34：論裁剪新衣與穿著新衣[313]

在此，月亮落在啓動星座，呈現吉象，更為有利；而若它落在雙元星座亦不壞。

你應謹防月亮與太陽會合或對分，太陽亦不可落於上升星座或與它對分的位置。

而[314]在開始裁剪時，你還應當心固定星座，除非它是用來抵御武器的服裝：在這種情況下，固定星座還不壞。

此外，將太陽置於中天，且令月亮增光。

適當放置購買或裁剪織物之時、乃至穿著它們之時的宮位[315]及其主星。

而你應於啓動星座下穿著它們。且在所有固定星座之中，獅子座最為不利。

---

311 | Separatim 解讀為 specialiter（據伊朗尼）。
312 | 伊朗尼似乎作：火星不應落在任何尖軸，且月亮、上升星座都不應落在天蠍座。
313 | 參見伊朗尼 II.2.13，但編排有所不同。
314 | 此處，伊朗尼提醒我們避免**獅子座**（正如里賈爾在結尾處附加的那樣），而不是所有固定星座。
315 | 伊朗尼認為是第二宮。

VII.35：論贈送禮物[316]

在此，適當的做法是，你應使第五宮、它的主星以及你想要贈送禮物的時刻處於適當的狀態。接收禮物時亦如此。

在贈送禮物時，你應參照給予資產的章節[317]中所述內容。

而在接收禮物時，[應考慮之前在處理此事項的開篇所提出的所有因子][318]。

[此外，]上升主星凌駕於[319]第七宮主星之上是有利的。

VII.36：論派遣使者[320]

在此，你應樂見月亮入相位於你欲遣使面見之人的代表行星：故若為國王，入相位太陽；若為法官或商人，則入相位木星——余者皆同此理。此外，不可使月亮及那顆行星落在相對於尖軸的果宮之中，且他們應擺脫凶星。

VII.37：論寫作[321]

你欲寫作之時，須令月亮入相位於水星，使她免於凶星傷害；且水星強而有力，未呈現凶象，不逆行亦未受傷害；且上升星座及其主星未受凶星及其光線的傷害。

316｜參見伊朗尼II.6.2。
317｜參見上文VII.13。
318｜據伊朗尼進行了補充。見與伊朗尼II.3.1相關的VII.9-10。
319｜可能指以優勢四分相支配。
320｜參見伊朗尼II.4.3。
321｜參見《擇日書》§143。

VII.38：論食物

此章節及隨後兩個章節的內容多與國王、權貴、富裕之人和閒暇之人[322]有關，對於其他藉由每日勞作維持生計之人而言，則不需要此類法則。

故，那些因飲食過度而承受重壓之人，若看到月亮落在金牛座，入相位於金星，則食用牛肉是無害的[323]。

若她落在雙魚座，入相位木星，則食用鮮魚和醃制的魚是無害的。

若她落在天秤座或水瓶座，被容納，則牛奶及其所有製品都是無害的。

若她落在處女座，被火星傷害，則食用熟的或生的捲心菜都是有害的。

[324]若她以三分相入相位於火星或太陽，則食用各種宴會食物都是無害的。而若她入相位土星，應避免食用時間久的肉或醃制的肉。而若她入相位金星，則食用各類水果是無害的。

而若她落在牡羊座或摩羯座，入相位木星，則食用各種閹割過的[動物][以及]小或大的山羊都是無害的。若她四分、對分或會合土星，則不利於食用任何腐肉。

此外，若她落在獅子座，則不利於[325]食用任何獵物的肉。

---

322 | Quiescentes（1485譯本），otiosorum（1551譯本）。這段其餘部分和下一段開始，我採納1551譯本，以便更清晰一些。
323 | 在以下所列出的內容中，缺少巨蟹座、天蠍座和射手座。這裡的邏輯似乎是，適合食用的食物與月亮所在星座相符——假設她狀態良好，等等。
324 | 我不確定這是繼續對處女座作出闡述，還是單獨的論述。
325 | 或許這裡應為：食用它們是「無害的」。

此外，若她落在處女座，並入相位於火星，則以任何方式食用捲心菜都是無害的[326]。

而若她落在雙子座及其三方星座，入相位於水星，則食用性熱的鳥肉（譯註：古典醫學認為，不同的肉類具有不同的冷、熱、乾、濕屬性。）是不利的[327]。

若她落在獅子座，且入相位土星，則不利於食用任何冷的食物。若她入相位火星，食用任何熱的食物都是有害的。

VII.39：論酒[328]

當你想要以葡萄或葡萄乾釀酒時，須見月亮落在雙魚座或金牛座，入相位於金星：因這預示酒是美味的且飲用時伴隨愉悅、喜樂與好運。而你應謹防凶星與月亮形成相位：因若土星與她形成相位，酒將受到損害並變酸[329]，而當飲用時，味道將是不[佳]的，抑或飲用時會伴隨悲傷、[煩惱的]思緒或痛苦。而若火星與她形成相位，則預示水汽會進入酒中，盛酒的容器亦將被打破，而飲用時亦會伴隨爭吵與辛勞。與木星或水星形成相位對此是有益的，與太陽形成相位（若是三分相或六分相）亦如此。

---

326 ｜想必這裡僅僅指與火星形成好的相位，有別於上文的闡述。
327 ｜或許這裡也應為「是無害的」。
328 ｜Potationibus，實際上與酒宴有關，不是釀酒和發酵。不過鑒於古代的葡萄酒需要事先添加香料並稀釋，這一擇時也可能用於為宴會準備酒。參見《論卜卦》§13.17。
329 ｜Acetosum。

VII.40：論製作氣味美好之物

在此[330]，樂見月亮落在牡羊座、獅子座、射手座，或上升星座為其中之一，且金星落在上升星座，月亮落在第十宮，入相位於金星：因這象徵調制之物氣味宜人，且調制之人也因此而喜悅。

然而[331]，當你尤其想要進行熏蒸操作時[332]，使月亮得到火星或太陽的容納是有益的，因它須藉由火完成。

若你製作氣味美好之物，而月亮落在雙子座並入相位於水星，則預示事項會順利完成。

VII.41：論放飛鴿子以使它們招引其他鴿子

當你欲放飛鴿子以使它們吸引其他鴿子並回歸它們的巢中時，樂見月亮入相位於一顆不會迅速被焦傷的行星：因這預示它們會平安並返回。且須避免月亮入相位於水星，因他的沈落（譯註：setting，見詞彙表「東方/西方」。）很多，且焦傷與逆行也經常發生在他身上：而當這發生在[客戶]身上時，鴿子既不會平安亦無法逃脫抓捕。

而當你放飛鳥之時，月亮落在水象星座且入相位於金星乃是有利的，而金星應落在直行上升星座：因這預示它們不會誤入歧途，亦不會耗盡水分。而若你在月亮入相位於火星時將它們放飛，它們將感到疲憊並返回——尤其落在風象星座時。而若月亮入相位於土星，它們將誤入歧途並因口渴或類似原因而失散。

---

330 | 這部分擇時內容事實上與調配香水和油——或許甚至還有香有關。
331 | 我不確定這究竟是與製作香有關，還是其實是燃燒它們。
332 | Separatim 解讀為 specialiter。

　　某些智者稱，他們曾觀察到，在月亮回歸那一星座之日或她於彼時再次入相位於那顆行星之際，鳥返回它們的巢中。

VII.42：論從母親腹中取出[胎兒][333]

　　當你欲行此事時，樂見月亮減光，於黃緯和赤緯（或其中之一）向南下降，且月亮落在上升星座，上升主星與木星和金星形成相位。對此事更為有利的星座乃是陰性星座與直行上升星座。

---

333 ｜ 參見《擇日書》§§58a-b及《占星詩集》V.18。

第六宮

VII.43：論第六宮及其擇時

涉及此宮的擇時有：治療疾病、注射操作、治療眼睛、用瀉藥、用止瀉藥、[通過鼻子]用藥、含漱、催吐、購買俘虜和奴隸、給予奴隸和俘虜法律、馴馬、購買大型與小型牲畜。

VII.44：論治療疾病

當[334]你欲治療舊疾，宜將月亮置於金牛座或它的三方星座之中（然而金牛座更佳，因它代表類似土元素的疾病）[335]。且使月亮擺脫凶星，落在相對上升星座的尖軸[336]，由此月亮將更加有力，且更可確保患者在病癒後不會復發。而你應謹防月亮入相位於土星，這往往預示事項[耗時]長久與拖延。

馬謝阿拉稱[337]，查看疾病位於身體的哪個部位：若疾病位於頭部、喉嚨或胸部，你應趁月亮位於牡羊座、金牛座或雙子座之時開始——因它們屬於身體的上部；若疾病位於腹部至懸掛之物[338]，趁月

---

334 | 參見《擇日書》§§64a-b。

335 | 克羅夫茨將阿拉伯文原文修正為「月亮落在她的三方星座，金牛座更佳，因為……」。這裡有兩個疑問：(1)她是否可以落在水象三方星座或者土象三方星座，而土象三方星座（以金牛座為首）更佳？還是(2)她必須落在土象三方星座，且這三個星座中金牛座是更佳的？

336 | 不過薩爾著作的阿拉伯文和拉丁文版本作：吉星應落於月亮金牛座的尖軸。

337 | 參見《擇日書》§§65a-c。

338 | Pendile。即生殖器。

亮位於巨蟹座、獅子座或處女座之時開始——因它們屬於身體的中部；若疾病位於身體的下部，趁月亮位於天秤座、天蠍座或射手座之時開始。[然而若疾病源於膝蓋以下，須使她位於]摩羯座、水瓶座或雙魚座[339]。此外[340]無論位於哪個位置，都須使月亮入相位於吉星，增光且增速。

他[341]還說：治療從頭部到懸掛之物[342]的所有疾病與疼痛，都須趁月亮自大地之軸朝第十宮的尖軸移動、穿越上升的天空之時——[此]謂之「向上升起的」部分。而若治療位於自懸掛之物至雙足的疾病，則須趁月亮自中天向大地之軸下降之時——此謂之「被向下按壓的」部分。且宜將吉星置於上升位置，因這預示受益與改善。

而[343]若你欲治療著魔[344]或中巫蠱之人，須使水星位於他自己的界中。且若欲治療被鬼附體之人，亦須如此照做。

VII.45：論使用注射器治療[345]

若你欲使用注射器，將月亮置於天秤座或天蠍座更佳；上升主星不應與第六宮主星形成任何相位，且月亮應入相位於金星。這一系列狀況預示此事有助益且將得到好結果。

---

339 | 在薩爾自己的阿拉伯文版本以及里賈爾的拉丁文譯本中，身體的中部包括摩羯座、水瓶座和雙魚座，而除了薩爾的拉丁文譯本之外，腿的下部完全被忽略了。這與黃道順序不符，顯然是錯誤的，我遵循克羅夫茨對這一段內容做了修正。

340 | 薩爾的資料中沒有這句話。

341 | 顯然指的是馬謝阿拉：參見《擇日書》§§6a-c，源於《占星詩集》V.27.26。

342 | 薩爾作「肚臍」。

343 | 目前來源未知。

344 | 關於疑似faturatum一詞，參閱1551譯本作解讀。這個詞看來像是指一個人處於恍惚或者意識的其他變異狀態。

345 | 這與《擇日書》§61a及《四十章》§635類似。

VII.46：論治療眼睛[346]

若你欲治療眼疾（如視力減退、眼睛發白、需要用鐵器切割表面的肉或其他疾病），樂見月亮增光且增速，擺脫凶星，尤其應擺脫火星（因他充滿惡意且為眼睛帶來巨大的傷害）──特別是在月亮增光且增速之時；然而若土星在月初月亮增光且增速之時與她形成相位，則不會對她造成傷害。

而當她離開[與太陽]對分的位置時，若與火星形成三分相，且入相位於一顆吉星，則火星不會對她造成嚴重傷害。[然而切勿強化火星][347]於任何治療當中：因智者們一致認為，火星將對頭部的所有器官造成巨大傷害。

他們還說，在任何必須使用鐵器改善健康狀況的操作中，須查看星座對應的肢體部位，[當月亮][348]或上升位置落在某星座時，勿以鐵器觸碰相應部位。同樣，當月亮出現在雙元星座或啟動星座時，亦應謹防用鐵器觸碰某些部位。

VII.47：論用瀉藥[349]

關於用瀉藥，智者們意見不一：

[1] 托勒密認為[350]，若月亮位於濕潤的三方星座（即巨蟹座、天蠍座及雙魚座）則為吉時。較他更早的赫密斯（Hermes）亦如是說。

---

346 | 參見伊朗尼 V.2.7（即哈亞特闡述的雜亂無章的內容，很大程度上與《擇日書》一致）、《擇日書》§§69a-d 及《占星詩集》V.39-40。
347 | 據《擇日書》§69c補充。
348 | 據《擇日書》§69d補充。
349 | 正如你將在下文看到的，包括所有瀉藥。
350 | 參見《金言百則》#21，其中只提到天蠍座和雙魚座。

[2] 然而瓦倫斯、Feytimus[351]及（當今的）塔巴里[352]認為金牛座、處女座、天蠍座與雙魚座對此事有利[353]。馬謝阿拉[354]、哈亞特、Minegeth[355]及諸多當今的占星師亦贊同此觀點。

然而，金迪[356]的觀點是我所贊同的，儘管之前提及的其他人所言亦是適當的且並未誤入歧途：因那些指出[357]水象星座的人所言是適當的，它們有利於在沒有痛苦和疾病的狀態下保護身體、清除過多的體液。而那些更改這些星座的人認為，它們分別有利於祛除體內的疾病與阻礙之物，以及緩和體液過多的狀況[358]。

然而[359]，金迪的觀點（即我所贊同的）是，月亮應落在天秤座後半部或天蠍座前半部，且[她所在]星座的主星須有力、呈現吉象、東出並落在尖軸；且應有一顆行星呈現吉象，同樣落在尖軸並東出；上升主星亦應處於同樣狀態。且首先應為月亮清除凶星，上升位置、尖軸亦如此。（此外[360]使月亮入相位於金星，因金星對此事更有利，比木星更有助於成功，且她預示緩瀉效果更明顯，服藥之人將心情愉悅——因木星強化精神且會造成阻礙，以致緩瀉效果不明顯。[361]）且使月亮得到吉星容納；而若她的主星為凶星，則使其以三分相或六分相容納她。

---

351 | 這可能不是某一個人，而是對瓦倫斯的某種敬稱或描述。
352 | 目前來源未知。
353 | 關於天蠍座和雙魚座，參見《金言百則》#21；金牛座和處女座可能都被認為是反詔星座（見下文）。
354 | 目前來源未知。
355 | 不詳，但可能與VII.73中的Nimagest相同。
356 | 見下文。
357 | Excollegerunt。
358 | 也就是說，第一組人（偽托勒密、赫密斯）的觀點適用於通過例行保養清除過多的體液——如同現代人的灌腸。但第二組人（瓦倫斯等）的觀點適用於醫療干預，連帶的作用是清除過多的體液。
359 | 除了里賈爾所作的一些附加說明之外，本章節的剩餘內容源於《四十章》Ch. 34。另見伊朗尼II.2.10。
360 | 括號中的內容似乎是里賈爾自己補充的。
361 | 《金言百則》#19。

若你欲單獨對身體的某一部位進行清除[362]，則應保護之前所提及的這些因子，除此之外須將吉星置於象徵該部位的星座之中，並盡力強化此星座。亦應適當放置第四宮主星。

而若你欲冷卻、加熱、潤濕或乾燥[363]，將月亮及上升主星置於與你所想要達到的效果性質一致的星座之中[364]，並永遠使它呈現吉象。

且[365]你應避免任何一個徵象星或上升位置落在反芻星座之中，因這預示服藥者在藥物作用之前就會將藥物吐出。

（而我認為[366]，若用藥目的在於清除黑膽汁，則使月亮入相位木星是有利的；若在於清除黃膽汁，則使她入相位於金星；若清除黏液質，則使月亮入相位於太陽。且你須避免月亮及上升主星入相位於一顆逆行的行星，因這同樣預示藥物將被吐出。藥物若為藥水，則於天蠍座更有利；若為舐劑，則於巨蟹座更有利；若為錠劑，則於雙魚座更有利。而若用藥之時月亮位於上升星座，則象徵膿腫。且你應避免使月亮及上升主星落在第四宮，因這象徵毀滅──落在第八宮亦如此。此外，當從靜脈放血時，你亦應注意這一系列[代表因子]。）

若你希望他得以自下和自上清除[367]，則須將代表因子置於反芻星座之中，永遠使星座與代表因子呈現吉象──如同之前所言。

且你應盡量小心，以免代表因子落在果宮或呈現凶象，亦不應是一顆被強化的凶星：因這象徵巨大的罪惡。你還應盡力避免死亡之宮的主星落在尖軸，它亦不應與代表因子有任何交集，也不應是強而有力的；而當你全部做到時，藥物將發揮你預期的作用。

---

362 | 也就是說，與整個身體的緩瀉相對。
363 | Desiccando，也指將濕氣「排出」。
364 | 例見，如果你想要得到乾燥的效果，就把代表因子放在乾燥的星座。
365 | 參見伊朗尼 II.2.11。
366 | 這段話是里賈爾所說，而不是金迪。
367 | 即，如果有人想要嘔吐──或許除了緩瀉效果之外。

VII.48：論用止瀉藥

在此，月亮位於自己的旺宮度數，與木星以星體相連結[368]或入相位於他是有利的；且月亮及她入相位的行星行進慢速（沒有[實際]逆行）是有利的。

若月亮及她入相位的行星、上升主星均向北方上升[369]，則對此更為有利且是極好的。而在此須小心火星與金星。

VII.49：論藉由鼻子給藥及催吐、含漱[370]

對此有利的擇時為：上升位置、月亮及代表因子都落在反芻星座，同時注意組合[371]和之前所述關於服藥的擇時[372]。

塔巴里認為，月亮減光、落在金牛座且緯度下降[373]乃是有利的。

哈亞特認為[374]，月亮與上升主星落在巨蟹座、獅子座或處女座，且月亮入相位於吉星，乃是有利的；她亦不應入相位於一顆受剋的行星。

其他人認為[375]，月亮落在牡羊座或金牛座、減光、入相位於吉星，乃是有利的。且你應完全避免與木星的相位[376]，尤其木星位於牡羊座：因他將被太陽的熾熱所傷。

---

368 │ 參見《金言百則》#19。
369 │ 可能是在黃緯，但也可能是在赤緯。
370 │ 前三段參見伊朗尼II.2.12。
371 │ 即行星配置。
372 │ 參見前文VII.47。
373 │ 伊朗尼的說法是：朝遠地點上升。
374 │ 參見《擇日書》§62b。
375 │ 參見《擇日書》§62a。
376 │ 但薩爾作「與太陽四分或對分」，這可能是正確的。

VII.50.0：論購買奴隸[377]

──[VII.50.1：金迪的觀點][378]──

　　若你欲購買奴隸用於服務，則你要查看與此服務相契合的外觀[379]，且你應使它呈現吉象並將它置於上升位置或月亮所落之處。若為服勞役者，則將它們置於下層星座（low-class signs。譯註：據薩爾的資料，下層星座指土象星座。阿拉伯文版本與《四十章》在此特別提到了金牛座，或許因為金牛座與家畜有關，且可承擔體力勞動，並且由吉星金星主管。）或位於射手座後部（譯註：或許因為射手座後部與家畜有關，且由吉星木星主管。）或雙子座，且使它們呈現吉象；位於水瓶座亦是有利的，只不過這象徵或許奴隸將會說謊並且明瞭生活之道[380]。

　　若奴隸為男人，則將徵象星與星座置於陽性位置；若為女人，則將它們置於陰性位置。若你欲與女奴同房或使她為你生育子女，則你尤其應將處女座置於[那些位置]，清除凶星及其光線並以吉星及其光線強化它們。

　　若你欲改善[381]身體的某個部位，則將月亮置於象徵該部位的星座之中，使其藉由吉星的光線而呈現吉象。

　　而[382]其他人認為：對於購買奴隸而言，宜使上升位置與月亮落

---

377 ｜ 這一章的第一部分與《四十章》Ch. 25 §579-81相同。隨後里賈爾又給出了《四十章》Ch. 19（§512-14）的一種說法，它十分簡短並且不同於雨果的譯本。最後回顧其他人的觀點。

378 ｜ 這一子章節參見《四十章》Ch. 25 §579-81及512-14。

379 ｜ Faciem。雨果將此翻譯為「天上的形態」。

380 ｜ 金迪資料的雨果譯本中僅說水瓶座對科學更有利：或許里賈爾指的是奴隸會過於聰明，並且會尋思如何利用他的主人。

381 ｜ 但金迪資料的雨果譯本將此解讀為烙印，而並非「改善」。

382 ｜ 現在里賈爾開始轉向伊朗尼II.7.1，它源於《四十章》Ch. 19（§512、514、516）。

在固定星座之中，且它們應直行上升並為馴養之星座（譯註：即牡羊座、金牛座、摩羯座，如果在北方更佳。）——上升主星亦如此。此外使第六宮[383]及其主星處於適當的狀態，使其入相位於上升主星，且形成具備容納關係的吉相位；亦須使月亮及其主星處於適當的狀態，奴隸之宮的主星亦如此。

此外須謹防上升位置、月亮及第六宮的主星落在獅子座。其中更為有利的星座為金牛座及射手座的末端。

——[VII.50.2：其他人的觀點]——

而其他人[384]認為，月亮與上升主星應落於人性星座或其他呈現吉象的星座之中——牡羊座、天蠍座、摩羯座除外；且第六宮及其主星應贊同上升星座及其主星。

另一些人認為[385]，奴隸將符合星座及被指定的動物的特質：如雙魚座象徵力量[386]；其他皆同此理；此結論是有益的。

且他們認為[387]，當凶星位於地平線下方時，奴隸將是虛偽的。

此外，射手座尤其象徵奴隸將善良而守法。

---

383 | 關於原文此處的「第四宮」一詞，參閱金迪和伊朗尼的資料作解讀。
384 | 根據伊朗尼II.7.1，這指的是阿布・馬謝。不過阿布・馬謝的內容可能來自《四十章》Ch. 19，而它最初來源於《占星詩集》。
385 | 根據伊朗尼著作巴黎16204手稿，這也是指阿布・馬謝。但另見《占星詩集》V.11、《擇日書》§§71a-72。
386 | 另見伊朗尼II.7.1和《四十章》§515。
387 | 《擇日書》§§71a-b；參見伊朗尼II.7.1。

VII.51.0：論[388]給予奴隸和俘虜法律[389]以及馴馬

——[VII.51.1：《占星詩集》的觀點][390]——

對此有利的擇時為：適當放置上升位置及其主星（因上升位置代表主人）；第七宮代表主人給予法令或法律之人；中天象徵主人給予那人法令或法律的原由；第四宮象徵[新的]法律地位的結果，及他會居於何種地位。故若月亮與第七宮呈現凶象，則預示或許他會如從前一樣淪為奴隸。

——[VII.51.2：薩爾的觀點][391]——

薩爾·賓·畢雪稱，在此宜使月亮擺脫一切傷害，增光且增速，入相位於吉星，且那顆吉星東出、增速：因若那吉星增速、西入，則預示他雖會獲益，但痛苦與疾病將降臨於他，伴他直到死去。而月亮增光象徵良好的健康狀況，增速象徵獲利源源不絕[392]。

且在此太陽與中天星座未受凶星傷害乃是有利的。而若它們呈現凶象，則象徵那星座性質的糾紛將降臨主人身上。

此外，在給予奴隸等級或法律之時，宜使兩顆發光體彼此形成三合或六合的相位，因這預示奴隸與主人之間存有愛意，奴隸亦將受益於主人；然而，四分相在此是中等的，而對分相則象徵奴隸將與主人發生爭執，或對主人進行[法律]控訴。

---

388 ｜ 結合《占星詩集》和薩爾的資料來看，這一章節實際上是關於釋放奴隸的。
389 ｜ 參見伊朗尼 II.7.2，他（以及《擇日書》§§75aff）將此理解為釋放奴隸，而不是「給予法律」。
390 ｜ 參見《占星詩集》V.13.5-8。
391 ｜ 這一子章節參見《擇日書》§§75a-77b。
392 ｜ 在1485譯本中一個難以辨認的詞，參照1551譯本作 prospere。

　　而在給予任何奴隸或俘虜自由的法律地位[393]時，若月亮呈現凶象，則受奴役對他而言會更好。此外，將月亮置於固定星座對此事更有利。

VII.52.0：購買大型牲畜與小型牲畜

——[VII.52.1：薩爾的觀點][394]——

　　當你欲購買牲畜時，無論大型抑或小型，你應使月亮入相位於順行、東出、緯度上升的吉星。而你應避免與凶星的入相位，因它們象徵牲畜的損失。

　　而若你欲購買的牲畜已被馴服或被騎乘過，則你應於上升位置落在雙元星座、月亮落在固定星座（水瓶座和天蠍座例外）之時購買。若月亮入相位之行星順行、緯度上升，則預示牲畜[的體型增大、價格上漲；然而若它逆行上升，則牲畜][395]身上帶傷：然而，大體上他仍將從中獲益[396]。而若它順行且下降，則預示牲畜的身體完整而健全，但物非所值。

　　若你欲購買小型牲畜[397]，並非用於騎乘，則使上升位置落在[雙元星座，而月亮落在][398]啟動星座，入相位於吉星。且你應保護在第一章所提及的擇時盤的基礎[399]。

---

393 | Ordinamentum。
394 | 參見《擇日書》§§135-37。在我看來此處的擇時有些含混不明之處，因為它建議與月亮入相位的行星上升（可能在它的本輪或遠地點），這樣可使價格提高。但價格提高會讓賣家受益，而不是買家。
395 | 據薩爾的資料補充。
396 | 更確切地說，賣方會獲益，因為上升意味著價格仍會上漲。
397 | 薩爾作未被馴服的，即**迄今**未被騎乘過的。
398 | 據薩爾的資料補充。
399 | 這可能指的是順行、上升等條件，如同上文所說。

──[VII.52.2：金迪的觀點]^[400]──

而其他人認為^[401]：在此宜使上升位置及月亮落在與欲購買的動物相似的星座之中，無論它為供騎乘的動物、牛、羊抑或豬，抑或其他；或落在與此動物屬性最相近的星座之中；且須藉由那星座的主星而呈現吉象，或藉由其他（若月亮未得到容納）；若那星座之主星並非吉星，但當形成具備容納關係的友善相位時，它亦不會作惡。

而^[402]若牲畜為雄性，則將代表因子置於陽性星座及度數；若為雌性，則置於陰性星座及度數。

並且須適當放置第六宮及其主星。

上升位置及代表因子落在獅子座或射手座末端是有利的。若牲畜為牛，則應增強金牛座。若為羊，牡羊座；若為山羊，摩羯座；黃道上的其他動物亦如此。

此外對於任何宮位而言，都須適當放置與它相似者，且藉由吉星使它呈現吉象，並清除凶星。

──[VII.52.3：其他觀點]──

而你應知曉，當月亮離相位於吉星、入相位於凶星，且那凶星落在由吉星^[403]所主管的星座之中時，牲畜將是有害的，會咬人或攻擊人。而若凶星落在人性星座之中，則牲畜可能會恐慌或不受控制。而若月亮入相位於凶星，在購買之後將發生相應的麻煩。

---

400 ｜ 參見伊朗尼II.7.3。
401 ｜《四十章》§578。
402 ｜ 參見《四十章》§§580、582-83及《占星詩集》V.12.4。
403 ｜ 應作「凶星」。

第七宮

——

VII.53：論第七宮及其擇時

涉及此宮的擇時有：婚姻、爭端、為戰爭購買武器與巧妙裝置[404]、對抗他人、與敵人議和、拆毀要塞與城市、為戰爭製造器械、合作及一切兩人之間的事項、搜尋逃犯、使盜賊坦白真相、陸上及海上狩獵、下象棋及進行棋盤遊戲、[與女人同房][405]，諸如此類。

VII.54：論婚姻[406]

你[407]應知曉：上升位置及其主星與太陽為男人的代表因子；第七宮及其主星與金星為女方的代表因子；中天及其主星象徵他們未來的吉凶；而第四宮及其主星象徵結果。月亮離相位的行星象徵男人，入相位的行星象徵女人。

且[408]月亮本身象徵由雙方狀況的好或壞所造成的未來之吉凶[409]。

而水星象徵他們生育的子女，[若它與吉星會合或形成相位][410]。

---

404 ｜ 這原本位於列表靠後的位置，但為了符合章節順序，我把它挪到這裡。
405 ｜ 根據後面的章節補充。
406 ｜ 這整一章節與《占星詩集》V.16十分相似。
407 ｜《占星詩集》V.16.1。
408 ｜ 參見《占星詩集》V.16.4。
409 ｜ 也就是說，在擇時盤中，月亮的狀態代表婚姻本身的好壞。《占星詩集》僅僅提到若月亮在擇時盤中受剋，對雙方都不利。
410 ｜ 根據《占星詩集》V.16.5補充。

　　此外[411]當月亮與金星均落在啟動星座時，則預示他們的恩愛無法持久。若女方為寡婦，則代表她欺騙了前任丈夫。

———

　　為[412]大多數智者所認同的[月亮所落]星座對此事的吉凶影響：

　　牡羊座的任何位置都不利。

　　金牛座自第一度至第二十度有利，其餘不利。[413]

　　雙子座前半部分有利，後半部分不利。[414]

　　[當月亮位於巨蟹座時，須避免結婚。][415]

　　獅子座是有利的，只不過它象徵在財產方面其中一方將欺騙另一方。

　　處女座有利於[男人]與寡婦訂立[婚約]，但[在女人選擇婚姻的情況下]則不利於男人，這預示她將很快失去第一任丈夫。

　　天秤座對於訂婚有利，對於結婚不利。

　　天蠍座前半部分有利同處女結婚[416]，此象徵妻子將順從丈夫，善良且正直；但其後半部分是不利的，此象徵他們的恩愛不會持久，女方可能會與僕人私通。

　　月亮落在射手座有利婚姻，只不過女方將深諳生活之道。[417]

　　月亮落在摩羯座的開端是不利的，落在中間和末端則有利：

411｜《占星詩集》V.16.6。

412｜參見V.16.8-20，它是這一段內容的最初來源。《擇日書》§§80a-c也使用了這一內容，引用自它自己採用的都勒斯的資料。

413｜《占星詩集》認為金牛座的開端和末端是不利的，但中間是有利的。

414｜《占星詩集》的內容正好相反。

415｜根據《占星詩集》V.16.12補充。

416｜或者可能是「年輕的女人」。

417｜《占星詩集》認為射手座對於很多事情都是有利的，但推遲結婚更好。

且它象徵女人將順從丈夫；相較處女而言，對寡婦更有利，只不過這預示子嗣稀少。

月亮落在水瓶座不利婚姻，此象徵女方對男人慾望強烈。

月亮落在雙魚座是有利的，此象徵女方善良且正直，只不過也象徵她會講空話[418]，丈夫因此而忌恨她。

我們所說的一切是結婚之時月亮落在上升位置、這些星座時的狀況。

——

你[419]應知曉，金星對於婚姻最具影響力，當金星會合凶星或與它們形成相位時，抑或她落在自己入弱的位置、相對尖軸的果宮、逆行或逢焦傷時，婚姻無法美滿。

月亮落在吉星主管的星座且落在吉星的界內，而木星與金星、月亮形成相位，對此事更為有利。

最有利婚姻的吉時為：木星以右側四分相凌駕於金星之上（位於自金星起算的第十個星座）[420]，且此時金星亦應上升於月亮之上，落在自月亮起算的第十個星座（故而月亮將與木星形成對分相）。擇時盤呈現如此狀況極為有利，預示著蒙主祝福多子多福。

木星、金星及月亮彼此形成三分相亦為有利婚姻的吉時：而多子女星座在此亦有利。

而[421]成婚之時若恰有金星位於陽性星座且木星位於陰性星座，則預示相較女方而言，此婚姻對男方更有利；反之則相反。此外，月亮增光且增速對此事有利。

---

418 | Vanis。這可能包括講話沒意義、沒重點，到撒謊、說大話或放空話等含義。
419 | 總體參見《占星詩集》V.16.20-29 及《擇日書》§§81a-c。
420 | 即支配金星。
421 | 本段摘自《占星詩集》V.16.34-36。

對婚姻而言，宜查看男方與女方的本命盤——若你擁有它們。若你見到吉星位於他們本命盤的中天，則預示他們將於成婚第一年孕育後代。而若中天之主星位於中天之後，則預示她不會在成婚第一個月受孕。若你見到同一顆吉星位於兩者本命盤（女方的本命盤和男方的本命盤）的同一位置，則預示雙方相敬如賓。而你亦可為兩張男人的本命盤做出同樣的判斷，[若同一顆吉星落在相同的星座]。[422]

——

而[423]若你欲知曉他們當中哪一方更強勢，則要查看其中一方的第十二宮[424]與另一方的月亮：月亮[落在對方十二宮位]者較對方更為強勢。[425]

——

而[426]對婚姻有利的組合為：吉星位於上升位置，或與之形成相位。當凶星出現在上升位置時不利婚姻，它亦不應與之形成相位。月亮增速有利婚姻。

在婚姻中，若月亮與凶星相結合位於上升位置，則預示男方與女方將永遠陷於爭吵、對立與猜忌之中。當這樣的組合出現在他們的本命盤之中時亦是如此：即有此組合的一方將被征服，並將得到另一方的支持[427]。

---

422 | 根據《占星詩集》V.16.29補充。也就是說這種合盤方法同樣適用於朋友關係。
423 | 《占星詩集》V.16.30-32。
424 | 賓格瑞譯本的《占星詩集》作「苦難之宮」，賓格瑞認為這是第六宮。但里賈爾在此可能才是正確的。
425 | 假設男方的第十二宮（或者按照賓格瑞的說法，第六宮）是雙子座，而女方本命盤月亮落在雙子座，則女方將可以制伏男方。
426 | 這部分與《占星詩集》V.16.33、37-40相對應。
427 | 《占星詩集》對此有不同說法，即若他們本命盤中的月亮彼此形成對分相，則他們將發生衝突。

　　而若成婚之時，他們本命盤[中]月亮所落位置都位於地平線上方，則在爭吵之後他們仍將和好如初[428]。

VII.55：論為爭端擇時

——[據薩爾][429]——

　　在此，你宜將上升位置置於三個較高的行星主管的星座之中，其中火星的星座得到支持更多；且火星應與上升位置形成六分相或三分相；而上升主星應位於上升星座、第十一宮或第十宮，且須避免落於第四宮之中，亦不可落於第七宮或第八宮之中。此外你應避免它遭逢焦傷，或落於相對尖軸的果宮，或入相位落於相對尖軸的果宮之中的行星，亦不應使它容納它[430]；且使第七宮主星入相位於上升主星，或落在上升位置或自上升位置起算的第二宮之中。

　　若你想要他們彼此對抗、加入[衝突]、發生戰爭，則置火星於尖軸，你還應使他入相位於上升位置有尊貴的吉星，且它具備上升位置的屬性。你決不可開戰，除非火星為此爭端的主管行星，他應為上升主星、強力、位於吉宮、未受傷害或質疑[431]，亦未遭逢焦傷，且他應落在直行上升星座之中。你決不可將他置於除上升位置一側[432]之外的[任何地方]，如此他才能幫助開戰的一方、他的盟友和軍隊，他們

---

428 ｜ 拉丁文譯本作 convenire se habent et pacificare postquam rixam similiter habuerint，此處更多參閱《占星詩集》作解讀。

429 ｜ 這部分內容參見《擇日書》§§85-90b。

430 ｜ 薩爾的資料讀起來似乎是：上升主星不應入相位與於一顆落在果宮之中且未容納它的行星。下文「伊本·赫貝斯泰茲」的內容附和了這一觀點。

431 ｜ Suspectus。

432 ｜ In parte。另見薩爾，他將此譯為位於上升星座場域。

將得以保全並獲勝，蒙主庇佑。

　　且你應使代表開戰者軍隊的第二宮及其主星呈現吉象，而第八宮及其主星為敵方軍隊；且你不可將第二宮主星置於第七宮或第八宮，而應將第八宮主星置於第二宮；且將幸運點及其主星置於上升位置或第二宮，並將它們自第七宮與第八宮移除。此外你應謹防月亮及她所落星座的主星於事項開始前受到傷害。

　　同樣，你亦應保護月亮十二分部的尊貴。在一切戰爭之中，有必要適當放置象徵戰爭的行星（即火星、水星、月亮及月亮所落星座的主星）：你應考慮並適當放置它們，切勿將戰爭的根本因子拋諸腦後。

　　而你應知曉，若雙方軍隊均於之前所述的時刻或組合下出動，相互交戰，則獲勝者為生於夜晚之人或本命盤火星位置更佳之人：因火星為戰爭的徵象星、戰爭之主；抑或許他們將握手言和，這取決於雙方出征之時的良好組合。

　　以上內容源於薩爾·賓·畢雪，他的論述充分且正確。

────

　　伊本·赫貝泰茲稱[433]，若你欲為爭端擇時，須查看上升位置及爭端點（Lot of dispute）──即取火星至月亮的距離，再自太陽投射[434]。而你應避免此特殊點及其主星落在第四宮或第七宮之中：因若此特殊點落在此兩宮位之一時，則預示敵人將獲勝。原因在於第四宮象徵被壓制，而第七宮象徵阻礙。你亦應謹防它落在第八宮之中，因此處象徵虛弱及延遲。

　　同樣，查看勝利點（Lot of victory）──即取太陽至火星的

────

433 | 也許是伊本·希賓塔（見緒論）。我不清楚這部分內容有多少來源於他。
434 | 我從未見過這個特殊點。

距離，再自上升位置投射[435]。而你應避免此特殊點及其主星落自（from）[436]上述任何位置。

而當月亮位於金牛座[同時]與火星有交集時，你應避免同敵人開戰，因對於採取行動之人而言此乃不吉之兆。然而，當月亮位於雙子座或巨蟹座時，且置於與火星形成三分相之處，使兩顆吉星均與她形成相位，則可與敵人開戰，或提起法律訴訟，因在此組合下，開始行動之人將獲勝。

你亦應謹防土星與月亮一起落於上述任何一個星座之中。

而若有人欲襲擊他的敵人或對其作惡，或欲奪走其權力據為己有，則當你為此擇時時，應使月亮免受凶星傷害，並使其與吉星形成相位：因這預示採取[行動]的一方將戰勝另一方，且將奪走敵人的權力，而開始行動之人將得以延續並得到鞏固。

而[437]當你欲發動戰爭，須使上升位置落於高層行星主管的星座，且[置]其主星於上升星座、第十宮或第十一宮之中，並謹防它落在第七宮或第八宮，亦不可遭逢焦傷，不可入相位於果宮又[未]容納它的行星，或正進入焦傷範圍的行星。此外[438]使兩顆發光體之一（或全部）入相位於上升主星，因這預示擇時盤的主人將獲勝。

———

法德勒·本·薩爾稱[439]，於木星日與木星時、金星日與金星時、太陽日與太陽時出征乃是有利的。且你應使上升位置落在吉星主管的

---

435 ｜ 我從未見過這個特殊點。
436 ｜ Ab。但這裡應解讀為「在」。
437 ｜ 同上文第一段一樣，這也源於《擇日書》。
438 ｜ 這句話參見《論卜卦》§7.8（《判斷九書》§7.48）。
439 ｜ 我不清楚這一章節的這一部分內容究竟有多少來源於法德勒·本·薩爾。

星座，且那吉星東出，落於上升位置、中天或第十一宮，而時主星與它或另一顆吉星落在一處。

　　而若有吉星落於上升位置，則預示爭戰之人平安且有所收穫；若吉星與月亮聚集，則預示喜悅。若吉星入相位於增光的月亮，則象徵靈活的旅行以及相關事項的好運，尤其當上升位置與月亮位於直行上升星座時──這些星座為都勒斯及巴比倫的智者們所確認，他們認為扭曲上升星座預示辛勞，尤其其中的啓動星座，它們會為當事人想要向前推進之事帶來勞苦與毀滅。[440]

　　若在此類擇時中，太陽位於上升位置，則象徵魄力、強大的權力及事項的達成，只不過不利於[從]事項中獲利、受益，因或許他歸來時將身無分文，尤其若他落在陰性星座或自己入弱之處，或與凶星形成相位。而若擇時盤為一張夜間盤，月亮位於上升位置或中天，入相位於吉星，未受凶星傷害，則預示提升與強大的權力，尤其當她位於自己入旺之處，或她的旺宮主星未遭逢焦傷亦未逆行。

──

　　而我認為[441]，宜將上升位置置於固定星座，尤其是直行上升星座，且上升主星應落在上升位置、第十宮或第十一宮，上升星座不應為雙元星座，除非擇時迫在眉睫：因若[雙元星座]落於此處，則預示開始[行動]之人將為爭端感到後悔。它亦不應為啓動星座，因這預示開始[行動]之人將無法完成他的心願。

　　且你應將幸運點置於開始[行動]之人的勢力之內──即上升

440 | 這可能應結合背景。《占星詩集》V.2所言相反：直行星座是困難的，想必是因為它們代表更長的時間（因此付出更多努力），而扭曲星座移動更快，因此按說象徵輕鬆。
441 | 這一章節剩餘部分可能是里賈爾自己的觀點，建立在其他來源不明的資料上。

位置、第二宮、第十宮及第十一宮；應謹防它落在敵人的勢力之內（及第七宮、第八宮、第四宮及第五宮）。幸運點的主星亦是如此，因它落在哪方勢力之內，哪方就會獲勝。此外在一切爭端中，你都應避免啓動星座，尤其牡羊座與天秤座[442]——我認為此觀點是有助益的。

你應知曉，當第七宮主星被削弱，且你使它呈現凶象，則你將削弱你的敵人及其軍隊，並將摧毀他們的旅行[443]。而若你增強這些位置，則將增強你的敵人和他們的幫手。兩顆凶星中凶性較小的是火星，尤其當金星落在上升位置、入相位於他並向他交付她的力量[444]時。

而若上升位置位於巨蟹座，則對於開始[行動]之人十分不利，因它是啓動的，且上升主星為月亮，低於所有[其他行星]，而第七宮主星為土星，高於所有[其他行星]；且月亮變化多端，受剋亦甚多。而以摩羯座作為上升星座好於所有[其他]啓動[星座]，尤其當你將月亮置於第二宮（即水瓶座）之時。若你無法將她置於那裡，則須將她置於射手座，令其呈現凶象，並向土星交付她的力量[445]。

我還認為，若第七宮主星為凶星，則位於上升星座乃是不利的，因這是不安全的，除非它在入弱之處[446]或被焦傷。

若[447]敵人出動襲擊你的時刻，你見到上升主星位於尖軸且得到

---

442 | 或許因為分點星座晝夜等長，所以象徵雙方勢力均力敵（因此戰爭可能曠日持久）。
443 | Intineratores作itinera。這可能指他們無法像他們希望的那樣移動或前進。
444 | 也稱為「推進能力」（《古典占星介紹》III.16），即金星落在自己的旺宮或廟宮並入相位於火星。
445 | 在這種情況下，月亮無法向土星推進能力，因為她位於射手座而非自己的廟宮或旺宮。或許這句話的資料來源使用的是與此十分相近的語句，而里賈爾實際上指的是她將「管理」推進給他（也就是說，入相位於他）。
446 | 這句話實際上並不合理。沒有任何一顆凶星落在它廟宮對面的星座時是入弱的。里賈爾可能只是試圖說明，在放置凶星到宮位裡（例如把第七宮主星放到第一宮內）應十分小心，因為凶星可能造成反效果，傷害把它們放置在那裡的人，除非它們被大幅削弱。
447 | 在這一段中，里賈爾設想敵人率先對客戶發動戰爭，而占星師必須為客戶挑選一個時間對攻擊作出有效回應。

加強，則看來他將會獲勝，將你的擇時盤交與欲抵抗之人吧；[使]上升位置落在啓動星座，且上升主星落在固定星座或雙元星座，並得到容納，還須使第七宮主星及月亮入相位的行星落在相對尖軸的果宮之中。

　　而若第七宮主星為凶星，且順行，或東出，或擁有尊貴，則須使月亮離相位於它。且謹防上升主星位於第七宮之中。

VII.56：論為戰爭購買武器[448]

　　在此，宜於[太陰]月末，使月亮落在自己的廟宮、旺宮或擁有三分性之處，與火星會合：因所有智者們都認為月初的月亮與火星落在一起是不吉的，在月末與土星落在一起亦如此；故應避免她處於這些狀態。

VII.57.0：論在戰爭中對抗[他人]及議和

——[VII.57.1：作戰——據金迪][449]——

　　此調整[450]涉及應對衝突[451]或戰爭，針對那些反叛者及反抗主人之人。[452]

---

448 ｜ 參見《擇日書》§91，其中有某些不同之處。
449 ｜ 這一子章節借鑒《四十章》§§406b-08的內容。
450 ｜ Correctiones。
451 ｜ Litium，它在拉丁文中也指訴訟；但結合金迪的上下文應指戰爭。
452 ｜ 這句話之所以奇怪是因為里賈爾沒有交代金迪的上下文。首先，金迪談論的是叛亂，以上升位置和月亮作為衝突的發起者：即造反者。在這種擇時中，金迪告誡，當月亮呈現吉象時發動叛亂有利於造反者，不利於應戰者（因為攻擊將十分有力）；但當月亮呈現凶象時發動叛亂不利於發動方，而有利於應戰方（因為攻擊將比較無力）。而里賈爾想要把這一內容延伸到國王和反叛者範圍之外。

　　金迪稱，對於國王（或造反者所反叛之人）而言，在月亮呈現吉象時不宜與造反者相爭：因月亮及上升主星往往代表造反者。對於反叛者而言，在月亮呈現凶象時應避免爭鬥，而應在月亮呈現吉象時發起戰爭（尤其若上升主星同樣呈現吉象並落於上升星座之時）。且當上升主星或上升位置呈現凶象時，應避免爭鬥。

　　若反叛者朝東方行進，則對他而言，宜在月亮出現於西方時開戰；若他向西方行進，則應將月亮置於東方；若向南方行進，則應將她置於北方；而若向北方行進，則應將她置於南方。[453]

　　若想要攻擊反叛者，宜於火星位於天空的東方部分（即自金牛座第十度至獅子座第十度、自天蠍座第十度至水瓶座第十度）之時發起攻擊：若反叛者自東方進攻，你可依此行事。然而，若進攻來自西方，則於火星位於天空的西方部分（自獅子座10°至天蠍座第十度、自水瓶座10°至金牛座第十度）之時對反叛者發起攻擊。

---

453 | 換句話說，反叛者開戰時應置月亮於他的背後。這與下文馬謝阿拉在VII.64中關於遊戲的說法是相反的。

454 | 里賈爾（II.2）指出，金迪對黃道的劃分只適用於敵人從東方或西方進攻的情況，而非所有方位。因此他提出了不同的劃分方法，看起來依據的是四顆皇冠恆星與季節：太陽在春季的中段位於金牛座，它與東方相關聯，等等，而天文星座金牛座（黃道星座金牛座曾與之相對應）包含皇冠恆星畢宿五（Aldebaran）；其他季節和皇冠恆星：夏季與軒轅十四（Regulus，獅子座）、秋季與心宿二（Antares，天蠍座）、冬季與北落師門（Fomalhaut，實際上位於南魚座，但接近水瓶座）也是如此關聯的。

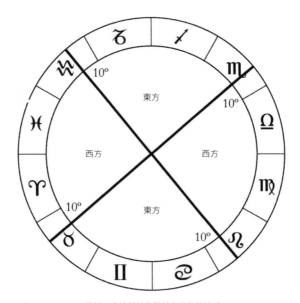

圖22：金迪關於作戰基本方位的說明

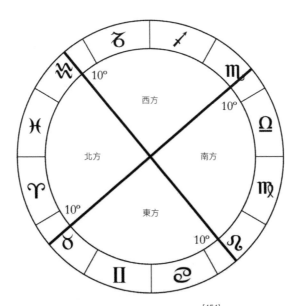

圖23：里賈爾對金迪內容的修正[454]

—— [VII.57.2：燃燒或灼傷的小時——據金迪][455] ——

　　而無論位於哪個方向，都應謹防在不利的、「燃燒的」小時採取行動：它們自月亮與太陽會合於同一分之時起算，直至她經過12個小時：因這些小時為一切光明磊落之事所忌。同樣，84個小時[456]之後的12個小時——長達12小時[以上]——亦為「灼傷的」；同樣還有192個小時之後的12個小時，第一組12個小時之後[尚有介於84與]96[之間的另一組]。你可照此繼續，直至完成[太陰]月的所有小時。

　　例如，假定太陽與月亮會合發生於星期天白天的第一個小時，同時太陽的中心位於上升位置，且這些小時應按照不均等的季節時計算：故星期天白天的全部小時[457]都是燃燒的；而在月亮日[之前]的夜晚的小時是「未燃燒的」；且自那夜晚開始的小時、星期一整個白天及夜晚、星期二及隨後的夜晚、星期三整個白天的小時都是有利的。隨後，燃燒的小時始於星期三白天之後夜晚的第一個小時[458]，直至星期四[459]早晨，而在星期五的白天及夜晚、星期六的白天及夜晚之後，燃燒的小時又開始於星期天的早晨，並佔據整個白天直至夜晚降臨為止。同樣，你要自星期一[之前]的夜晚開始，依上述方法繼續，直至將一整月全部填滿、下一個會合開始為止。而你要自會合發生的小時開始（無論它發生於何時），依此方法找出燃燒的小時。若有爭端始於這些小時，則象徵爭端的發起者將被殲滅，他的身體會出

---

455 ｜ 這一子章節源於《四十章》§§409-13。
456 ｜ 原文作「96」。第二組自84個小時之後持續**直至**96個小時。見下文圖表。
457 ｜ 即從星期天早上日出直到日落。
458 ｜ 即在星期三傍晚日落時分。
459 ｜ Veneris一詞參閱雨果譯本的金迪資料作解讀。

現障礙，盟友、同黨將背叛他。若他於第一個十二小時中的[頭]四個小時開始行動，他將被殲滅；而若在隨後的四個[小時]，他的身體將出現障礙；而若他於最後四個小時採取行動，將失去同黨或盟友。

日	小時	灼傷/燃燒
1 – 星期天	白天 0-12	**灼傷**
	夜晚 12-24	未灼傷
2 – 星期一	白天24-36	未灼傷
	夜晚 36-48	未灼傷
3 – 星期二	白天 48-60	未灼傷
	夜晚 60-72	未灼傷
4 – 星期三	白天 72-84	未灼傷
	夜晚 84-96	**灼傷**
5 – 星期四	白天 96-108	未灼傷
	夜晚 108-120	未灼傷
6 – 星期五	白天 120-132	未灼傷
	夜晚 132-144	未灼傷
7 – 星期六	白天 144-156	未灼傷
	夜晚 156-168	未灼傷
8 – 星期天	白天 168-180	**灼傷**
	夜晚 180-192	未灼傷

圖24：基於時間的灼傷區間表——按新月發生在星期天早晨計算

戴克評註：這種基於時間的灼傷（或燃燒、焦傷）區間計算方法與疾運盤確定危機時間的方法十分接近，事實上可能與它們有關。

這種方法以季節時（如同計算行星時時所採用的一樣）計算灼傷的小時，而不是按照由60分鐘構成的標準小時計算：日出與日落之間的時間被平均劃分為12份，日落與下一個日出之間的時間也是如此。由於全年實際白晝長度是變化的，夏季的12個「小時」或白晝等份會持續較長的時間，而夜晚等份較短；但在冬季，12個白晝等份會更短，夜晚等份則更長——更何況根據緯度的不同，實際的長度還會變化並且變得更加極端。

例如，假設金迪所說的新月發生在北半球冬季後期，這時白天很短而夜晚漫長：在這個例子裡，12個灼傷的小時自星期天日出直至日落，那麼其持續時間遠遠短於自星期天日落直至星期一日出的12個灼傷的小時。相應地，前者月亮實際行經的距離更短，而後者更長。同樣，如果新月發生在白天的某一時刻，那麼灼傷的小時將由較短的小時和較長的小時組成，因為它們是由幾個白天和幾個夜晚小時相加而得到12個小時。

在理想的情況下60分鐘為1小時，如果使用這種小時及月亮每日的平均速度（13°10′36″），那麼月亮在其中一些時間完成她理想化的四分之一週期或八分之一週期。因為在每兩個灼傷區間的開端之間，她大約要行進45°。例如，假設灼傷的小時開始於星期天黎明時分，它們將結束於日落時分，這時月亮已行進6°35′18″（而她仍被焦傷，在太陽光束下）。下一個區間將開始於星期四黎明時分，此時月亮已從她的初始位置行進了大約45°；隨後的灼傷小時區間將開始於她從初始位置行進大約90°的時候（亦即月亮理想化的第一個四分之一週期）；依此類推。**然而**，由於季節時是不均等的，而且太陽也會移動，這些灼傷的小時並不總是與真實的四分之一及八分之一週期完全

重合：比如說當月亮距離初始位置270°（理想化的四分之三週期）的時候，太陽也已經移動大約21°，因此月亮還沒有達到真實四分之三週期所對應的位置。這意味著計算真實的灼傷小時較為複雜，因為無法單純地通過觀察月亮來判斷它們何時開始、何時結束：的確需要日出和日落時間表或具備行星時列表的占星軟體。

基於距離的灼傷小時的說法見於馬謝阿拉的著作《亞里士多德之書》II.4（收錄於《波斯本命占星I》）[460]。在那裡，灼傷的區間被定義為12°這一月亮所行進的**距離**（接近她的日均行進距離），而非12個季節**時**。這一說法更為合理，如果記得月亮通常在距離太陽12°時走出太陽光束的話。假設我們在定義未灼傷小時以84°這一行進距離代替84個小時，那麼灼傷小時開始時，月亮的位置幾乎精準地與她的四分之一週期重合：下一個灼傷區間將發生在她距離初始位置大約96°的時候，但由於太陽同時也已移動了大約7°，因此它們幾乎恰好相距90°，即真實的第一個四分之一週期。下一個區間將開始於她距離初始位置192°的時候，但由於太陽同時也已移動了大約14°，因此她幾乎恰好與他相距180°，即滿月。其餘依此類推。

所以，基於時間的灼傷區間理想化地將黃道等分為八份，使用了四分之一以及八分之一週期，計算更為複雜。基於距離的灼傷區間只使用真實的四分之一週期，計算相對簡便（很多時候可以僅憑眼睛觀察做到）。

——VII.57.3：論與敵人議和——[據金迪][461]——

金迪稱：查看是否見到上升主星與第七宮主星落在同一星座中，

---

460 | 在附錄D中還有第三種說法，它來源於印度人。
461 | 這一子章節源於《四十章》Ch. 11.8。

以及是否有吉星介於二者之間：這象徵會有人從中斡旋。而若那行星落在自身有尊貴之處，象徵那是眾所周知之人，亦是那座城市土生土長之人。

他的身份取決於那顆行星所落位置的狀態，即東方抑或西方、逆行抑或順行[462]：依此判斷那人的地位及權力。若那行星相對所落位置而言是異客[463]，則象徵那人相對那個地方而言是陌生人（而所謂行星的異域僅僅是相對廟宮、旺宮而言的）[464]。而若它擁有三分性、界或外觀尊貴，則象徵那人雖生於那裡，但祖籍並非那裡。

而若你欲知曉他在雙方當中更尊重哪一方，則查看那行星在哪個星座擁有更多尊貴（在上升星座抑或第七宮所在星座）：它在其中擁有尊貴的一方，代表他更傾向、更尊重的一方。

若你欲知曉那人的職務，則查看位於兩顆徵象星之間的吉星之屬性。若它為木星，可判斷他與法律、正義、智慧相關。若它為金星，則與聖潔（譯註：此處據阿拉伯文版本校訂。因這一阿拉伯文詞彙來源於「禁忌」一詞，故拉丁文版本譯為「vice」罪行。）、名譽、潔淨[465]之人相關。再把它與有交集的行星之屬性相結合，如之前在本書中多次提及的。故若為土星，他會是年長者或諸如此類；而若為木星，他會是與法律相關之人，法官、辯護律師或受尊敬之人，諸如此類；若為火星，他會是尚武之人；若為太陽，他會是國王或身居高位者；若為金星，他會是先知或潔淨之人；若為水星，他會是商人或作家；而若為月亮，他會是喋喋不休之人、講述故事之人[466]。

---

462 | 金迪的雨果譯本補充了應注意是否位於始宮。

463 | 即「外來的」（peregrinus）。

464 | 也就是說，就這一條法則而言，即便擁有次要的尊貴，仍被視為是外來的。

465 | Limpidus，這個詞也指「清晰」。雨果使用mundus一詞，有「乾淨、禮貌」的含義。

466 | 在金迪的著作中，他是一個信使或使官，這更為合理。或許更賈爾指的是他更像是個愛說話的普通人。

　　然後，你應查看[與]之形成更顯著、更佳的相位之星座，依據其屬性作出判斷：故若它與上升星座形成相位，且在上升星座處擁有尊貴，則此人可能為爭端發起者的血親[或]關係密切之人，或據信為[開始它]的那個人。而若在第二宮有[尊貴和相位]，則為他自己的盟友；若在第三宮，則為他自己的血親或朋友；若在第四宮，則為父母、祖父母或諸如此類；若在第五宮，則為子女或與子女相似者；若在第六宮，則為不及他之人、他自己的奴隸或諸如此類；若在第七宮，則來自他的對手；若在第八宮，則為他的敵人之盟友或他的批評者之盟友；若在第九宮，則為法律相關之人或曾與他一同旅行之人；若在第十宮，則為國王；若在第十一宮，則為國王的盟友及他的朋友；而若在第十二宮，則是他自己的敵人。

　　同樣，你應查看位於上升主星和第七宮主星之間充當調解者的行星是否為凶星：它預示介入反叛者與另一方中間之人會處置失當、搖擺不定並造成傷害。若為土星，他會是年長者或欺詐者，[且]城府甚深。若為火星，他會是易怒之人、殺手、背信棄義之人以及與火星屬性有關之人。且須將它們與落在自己的廟宮、與它們形成較好相位的行星之屬性相結合。

VII.58：論拆毀敵人的要塞與城市[467]

　　你為摧毀敵人要塞所作擇時應與[此前]所述開始興建建築恰恰相反[468]。你應使上升位置落於風象星座或火象星座之中，月亮、上升主星亦如此。

---

467 ｜ 參見伊朗尼 II.1.5。
468 ｜ 參見上文 VII.20.3 及伊朗尼 II.1.3-4。

塔巴里稱[469]，上升星座應為直行星座，且上升主星應西入[470]，上升於上升位置之後[471]，減速，並入相位於一顆處於同樣狀態的行星，同時它[本身]向[自己的]入弱之處行進，且[它應是]遠離尖軸的（但不應是逆行的）。

然而宜使月亮東出、減速且減光、遠離尖軸，並入相位於一顆同樣是遠離的、甚至朝它自己入弱之處或月亮入弱之處行進的行星。

而若月亮位於地平線上方，須使她入相位於一顆落在地平線下方的行星，亦不可使上升主星逆行。且此行動應開始於[太陰]月的最後四分之一階段，而月亮不應與她所落星座之主星或太陽形成相位。

此擇時意在敵人的要塞，且採用這樣的擇時會令你相對要塞變得更強，並將得以摧毀它。但若意在摧毀其他建築，或以其他方式，則可藉由查看並增強擇時盤的基礎進行簡易擇時，正如之前在所有事項中所述一樣[472]。

VII.59：論製造武器與剋敵的巧妙裝置——即戰艦及其他船隻[473]

在此，宜使上升位置落於固定星座；若四尖軸全部落於固定星座、直行星座，則更為有利。此外，月亮及上升主星位於尖軸，且有一顆強有力的、東出的吉星落在中天，其擁有尊貴並快速行進，則亦是有利的；且月亮須以較快速度行進。

469 | 目前我不確定下文內容究竟有多少出自塔巴里。
470 | 這可能指它應將「沈入」太陽光束下。在拉丁文與阿拉伯文中，「西入」（western）與「沈入」（sinking）是同一個詞。
471 | 關於「上升位置隨第一顆行星之後上升」參閱伊朗尼的資料作解讀。
472 | 里賈爾所指可能即伊朗尼的評論，也就是說所有這些對於永久性地摧毀一個要塞而言是重要的。但如果不想按照所有這些麻煩的步驟作一個有難度的擇時，那麼可以按照一般性的法則進行簡單擇時。
473 | 參見伊朗尼II.1.7，儘管這裡大部分內容來自《四十章》Ch. 17。

亦須盡你所能適當放置火星。

同樣，須適當放置行動開始前發生的會合或妨礙的主星；且應使月亮在離開會合或妨礙之後首先入相位於一顆吉星。

而若上升主星正進入始宮，則有利。且它宜與第四宮形成相位，因第四宮代表船隻所在之處等：故宜增強第四宮並將其置於固定星座[474]。

另一些智者[475]認為，月亮宜落在金牛座或雙子座，因河流的形態呈現於這些星座之中[476]。

且月亮位於地平線上方乃是有利的[477]。

而當你欲將這些船隻置於水中時，操作參見其他擇時[478]。

VII.60：論合作及一切兩人之間的事項

大體而言[479]，一切兩人之間的事項由上升位置代表事項發起者，第七宮代表另一方；第十宮代表雙方之間發生之事（而在爭端當中，為勝利的代表因子）；第四宮代表事項的結果。同樣月亮亦象徵雙方之間發生之事，而月亮離相位之行星象徵發起者，月亮入相位之行星[為]另一方。第四宮之主星[為]結果的徵象星。而你應查看哪一個（即[哪一個]宮位）──上升星座抑或第七宮──與中天主星形成更多、更佳的相位，且中天主星在那兩個宮位的哪一個之中擁有更強的尊貴，則判斷那一方在事項中將得到更多支援。

---

474 ｜ 伊朗尼作「水象星座」。
475 ｜ 參見《占星詩集》V.23.3-4。
476 ｜ 天文星座波江座。
477 ｜ 這與《四十章》Ch. 17 §490所述相似，只不過兩果的譯本通常意味著落在自身的遠地點。
478 ｜ 可能指下文VII.76。另見《占星詩集》V.25。
479 ｜ 參見伊朗尼II.8.1及《擇日書》§34。

然而[480]，在合作或結盟時，上升位置位於雙元星座且月亮亦位於雙元星座是有利的。獅子座也對此事有益，因太陽及其星座利於結盟，鑒於太陽將自身的部分光芒給予月亮和其他行星。

在此，月亮落在上升位置且落在啟動星座或固定星座是不利的，摩羯座、獅子座除外（因它們對此有利）。

切忌月亮或上升主星入相位於[凶星][481]，尤其是火星。

VII.61：論搜尋逃犯[482]

為搜尋逃犯而擇時相似於針對敵人所作的擇時。故，若[逃犯]為曾經造反之人，你應如[之前]所述那樣進行擇時：藉由削弱第七宮及其主星與月亮，並使它們位於果宮——依據之前所述組合[483]。然而若逃犯屬於其他類型的敵人[484]，則應根據第十二宮及其主星擇時。而若逃犯不屬於這兩種類型，應依之前所述那樣進行操作。

哈亞特稱[485]，月亮應入相位於凶星，而不應將她以及她入相位的行星置於第四宮。

馬謝阿拉[486]贊同上升主星與第七宮主星彼此形成入相位；他還認為，若月亮入相位於一顆落在第十二宮或第六宮的行星，則預示逃犯將被殺死或失蹤（譯註：並非逃脫。）。

---

480 | 參見伊朗尼II.8.2及《占星詩集》V.19.1-16。
481 | 據《占星詩集》V.19.15-16做了補充和小幅改動。里賈爾原作為：「月亮入相位於上升主星。」
482 | 參見伊朗尼II.13.3。
483 | 見VII.57a。在此里賈爾假設客戶發起對叛亂者的搜尋，因此客戶由上升星座代表（儘管在叛亂這一事項中，叛亂者發起了戰爭，因此由上升星座來代表）。
484 | 伊朗尼作「意在殺死逃犯」。即那人並非直接衝突的對手，但是你想要消滅的人。
485 | 參見《擇日書》§142及伊朗尼II.13.3。
486 | 目前來源不詳。

VII.62：論使盜賊揭露 [所求]^[487]

阿布·馬謝稱，宜使月亮及其入相位的行星位於具備人形的人性星座；在此他所言是適當的，且此觀點是有助益的。

而我認為，這些以及上升位置落在直行上升星座中亦是有利的，由此他們可供認真相而非其他。

VII.63：論陸上及水上狩獵^[488]

當你欲為此擇時時，應將月亮置於金牛座或它的三方星座之中。

——[獵取走獸]——

智者們稱，欲在陸地上狩獵之人，宜將月亮置於牡羊座、獅子座或射手座，使其帶著容納關係以三分相或六分相入相位於火星：因這預示他將在狩獵中捕獲一切所想要的獵物；且他捕獵所使用的獵犬及其他動物（在一切類型的狩獵中）將變得更強。

而當你欲 [在陸地上] 狩獵時，宜使月亮入相位於吉星，且你須將一顆吉星^[489] 置於上升位置，[而] 將凶星置於第七宮，這顆凶星應為火星，因他象徵血光；然而若此凶星為土星，則預示他們將發現獵物卻無法捕獲它。

然而在水上狩獵時，應注意使月亮位於中天，入相位於落在第七宮的金星：因這預示他們將可捕獲一切所想要的獵物。

---

487 | 參見伊朗尼 II.13.4。
488 | 伊朗尼 II.1.11 有關於狩獵的內容，但與此差異很大並且簡短許多。
489 | 或許是指月亮入相位的那顆吉星？

　　而若你意欲獵取有爪之獸，如狐狸、狼[490]及諸如此類之物，須趁月亮得到火星容納且二者之一位於中天之時為之。

　　若你意欲獵取小走獸，如野兔、野豬及諸如此類之物，你應盡力避免使火星落在任何一個尖軸，因位於此處他將危及獵手安全，而上述小走獸將對他作惡。

　　此外，上升位置位於四足星座（即牡羊座、獅子座和射手座）時對此最為不利，因這預示小走獸將殺死捕獵之人的騎手。而若月亮落在上升位置並因火星而呈現凶象，亦象徵同樣的事情（我已經歷多次）。我亦未見獵手於金牛座、雙子座或天蠍座上升之時捕獲任何獵物，即便他擁有得力的獵犬或其他動物，亦是出色的獵手。我所見一切於金牛座上升之時前去狩獵之人，無一例外會進入latorinas[491]或高處的荒地，並無法在此類地方捕獲獵物。而我所見一切於摩羯座上升之時前去狩獵之人，獵物會在sarcialibus[492]或荒地隱蔽，因此他們無法捕獲它。

—— [**獵取飛禽**] ——

　　迄今我們所言一切都意在捕獲野獸，尤其是走獸。然而若你意欲獵取飛禽，則對此有利的擇時為：月亮位於風象星座（即雙子座、天秤座和水瓶座），且入相位於水星，而水星須強力並容納月亮：因這預示他將可捕獲一切所想要的飛禽。

　　然而對於鵪鶉與大鷗鴣而言，尤為適宜使月亮同時入相位於水星及金星。對於其他飛禽而言，使月亮入相位兩者之一足矣（即入相位

---

490 ｜ 我將此處的lepores（「野兔」）一詞與下文的lupi（「狼」）交換，因為相對野兔而言，狼與狐狸更相似，而且狼並不是小走獸。

491 ｜ 不詳，但可能是lapicidinas「採石場」（因為金牛座是土象星座，所以這是合理的）一詞的誤讀。

492 ｜ 不詳。但這可能於sario有關，這一中世紀詞彙指灌木叢生的未經開墾的開闊土地。

水星或者金星），同時月亮應位於風象星座，正如之前所述。當月亮位於這些星座之中且入相位於土星時，獵手無法捕獲想要的獵物，但或許可以捕獲到貓頭鷹或毫無用處的害鳥。當獵取 aygrovuum[493] 與 astardam[494] 時，水星與火星落於一處最為有利。

對於獵取鴨子與其他水鳥而言，宜使月亮落在風象星座，入相位於在水象星座的行星，因這對此事而言乃是吉時，預示你將捕獲任何你想要的獵物。

然而，在使用鷹捕獵時，應使月亮落在雙子座。而在使用雀鷹或 siverilis[495] 捕獵時，應使月亮落在水瓶座，以三分相或六分相入相位於火星。

────[捕魚]────

然而，在海上捕獵時，月亮在巨蟹座並入相位於在雙魚座的木星更佳：對於海上捕獵而言此乃最佳吉時，因這預示所獲甚多。而若木星東出，他將捕獲小魚；若西入，則為肥厚的魚。且在一切水上狩獵中，樂見月亮入相位於金星，因這亦對此事多有助益。

────[訓練動物捕獵]────

若你欲馴犬捕獵，則應使月亮位於牡羊座，會合火星：因這象徵它們能夠很好地掌握如何捕獵並殺死獵物；但若未與木星形成相位，

---

493 | 不詳，但注意與 gruem「鶴」有相似之處。這個詞和隨後的詞應指作為狩獵目標的生活在水邊的鳥。
494 | 不詳，但注意與 astur「鷹」有相似之處。也可能是 astariam，指在靠近海的平原上狩獵。
495 | 目前不詳。

則預示犬將損害獵物，若與木星形成相位，它們將可保全獵物。

若你欲馴豹，則月亮應位於獅子座，入相位於落在牡羊座的火星：這是最佳吉時，預示著豹在狩獵及保全獵物時十分得力。而若月亮位於獅子座，入相位於落在天蠍座的火星，則預示豹捕獲獵物的過程伴有諸多痛苦與辛勞，且無法保全獵物。

若你欲馴鷹、雀鷹或隼，則應樂見月亮位於水瓶座，入相位於落在天蠍座的火星：這對此是更有利、更強力的擇時。

——[其他建議]——

若在狩獵時，月亮入相位於一顆逆行的行星，則預示獵手將空手而歸，狩獵過程亦伴有痛苦與辛勞。若月亮位於上升位置，則象徵狩獵時身手十分敏捷。而若火星位於中天，則預示捕獵所使用的飛禽或走獸將 [丟失][496]。若月亮位於中天，並因火星而呈現凶象，則預示獵手將失去鷹並將去尋找它。

對於欲使用鵰捕獵之人，尤其適宜使月亮位於牡羊座，入相位於落在摩羯座的火星，因月亮象徵他將可藉由陸地及空中捕獵盡可能多地獲取他想要的。

總體而言，在任何狩獵中，都宜使上升位置落在啟動星座，且月亮位於中天並藉由木星呈現吉象，而木星位於上升位置，火星位於第七宮，且土星位於果宮（或不與上升位置形成相位）；而金星應位於上升位置或中天，並與月亮形成入相位：在此組合下騎馬去打獵之人，他的騎手將變得更強，與他一同捕獵的動物將是愉悅的，且他能

---

496 | 關於expergetur（「將被喚醒」）一詞，結合下一句的內容解讀作perdo（「失去」）。

夠捕獲任何他想要的，這不會令他煩惱，他及他的騎手、夥伴不會精
疲力竭，他將平安又歡喜地歸來，不會疲憊不堪，亦無[任何]惱怒。

VII.64：論棋盤遊戲、下象棋、擲骰子等

若你意欲在遊戲開始時即快速終止[497]，則要使上升位置落在啓動
星座，且將月亮也[置於]啓動星座。而若你意欲遊戲延續，則須使
上升位置落在固定星座，且將月亮也[置於]固定星座。

而若月亮入相位於吉星，則在遊戲中第一個採取行動之人將從中
獲利；若入相位於吉星之後又入相位於凶星，則預示第一個採取行動
之人先從中獲利，而後蒙受損失；而若先入相位於凶星，隨後入相位
於吉星，第一個採取行動之人將在開始時蒙受損失，隨後獲利。

對於下象棋而言，尤其宜使月亮入相位於水星，隨後再入相位於
火星（他代表象棋中一種不同的形式）[498]，且兩者均須容納月亮。若
上升星座為雙元星座，則預示任何一方都不會獲利。

而若有吉星位於上升位置，則開始遊戲之人將獲利；除此之外若
還有凶星位於第七宮，則對方將損失更多。

若上升主星位於中天，則開始遊戲之人將獲利；而若上升主星與
第七宮主星形成對分相，則一方將對另一方行竊（譯註：指兩人之間
將產生問題。）。若月亮離相位於水星並入相位於上升主星，則有人
向開始遊戲之人透露信息（譯註：阿拉伯文版本為：有人幫助客戶作
弊以獲勝。）；而若月亮離相位於水星並入相位於第七宮主星，則有
人向另一方透露信息。

---

497 | Cito separetur。
498 | 我不清楚這是什麼意思。

　　若上升主星逆行，則預示開始之人從中使詐。而若上升主星與第七宮主星均位於中天且均得到增強，則預示雙方將平等地離開遊戲[499]。

　　而若水星位於上升位置且月亮與他落在一處，則預示他們對遊戲言語及討論甚多。若火星落在上升位置，則預示遊戲中有諸多謊言。若土星落在上升位置，則一方無法從另一方獲利，他們將會心不在焉、感到無聊。若木星落在上升位置，則他們彼此分離時將伴有憤怒[500]。若金星落在上升位置，則他們彼此分離時將是愉悅的且懷有善意。若月亮落在上升位置，則預示理應獲利的一方會迅速獲利。而若你在月亮落於上升位置時參與遊戲，則應避免成為開始遊戲之人，因他們將從你身上迅速獲利。

　　而若上升星座為雙元星座，且上升主星亦落在雙元星座，則預示那遊戲結束之後，其他人將參與同樣的遊戲[501]。

　　馬謝阿拉稱[502]，當你欲參與遊戲，須查看月亮是位於東方、西方、南方抑或北方，而你應坐在與月亮面對[503]面的位置，如此你將獲利。且你應知曉，東方援助北方，而西方[援助]南方。同樣，若欲知曉二人遊戲當中的哪一方將獲利，則可觀察哪一方面對月亮：此方將獲利。

　　然而[504]，在「木瓦」（shingles）[505]遊戲或前述其他任何遊戲中，你應使月亮落在啟動星座，避免落在金牛座或雙元星座。且月亮入相

---

499 | 我認為這指的是雙方的輸贏大致是相等的。
500 | Cum ira。不過這可能應作「沒有憤怒」。
501 | 注意此處遵循 VII.3.1——源於《擇日書》§16aff——之中有關雙元星座的描述。
502 | 目前來源不詳。但可對比上文 VII.57.1關於叛亂的內容。
503 | Contra。換句話說，你應坐在月亮對面，面向她。
504 | 本段參見伊朗尼 II.1.13。
505 | Scindulae。這可能指類似多米諾骨牌遊戲，將瓦片放在桌面上進行遊戲。

位吉星乃是有利的。若月亮自火星擁有三分性之處入相位於火星[506]，亦是有利的。另外，應避免使土星[與月亮]產生任何交集。

而當你想要獲勝時，須按照我關於擲骰子所言行事，且面向月亮。而當你離家前去參加遊戲時，使上升主星入相位於吉星，且使上升主星位於中天或第十一宮，除此之外還應將上升主星置於地平線上方並擺脫凶星及焦傷：若你如此為之，則可獲利。

VII.65：論與女人同房

當你欲與女人同房時，應查看那些樂於此事的星座，即：牡羊座、摩羯座、獅子座與天秤座，因它們在此象徵巨大的動力，她們[507]將不會中止。

且若除此之外月亮還入相位於金星和火星，則更佳，因金星象徵他們彼此之間的喜樂及令人愉悅的方式[508]，而火星象徵大量精子。你應避免月亮入相位於象徵冷淡、乏味及對此事憎惡的土星。而若月亮入相位於太陽，且具備容納關係，則象徵極大的快樂以及雙[方]的契合。此外你應避免月亮落在雙魚座，因其預示將發生疾病。而若月亮落在雙子座、天秤座[或]水瓶座（即人性星座），則對此有利，因這象徵愉悅與喜樂。若月亮入相位於木星，則預示女人會以法律為由作防衛避免此事。

而若你欲與女人同房卻不使她懷孕，則須將月亮置於雙子座、獅子座或處女座[509]，使她入相位於金星，但勿入相位於木星，且須小心

---

506 | 伊朗尼作：月亮與火星形成三分相。
507 | 我認為這裡指的是參與其中的女性將不會想要停止性行為。
508 | Rationes。
509 | 這些星座被稱為「不育」或「荒地」星座。

避免月亮落在巨蟹座、天蠍座或雙魚座（這些是多子女星座）。而若月亮與火星形成相位，則孕育[子女]之事將被阻止。

　　若金星落在上升位置，位於天秤座或雙魚座，則他將獲得諸多喜樂與愉悅。若土星位於第七宮，他們將無法和諧。

第八宮

───

VII.66：論第八宮及其擇時

涉及此宮的擇時有：死亡之約 [510] 以及查看遺產狀況。

VII.67：論遺囑 [511]

欲立遺囑之人不宜於上升位置及月亮落在啟動星座時行事 [512]，因這預示遺囑無法被執行。

在此，宜使月亮減速（譯註：deficient in number，指速度減慢或以慢速行進。）但增光，且她不應入相位於光束下的行星：因這預示欲立遺囑之人將很快死亡。

而若月亮與火星會合（或四分相、對分相）尤為 [不利]。火星不應落在上升位置，亦不應與其形成凶相位：因這預示此人不會 [513] 更改遺囑，且將因此疾病而死；遺囑無法被執行，或將丟失或被盜。然而，若土星與上升位置及月亮形成如同火星那樣的組合，則預示此人

───

510 │ 即遺囑。

511 │ 參見《擇日書》§§97a-100 及《占星詩集》V.42（這是此內容的直接來源）。

512 │ 關於這一內容，《占星詩集》和里賈爾的擇時設想似乎有所不同。《占星詩集》設想的是一個臨終前躺在床上的人，因此擔憂的是這個虛弱的人能否完成遺囑。故 V.42.1 稱**應當**使用啟動星座，因為這表明遺囑能夠根據他的願望迅速更改。但里賈爾似乎設想的是一個健康的人，他更擔憂的是有人會在很久以後更改或挑戰他的遺囑──因此他**反對**使用啟動星座而偏愛固定星座，因為後者可令遺囑更持久。也可能里賈爾直接借鑒了馬謝阿拉版本的都勒斯資料，而非烏瑪的版本。

513 │ 基於《占星詩集》V.42.4，這似乎意味著此人至死都無法**完成**其遺囑的更改。

生命長久[514]，在他生前和死後遺囑都將得到保護和執行[515]。

而若木星或金星與月亮及上升主星形成如此組合，則預示立遺囑之人生命長久，且隨後他將另立遺囑。

而欲使遺囑穩固，宜使上升位置及其主星、月亮落在牢靠的固定星座，因這象徵遺囑不會改變。

VII.68：論亡故之人的遺留[516]

在此，宜將金星或木星主管的星座置於第八宮，且避免此宮位及其主星為凶星所傷害，而第八宮主星應位於續宮之中。若它位於第二宮，同時如之前所述，第八宮及其主星未受傷害，則更佳。

而第八宮的度數位於木星或金星界內是有利的，若你能[如此為之]，且[月亮][517]應與第八宮主星形成吉相位。

---

514 | 換句話說他能活得更久，不會因為促使他立遺囑的疾病而死亡。

515 | 《占星詩集》V和里賈爾的內容再一次出現了不同之處。《占星詩集》擔憂土星將導致延遲，以至於部分更改在他死後被視為無效的，而里賈爾認為土星將使更改得以延續。

516 | 參見伊朗尼II.9.1。我不太確定這類擇時指的是什麼。

517 | 根據伊朗尼的資料作補充。

第九宮

VII.69：論第九宮及其擇時

涉及此宮的擇時有：為旅行及為運輸[貨物]而旅行所做的擇時、關於欲迅速返回的旅行、從事秘密之事的旅行、水上旅行、購買船隻與登船及使其移動、將船隻置於水中、傳授科學與專業技能、傳授歌唱與笑話、[以及]旅行之人進入城市。

VII.70：論為旅行擇時

——[VII.70.1：旅行——據薩爾][518]——

對於任何人而言，除非動身之時以他本命盤及當年的太陽回歸盤為依據，或以他的卜卦盤上升位置(若其本命盤未知)[519]為依據，否則都不應去旅行。由此，須適當放置月亮及本命盤的上升位置，抑或回歸盤或卜卦盤的上升位置，且須使他所求事項的宮位處於適當的狀態。

且你應小心避免他的上升位置落在相對動身之時上升位置的果宮之中。而若他旅行意在觀見國王，則以他本命盤的第十宮作為動身之時的上升位置。若意在商業交易，則以他本命盤的第十一宮作為動身

---

518 | 這一子章節參見《擇日書》§101ff。但下文中的某些論述與《占星詩集》極為相似，表明或許這一章節來自哈亞特的資料。

519 | 又一次明確地提到擇時中的「根」理論，表明擇時盤必須以一張顯示成功的根本盤——例如本命盤(及其回歸盤)或有效的卜卦盤——為基礎。

之時的上升位置。其餘皆同此理。你應以他所求事項對應之宮位作為其動身之時的上升位置[520]。

而[521]月亮位於第十宮或第五宮[522]並與她所落星座的主星形成相位乃是有利的。且你應謹防月亮呈現凶象，她亦不應與凶星形成相位。還應藉由強力的吉星令月亮呈現吉象。

且[523]使月亮增速，並[使]水星脫離光束並避免凶星傷害。你亦應謹防月亮落在第六宮或第十二宮之中，因這預示傷害及旅行的延遲。而若月亮增光，則預示他將迅速到達目的地，且安然無恙。若月亮與土星雙雙落在上升位置或者第七宮，或其中之一落在上升位置、另一個落在第七宮，則疾病（尤其是爭吵、殺害及損失）在旅途中或他所去往之處降臨[於他]。

——[VII.70.2：動身時的上升位置——據印度人][524]——

印度的智者們稱，對於欲動身旅行之人而言，若動身之時上升星座為牡羊座，則強盜將阻撓[他]，但若他打擊他們，則可戰勝他們。且若動身前去圍攻要塞或城市，則他可將其佔領。

而若動身之時上升星座為金牛座，他將獲得牛、山羊、豬、鹿等以及寶石。

於上升位置落在雙子座之時出發之人，將獲得武器或通曉[各類]專業技能的奴隸。

---

520 | 換句話說，根據他所為事項的類型：如從國王那裡獲取所需，則事項對應的宮位為第十宮（正如他上文所述）。
521 | 本段和下一段參見下文哈桑‧本‧薩爾的觀點。
522 | 里買爾此處進行了一些摘錄，由於薩爾認為月亮應位於尖軸而第四宮又是不利的（因此第五宮更好）。
523 | 本段參見《占星詩集》V.12.2-7。
524 | 目前來源不詳，但像這樣把星座羅列出來聽起來像是都勒斯。

　　若為巨蟹座上升，在他所求之事及一切行動中都將平安、健康且幸運。

　　若為獅子座上升，他將可獲勝並得利，災禍將發生於他人而非[525] 其本人身上。

　　若為處女座上升，他將精力充沛且獲得奴隸。

　　若為天秤座上升，他將介於吉與凶中間。

　　若為天蠍座上升，他將勞作且無法獲得所求，而悲痛將降臨於他；隨後他將略有所獲。

　　若為射手座上升，他將獲得所求，並將獲得馬匹和武器，所做之事將令其收入頗豐。

　　若為摩羯座上升，他將疲憊且惱怒，無法獲得所求，他會犯下錯誤[526] 或被敵人激怒。

　　[水瓶座佚失]

　　而為雙魚座上升，他將獲得寶石及所欲擁有之物，且身體健康。

——[VII.70.3：進一步的建議]——

　　札拉達斯特稱，一個人動身去旅行的上升位置以他離開住所的那一刻為準，而旅行者進入的上升位置以他目光落在或看見他住所為準。

　　哈桑・本・薩爾稱[527]，對於開始旅行而言更佳的吉時為：月亮增光且增速，擺脫凶星，她亦不應落在第二宮、第八宮、第六宮或第十二宮；且月亮應與吉星形成相位，而水星應脫離焦傷並擺脫凶星；

---

525 ｜ Pro。這可能也包括為他工作的人或在他面前的其他人。

526 ｜ 或「犯罪」（peccata）。

527 ｜ 本段參見《占星詩集》V.21.2-5 與 8。

且上升主星亦不應被焦傷或呈現凶象，並須使其落在吉宮之中；此外應使一顆吉星落在上升位置或某一尖軸：因此擇時盤象徵平安、機智，或愉悅的旅行、良好的信任以及獲得旅行者所求之物。

若你無法全部照做，你應使月亮和上升主星與上升位置形成相位，且它們都應避免凶星傷害。若月亮與木星或金星聚集，或形成三分相、六分相，則最佳。

托勒密稱[528]，當月亮離開與太陽會合的度數，立即與土星形成三分相或六分相，隨後又與吉星形成相位，則預示彼時所開始之事將得以完成且長期延續，主人亦因此而歡喜，而其持續時間將是與月亮的小年數[529]相等的年、月或日。若此[時期]已過去[530]，則其持續時間將為土星的小年數[531]（同樣對應年、月或日）：因月亮在月初會入相位於土星[532]。

——[VII.70.4：薩爾的其他資料][533]——

而[534]你應知曉，上升位置象徵旅行之人出發時的城市，第七宮象徵他去往的地方，第十宮象徵他從自己住所離開的道途或旅程，而第四宮象徵回程。故若這些位置之一得到增強，相應之事將受益；而若其中之一受剋，則相應之事將受損。

---

528 | 偽托托勒密，或許是受到了《金言百則》#93的啓發。但這看來起不像是屬於此處的內容。
529 | 即25。
530 | 即如果相關時期過去，成功的狀態依然有效。
531 | 即30。
532 | 因為如果月亮在漸虧時（在滿月與太陽形成對分相之後）入相位土星，土星將帶來麻煩，因為會使漸虧的月亮原本具備的寒冷和衰減的徵象加劇。
533 | 參見伊朗尼II.1.8。
534 | 本段參見《論卜卦》§9.1（《判斷九書》§9.1）及《占星詩集》V.21.1。

[535]且你應謹防月亮與凶星聚集，或形成四分相、對分相——凶星與上升位置形成的相位所造成的傷害小於它們與月亮形成的相位。且在旅行中尤甚[如此]，因在[太陰]月之初，月亮與火星形成相位預示著盜賊出沒，以及損害國王。

你亦須避免將月亮置於第四宮，因她在此處較為不利；而你應將她置於第五宮，因此處預示運氣極佳，旅行之人將迅速返回並獲得其所求；此外還可功成名就，獲得豐厚的收益，並且身體安康、行事機敏。同樣，忌月亮落在上升位置，無論入城之時抑或出發之時，都預示旅途中將患病且十分辛勞。

[536]若你欲見國王，應使月亮入相位於太陽，[且使太陽位於]吉宮（即上升位置、第十宮或第十一宮）：因若太陽位於果宮，[客戶]將無法獲益。同樣若太陽位於第七宮或第五宮，則預示少許的益處與大量、長期的辛勞。若你欲見貴族、律師、法官或與法律有關人士，你應使月亮入相位於落在尖軸或吉宮的木星，正如之前所述太陽一樣。而若你欲見被委任之人、軍人或爭執之人，則可使月亮以三分相或六分相入相位於火星：然而應避免與火星會合，亦不應將他置於尖軸，而應置他於續宮[537]。若你欲見年長者或出身卑微者，應使月亮以三分相或六分相入相位於土星，亦應置土星於續宮之中而不可置其於尖軸。若你欲見女人，你可使月亮入相位於落在陽性星座的金星；且若你能做到，將月亮（譯註：據阿拉伯文版本，也可以是金星。）置於木星所落宮位之中。而若你欲見作家、商人或智者，你可使月亮入相位於水星，且水星不可在光束下或逆行，亦不可與凶星形成相位：

---

535 | 此子章節其餘內容參見《擇日書》§§105a-13b（又見《論卜卦》§9.1或《判斷九書》§9.11）。

536 | 伊朗尼II.1.8將此內容歸於哈亞特。

537 | 此處可能指**月亮**的整宮尖軸和續宮，而不是原本星盤中的宮位。

因當月亮入相位之行星、與上升位置形成相位之行星或第七宮主星慢速、逆行或呈現凶象，則預示旅程艱辛且令人懊悔。

VII.71：論以漫遊為目的的旅行[538]

對於欲四處走動旅行之人，你應使月亮離相位於一顆吉星亦入相位於一顆吉星：因這乃是有利的，預示他與邂逅之人相聚甚歡，亦不會因離別而傷感。

而若恰逢月亮位於中天，則他會在旅途中受到尊崇，且感到欣喜，他所抵達之處與經過之處無不令他喜悅。

若動身之時月亮空虛，而月亮離開那星座進入下一星座之後，入相位於金星或與之會合，則預示他雖動身去遊歷或玩耍，卻無法從遊歷或玩耍中尋得樂趣，而當他抵達並擁有夥伴和玩笑之人後方可快活地消遣。

而若，當他去往不同於尋常且知名的地方時，值月亮與上升位置均落在雙元星座，且月亮入相位於吉星，亦有吉星落在上升位置[539]，則預示所前往之處將令他喜悅，且還將由那裡前往另一個令他喜悅的地方，並且相比在第一個[地方]遊歷更多。

若漫遊之人動身前去遊歷時，值月亮落在土象星座且入相位金星，上升位置亦落在土象星座，且月亮與金星均與上升位置形成相位，則他將感到十分舒適，遊歷許多地方且看到好風景。而若上升位置落在固定星座，則他將飽覽美景與宮殿，且遊歷將擁有美好的結局。

若動身之時月亮與火星聚集，或以凶相位入相位於他，則他在旅

---

538 | Spaciandi，這實際上指漫步、四處走動，但也有擴張並獲得更大空間的意思。這一章節似乎與去度假以及為行樂而冒險有關。

539 | 或許為「且**那**吉星落在上升位置」，即指與月亮相位的那顆吉星。

途中將會絆倒或跌落，且會途經高地和村莊。

在此，無論月亮以任何方式與土星形成相位，對動身前去漫遊者而言都是最糟糕的，因這預示他將孤獨而悲傷。且若月亮離相位於吉星卻入相位於凶星，則亦不利，因這預示相較他所去往之地，離開之地才是讓其獲得更多快樂之處。

對於欲藉由水路漫遊之人，你宜將其入水之時的上升位置置於水象星座，且金星應位於上升位置或中天。而若你欲停留於水上或長時間藉由水路而行，則應使上升位置落在固定星座，且使月亮位於中天，因這預示能夠長時間持續在水上，快速前行且有風助益。而若月亮入相位於落在雙元星座的金星，則他們將與一起旅行之人相處甚歡。而若你不欲行程拖延，亦不願長時間在水上，則應將上升位置於啟動星座，且使吉星落入其中，並謹防凶星落入：因若有吉星在此，則象徵他們自那裡離開將健康且愉快；而若有凶星在此，則象徵他們自那裡離開將心懷恐懼。且若火星位於上升位置，則將帶來憤怒，且其中一人對另一人的意願並不純粹。

而對於欲藉由陸路漫遊之人，你應將上升位置置於土象星座，並使吉星落入其中。若你欲持續旅行，則須將上升位置置於啟動星座，因這更有利於移動；然而，若欲在那裡停留、休息，則尤其應將上升位置置於固定星座：這對於維持以及範圍廣闊的遊歷都有利。

若希望旅行[540] 足夠持久，健康且平安，則應將木星置於上升位置或中天，因為木星是慢速行星且象徵停留、安全、吉祥與幸運。而對於希望旅行擁有諸多喜樂、遠離痛苦與疲憊之人，應將金星置於上升位置或中天。

---

540 | Deporto，此處及下文。我對這一譯法不太確定，因為deporto及deportum通常都與負擔有關，但也指把某物運走：或許我們可以想到帶著許多行李去旅行的人。

　　若某人動身去漫遊之時，上升位置落於水象星座，且月亮落於上升位置、金星落於中天，則必將因雨或水而受阻。而對漫遊最為有利的乃是，月亮離相位於金星並且空虛，不再形成入相位，除非進入下一星座，且隨後亦入相位於金星：如此則象徵旅行延長、稱心如意、喜悅與墮落。當其結束此趟旅行進入另一個地方時，[他將]因女人或諸如此類之事而感到舒適、喜樂，他會享受於此，蒙主應允。

VII.72：為欲迅速返回的旅行者[541]

　　若你欲如此，將木星置於與太陽形成四分相之處，且將金星置於與它形成六分相或會合之處[542]（譯註：在里賈爾阿拉伯文版本中，「它」指太陽，這是合理的，因為金星與太陽僅能形成這兩個相位。）。你還應將月亮置於兩顆吉星之間，離相位於其中一顆並入相位於另一顆。且月亮應增光且增速：因這預示他會迅速返回，平安並有所收穫。

VII.73：論秘密旅行

　　托勒密稱[543]，在此類事項中，應將月亮置於太陽光束之下，離相位於太陽且入相位於吉星，並擺脫凶星——尤其不可使它們落在她的尖軸：因它們會為她帶來更多傷害。

---

541 | 參見伊朗尼 II.1.8 結尾部分，他將此內容歸於塔巴里；這一內容大致以《占星詩集》V.22 為依據。
542 | 伊朗尼讓金星與木星與兩顆發光體都形成四分相；我不確定里賈爾此處所謂「它」指哪顆行星。
543 | 目前來源不詳，但參見《擇日書》§120b 及 141a。關於這一主題參見《占星詩集》V.5.4 及 V.35。這類擇時本質上試圖重現一種情境，即盜賊成功行竊且沒被捕獲。

Nimagest 稱 [544]，當你欲私下做某事且永遠不會被揭發或顯現，應於月亮落在天蠍座且位於地平線下方之時採取行動。

而其他人認為 [545]，月亮位於太陽光束下對此事乃是有利的；然而若月亮離開太陽光束下——正如托勒密所言，[則須使她]入相位於吉星，且擺脫凶星。

哈桑·本·薩爾稱 [546]，當你欲使所做之事不為人知，應將月亮或上升主星置於太陽光束下，但不可被焦傷，且遠離太陽，並呈現吉象且擺脫凶星。此外月亮、太陽均不可與上升位置形成相位，而它們彼此亦不應形成任何相位。

而若你欲在事項中確保平安，則須使上升主星與月亮呈現吉象，且均位於光束下，並使它們之一與吉星形成相位。而若欲行惡事，則應使它們呈現凶象。

此外，月亮及事項徵象星位於大地之軸或地平線下方始終象徵秘密之事。

VII.74：論藉由水路旅行 [547]

你應知曉，對於進入水中、藉由水路旅行及保管船隻而言，多方考慮、遵循擇時的基本原則且考慮此事項的原理乃是必要的。[此]事無法瞞過懂得此門科學的智者，海上旅行更重要的根本為[1]開始[建造][548]船隻之時的上升位置（因它預示船隻應可維持多久、安全如何以及將有誰乘坐）。

---

544 | 目前來源不詳，但可能與 VII.47 中的 Minegeth 相同。
545 | 參見《擇日書》§120b 及 141a。
546 | 同樣參見《擇日書》§141a。
547 | 這一章節似乎反映了里賈爾自己的經驗和觀點。但他也將隨後幾個章節的擇時列於此處。
548 | 根據里賈爾下文的評論補充。

而我從所相信之人那裡獲知，並且我曾親眼所見，有些船隻航行十年以上未曾發生任何事故（乘船之人亦如此），亦未曾遇到任何險情。而我亦曾見過，有些船隻事故不斷，由於反向的風、遭遇敵人或發生其他海上事故。且[我亦見過]有些船隻遭毀壞、沈沒，乘坐它們的人亦如此。故此前關於[1]開始建造船隻所言為第一根本[549]，第二根本為[2]購買船隻的時刻[550]，第三根本為[3]船隻被置於水中的時刻（且此乃強力的根本）[551]，第四根本為[4]乘船者登船之時[552]，第五根本為[5]船隻移動[553]之時，所有這些根本均須給予關注。

而我曾見有人在月亮比以往[任何時候都]呈現更多吉象之時登船，即她與木星聚集於雙魚座（即水象星座），且與金星形成吉相位，而凶星位於相對它們而言的果宮：然而船卻紋絲未動，因為沒有風。但數日後風起，乘船之人動身於星期三白天第三個小時[554]，月亮[555]位於天蠍座，且上升位置[落於其中]，各行星配置依[下]圖星盤所示[556]。

我曾於《自然之書》[557]第二部（闡述關於小時的判斷）看到，於土星時出海之人將死亡或失蹤，抑或大海會將其拋向陸地或遠方的島嶼，而由主作證，那艘船所發生之事與書中描述一致。故任何欲為海上旅行擇時的占星師都應首先查看造船的擇時盤，其次是購買它的時

---

549 ｜見上文 VII.59 及下文 VII.75.2。
550 ｜見下文 VII.75。
551 ｜見下文 VII.76。
552 ｜見下文 VII.76.5（這裡沒有特別說明）。
553 ｜即它離開碼頭開始旅行。見下文 VII.76.5，這裡沒有特別說明。
554 ｜也就是日出經過兩小時之後，即土星時。
555 ｜這可能應為「金星」。
556 ｜遺憾的是1485譯本的星盤是空白的，而1551譯本根本沒有星盤（卡斯蒂亞語譯本也沒有）。根據給出的信息，時間應介於西元1002年或1014年的9月25日至10月10日之間。然而在這些時間當中，除了一個之外，其餘都有兩顆凶星整星座四分落在雙魚座的月亮與木星組合。因此在我們獲得更好的拉丁文或阿拉伯文手稿作為資料來源之前，甚至連年份也無法確知。
557 ｜這部書在 VII.100 中被里賈爾爾歸於阿布・馬謝（或為 Kitāb al-Tabā'i'）並引用了其中關於行星時的內容。我另外翻譯了 VII.100 並將此收入本書第二部關於行星時的內容當中。

刻，再次是它被置於水中的時刻，而後為他們登船的時刻，最後是它移動的時刻。然而若你無法獲得這些擇時盤，則不應為那艘船做任何擇時，原因在於這可能鑄成大錯：因我於土星時見到之前提及的那艘船，我告訴友人（他也懂得此門科學）「此一行人休矣」：片刻之後，他們全部喪[命][558]。

VII.75：論購買船隻、登船以及移動船隻

我們已於第五十九章[559]闡述了關於造船的擇時；[現]欲對購買船隻、登船及移動船隻的擇時進行說明。而所有這些都是相似的且彼此相聯結。

── [VII.75.1：購買或建造船隻][560]──

都勒斯稱，若你欲購買或建造船隻，須在木星與金星位於大地之軸、落於水象星座或具備木星或金星屬性的星座之時開始。而月亮落在金牛座、雙子座、巨蟹座開端、處女座、射手座或摩羯座末端（因摩羯座開端屬土象，末端屬水象）對此事有利。而若月亮或上升位置落在雙魚座，則最佳。然而，所有星座之中金牛座對此最為有利，次之為雙魚座，再次之為雙子座，再次之為摩羯座末端。

---

558 | 注意里賈爾對一群人死亡漠不關心。如果他已經知道擇時盤也知道他們出海的時間，那麼為何他或他的朋友不阻止他們？善意的猜測是他抵達碼頭為時已晚，已經無法警告他們了。
559 | 即上文VII.59。
560 | 參見《占星詩集》V.23。

——[VII.75.2：建造船隻][561]——

而後，宜使太陽與吉星形成三分相，且使月亮增速、快速、增光、緯度增加且與吉星形成相位。

且你應謹防火星與上升位置或月亮形成相位，因當火星對其中之一造成傷害時，預示船隻因失火、遭遇海盜或諸如此類之事而帶來不幸的結局。

若船隻開始建造之時，月亮位於水瓶座，火星及太陽與她聚集或形成四分相、對分相，則預示此船會將貨物丟棄水中以求讓人們死裡逃生，或於白天被焚，或將遭遇極大的危害或恐懼。

然而，若月亮未落在水瓶座，而落在水象星座，與火星及太陽形成之前所述相位，則預示此船將會沈沒，每一個登船之人都將被溺死並沈入地底。

若月亮未落在水象星座，而落在乾燥星座，且與火星及太陽形成之前所述相位，則預示船隻航行於海上[之時]將因觸礁或諸如此類原因而損壞，且將沈沒[562]，船上大多數物品亦將丟失。

而若月亮未落在乾燥星座，而落在人性星座，且與火星及太陽形成前述相位，則預示船隻將遭遇強盜或敵人，他們會殺死船上之人，而船隻亦將沈沒。

---

561 ｜ 這一節內容源於《占星詩集》V.24。
562 ｜ Expergetur，但譯文源於perdo。

VII.76：論將船隻置於水中

——[VII.76.1：藉由月亮星座擇時][563]——

　　若船隻被置於水中之時，月亮位於牡羊座或牡羊座開端，與吉星形成相位而未與凶星形成相位，則預示航行順利且毫不費力。

　　而若月亮位於金牛座，如之前所言，預示他們在海上遭遇諸多風浪；而若有凶星與其形成相位，則預示船將沈沒。

　　若月亮位於雙子座，且經過8°[564]，則吉，因這預示有效與順利的旅行，只是旅途耗時長久且返回緩慢。

　　若月亮位於巨蟹座，預示他們幾乎不會遇到風浪，旅行順利、成功且可獲利。

　　若月亮位於獅子座，預示他們將在海上蒙受損失；而若有凶星與其形成相位，則預示各種各樣的損失。

　　若月亮位於處女座，則他們返回緩慢。

　　若月亮位於天秤座，且經過10°，則不利，因這對於海上旅行和路上旅行而言都具有不祥之兆。

　　若月亮位於天蠍座，則預示他們旅行順利，不過恐懼將降臨於他們。

　　若月亮位於射手座，則預示他們因風浪而遭受傷害。

　　若月亮位於摩羯座，經過9°，則吉，預示順利，但辛勞將伴隨他們。

　　若月亮位於水瓶座，則旅行將出現延遲且伴隨勞苦，但結果是好的。

---

563 ｜ 參見《占星詩集》V.25.1-13及《擇日書》§§122a-c。
564 ｜ 這些度數（此處及下文）可能與恆星位置有關，可能在月宿當中。

而若月亮位於雙魚座，則預示傷害與焦慮。

以上所述為月亮位於各個星座、不與任何吉星或凶星形成相位時的徵象[565]。

——[VII.76.2：土星和月亮，與地平線的關聯][566]——

若月亮與凶星或吉星會合於地平線下方，則不利：因當月亮位於地平線之下，且土星（即慢速行星）與其會合，則預示巨大的傷害與勞苦將降臨於乘船之人，他們將遭遇大風和巨浪，水灌入船中，他們將因此而死亡並沈沒。而若月亮位於地平線下方，且土星停滯、與她形成三分相，則預示為求脫離[危險][567]船上的大部分物品都將被拋入水中，而在經歷諸多痛苦與辛勞之後乘船者將得以解脫。而若月亮位於地平線下方，土星如之前所述與其形成三分相，但未停滯，同樣象徵他們經歷諸多辛勞、焦慮與危險之後將得以解脫——但較前述[情況]輕微，因當土星停滯時，其相位更為不利。然而若組合如之前所述，且水星會合土星，則傷害將得以減輕或削弱。同樣，若吉星與土星形成相位，土星的惡行與傷害將減輕，尤其若吉星位於吉宮、獲得支持並與土星形成相位。

且你應知曉，當船隻入水之時，若土星並未落在前述組合中[並]如我們所言對月亮造成傷害，卻恰恰落在乘船者本命盤中土星所在的星座（或落在與那一星座形成四分相、對分相、三分相之處），則同樣預示不幸與傷害。

---

565 ｜換句話說，與她形成相位的吉星或凶星將會對這些論述起到修飾作用。

566 ｜這一節來源於《占星詩集》V.25.14-27。

567 ｜將 evadendi personas 理解為 evadendi pericula。但這或許也可以理解為 salvandi personas 即「解救[船上]的人」，含義是相同的。

　　而若火星恰如之前關於土星所言一樣，且他位於地平線下方，而月亮位於地平線上方並受到火星傷害，則預示焦慮將降臨於船上，[以及]惡行與風浪帶來的危險，正如之前關於土星所述——且[較之]更甚：乘船者之間將發生爭吵、殺戮且心懷惡意，而他們亦將受敵人打擊；且它預示血光之災，及諸如此類之事。

　　而若水星與土星落在一處，兩者均與月亮形成相位，且月亮位於地平線下方，則這些徵象將更嚴重且更多地伴隨於它[568]：因如此組合象徵無人能夠倖免的傷害。而當火星與水星落在一處時亦是如此。然而，若土星與火星其中之一與太陽形成相位，另一個與月亮形成相位，同樣預示勞苦與巨大的危險；若所形成的相位為對分相，則更為不利。

——[VII.76.3：發光體與吉星][569]——

　　或者，若太陽與月亮未受凶星傷害，而木星與月亮形成四分相，船隻於此時入水有利，因這預示機敏、信任、成功與獲利。而若太陽亦與木星、月亮或金星形成相位，且木星如之前所述與月亮形成相位，則更佳且更有利於成功。而在任何情況下，當月亮與一顆行星會合或形成相位（無論此行星為吉星抑或凶星），水星都將增強它的徵象。

　　而若月亮位於地平線上方且金星單獨與其形成相位[570]，則象徵平安與順利、獲利與成功，且旅途好運相伴；然而，風浪亦將帶來辛勞與痛苦，因單獨與金星形成相位，不同於與金星、木星兩者都形成相

---

568 | Affixae 理解為 affictae。
569 | 這一節來源於《占星詩集》V.25.28-33。
570 | 即沒有木星（見下文）。

位（因金星自身是虛弱的）。若月亮與木星均位於地平線上方，而金星在光束下，則預示旅途中既無風浪也無勞苦，船隻將一路平安且他會如願以償。而若金星與木星同太陽與月亮形成相位，且水星與它們之一會合，則乃船隻入水的絕佳組合，無出其右。

──[VII.76.4：月亮、吉星與凶星的更多相關內容][571]──

若凶星位於上升位置而吉星與月亮在一起，或吉星位於上升位置而凶星與月亮在一起，則預示危險與勞苦將出現於旅途之中，但乘船者將可擺脫他們。而若月亮未與吉星形成相位，亦未與凶星形成相位，且她位於尖軸並落在此章開端所述有利的星座之中，則此時有利船隻入水。同樣，若上升位置位於上述月亮[落於其中]有利的星座，且相對於吉星與凶星都是空虛的，則亦有益。

──[VII.76.5：擇時盤的時刻][572]──

對於將船隻入水而言，須查看的時刻是人們釋放它的時刻[573]。

而一個人開始旅行的時刻為他的腳踏上船的那一刻。

而[574]開始移動[離岸]的時刻為，船隻準備就緒[並]已裝載一切必需物品，且開始移動並啟航的時刻：乘船者的旅行應自此時起算。

---

571 │ 這一節來源於《占星詩集》V.25.34-36。
572 │ 這一節來源於《占星詩集》V.25.37-38。
573 │ 即（根據《占星詩集》）當船首次被放開並推入水中的時刻。
574 │ 這句話並未出現在《占星詩集》當中，它所闡述的可能是保留在馬謝阿拉的版本中的內容。

——[VII.76.6：陸上旅行與海上旅行擇時對比][575]——

當你欲借由海路及陸路旅行時：若借由陸路，且月亮未落在乾燥星座，而凶星位於固定星座或對乾燥星座造成傷害，則是不吉的，你應退出旅行。若你欲借由水路旅行，而月亮未落在水象星座亦未落在像水一樣的星座，且有凶星落在水象星座，則旅行亦是不吉的，因這預示勞苦與傷害。

而若月亮與凶星形成相位，並落在濕潤或乾燥的星座之中，與吉星形成相位，則象徵旅行並不會帶來傷害，因除非完成了他的時日[576]，否則那人不會死亡，他將返回自己的家中。

在此，對於凶星而言，最不利的是它們處於停滯的狀態：且火星對於陸上[旅行]是有害的，而土星對水上[旅行是有害的]。而若木星未與它們形成相位，則更為不利。[最不利的情況是，月亮落在凶星的界或外觀，並且與凶星形成對分相或四分相，而木星與金星（其中之一或兩者一起）未與月亮形成相位。][577]

VII.77：論學習科學與傳授[578]

在此，宜使上升位置落在人性星座，而月亮亦位於人性星座，且上升主星落在中天或正在進入中天；此外使中天主星與上升主星相一致[579]，並使月亮以吉相位入相位於水星或與之會合。

---

575 ｜ 這一節來源於《占星詩集》V.25.39-42。參見《擇日書》§§116-17b及伊朗尼II.1.8。
576 ｜ 換句話說，除非他因為年老或其他與旅行無關的原因而死。
577 ｜ 最後一句話是我根據《占星詩集》V.26.43補充的。
578 ｜ 參見伊朗尼II.10.1和《擇日書》§§59a-c。
579 ｜ Convenientiam。即某種有助於成功的相位或關係（例如帶著容納關係的三分相）。

而水星應具備良好的狀態，呈現吉象且有力。而在此，水星與上升主星形成相位是有利的，且月亮不可減光，亦不可在緯度[580]下降。

並且須盡你所能適當放置第九宮——然而，對於學習如何書寫而言，除之前所言之外，還須查看更多：因[同樣]須適當放置第十宮，由於此宮乃是專業技能的代表因子，書寫既是知識亦是一種運用專業技能的工作，故科學與技能都不應將它排除在外。

VII.78：論學習歌唱及令人愉悅之事[581]

在此宜適當放置月亮、金星及水星，因它們為此事項的基礎；且金星位於其自身擁有某種尊貴之處，而水星亦應入相位於她。同樣，月亮亦應位於其自身擁有某種尊貴之處或雙魚座，或離相位於水星、入相位於金星。

且上升星座應為與此事項相合的星座，而金星應在其中擁有尊貴。而若金星與水星同時在上升度數擁有尊貴（例如其中之一為廟主星，另一個為界主星），則最佳；金星、月亮與水星均不可遠離尖軸，除非月亮落在第九宮（此為知識之宮）且呈現吉象並有力——對此事項而言，這並非預示不幸與傷害，當其他代表因子如之前所述呈現吉象且得到增強時，這反而象徵著事項的完成。

同樣，若上升主星落在第九宮，呈現吉象有力，則最佳。

一些智者稱，月亮落在摩羯座有利於學習 oud[582] 等弦樂器。而

---

580 ｜伊朗尼此處作遠地點，而不是黃緯。
581 ｜參見伊朗尼 II.10.2。
582 ｜Illud（即「那個」），但這是不正確的，因為伊朗尼的拉丁文譯本特別指出是「彈奏七弦琴」。也許是卡斯蒂亞文手稿中的朗讀（read aloud，「oud」來源於al-oud）在後來被拉丁文譯本錯誤地修正為illud。

月亮落在獅子座末端有利於學習鈴鼓[583]等打擊樂器。月亮落在無聲星座或沈默星座則有利於學習喇叭及其他用嘴演奏的樂器。而月亮落在有聲星座，尤其雙子座與處女座，有利於學習唱誦音符[584]或[朗]讀。

且凡此類事項，均須適當放置第九宮及其主星。若目的在於掌握專業技能[585]，則還須適當放置第十宮及其主星，因這對於一切專業技能的開始都是有利的。

VII.79：論旅行之人進入城市[586]

你應注意，此類事項的思路[在於]適當放置第二宮及其主星：你應將吉星置於其中，且使其主星落在地平線上方，並使月亮落在第三宮、第五宮或第十一宮，入相位於容納她的行星（吉星或凶星均可）。

此外忌使月亮落在大地之軸、第八宮、第六宮或第十二宮。而若將月亮置於第二宮，使其得到容納並呈現吉象，則並非不利的。

而若進入者意欲長期停留在那裡，則須將第二宮主星與月亮置於尖軸。若月亮與土星形成吉相位並具備容納關係，則對此事有利。若進入者欲迅速離開城市，則將月亮置於第三宮或第四宮，並得到容納：因這預示他將帶著自己想要之物迅速離開那裡。而若你將第二宮主星置於上升位置，是有利的，上升主星落在第二宮亦有利。若進入者欲從國王處獲取某物，則你宜適當放置中天。若進入者欲借由合法

---

583 | Tamburum。
584 | Notatos。我認為這應該指的是唱誦寫好的音符：這應涉及誦讀與書寫等水星型的藝術。
585 | Intendere……ad maneriem magisteriorum。
586 | 本章節見《占星詩集》V.21-22、《論卜卦》§9.2（《判斷九書》§9.12）及《擇日書》§§103b、118、121。

貿易採購或獲取某物，則須適當放置第十一宮與第二宮。

大體而言，我認為對於一切進入（無論它們是何種類型），你都應查看第二宮及其主星，以使它們免於凶星傷害、脫離[太陽]光束且未落在[它們]入弱之處。而若第二宮主星焦傷，則預示那人將在進入城市之時死亡。若第二宮主星落在第七宮亦是不利的，且當它為凶星時尤甚：因這象徵進入者的身體與資產將受損、其反對者與[起訴]者眾多、爭執以及他在資產與合作方面都處於不利狀況。

且若月亮落於大地之軸，則預示進入城市者將於離開那裡之前死亡。

對於進入而言，所能找到的最佳擇時為，木星為第二宮主星，落在第十一宮或第二宮，與月亮形成入相位：因如此擇時對進入之後發生之事最為有利。

此外你不應忽略幸運點，應將其置於尖軸、第十一宮或第五宮之中，因這些宮位對於良好的健康、資產與進入者而言是最佳的徵象，他所求之事將因此而[變得]毫不費力。且幸運點與月亮所在星座主星形成入相位是有利的，基於[事項的]結果而言，這亦是吉兆。

第十宮

———

VII.80：論第十宮及其擇時

涉及此宮的擇時有：接受與脫離尊貴身份[587]、就任行政官[588]、關於做出裁判或審判、關於收稅[589]或使 [某人] 成為監督者[590]、與國王一同出行、即位、向國王陳詞、關於學習專業技能、學習作戰及學習游泳。

VII.81.0：關於接受尊貴身份

——[VII.81.1：普適性建議]——

哈亞特稱[591]：在此，你應留意發光體，為它們清除凶星，並使它們在所落之處得到容納；且應將吉星置於上升位置及其尖軸，而吉星應順行（其中以木星為佳），且太陽位於他自己的廟宮，擺脫凶星。而若凶星較吉星更加強而有力，未逆行，且吉星受剋，則藉由凶星操作，因在此這不會造成傷害。

---

587 | 里賈爾所說或許包括為免除某人的職務擇時，但這一內容並未在此出現。伊朗尼在他的著作II.1.2中作出了論述。
588 | Alcaydiam。我認為拉丁文文獻中的這句話有些含混不清，因為有些內容似乎順序不對或是和下文章節的標題不匹配。
589 | 即負責徵收稅款。
590 | Almuxerif，毫無疑問這源於阿拉伯文al-mushrif。
591 | 目前來源不詳。

此外^[592]若無火星參與，則不應接受與爭辯和武力有關之職：此類職務需火星得到支持並處於良好的狀態，或為上升主星且並未受剋。而你應避免火星援助上升位置之外的任何[其他]宮位，亦不可使他在其他宮位中扮演任何角色。

哈桑·本·薩爾稱：若你希望任職順利，須適當放置月亮及其所在星座的主星，將月亮置於相對上升位置的吉宮之中，而上升主星亦落於星盤的吉宮之中，且位於火星或木星主管的星座之一；此外使木星以三分相或六分相與上升位置形成相位，並避免使第七宮主星逆行、焦傷或受到凶星傷害：這樣的擇時盤預示接受職位之人強而有力、守法且誠實。

法德勒·本·薩爾稱^[593]，加冕、接管王國及重大統治權的吉時為：月亮應未受剋且不落在凶星主管的星座之中：因若月亮位於那裡，則預示掌權者雖強而有力，卻會行不義之事並作惡。而她亦不應位於巨蟹座，因這也預示傷害與不公；與此相比更為不利的是上升主星位於巨蟹座或凶星主管的星座之一。

而^[594]若上升位置落在固定星座，且月亮位於星盤中的吉宮，落在始宮或續宮，[且]她呈現吉象，則預示王國或統治將長久延續——尤其若月亮落在獅子座及它的三方星座之中。

——[落於上升位置的行星]——

若有吉星落於上升位置，則預示國王仁慈，具有良好的習慣及行

592 ｜參見伊朗尼 II.1.1。
593 ｜由於我無法接觸到法德勒·本·薩爾的阿拉伯文資料，所以我不確定他的觀點究竟覆蓋了這一段之後的多少個段落。但本段參見《擇日書》§§128b-c。
594 ｜參見伊朗尼 II.1.1。

為。而若有凶星落於此處，則不吉：因火星象徵狡詐、持久的憤怒以及欺騙；而土星在此處象徵低級之事、卑鄙之事以及行動遲緩。

若太陽落於上升位置，則預示眾多的軍隊與盟友，極高的威望，他將長久在位，以及強大的政權與強盛的王國。

若木星落於上升位置，則預示他是誠實的且具有正直的道德觀，正義的旅行及裁決，熱愛善行與法律之人，勝利者，且他將擁有眾多朋友。

若水星落在那裡，則預示他將會站在一旁[595]，因舒適並非他所求，且他將是智慧的並擁有美德，他還知曉如何藉由道德、睿智的哲思及自身的巨大價值[596]做好自己的事情。

若金星落在那裡，則預示他將得意洋洋且擁有諸多愉悅、歡鬧與喜樂，他將是快樂而敏捷的。

若月亮落在那裡，則預示勇敢與好名聲。而若龍首位於那裡，則預示地位、權力之高以及戰勝敵人，尤其當它與幸運點會合時。

——[VII.81.2：三顆外行星]——

對於征服以及強大的權力而言，最佳的徵象乃是，木星自皇家星座凌駕於太陽之上（即落在自太陽起算的第十宮），或凌駕於月亮之上，或凌駕於上升星座之上，以及太陽落在皇家星座。而對於擁有名聲與良好的聲望而言，使木星位於之前所述組合且落在啟動星座之中

---

595 ｜ 這是我關於stabit ad partem的最佳翻譯，不過我認為拉丁文文獻存在問題。如果這是正確的，那麼它可能指的是，他喜愛知識與美德勝過名望與權力。

596 ｜ Et in se magni precii。

更佳：因啟動星座為行星的旺宮，且它們象徵著聞名於世[597]。而若木星位於雙元星座，則預示他的目標與行為將發生改變與反覆。若位於固定星座，則預示持續、穩定以及長久。而若木星位於相對太陽的果宮，月亮亦位於相對上升位置的[果宮]，且在[他的]統治開始之時它[598]未與它們形成相位，則預示災禍。

而若在統治開始之時，火星位於星盤中的吉宮，或位於木星主管的星座並被木星容納，則預示他將膽大而虛榮，他希望他的命令得以推進，在他所參與的戰爭與爭論中獲勝，捍衛理想與他自己的事情，尤其若開始之時正值白天且太陽自尖軸或有力的位置與他形成相位。

若土星所位於的組合如同之前關於火星所述的組合一樣，且狀態亦相同，則預示國王將擴充城市，並且勇敢又強大。而若他得到如之前所述的增強[599]與容納，且位於第十一宮，幸運點與它們（譯註：指火星與土星。）會合，或果敢點（Lot of boldness）[600]與它們會合，則更佳；若以此方式[放置]火星則更勝一籌，因這預示極大的榮耀、權力與益處。

——[VII.81.3：從各個方面得到提升的行星]——

若恰有一顆吉星位於自上升位置起算的第十宮，或位於自那一時刻的發光體[601]起算的第十宮，且這兩個宮位的主星均落在星盤中的

吉宮，並落在它們自己的場域[602]以及擁有尊貴之處，且位於它們自己的旺宮，或東出、得到支持，則預示權力、美德、好運與提升[603]，以及長久。而若它們在統治開始時刻之前的會合或對分之處擁有某種尊貴，或被抬升於它們所在角度（譯註：阿拉伯文版本作被抬升於遠地點。），緯度向北方上升、行進速度增加，且與它們形成相位的行星[以及]贊同它們的行星（譯註：或許指其他預示好運的行星。）亦未處於縮減的狀態、未落在井度數或暗黑度數（dark degrees）[604]，則象徵至高無上的權力與極大的益處。

——[VII.81.4：尊貴身份的自然徵象星]——

你應對照尊貴身份與行星的屬性、特質，觀察那一尊貴身份由哪顆行星代表[605]：若它為王位，則為太陽；而若它為行政長官或法官，則為木星；若它為軍隊將領[606]或駐守邊疆之職，則為火星；而若它為掌管土地或法律的官員，則為土星；若它為使者或書記員，則為水星；而若它為與百姓有關之職，則為月亮。

——[VII.81.5：與本命盤對照]——

你還應查那行星[607]在接受尊貴身份之人的本命盤中及他接受尊貴身份的時刻具有何種主管關係或力量：若在接受尊貴身份之時，恰

---

602 | Haiç。見《古典占星介紹》III.2。
603 | Perfectionem（完成）一詞作 profectionem 解讀。
604 | 井度數與暗黑度數見《古典占星介紹》VII.9.1 與 VII.7。
605 | 里賈爾在下文對此作出了更多論述。
606 | Alcaidiae vel militiae 作 alcaidiae militiae。
607 | 即 VII.81.4 中所說的行星。

逢那行星位於其遠地點的頂點，或朝向它上升，並且在其本輪中上升、緯度亦向北上升、速度增加，則預示接受尊貴身份之人將擁有強大的權力，且尤其預示榮耀與讚美，而他將打敗一切敵人，幾乎不可戰勝，他所言與命令亦不會被反駁。因如之前所述，所有行星都將聽命於處於如此狀態之下的行星，並向它交付它們的美德——無論它是高層行星抑或低層[行星]。

　　而若它東出，則預示他的尊貴身份是有益的且是穩固的，沒有遺憾[608]。若它被焦傷，則預示諸多勞苦與驚惶。若它為吉星抑或呈現吉象，則預示接受尊貴身份之人將秉持公正之心，亦將惠及百姓。而若它為凶星抑或呈現凶象，則預示他乃是奸詐之人與作惡者，亦將禍害百姓。

　　若你知曉他的本命盤，且發現那行星在本命盤中具有主管關係，或落在他的第十宮，或它主管他統治的城市或氣候區，則這些徵象將更加穩固並更加強而有力。

　　若在中天的位置有吉星落入，且位於太陽、月亮或木星的旺宮，則預示諸多善舉、榮耀、地位與讚美。若兩顆發光體（或其中之一）位於光亮度數（bright degrees），而兩顆凶星位於第十宮，且木星、金星、水星、龍首（或其中之一）亦落在那裡，其他行星也與那裡形成相位，且它為吉星的廟宮，則預示權力與好運，且他與他的子、侄的尊貴身份將得以穩固並延續，尤其若它為木星或水星的廟宮，且它們與它形成相位（因這些是子與侄的象徵）。（譯註：「第十宮」在阿拉伯文版本中作「第十一宮」。里賈爾的意思是：若中天狀態良好，象徵名望與權力等，而如果第十一宮也狀態良好，則預示會

---

608 | 或者可能是沒有痛苦（pena）。

長久延續，因為續宮代表「接下來會發生什麼」。他試圖囊括所有有利可能，不過表達有些混亂。）

　　若此事開始於白天，且土星入旺於第十一宮，木星藉由會合或相位與土星產生交集，則預示長久受益，且他將擴充城市與領土，他的統治強而有力；然而，他體弱多病。而若此事開始於夜晚，且火星入旺於第十一宮，與木星藉由會合或相位產生交集，則預示強大的權力、勝利、聲名遠播，且他具備智慧與好運、手握重兵，亦象徵爭辯、王國與統治權。而若幸運點與火星落在一處，則預示更加強大的權力與更加無所顧忌的殺戮，且他熱衷於武器、馬匹、士兵以及旅行。

　　同樣，你應查看幸運點與尊貴點（Lot of nobility）（白天取自太陽所落度數至他的旺宮度數的距離，再自上升位置投射；夜晚取自月亮所落度數至她的旺宮度數的距離，再自上升位置投射。）[609]。你亦應查看王國與勝利點（Lot of a kingdom and victory），白天及夜晚均取自太陽所落度數至月亮所落度數的距離，再自中天度數投射[610]。若這些特殊點位於吉宮且會合吉星，則預示那主人享有極高的尊貴與榮耀。

　　隨後，你應一一查看十二個宮位：若你見有吉星落入某一宮當中，則論斷此宮所象徵之事項——如資產、兄弟、子女、奴隸，諸如此類——是有利且幸運的。同樣，你見凶星所落之處，亦可依此方法論斷。而第七宮象徵他的對手及訴訟當事人，落在那裡的行星亦象徵同樣事項。第四宮及落在那裡的行星象徵父母與祖先、他的種族、他所來自的土地與城市以及他所管轄之地。而若有凶星位於果宮，且尤其落在地平線下方，則預示敵人虛弱無力並受到壓制與藐視；在此情

---

609 | 也稱旺點（Lot of exaltation）：見《古典占星介紹》VI.2.37。
610 | 我從未聽說過這個特殊點，它可能是錯誤的。

況下，若上升主星與第十宮主星均落在尖軸則更佳。

　　且你不可將他的釋放星及它所贊同的行星——居所之主（house-master）[611] 置之不理；而若你見它落於尖軸[612] 或第十宮、第十一宮、第五宮，則預示他將在那行星的小年之內持續統治。若它並未落在上述位置，而是落於續宮之中，則那一數值對應月。而若它落於果宮，但[仍]與上升位置形成相位[613]，則數值同樣對應月。而若它落在相對上升位置、尖軸及它們相位的果宮，則[那一]數值對應日。且亦須查看與它形成相位的行星——亦即那些為它加上一個數值或減去[一個數值]的行星，並依照你計算壽命的方法進行處理[614]。此外，將釋放星度數向運至[615] 吉星、凶星的星體及它們的光線。你亦可[對]中天度數進行同樣操作，且應明瞭何種光線將落在那裡，並依此判斷好運與厄運將在何時降臨於他。

　　另一些智者們稱[616]，當你欲接受將領之職時，須將月亮置於火星主管的星座之一，並使火星與她形成三分相或六分相，且同樣使吉星與她形成相位，並將上升位置置於固定星座。

　　若為國王加冕，則須將月亮置於木星主管的星座之一，或使她落在太陽[主管的星座]、呈現吉象；上升位置亦依此照做，且你應避免使上升主星及月亮所落星座之主星逆行：因逆行將有損他的權力及聲望。

---

611 | Alcochoden（壽命主）。即 kadukḫudhāh，壽命釋放星（longevity releaser）的主星之一（最好是界主星）。
612 | Angulo。這可能應解讀為「上升位置」。
613 | 例如落在第三宮或第九宮。
614 | 一些關於壽命釋放星和居所之主的簡單說明參見《四十章》Ch. 3.3 及《古典占星介紹》VIII.1.3。
615 | Ataçir。
616 | 參見《擇日書》§128a。

VII.82：論為與土地有關的尊貴、徵稅或法律擇時

在此[617]，須將月亮置於土星主管的星座之一，並以三分相或六分相入相位於土星，且須值[太陰]月初之時，並使吉星與她形成相位：因這預示事項好運相隨，且它將長期持續。

而你可藉由這些行星的界獲知其持續的時間：若兩者均位於吉星的界，且兩顆行星均呈現吉象，則對應它們（年數中的）小年。

若此時中天位於固定星座，則預示只要他持續留任，他的尊貴地位（或官職）便是令人滿意的。而若那星座為雙元星座、呈現吉象[618]，且有吉星如之前所述與它形成相位，則預示他將擔任兩項官職，或他將由一項官職轉任另一項。若它位於啟動星座，悲傷與勞苦將數次降臨於他。但它們不會妨礙或傷害他——當中天因有吉星落入或與吉星形成相位而得以增強並呈現吉象時（正如之前所言）。

VII.83：論就任行政長官[619]

對於就任行政長官或法官之職而言，宜使月亮落在木星主管的星座之一，[且使木星]與月亮形成三分相或六分相，藉由金星使兩者均呈現吉象。

VII.84：論就任宰相或大臣

在此[620]，你應將月亮置於水星主管的星座，且水星應與月亮形

---

617 ｜ 本段參見《擇日書》§127，其內容要簡短許多。
618 ｜ Fortunatum．不過這可能是fortunarum，即「屬於吉星」，如同里賈爾在前一段所提出的吉星的界。
619 ｜ 參見伊朗尼II.1.1，其內容與此略有不同。
620 ｜ 本段參見伊朗尼II.1.1。

成三分相或六分相，且兩顆吉星均自固定星座與它們（以及中天的度數）形成相位，且中天亦應位於固定星座。

若事項開始之時，恰逢金星位於其北方緯度的末端，或行進較為快速，或位於自身較有力的位置，則任何與她形成相位的行星（無論外行星抑或內行星）都將服從於他[621]；在此情況下，對於當事人而言，就任此職位將伴隨好運[622]，[並且]獲得極大的榮耀與權力，眾人將俯首聽命於他，且尤其若那人來自西方（因金星乃是西方及其國王的象徵）。而無論就任何職位，若彼時恰逢有行星位於[它的]遠地點的頂點或旺宮度數，則意味著那顆行星將較其他行星更出名且獲得更多支持。若此情形發生於夜晚，且月亮入相位於此行星，則眾星（[即]其他夜間行星）將聽命於它。而若此情形發生於白天，且太陽入相位於此行星，則眾星（[即]其他日間行星）將聽命於它。

在此，關於「眾星」聽命，他所指的是「具備那些行星屬性之人」及「具備行星美德之人」（譯註：據阿拉伯文版本，即行星主管之人。）將對那位主人倍加順從。

而若（在就任之時處於如此狀態的）那顆行星在當事人本命盤中擁有證據且強而有力，則事項將更加穩固持久。此外若它在當年的世運太陽回歸盤中擁有證據，則此徵象將成倍增加，且[它的]權力及重要性亦將得到確認。

---

621 | 這句話的含義見下文。里賈爾（或他的資料來源）似乎指的是，如果象徵官職或尊貴的行星狀態極佳，則與之**形成相位**的行星所代表之人將會服從那個被授予官職或尊貴身份的人。

622 | 將 fortunam 一詞解讀為 fortuna。

VII.85：論自相同之人中挑選領導者及更強[之人][623]

此章節對於所有人都十分必要，尤其對於國王，當他們檢視他們忠誠的[追隨者]、他們所統治之人及他們的總管。

——[VII.85.1：上升星座的三分性主星][624]——

當你被問及[特定]的一群人當中（國王欲派遣他們去作戰或從事其他事項）哪一個更強、更守法且更誠實，則須查看上升位置及其三分性主星：將它們與那些人一一對應——按照詢問者對你說出他們名字的順序：換言之，第一顆[三分性主星]對應第一個人，第二顆對應第二個人，第三顆對應第三個人。再查看其中哪一顆在其所落位置更有力、擁有更多尊貴，是吉星抑或凶星。若它為凶星，且為火星，而月亮呈現凶象且未與吉星[形成相位][625]，另兩顆三分性主星在它們所落位置上又虛弱無力，則判斷火星代表之人更強、更守法且在[客戶]所關心之事上表現更佳；然而，這預示他們挑選他去辦理的[事項]無法成功，[他]亦[不會][執行]他們的命令[626]。而若那顆凶星為土星，則預示挑選他去辦理的事項耗時長久且拖延。隨後，你應[觀察]是否有吉星與作為三分性主星之一的那顆凶星形成相位，以及那顆凶星在所落位置擁有何種力量，並且[查看]與它

---

623 | 參見《判斷九書》§7.183，它將所有這些資料（以及更多內容）歸於塔巴里，然而塔巴里認為自己的資料來源於馬謝阿拉。顯然，這些主題更適宜卜卦而不是擇時。薩爾關於其中一些內容的說法（這似乎確認了與馬謝阿拉的關聯）見《論卜卦》§§13.13-14。注意到里賈爾及其資料來源在此處格外強調「挑選」這一概念：由於儘管這實際上是**關於**要挑選哪個人的卜卦，但涉及到選擇這一事實，因此他把它與擇時聯繫到一起。這進一步顯示了擇時與卜卦長期的重疊。
624 | 這是《判斷九書》§7.183中所述的第二種方法。
625 | 月亮在此代表**事項**即將發生的情況，而不是被挑選的人本身的特質。
626 | 由於月亮狀態很差。當然如果她狀態好，他會成功。

形成相位的吉星在自己所落的界內擁有何種力量或尊貴：依此方法，
據你所見作出論斷。

　　而若三顆三分性主星在各自所落位置上的力量、優劣及吉凶不
相上下，則論斷第一顆優於第二顆，第二顆[優於]第三顆。若三分
性主星中更有力的行星為吉星，且它未呈現凶象，則預示他將在所參
加的戰爭中獲勝，或可在他被委派之事中獲得成功，且將守法、服
從命令並忠誠於委派他的人。而若它為凶星，且狀態[優於]其他同
伴，則預示那人將不受主人命令控制，且所作所為不會遵照主人的意
願。而若有吉星自有力、良好且適宜的位置與[此凶星]形成相位，
則預示他將獲勝並完成[他的]使命，然而須藉由暴力與惡行。若那
行星為一顆吉星，且凶星均落在相對它而言的果宮之中[627]，且它位於
吉宮、有力位置，則預示他將藉由良好的方法獲勝並輕而易舉地完成
[他的使命]，他將聽命於主人並完成他的心願。

　　你應知曉，若火星與三分性主星形成相位，而[那顆三分性主星]
代表之人被委派之事與戰爭及殺戮有關[628]，且所形成的相位為三分相
或六分相，則無礙。若月亮與之（譯註：三分性主星。）形成此類相位
亦是如此。

　　而若第一三分性主星與第二三分性主星均為凶星（譯註：實際上
不會產生第一與第二三分性主星均為凶星的狀況，應該是配置不佳的
三分性主星。）且得到增強，並有吉星自尖軸與它們形成相位，則論
斷它們所代表之人是優秀的，且對於戰爭而言火星更為強而有力。

627 | 即不合意於它。
628 | 即假如火星與代表選出的那個最佳之人的三分性主星形成相位。

——[VII.85.2：自多種可能性中選擇][629]——

若備選之人多於三個，則你應如之前所言查看上升位置，首先選取在上升位置擁有最強尊貴的行星，隨後是在尊貴方面僅次於它的行星，以此類推直至你依序全部找出這些行星；而後你應將它們與三顆三分性主星一起考慮，思考它們在各自所處狀況下的屬性，依你所見對它們的力量、[吉]凶進行判斷，並據此按照之前關於三分性主星所言作出論斷。

——[VII.85.3：藉由月亮的入相位進行選擇][630]——

在此你亦應觀察月亮的入相位：因若她入相位於落在果宮的行星，且[631]它受剋，則論斷第一個備選之人是不適合的。而若在此之後她入相位於一顆遠離上升尖軸[632]的行星，則論斷第二個備選之人對此事無害，但此人能力弱又無名氣。而若她入相位於一顆落在尖軸的行星，則預示它所象徵之人是優秀的且得到支持，他將完成委派之事。

---

629 ｜ 這是《判斷九書》§7.183中所述的第五種方法。

630 ｜ 這是《判斷九書》§7.183中所述的第三種方法，它還出現在《論卜卦》§13.14當中。在約翰的拉丁文譯本中，這與一次回答多個問題有關，而不是就同一個問題從多個候選者中作出選擇。然而如果從里賈爾和烏瑪的角度去理解，那麼他在第二段中的說明就更加合理了。

631 ｜ 對比下一顆行星，將aut（「或」）一詞解讀為et更為合理。但關鍵在於，行星狀態越好且越靠近尖軸，它代表的候選人就越好。

632 ｜ 將remotus ab angulo aspicientis tamen ascendens解讀為remotus ab angulo ascendentis。原文作：「遠離與它形成相位的尖軸（譯註：即位於相對尖軸的果宮，但與上升星座形成相位。），但上升。」

VII.86：為欲與國王或其他統治者一同旅行之人[633]

當你欲與國王或其他統治者一同穿越他的領地，則須將木星置於上升位置或第七宮，因這預示此段旅行是有利的，且他將使他感到滿意。且你應謹防將木星置於第四宮，因在此事項中這是為人所忌的。且月亮應自尖軸與他形成相位，而金星亦[應如此]。

而你應小心避免使土星及火星（或其中之一）落在上升星座或任何一個尖軸，或與金星落在一處，月亮不應在光束下，亦不應與龍尾或凶星落在一處：因這是不利的組合，在此[組合]下動身旅行之人將無法返回；他將於旅途中患病、死亡；前去參戰之人將被殺或被打敗。

VII.87：論將國王送往他的統治之所[634]

當你欲將國王送往他的統治之所，應使上升位置落在固定星座，且結果之宮[635]同樣落在固定星座，並為中天主星清除凶星，且使上升主星位於吉宮、得到容納；而第十宮主星不可與第十一宮主星形成懷有敵意的相位，且月亮應與她所落星座主星形成友善的相位，此外第四宮主星應與吉星形成相位。若你無法兼顧這一切，則使月亮得到容納，並使第四宮主星位於吉宮並與吉星形成相位——若非如此，你應避免使它[636]落在上升位置或與之形成相位，並確保吉星與代表結果的星座[637]及中天形成相位。如此足矣，蒙主應允。

---

633 | 參見《擇日書》§§123a-c。
634 | 也就是執政或即位。參見《擇日書》§§125a-26c。
635 | 第四宮。換句話說，要確保IC位於第四個星座。
636 | 這似乎指第四宮主星。
637 | 關於「主星」一詞參照薩爾的資料作解讀。

VII.88：為欲在國王面前陳詞之人 [638]

在此，你應以獅子座作為上升星座，並使太陽落在中天，且使月亮落在上升位置，入相位於吉星與中天主星。

VII.89：論尋求國王的保護 [639]

若你意欲藉由國王打擊 [640] 其他人 [641]，則須使月亮增光，並使她與上升位置避免受到凶星傷害，且上升主星落在吉宮，位於相對上升星座的有利位置（譯註：此處是前面內容的重複。），擁有某種尊貴，順行並免於凶星傷害（無論它是吉星抑或凶星）。而你應將第七宮主星置於相對上升位置而言的凶宮，且不可使吉星或任何一顆發光體與它形成相位。

而若其他人欲藉由國王打擊你 [642]，而你欲在國王面前評定 [643] 此事以便陳述你的觀點，則應使月亮減光，並使上升位置及其主星、月亮均呈現凶象 [644]，你還應使第七宮主星呈現吉象，位於相對上升位置的吉宮之中，且得到支持：由此你的論證將更加強而有力。

---

638 | 參見《擇日書》§124，實際上與獲得尊貴身份有關。
639 | 參見《擇日書》§§129a-30。薩爾對此的設想不同，但擇時的基本思路是一致的：事項的發起者應在月亮漸盈且上升主星強力、第七宮主星無力的時候開始行動。
640 | Disturbare。
641 | 里賈爾將此理解為客戶想要控告其他人，因此欲得到國王的幫助對抗那個人。但薩爾將此理解為客戶自己想要與國王為敵。
642 | 同樣里賈爾將此視為其他人想要藉由國王毀掉客戶的聲望，而薩爾將此理解為國王已經對客戶發怒，客戶要作出回應。
643 | Computare，字面上的意思是「數數、計算、估算」。
644 | 這裡的思路是，上升位置象徵發起行動的人。因此如果你的敵人到國王那裡控告你，那麼上升位置代表他並且應被削弱，而第七宮代表你且應被增強。

VII.90：論學習專業技能[645]

當你為學習任何專業技能擇時時，須適當放置第十宮（即專業技能的代表因子）及其主星與月亮；且你應將代表那項專業技能的行星——藉由自身屬性與適當特質——置於它擁有尊貴之處並得到支持：如火星代表工匠、邊界的護衛者[646]，而太陽代表一切與提煉純金、銀等有關的專業技能；余者皆同此[理]。

而無論如何，都應使水星扮演某個角色，並形成入相位，因它是所有專業技能的主要代表因子，尤其是精巧之事，如製作觀象儀、為珍珠鑽孔、繪畫：故有必要使他處於良好的狀態，且月亮應位於她自身擁有尊貴之處，以吉相位入相位於工作的徵象星，並形成容納關係。而若她恰落於象徵那專業技能的行星所主管的星座，則更佳。除此之外，若她位於依據星座象徵而代表那技能的星座之中，則亦更佳。

且你應將上升位置置於與那一專業技能相合的星座。而若那技能有關土地之事，則將月亮置於土象星座；若它有關水之事[647]，則應將她置於水象星座；余者皆同此理。

VII.91：論學習作戰[648]

在此，宜使上升位置與月亮均落在牡羊座的三方星座，且火星

---

645 | 參見伊朗尼 II.11.3。
646 | 將curatorum linteaminum理解為curatorum（也許是comitum）limitaneorum。伊朗尼作「屠夫」（拉丁文carnificum）。這可能是curatorum一詞的正確理解，但剩下linteaminum一詞便無法解釋了。
647 | Signis一詞根據上一句話理解為rebus。
648 | 參見伊朗尼 II.11.2。

應處於適當的狀態，月亮應落在她自己入弱之處，尤其學習騎行作戰時。而若月亮在此落於她自己入旺的星座，則更佳。且上升主星同樣落於它自己入旺之處，則最佳。而若你無法將它置於那裡，則須使它落在中天或正在進入中天的位置。

一些智者認為，在學習摔跤時，月亮落在雙子座尤其有利[649]。

VII.92：論學習游泳[650]

在此，宜將月亮置於水象星座，且使上升主星落在中天或正在進入中天之處，並呈現吉象；此外，使月亮上升於北方[651]並落在她自己擁有某種尊貴之處（在此巨蟹座更佳）。

<small>649｜刪去了 separatim，因為它似乎是這句話靠前的部分中 specialiter 一詞多餘且不正確的重複。</small>
<small>650｜參見伊朗尼 II.11.1。</small>
<small>651｜我不確定這是黃緯還是赤緯。</small>

第十一宮

———

VII.93：論第十一宮及其擇時

以下為涉及此宮的擇時：開始意在獲得好名聲與信譽之事、提出某些請求、履行承諾以及尋求愛與友誼。

VII.94：論意在獲得好名聲與信譽之事[652]

在開始之時[653]，你宜適當放置第十一宮及其主星，且你應將上升位置置於木星主管的星座之一。而若你能夠將木星置於第十一宮或上升位置，或與它們形成吉相位，則更佳。此外還應使木星得到增強並免於凶星傷害。而若第十一宮主星落在上升位置，或上升主星落在第十一宮，則亦是有利的。

而太陽未受凶星傷害且落在第十宮，月亮以三分相或六分相入相位於他，乃是有利的。若除此之外，月亮離相位於第十一宮主星或木星，則更佳，因這預示此事項將是出名的、引人注目的，且能夠完成。

甚至在所有[這些]當中，宜使代表因子彼此形成吉相位，尤其與發光體、上升位置及第十一宮[654][形成相位]，且它們應得到容

---

652 ｜參見伊朗尼 II.12.1。
653 ｜按照伊朗尼的資料作解讀，代替「你應適當放置第十一宮的始點……」。
654 ｜關於 decimam（「第十宮」）一詞，按照伊朗尼的資料作 undecimam。

納。而若你無法使它們全部處於適當的狀態，則應盡力而為，始終須保護擇時盤的基礎。

VII.95：論履行承諾及提出請求 [655]

在此 [656]，你宜適當放置第十一宮及其主星、幸運點及其主星，它們（或它們之一）應與上升位置形成相位，且上升主星與月亮應被第十一宮主星及代表所求事項的行星容納。

此時，以上升位置及其主星代表索求者，第七宮及其主星代表被索求之人：故宜使第七宮免於傷害，否則訴求將落空。而月亮代表所求之事。

而後 [657]，若向年長者或任何具有土星屬性之人提出訴求，應使第十一宮的度數位於土星擁有尊貴之處。而若向抄寫員或具有水星屬性 [之人] 提出訴求，應使第十一宮的度數位於水星擁有尊貴之處（即 [他的] 旺宮、廟宮或界）。須適當放置被索求之人的自然徵象星：故，若他為年長者，則適當放置土星，余者依此類推。

塔巴里稱 [658]，在此，宜使水星入相位於木星與金星，且使中天主星與上升主星相一致。

而若意在謀求錢財，須適當放置第二宮及上升主星，[以] 使第二宮主星與上升主星之間形成友好的入相位，且無凶星切斷它們之間的 [光線] [659]，且第十一宮主星即幸運點主星亦應與它 [660] 形成吉相位。

---

655 | 參見伊朗尼 II.12.2。
656 | 本段參見《擇日書》§132a。
657 | 本段參見《占星詩集》V.14.6-7。
658 | 根據伊朗尼 II.12.2，這是哈亞特。
659 | 各種類型的「切斷」見《古典占星介紹》III.23。
660 | 我不確定「它」指的是什麼。

　　而若所求之事與女人或婚姻有關，則須按照我們關於第二宮及其主星所述處理第七宮及其主星。余者皆同此理。

VII.96：論尋求愛與友誼[661]

　　對於尋求愛與友誼而言，宜使月亮處於適當的狀態，第十一宮及其主星亦如此，且二者均以三分相得到金星的容納。而若金星為它們的廟主星或旺主星，則容納更為有利。若非如此，則須形成三分相，且月亮應被木星或她所落星座主星容納。而若月亮並非如此，亦未落於金星擁有任何尊貴之處，則須避免使她受到傷害。

　　而若為獲取資產而建立友誼，則使幸運點落在上升位置；若為房地產，則使其落在第四宮之中；余者皆同此理。

---

661 ｜本章節源於《四十章》Ch. 22（§§546-49），但里賈爾可能從伊朗尼 II.12.3 獲得這一內容。

第十二宮

——

VII.97：論第十二宮及其擇時

涉及此宮的擇時有：在賽馬中勝出、[以及]國王或其他人抓捕權力小於他的敵人的時刻。

VII.98：論賽馬[662]

一位智者[663]言道，欲在賽馬時勝出者，應於時主星落在上升位置時離家[前去比賽]。

金迪稱[664]，除此之外，他可藉由關注擇時盤的基礎而始終獲勝。而若時主星位於第十宮，[那匹馬]將位列領先的[一群馬匹]與落後的一群馬匹之間；若它位於第七宮，[那匹馬]屬於落後的一群。若它位於大地之軸，[那匹馬]將屬於落後的一群，且在其中亦是落後的。此外你應謹防時主星入弱，因這預示馬匹會跌倒。

金迪亦稱[665]，月亮位於射手座或天秤座中部對此事有利。

---

662 | 本章節參見伊朗尼 II.1.12。

663 | 伊朗尼將此內容歸於金迪，另見我在那裡所作註解。

664 | 這其實並非來自金迪，而是薩爾（並且或許歸根結底源於馬謝阿拉）《論卜卦》§12.1（《判斷九書》§12.1）的說法。伊朗尼自己的阿拉伯文版本應該有些含混不清，並且還錯誤地提到了金迪，因為里賈爾認為從這裡開始到結尾所有內容都源於金迪：我對於伊朗尼拉丁文譯本的解讀顯示，他確認上一句話是一個不知姓名的人與金迪所說，而里賈爾誤以為這指的是本段所有內容的來源。

665 | 這並非來源於《四十章》，而是某個不知姓名的人，可能就是上文所說的「智者」，在伊朗尼 II.1.12 中被稱為「某人」。

VII.99：論國王抓捕敵人或權力較小之人的時刻[666]

若你欲擇時以使國王能夠抓獲他的敵人，則須令第十二宮呈現凶象，並使其主星亦呈現凶象且無力。若它的凶象[來自於]上升主星，則更佳。若[在]旅程開始之時並非如此[667]，則令月亮因太陽而呈現凶象，且太陽位於吉宮。若她因其他並非太陽的[行星]而呈現凶象，則更佳[668]。

塔巴里稱，若國王或其他人意欲抓捕權力在他之下的敵人，則須使月亮位於會合或對分之處，或位於燃燒途徑，或會合龍首或龍尾，或她應位於上升星座（原因在於上升星座對她不利，她與[它的]屬性相悖）[669]，或她應與凶星形成相位或位於月蝕之前三天，且太陽應未受傷害並擺脫凶星，而吉星應落在中天。

此外，月亮呈現凶象愈多，對敵人而言愈不利、傷害愈嚴重：因月亮象徵普通人、身份較低之人及奴隸。

依據十二個宮位進行擇時的內容至此完結；

讚美並感恩主。

---

666 | 參見伊朗尼 II.13.1-2。我按照里賈爾1551譯本解讀這一章節的最後一部分，因為它更為清晰。
667 | 關於 principium intrandi iter 參照伊朗尼解讀。
668 | 這可能指的是，如果有凶星使她呈現凶象則更好，如同《占星詩集》V.36.16-18 所說那樣。
669 | 見里賈爾 VII.2.3 的論述。

VII.100：論行星時的含義[670]

VII.101：依據月亮所在月宿擇時[671]

VII.102：論[某人的]訴求得以實現的應期[672]

你應知曉，在決定事項的應期時，會因判斷的事項不同而產生差異——故，一些事項與機運的顯現不會超過一天的時間；而另一些事項與機運將顯現於數日之後，不會更久；還有一些事項與機運將顯現於數月之後；而事項於數年之後顯現是其中較長的一類。

此外，對於決定應期而言，在占星學方面具備深入的理解與敏銳的辨識力乃是必要的，因明瞭行星的屬性與吉凶、問題的構成與本質均對你有利，你宜將它們適當分配並依照你的意圖運用辨識力下決斷。我將根據我本人所理解和領會的處理方法對此進行說明[673]。

[VII.102.1：應期的長度——據薩爾《論應期》§3及「都勒斯/托勒密」]

都勒斯稱[674]，獲取應期有七種方法：

第一，取自兩顆徵象星之間的[距離]。

---

670 | 我已經在本書第二部對這一章節的內容作出翻譯。
671 | 我已經在本書第一部對這一章節的內容作出翻譯。
672 | 這裡大部分的應期技法實際上都與卜卦而非擇時有關。但因為伊朗尼在I.5中討論了它們當中的一部分，所以里賈爾也將它們收錄於此。
673 | 更確切地說，里賈爾抄錄的其他作者的內容都是他認為合理的。
674 | 或許來自於馬謝阿拉版本的都勒斯資料（因為它與薩爾《論應期》§3十分吻合），但另參見偽托托勒密的《金言百則》#81。

第二，取自兩顆徵象星藉由[過運]而聚集[675]的時間。

第三，取自其中一顆徵象星向運[676]至另一顆徵象星所在位置的時間。

第四，取自徵象星至所問事項之宮位的[距離]。

第五，取自保留行星饋贈的因子以及加上或減去因子[677]。

第六，取自徵象星與所問事項之宮位的聚集[678]時間。

第七，為行星向運[679]至符合事項本質之宮位。

然而，其他人（托勒密除外）[680]認為，有五種方法可以決定應期，而另有人[681]稱有四種方法——原因在於他們的理解、認識與觀點各不相同。

——[VII.102.2：里賈爾的觀點——以維替斯·瓦倫斯為依據][682]——

而在此，我將依我的理解對我認為更佳的觀點進行闡述（並願主指引我）。依我之見，事項的顯現與本命盤中行星所代表的（吉、凶）徵象的應期為，[1]那一顆行星在配置法[683]中具備主管關係之時，或[2]它的（小、中或大）行星年所對應的數值，或[3]可藉由它所在星座的赤經上升判斷——根據它在天空中所在位置的赤經上升，以每一度對應一年[684]。

之後，若恰巧在本命盤中預示吉祥或災禍的那顆行星為當年的應

---

675 | Convenientiis。即其中一顆行星過運到另一顆行星星體的真實時間（見緒論）。

676 | Athaçir（阿拉伯文tasyīr）。即以赤經上升推進。

677 | 即其行星年的數值（不論是大抑或是小），依據事項把它與時間單位（日、月等等）相匹配。

678 | Convenientia。或者是「到達」。即行星始入事項代表宮位的真實時間。

679 | 同樣也是主限向運。這與#6相似，但以向運替代過運。

680 | 即《金言百則》#81。

681 | 例如哈桑·本·薩爾，見下文。

682 | 這一子章節顯示里賈爾至少獲得了瓦倫斯《占星選集》VII.2-3及6當中計算應期的基本方法，正像下一個子章節揭示了《占星選集》III.12-13的殘存內容一樣。

683 | Divisione，在這裡可能特指小限法（見本段後半部分），但它原本指任何時間主星（time-lord）體系，包括真正的配置法（將某個點推進經過不同的界）。

684 | 見我在www.bendykes.com網站所列赤經上升表；赤經上升也可通過占星軟體Delphic Oracle計算。

用主星（lord of the application of the year）[685]，且那一年又是它的三類行星年之一，或符合它所在星座的赤經上升數值，則它在本命盤中所示現的（吉、凶）徵象將得以顯現並被強化。

　　若有兩顆或三顆行星聯合象徵某一事項——它們或位於同一星座之中，或位於彼此形成相位的星座之中，預示同一徵象——則你可預期此徵象顯現的應期將為它們的行星小年之和。
　　且其中兩者的小年之和[亦]可能是事項的應期。
　　而其中每一顆行星小年亦可單獨作為應期。
　　此外其中單獨一顆行星小年與赤經上升[之和]亦可作為應期。
　　將星座的赤經上升與兩或三顆行星的行星年相結合，亦可作為應期。
　　（以上所有方法皆使用行星小年，而非其他。）[686]
　　而若將象徵事項的兩顆或三顆行星的行星年相加求和，取和的一半亦可作為應期。若將此和的一半與星座的赤經上升相加，亦可作為應期。

　　古代的智者們藉由上述所有方法進行計算與判斷應期：且行星依據它們於所落位置呈現出的優劣[而]顯現其徵象。而星座的赤經上升（譯註：所對應的時間。）取決於一顆行星所落位置是始宮抑或是其他宮位，正如之前在本書中所言[687]。

685｜看起來像是小限法，但無疑也可以是配置法（其中，那顆行星為界主星或某個運向點的配置星）。換句話說，如果某一行星是當年的年主星，而**同時**這段時期對應它的一系列行星年之一，或者符合它所在星座的赤經上升，那麼此時的影響會尤其明顯。
686｜也就是說，使用的不是行星的大年或中年。
687｜我目前不確定里賈爾曾在哪裡闡述過這一內容，但他所說的正是瓦倫斯著作中的內容（II.28及VII.2），其中認為始宮與續宮的行星在它們的整個週期期滿時產生結果，而果宮的行星經歷的時間卻比較短，所經過的度數的比例相較於整個星座是較少的。

且日常實踐[688]已證實，徵象取決於所落位置上更強而有力的行星，亦取決於它自身特有的吉凶性質；隨後是力量在它之後的行星，余者依此類推。

最後，當兩顆具有某些bebenie[689]屬性的行星之一為本命盤的配置法[690]主星、或為所應用的星座[691]之主星、或為法達主星之時，便是其徵象顯現的應期；且這兩顆行星之中所落宮位及自身較有力者，其徵象亦將更具影響力。

[VII.102.3：波斯的 Endemadeyg (*Endemadeyg of the Persians*)][692]

波斯的 Endemadeyg[693]一書寫道[694]：本命盤中幸運點與吉星或凶星在一起象徵吉祥或災禍，而你想要知曉徵象會在何時顯現，須觀察與它形成相位的行星（那行星使它具備特定的徵象），看那行星從何位置與幸運點形成相位：若它與[幸運點]形成對分相，則判斷徵象將在約7年後顯現；若它自右側與它形成三分相，則約9年後顯現；而若自左側形成三分相，約5年；若自右側形成四分相，約10年；而

---

688 | 將existentiam（「存在、出現」）一詞解讀為exercitationem。但這也可能是existimationem（「看法、判斷」）。或許，拉丁文譯者指的是結果與顯現事項的**存在性**（existential），這種解釋符合邏輯卻不易理解。
689 | 含義尚不明確。這是biyābānīyah一詞的典型拉丁文音譯，它來源於古波斯文的「固定」一詞，指恆星；不過我不清楚這如何與此處的內容相匹配。但是，這段內容似乎僅僅在闡述當兩顆行星相伴在一起時（諸如配置法與法達之類），更有力的行星將帶來更具影響力的結果。
690 | 這裡應特指配置法。
691 | 小限。
692 | 參見瓦倫斯III.12-13。
693 | 目前來源未知。據里賈爾下文的評論，Endemadeyg似乎是一部著作的名稱而非作者的名字；但我不確定「波斯的」是著作名稱的一部分，還是僅僅表明它是波斯人流傳下來的。鑒於這些方法源自瓦倫斯（他著作的古波斯文評註版名為Bizidāj），也許Endemadeyg是它的一個版本。
694 | 本段及下一段內容原本出自《占星選集》III.12，但瓦倫斯使用這種方法來確定危機的時間，即當凶星與幸運點落在同一星座或與幸運點形成整星座相位時；他沒有提到吉星抑或吉星的任何相位。

若自左側形成四分相，約4年；若自右側形成六分相，約11年；而若自左側形成六分相，約3年[695]。若一顆行星落在自幸運點起算的第十二個星座中，且兩者位於白天相等或赤經上升相等的度數，則徵象將在約12年後顯現[696]。若一顆行星落在自幸運點起算的第二個星座中[697]，且同樣它們位於前述度數，則徵象將在第二年出現，鑒於位於這些度數的代表因子[是]白天相等或赤經上升相等的，因此他們說：他們有一種應用，但不是自然的。以白天相等的度數為例，若其中一個代表因子位於雙子座第二十個度數，另一個則位於巨蟹座第十個度數：因這兩個度數（以及其他相應的度數）擁有相等的白天時間或相等的赤經上升。

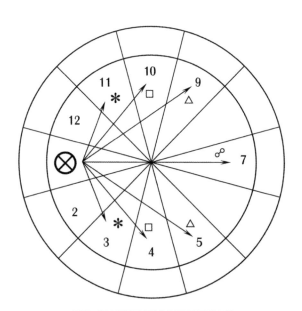

圖25：與幸運點形成相位的行星對應的年數
《占星選集》III.12）

　　他們甚至認為[698]，若本命盤中幸運點落在牡羊座（呈現吉象或凶象），則吉象或凶象將在約19年後顯現；而若落在金牛座，約25年[699]；[若落在雙子座，約20年；而若落在巨蟹座，約25年]；若落在獅子座，約12年；而若落在處女座，約8年；而若落在天秤座，約30年；而若落在天蠍座，約15年；[若落在射手座，約12年]；而若落在摩羯座，約50年[700]；若落在水瓶座，約30年；而若落在雙魚座，約15年。

---

695 ｜ 換句話說，以幸運點所在位置作為第一個星座，與它形成相位的行星位於為自它衍生的第幾個星座或宮位，即為年數。

696 ｜ 此處及下文，瓦倫斯並未將這種結果局限於具有相似白天時間或上升時間的星座。但可以理解為何波斯評註者會補充這點，因為按理說緊鄰的某一星座的行星與它是不合意的；但一些作者允許使用替代星座關係，用來避開不合意。在施密特（Schmidt）2009年的出版著作，pp. 275-78中可見希臘時期有關於此的一段描述；中世紀時期的相關內容見《古典占星介紹》III.25（我的評註）。因此在末尾，里賈爾引用他們所說，認為這是一種「應用」（或關聯），但不是「自然的」。

697 ｜ 事實上瓦倫斯對此的描述是模糊的。他說如果凶星與它有「連接」（sunaphē）將為每兩年，這意味著凶星落在下一個星座（也就是挨著幸運點所在星座的星座）之中；然而瓦倫斯在第一句（III.12.1）中提到的落在幸運點上的凶星呢？人們可能猜想這是一種「連接」，但這樣一來，為何它對應兩年的時間而相鄰的星座卻沒有便令人費解。

698 ｜ 《占星選集》III.12。同樣，瓦倫斯僅在有關危機年份的內容之中對此作了論述。年數的分配邏輯是建立在日夜區分、三分性、旺宮以及行星小年基礎上的，不過我沒有完全理解它。首先，每個星座的年數分配以三分性為基礎：例如，金星和月亮是土象星座的三分性主星，它們的行星年就賦予所有土象星座。但我不清楚為何特定的行星對應某個特定的星座。有時，看起來與星座日夜區分相符的三分性主星分配到一個星座，而另一個三分性主星得到兩個星座（因此，太陽是火象星座的日間三分性主星，他得到他自己的旺宮星座，而木星得到其他的；月亮是土象星座的夜間三分性主星，她得到其中一個而金星得到兩個。）；不過對於風象星座和水象星座來說，情況卻相反：與星座日夜區分相符的三分性主星獲得兩個星座，另一個三分性主星得到一個星座：因此，火星是水象星座的三分性主星，而他得到兩個星座——被分配給第三個星座的行星是月亮，但應該是金星。所以理解這些分配的原因還需要更多的思考。

699 ｜ 原文為「15」，此處根據瓦倫斯的資料翻譯，並根據瓦倫斯的內容補充了雙子座和巨蟹座。

700 ｜ 這應該是8，據瓦倫斯。我們在下文會看到里賈爾試圖對50這一數值作出解釋。

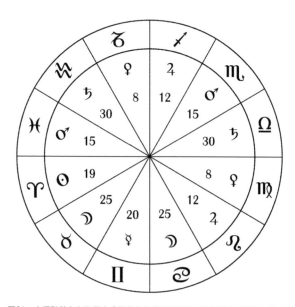

圖26：幸運點落在各個星座分配的年數（源於行星小年）《占星選集》III.12）

	小	中	大	最大
♄	30	43 ½	57	265
♃	12	45 ½	79	427
♂	15	40 ½	66	284
☉	19	69 ½	120	1,461
♀	8	45	82	1,151
☿	20	48	76	480
☽	25	66 ½	108	520

圖27：行星年表

而徵象顯現及好事或壞事發生的方式，可[依據]星座的屬性和它所落宮位代表的事項得知。

伊拉克[701]的智者們稱，他們之所以將這些年數分配給各個星座，乃是因為若一個星座的主星於某個太陽月的任何一天中，落在某個星座的任何一個度數上，則它將不會再於那一個月的同一天以平均速度（average course）、順行（direct motion）回歸至同樣的度數，除非在若干年之後——而年數源自星座的行星小年[702]。

行星小[703]年的來由是：若一顆行星與太陽在同一度數會合，則它不會再與太陽會合於同樣的度數，除非經過與行星小年相等的年數之後。行星大年源於在所有星座中，那顆行星所主管的界包含的度數。而行星中年為大[年]與小年的平均數：除兩顆發光體之外的五顆行星都如此。

而他[704]所說（即若幸運點落在摩羯座，則象徵50年）的緣由[是]，他將土星的兩個回歸週期相加（[等於]60年），再從中減去太陽的法達年數（即10年）——因太陽是幸運點的根本因子之一，且他的旺宮和弱宮與摩羯座形成四分相[705]。

---

701 | Layrac 一詞，解讀為 alyrac 或 alayrac。

702 | 這段開始對行星小年進行闡述（他在下一段繼續進行闡述），而不是闡述為何在瓦倫斯的表格中每個星座會獲得特定的年。行星小年與完成週期（completion of cycles）有關。據埃文斯（Evans）pp. 304-05，外行星（火星、木星、土星）的小年由（1）經過的回歸週期（即一顆行星完全回歸所耗費的平均時間）次數和（2）經過的朔望週期（synodic cycles），（即兩次逆行之間的時間）次數加總而來。舉個例子，在1965年和1985年，火星與太陽的對分相大約發生在同一天，火星已經完成8次回歸和7個朔望週期：8+7=15。太陽和月亮的小年則來源於他們週期之間的關係和彼此的相對位置。太陽的年數來源於默冬週期（metonic cycle），即19年後（365.25天的公曆年）太陽和月亮將在同一天各自回歸至黃道上相同的位置（埃文斯，p. 185）。水星和金星的小年來源於他們回歸週期的次數，即在那麼多年之後他們將在同一天回歸至同樣的度數，並完成了那麼多次的回歸。對於月亮而言，在25年之後（理想化的365天的埃及年）她相對於太陽呈現同樣的相位關係：在我們的曆法中，比25年整大約少6天。

703 | 關於 malorum（1485譯本）和 maiorum（1551譯本），解讀為 minorum。

704 | 或許指 Endemadeyg 的作者。

705 | 太陽入旺在牡羊座，入弱在天秤座。當然，50年是個錯誤，這個數字應該是8（金星的小年），正如瓦倫斯的著作所寫的那樣。

而我認為，當行星落在前述自幸運點起算的位置，令[幸運點]呈現吉象或凶象時，幸運或不幸[706]會降臨於當事人身上。且若幸運點主星落在某一星座，呈現吉象或凶象，則它的徵象顯現時間依前述每個星座對應年數而定，而徵象如何顯現取決於它的狀態。這便是寫下**波斯的**Endemadeyg一書之人所言。

——[VII.102.4：蝕——據托勒密]——

蝕的徵象影響的時間段以如下方法計算：若為月蝕，則[蝕]持續多少個小時，便是多少個月；而若為日蝕，則須將[蝕]每一小時對應一年[707]。

而若蝕位於上升位置，則它預示之事將立即開始。若位於中天，則它所預示之事將開始於既定應期段的中間。而若它位於西方，則它所預示之事將開始於既定[應期段]的末端。若它出現於上升位置到第十宮之間，則須先計算蝕持續多少個小時，再查看蝕的位置與上升位置相距多少均等的度數並計算此數值相對於180的比例，你可按此比例截取蝕的小時數。若為月蝕，你應此小時數對應月，而若為日蝕，則對應年：蝕的徵象將於那時顯現。若蝕發生於中天與西方之間，你可同樣依比例截取蝕的小時數，並將它與既定[應期段]數值的一半相加：應期段為月，它對應月；應期段為年，它對應年。(無論屬於何種情況,)徵象將在那一數值對應的時間顯現，且強而有力。

---

706 | Infortuna一詞解讀為infortunium。
707 | 即，對於全蝕（而非偏蝕或環蝕等）而言。托勒密（《四書》II.6）告訴我們使用晝夜平分日的（或標準的60分鐘的）小時。日蝕過程開始於太陽與月亮最初產生接觸之時，直到它們完全分開。月蝕過程開始於最初的暗色階段，終止於最後的暗色階段結束之時。例如，發生在2011年12月的月全蝕持續時長3小時32分16秒，其影響的時間段約三個半月。

——[VII.102.5：烏瑪·塔巴里論本命盤的應期]——

　　烏瑪·塔巴里稱[708]，倘若一顆造成傷害的凶星落在一張良好的本命盤之尖軸（尤其是日間盤中的火星或夜間盤中的土星），且位於上升位置或第十宮，則它將阻礙或延遲當事人的[好]運，使其生活於苦難之中直至度過那顆行星的小年之後，或度過它所落星座的赤經上升數值對應的時間之後。而若此兩者均已過去，當事人的[好]運卻並未出現，則將行星小年與所落星座的赤經上升數值相加亦可能為應期。而若在一張不佳的本命盤之中，有一顆吉星落於上述兩個位置，則當事人將擁有與[它的]屬性相應的好運與財富，持續時間為它的小年，或它所落星座的赤經上升數值，或兩者相加之和。

　　然而，論及本命盤中的應期與[壽命]釋放星的向運[709]，以及向運所至度數，我們已在[本書關於判斷]本命盤的第一部分論釋放星與居所之主[710]的章節中作出闡述。而他的[711]一種方法為，取[向運的釋放星]與吉星的星體或它的光線相遇之時，或它進入吉星的界之時：因如此預示著與那吉星屬性及特質相應的好運；同樣，當它與凶星的星體或它的光線相遇之時，或它進入凶星的界之時：預示著與那凶星屬性及特質相應的厄運。而當它與切斷者[712]相遇之時，則代表生命與應期被切斷——上述所有情況，均以赤經上升的每一度對應一年，並以[赤經上升的]每五分對應一個月[713]。

---

708 ｜ 目前來源不詳，但注意它與瓦倫斯VII（見上文所述）相似。
709 ｜ Athaçir。
710 ｜ 通常稱為hīlāj（或hyleg）與kadukhudhāh（或alcochoden）。見里賈爾IV.3-4。
711 ｜ 或者也許是「它的」，指向運這一概念。里賈爾引用了《本命三書》I.4.2、I.4.8以及《波斯本命II》II.2的內容。
712 ｜ 即象徵危機或死亡的行星。
713 ｜ 見我的網站www.bendykes.com中的赤經上升表及說明。

──[VII.102.6：哈桑・本・薩爾論快速徵象星與慢速徵象星]──

哈桑・本・薩爾稱[714]應期有四種形式：小時、日、月、年；而星座有四種屬性：火象、風象、土象、水象。其中，較輕者為火象星座（譯註：輕者為快速，重者為慢速。），風象星座次之，水象星座再次之，土象星座又次之[715]。而在它們當中，較輕者為啓動星座，雙元星座次之，固定星座再次之。類似地，陽性星座較輕，而陰性星座較重。

此外[716]，自上升位置至中天是輕的，具有小時的性質；而自中天至西方較重，具有日的性質；自西方至大地之軸更重，具有月的性質；而自大地之軸至上升位置則更重許多，具有年的性質。

而[717]月亮──鑒於她輕且快──與小時的性質相符；水星與金星與日的性質相符；太陽與火星與月的性質相符；木星與土星與年的性質相符。

且[718]月亮以及其他行星東出之時速度最快；而它們西入之時速度最慢且最重。

---

714 | 這一節中的許多內容都與伊朗尼 I.5.0-1 及《論應期》相似。
715 | 這是典型的亞里士多德式的元素「自然位置」排序。
716 | 這一段源於薩爾的《論應期》§3，而且與約翰或赫曼的譯本（《心之所向》II.5.2）相比，它在應期與象限的關聯方面更連貫一致。
717 | 這與托勒密《四書》IV.10 中關於過運的內容相似，不過托勒密認為月亮代表日，水星、金星、太陽與火星代表月。
718 | 本段源於薩爾《論應期》§3。但它也與托勒密《四書》III.5 關於東出與西入的本命解讀吻合。

——[VII.102.7：應期的長度——據薩爾《論應期》§3][719]——

對於任何一個判斷而言，應期都有五種計算方法：

其一，查看行星與它所入相位（無論是藉由星體抑或光線）的行星之間的度數，依據它們在星盤中的宮位及星座，以有關輕與重的排序，將這一數值作為年、月、日或小時的數量。

其二，查看行星何時到達它所入相位的行星所在的度與分[720]。

其三，查看兩顆行星之間相距多少均等的度數（而不是赤經上升[721]），以此數字對應日。

其四，查看行星何時離開它所入相位的行星所在的度與分[722]。

其五，查看盤主星以及在其中擁有更顯著影響的行星的小年數值，依據有關輕與重的排序，以此作為日、月或年的數量。

你應依據行星的輕重、星座的輕重以及星盤中宮位的輕重判斷徵象的存在與顯現；而你應將它們相結合，依你所見確定對應日、月抑或年，且你將獲得主的認可。

此外[723]，若交付行星（giving planet）與接收行星（receiving planet）均位於自上升位置至中天的象限之中，且均東出，而彼此之間亦存在容納關係，則你應以它們之間的每一度對應一小時或一日。而若它們位於中天與西方之間，則你應以一個月或一年[724]對應每

---

719 | 這一子章節源於伊朗尼 I.5.2。見我在緒論中關於應期的論述。
720 | 這或許是指我們應留意入相位的行星藉由過運形成正相位的時刻，抑或許是指它到達較慢的行星曾經在事件盤中所在的位置，因為即使是較慢的行星也在持續移動，在形成正相位之前可能已經移動到後面的度數了。
721 | 即使用黃道度數。
722 | 更確切地說，查看何時形成正相位，而不是它何時離開（因為它在形成正相位之後會立即離開）。
723 | 以下段落參見《論應期》§3及上文 VII.102.6。
724 | 這裡可能應為「一日或一個月」。

一度。[725]而若它們位於第四宮與上升位置之間，則它們在任何情況下[726]都對應年。

　　而若行星自身東出卻位於星盤的西方[727]，則星盤中的度數將對應日或月。

　　且如之前所述，在確定應期時，星座亦具有影響力；你可確定年、月或日[728]。同樣，若星座位於星盤中不同的象限，則依據那種說法[729]象徵輕或重，以及小時、日、月或年。

　　智者們稱[730]，若你判斷某些行星以[它們的]度數象徵日，則你不可試圖將[計量單位]轉換為月，直至經過一次月亮回歸（即一個[太陰]月）之後，因或許[731]一顆行星將離相位於另一顆行星，而月亮也將到達事項的代表宮位或上升主星所在位置，抑或上升主星將入相位於上升位置或事項的代表宮位，則事項與徵象將於那一天顯現，蒙主應允。

　　而另一些人稱[732]：須藉由事項代表因子獲取應期，因它藉由自身的行進、入相位與離相位預示事項的發展，故當它入相位於具有影響力的位置時[733]便是應期。

---

725 | 此處缺少關於行星位於下降點至IC之間的闡述，它至少對應月，但也可能對應年。

726 | Modis。

727 | 例如，它們在太陽之前升起（相對太陽的星相是東出的）卻位於「西方」象限（落在中天與下降點之間）。

728 | 這可能引用了《論應期》§2的內容，它認為由快速行星主管的星座是輕的，而那些由慢速行星主管的星座是重的。

729 | 這看起來指的是前面的段落。里賈爾的意思似乎是，如果由慢速行星主管的星座（例如水瓶座）位於星盤中象徵快速的象限（例如上升星座與中天之間），那麼時間單位更可能是日或月，而不是月到年。

730 | 即薩爾在《論應期》§3所說，不過赫曼在《心之所向》II.5.2中將此觀點歸於薩爾與烏瑪。在這裡，薩爾提醒我們兩點。第一，在一個太陰月之內，月亮對每一顆行星、每一個位置的過運涵蓋了所有的可能：因此在我們放棄使用日作為時間單位之前，應該保持耐心，因為她可能通過過運的方式在長達一個月的時間裡指示應期。（里賈爾在下文明確地提醒我們這一點。）第二，即便在一個太陰月之內，也有其他行星可能通過它們的過運指示了應期。

731 | 即「或許**在一整個太陰月結束之前**」。

732 | 目前來源不詳。

733 | 這可能指的是對星盤尖軸度數的過運。

——[VII.102.8：其他觀點]——

哈桑‧本‧薩爾稱：我們觀察並期待智者們所言的應期，並且還發現另一種計算應期的方法，它應與其他方法一起觀察使用：即行星的屬性。若欲得到與國王或世運回歸盤中的君主有關的應期，或者氣候變化的應期，則應藉由太陽來確定，因他象徵國王，且季節藉由他產生變換，而在季節中甚至行星的狀態[734]。月亮則藉由她的快速與輕盈，以及自身狀態的變化，象徵旅行、使者、改變以及一切徹底變化與移動之事物。同樣，其他行星亦象徵與它們的屬性、特質相符之事，且它們當中的每一個都與具備它們的象徵意義之事物相匹配[735]。故當你欲為某些判斷確定應期時，應明瞭那事項的屬性及它的徵象星為何，你可由單獨[736]具備那事項屬性的行星獲取應期，且你可依我們之前關於宮位、星座與度數的性質所言，確定應期對應小時、日、月抑或年。

且你應知曉，當吉星與徵象星形成相位之時，將縮短應期並令徵象加速顯現；而若凶星與它形成相位，則將延長應期並令徵象延緩顯現。同樣，當凶星與象徵災難與厄運的徵象星形成相位之時，它們將縮短應期並令徵象加速顯現；而若吉星與它形成相位，則它們將拖延並推遲那厄運。

若一顆快速行星——藉由其自身屬性與所落位置判斷——逆行，則預示緩慢。而一顆慢速行星——藉由其自身屬性與所落位置判斷——逆行，則預示快速。

---

734 | Et in temporibus status etiam planetarum。含義尚不明確。
735 | 遵照1551譯本將 trahit se ad 解讀為 trahit ad se，儘管這看起來是冗贅的。
736 | Separatim。但這可能是 specialiter（「尤其」）。

　　而[737]若你被問及某一必將發生之事將於何時顯現，則取自時主星至中天所在度數或上升主星[的距離]，查看它們相距的度數是多少，再依如下方法將每一度與一日、一月或一年相對應：即若時主星與中天主星均位於啓動星座，則這些度數代表日；若位於雙元星座，則代表月；若位於固定星座，則代表年。

　　而[738]若你被問及某事，你判斷此事將會發生並欲知曉何時發生，則須查看象徵即將發生之事的行星，當月亮與它形成入相位之時：若它[739]位於固定星座且落在始宮或續宮，則你須以它們之間的每一度對應一年；而若它位於雙元[星座]且落在續宮，則以它們之間的每10°對應一年[740]；而若它位於雙元[星座]且落在相對尖軸的果宮，則以每2°30′對應一年；而若它位於啓動星座且落在續宮，則以每2°30′對應一個月；而若它位於啓動星座且落在相對尖軸的果宮，則以每2°30′對應一日。

——[VII.102.9：統治與尊貴身份的應期]——

　　而若你被問及國王或擁有尊貴身份之人將於何時失去王位或被免除那尊貴身份，則須查看徵象星。若你見它落於中天或它的旺宮，則判斷其地位的延續將取決於徵象星之小年的數值，且對於國王而言，你不可對小年做任何添加，而應依徵象星所落宮位、所落位置有力抑

---

737 | 這段內容似乎引用自塔巴里的資料（《判斷九書》§4.19）。烏瑪在其中提出兩種與特殊點類似的計算方法。
第一種使用時主星到上升主星的距離，再從中天投射出去——不過這種方法僅用於確定某事**是否**會發生。
另一種計算方法取時主星到中天的距離。不過二者的闡述有一些不同之處。

738 | 這段內容與《判斷九書》§4.22傑吉斯（Jirjis）的內容極為相似，但在某些關於月或年的對應方法上，兩者有所不同。

739 | 我認為這指的是徵象星而不是月亮。

740 | 傑吉斯以每一度對應一個月，而不是以每10°對應一年。

或無力、自身有力抑或無力對其進行削減：或許你可依據徵象星之狀態，將小年數值與月或日相對應。

　　然而[741]，若你欲知曉擁有尊貴身份之人何時被免去那身份，則你應將中天所在度數按照赤經上升度數進行向運[742]。當你見它入相位於一顆凶星的星體或其光線，且它未與吉星產生任何交集，而恰逢此時中天主星亦呈現凶象[743]，則[尊貴身份]將中斷。且當月亮藉由行進入相位於那一度數以及入相位於那顆凶星（[即，]中天所在度數藉由向運入相位的凶星）所在位置或其光線之時，則論斷[尊貴身份]將於當日被免除。而若木星或金星與那一位置形成任何相位，則可將事件消除、延緩直至離相位之時。此外還有另一種方法：即計算中天度數至凶星相距多少均等的度數[744]，再（依據星座的輕或重）以每一度對應一年、一月或一日。

　　此外我[745]曾多次見到，當上升位置的旺主星、月亮所落星座主星或幸運點主星與上升位置形成相位或為該星盤的某一主管行星時，它便代表應期，其所落宮位與尊貴決定尊貴身份延續的時間。而中天度數的界主星亦如此[746]。

　　且[747]除非在當年的回歸盤中太陽位於始宮而月亮位於第六宮或第二宮，否則國王絕不會失去王位。

---

741 | 本段內容引用自烏瑪的資料（見《判斷九書》§10.14），他將此觀點歸於瓦倫斯。烏瑪隨後在《本命三書》II.3中複述了相似的觀點。

742 | Athaçir。

743 | 我將此理解為「在向運指示的時刻，中天主星**在過運**中呈現凶象」。

744 | 即黃道度數。但《判斷九書》清楚地說明使用赤經上升度數——這是更為合理的。

745 | 即里賈爾。

746 | 這看起來像是一種把中天推進經過不同的界的配置法，但里賈爾可能指主星所在位置及它的過運，如同其他行星那樣。

747 | 目前來源未知，而且我也不清楚它的占星學邏輯是什麼：Et nunquam regnum fuit amissum nisi fuerit in revolutione illius anni Sol in angulo et Luna in sexta vel in secunda domo。

同樣[748]，若第十宮主星入相位於第四宮主星，則國王將失去王位。而若第十宮主星入相位於上升主星，則國王的統治將延續。若第十宮主星或上升主星入相位於它的弱宮主星，則預示國土四分五裂。

同樣[749]，須查看事項的徵象星落於哪一星座、哪一象限之中，並以星座的赤經上升數值對應日、月或年——遵循之前所述方法依據行星狀態與所落宮位、星座確定。而或許應以它的小年、大年或中年的數值對應日或月。

同樣，事項與應期取決於徵象星的形態：若它東出，則[應期為]它轉變為西入之時；而若它西入，則為當它轉變為東出之時；若它逆行，則為當它轉而順行之時；而若它順行，則為當它轉而逆行之時；若它遭逢焦傷，則為當它顯現且東出之時。以上全部均為徵象顯現的應期。

——[VII.102.10：烏瑪·塔巴里論應期]——

烏瑪·塔巴里稱[750]，若徵象星將被焦傷，則徵象將於那時顯現。

而月亮抵達上升位置之時同樣亦為應期；若她為某一宮位的某一主管行星，則相應的事項便會在此時顯現。

若兩顆吉星將會合於上升位置的某一尖軸，則此同樣亦為應期。

而若太陽為事項的某一尊貴主星或某一分子，當他抵達上升位置時，事項將有所變化，這便是應期之一——若兩顆吉星在象徵事項的宮位中會合，同樣亦是應期。

---

748 | 這段內容與薩爾在《論卜卦》§10.7（《判斷九書》§10.12）所言相似。

749 | 接下來的兩段內容具備十足的通用性，因此它們有可能來自任何的資料。

750 | 接下來的幾段內容可能來自烏瑪關於應期的資料，薩爾在他自己的《論應期》當中也對其進行了部分摘錄，並且在《心之所向》II.5.2當中清晰地被羅列出來。

　　而你藉由所有這些方法得到的應期，都取自赤經上升度數與均等的度數[751]，自它們之中較小者開始[752]。而若它已過去[753]，則你可另取其他。

　　同樣，若月亮或上升主星入相位於一顆與事項屬性相似的吉星時[754]，此入相位即為事項顯現的應期。而兩者之間相距的度數同樣亦為應期[755]。

　　當月亮為事項的主管行星之一時，能夠賦予她的最長應期為一個月，因在這樣長的[時間]里，她將會過運經過所有的屬性（譯註：natures，阿拉伯文版本為「元素」[elements]，即她會經過整個黃道和所有元素。），亦會經過她的廟宮、她所在星座的主星、上升位置及其主星、吉星以及凶星。

　　而當事項代表宮位主星入相位於一顆吉星之時，同樣亦為應期。而當月亮入相位於一顆吉星之時，同樣亦為應期。

　　且[756]預示事項將立刻、迅速[發生]的徵象為，事項之徵象星位於輕象限之一，位於太陽的東方，自身以快速行進且未受凶星傷害：因當上述全部徵象相結合時，它們預示事項將快速實現。而當缺少其中[一些徵象]時，則事項發生的速度將減緩，且它將推遲直至數年之後[757]。

　　而[758]或許應期的天數為徵象星至上升度數之間的度數——以每

---

751 ｜即赤經上升度數與黃道度數。
752 ｜我不確定這裡指的是黃道度數與赤經上升度數相比，還是較短的時間單位與較長的時間單位（例如日與周相比）。
753 ｜即事項並未在較小的應期顯現。
754 ｜例如詢問財富時為木星。
755 ｜即第一句指的是真實的過運時間，而第二句指通過度數計算的象徵性的時間。
756 ｜《心之所向》II.5.1將此段中的觀點歸於烏瑪‧塔巴里。
757 ｜換句話說，每缺失一個代表迅速的徵象都會使應期更長，直至事項耗時數年之久。
758 ｜本段仍然是一些出自《論應期》§3（見上文）。

一度對應一天；抑或許應期為，當太陽藉由他自身的行進到達上升位置或事項代表宮位之時。

無論太陽所落星座的主星是快速行星抑或慢速行星，當太陽位於續宮時，這[759]都是得到確定和驗證的。對於國王以及適宜長久延續之事而言，這亦是得到驗證的。然而對於那些並非長久持續之事（例如疾病或盜竊行為等）而言，當[太陽所落]星座之主星為慢速行星時，這未能得到驗證。

而瓦倫斯稱[760]：若你被問及某事的應期、它將於何時發生，則須查看提問之時太陽的位置：若你見他落在始宮，則判斷所期待發生之事項將於他到達中天之時[發生]。而若他落在續宮，則查看他所在星座之主星，當[那行星]入相位於中天之時，事項將會顯現。

阿里・本・里賈爾之全書第七部終

759 ｜ 本段內容可能與上一段有關，但並非出自《論應期》。
760 ｜ 目前來源不詳。

附錄

A

———

主管關係

星座	廟	旺	陷	弱
♈	♂	☉	♀	♄
♉	♀	☽	♂	
♊	☿		♃	
♋	☽	♃	♄	♂
♌	☉		♄	
♍	☿	☿	♃	♀
♎	♀	♄	♂	☉
♏	♂		♀	☽
♐	♃		☿	
♑	♄	♂	☽	♃
♒	♄		☉	
♓	♃	♀	☿	☿

圖28：主要的尊貴與反尊貴

三方星座	日間	夜間	伴星
火象星座	☉	♃	♄
風象星座	♄	☿	♃
水象星座	♀	♂	☽
土象星座	♀	☽	♂

圖29：三分性主星

♈	♃ 0°-5° 59'	♀ 6°-11° 59'	☿ 12°-19° 59'	♂ 20°-24° 59'	♄ 25°-29° 59'
♉	♀ 0°-7° 59'	☿ 8°-13° 59'	♃ 14°-21° 59'	♄ 22°-26° 59'	♂ 27°-29° 59'
♊	☿ 0°-5° 59'	♃ 6°-11° 59'	♀ 12°-16° 59'	♂ 17°-23° 59'	♄ 24°-29° 59'
♋	♂ 0°-6° 59'	♀ 7°-12° 59'	☿ 13°-18° 59'	♃ 19°-25° 59'	♄ 26°-29° 59'
♌	♃ 0°-5° 59'	♀ 6°-10° 59'	♄ 11°-17° 59'	☿ 18°-23° 59'	♂ 24°-29° 59'
♍	☿ 0°-6° 59'	♀ 7°-16° 59'	♃ 17°-20° 59'	♂ 21°-27° 59'	♄ 28°-29° 59'
♎	♄ 0°-5° 59'	☿ 6°-13° 59'	♃ 14°-20° 59'	♀ 21°-27° 59'	♂ 28°-29° 59'
♏	♂ 0°-6° 59'	♀ 7°-10° 59'	☿ 11°-18° 59'	♃ 19°-23° 59'	♄ 24°-29° 59'
♐	♃ 0°-11° 59'	♀ 12°-16° 59'	☿ 17°-20° 59'	♄ 21°-25° 59'	♂ 26°-29° 59'
♑	☿ 0°-6° 59'	♃ 7°-13° 59'	♀ 14°-21° 59'	♄ 22°-25° 59'	♂ 26°-29° 59'
♒	☿ 0°-6° 59'	♀ 7°-12° 59'	♃ 13°-19° 59'	♂ 20°-24° 59'	♄ 25°-29° 59'
♓	♀ 0°-11° 59'	♃ 12°-15° 59'	☿ 16°-18° 59'	♂ 19°-27° 59'	♄ 28°-29° 59'

圖30：埃及界

星座	0° - 9° 59'	10° - 19° 59'	20° - 29° 29'
♈	♂	☉	♀
♉	☿	☽	♄
♊	♃	♂	☉
♋	♀	☿	☽
♌	♄	♃	♂
♍	☉	♀	☿
♎	☽	♄	♃
♏	♂	☉	♀
♐	☿	☽	♄
♑	♃	♂	☉
♒	♀	☿	☽
♓	♄	♃	♂

圖31：「迦勒底」外觀/外表

附錄
B
—
星座的分類

　　以下特別的星座分類來源於本書及其他中世紀作者。其中一些分類（例如多子女星座）得到了普遍的認同，而對於另一些分類，古典名家們則有不同的看法。其他的分類方法參見註釋中提到的資料來源。

生育與生長：

　　多子女星座（many children）：巨蟹座、天蠍座、雙魚座

　　無子女（不育）星座（no children [sterile]）：雙子座、獅子座、處女座

　　種子／發芽星座（seeds/sprouting）[1]：牡羊座[2]、金牛座、處女座、摩羯座

理性與激情：

　　理性星座（rational）：雙子座、天秤座、水瓶座

　　人性星座（human）[3]：雙子座、處女座、天秤座、射手座前半部、水瓶座

---

1 | 伊朗尼 II.2.2、里賈爾 VII.32。

2 | 據《古典占星介紹》I.3 中阿布・馬謝的資料（可能是因為春天始於太陽位於牡羊座的時候）。

3 | 比魯尼《占星元素說明》§352。

完全發聲星座（fully voiced）[4]：雙子座、處女座、天秤座

不完全發聲星座（partly-voiced）[5]：牡羊座、金牛座、獅子座、射手座、摩羯座、水瓶座

無聲星座（mute）[6]：巨蟹座、天蠍座、雙魚座

大食量星座（much eating）[7]：牡羊座、金牛座、獅子座、射手座後半部、摩羯座、雙魚座

放蕩/不雅星座（licentious/indecent）[8]：牡羊座、金牛座、摩羯座、一部分天秤座、雙魚座

好色星座（lecherous）[9]：牡羊座、金牛座、獅子座、天秤座、一部分摩羯座、雙魚座

以性為樂的星座（delighting in sex）[10]：牡羊座、摩羯座、獅子座、天秤座

其他：

反芻星座（chewing the cud）[11]：金牛座、摩羯座（以及其他？）

四足星座（four-footed）[12]：牡羊座、金牛座、獅子座、射手座後半部、摩羯座

皇家星座（royal）：牡羊座、獅子座、射手座

---

4 ｜見《古典占星介紹》I.3。

5 ｜見《古典占星介紹》I.3。

6 ｜見《古典占星介紹》I.3。

7 ｜伊朗尼 II.3.1、里賈爾 VII.10。

8 ｜瑞托瑞爾斯 Ch. 5。

9 ｜瑞托瑞爾斯 Ch. 76。

10 ｜里賈爾 VII.65。

11 ｜伊朗尼 II.2.11。

12 ｜見薩爾的《導論》（*Introduction*）§1；另參見里賈爾 VII.63，其中僅僅列出了一部分。

附錄
C

金迪關於擇時的一般性說明

　　以下簡短的段落與章節摘錄自金迪的著作《四十章》（2011年出版），其中提出了關於擇時的一般性判斷法則。

　　§81.[1]但是，若行星會合與它相似的特殊點（或與[特殊點]形成相位），它在此方面的影響力將得以加強：例如木星與金錢點（Lot of money）[2]會合或與之形成相位[3]。

　　§153. 因此，須（以前文所述衡量力量的方法判斷）上升位置的力量以及月亮離相位的行星之力量[4]，在上升位置與所問事項的屬性相似[5]的情況下，若它藉由吉星（即有吉星落入或與吉星形成相位）或某些舉止（bearing）而呈現吉象[6]，甚至月亮也[呈現]吉象且有利[7]，則它們象徵事項將會成功，發起行動之人可功成名就——尤其見到第七宮以及月亮入相位的行星無力並呈現凶象時。

---

1 | 這一段僅見於羅伯特的版本。
2 | 金錢點（資產點[assets]、物質點[substance]、資源點[resources]）的計算方法是將第二宮主星至第二宮始點的距離自上升位置投射，白天盤與夜間盤都是如此。更多相關信息詳見《古典占星介紹》VI.2.4。
3 | 相似內容另見§141。我認為需形成整星座相位，而無需形成容許度計算的相位，不過以容許度計算的相位肯定更有益。
4 | 見§139結尾部分、§§63-72、§§77-78及《古典占星介紹》IV.2。
5 | 見§142。
6 | 見§144。
7 | 特別參見《古典占星介紹》IV.5。

§550.[8]但在所有這些事項中，幸運點及其主星應位於有力的宮位，或者得到具備容納關係的吉星的祝福。此外，在條件允許的情況下，盡可能地使那行星（事項與此行星的象徵意義有關）[9]關注（regard）、協助、容納上升主星、月亮、幸運點及金錢點。

§552. 因此，當被問及某些宮位所象徵的事項時，須使此宮位的主星具備容納關係，亦即[使宮主星容納][10]月亮、上升主星、幸運點及金錢點；此外，你應為月亮的主星（乃至上升主星、第四宮主星）清除凶星並使它強而有力。因這些象徵所問之事的結果。

4：論開始行動[11]

§142. 首先，上升位置及其主星應具備某種[1] 相似[12]與可見的[2]吉象[13]。

當上升位置自身具備所問事項的屬性，或在特徵及方式上與所問事項之屬性相仿，便稱為[1] 相似。而當詢問者期待事項可以快速得到確定的結果，或者所問事項與尊貴身份或王國有關時，注意事項的[1a]特徵，應安排火象星座；同樣，也須注意[1b]方式，如被問及戰爭時，我們應考慮火星主管的星座。

§143. 此外[14]，[3]詢問的宮位（更確切地說是詢問事項的宮位）

---

8 ｜此段參閱羅伯特的版本翻譯。雨果的版本只有第一句話：「此外，十分期盼幸運點或它的主星呈現吉象，得到來自有力位置的容納。」

9 ｜這似乎指作為事項共同徵象星的自然徵象星，如同§551所述。

10 ｜見§551的註釋。

11 ｜此章節可與里賈爾VII.2.1對照。

12 ｜Similitudo。羅伯特的版本譯為「形式的匹配性」（suitability of form）。

13 ｜羅伯特的版本譯為「吉星」（fortuna）。

14 ｜這部分闡述了三個要考慮的因素，除[1]相似和[2]呈現吉象之外，還有[3]適當地設定、選擇宮位、特殊點及它們的主星。

及其主星必須予以關注。因為詢問事項的宮位象徵事項或事件的開始，它的主星掌管中間階段，而主星的主星決定整個事項的結果。同樣，上升位置亦按照這一順序象徵著詢問者所問之事。甚至還有詢問事項的特殊點及其主星，以及主星的主星[15]，亦以同樣順序象徵著詢問者所問之事。

§144. 一旦這些因子按照上述順序被確定，則藉由行星落在自己的宮位，或與自己的宮位形成相位的位置，或具備友誼關係的位置，並且將凶星驅離這些位置，可使[2]吉象增強。還須避免上升主星或詢問事項的主星逆行：因即使一切都能夠兌現，事項達成也需經歷諸多勞苦與長久的絕望，並伴隨眾多不利的障礙。

§145. 我認為還須避免龍尾與太陽、月亮為伴（即與它們聚集或對分），或與它們之一為伴（它們沒有落在聚集或對分的位置）[16]，此外謹防它落在上升[星座]、詢問事項宮位及事項的特殊點所在[星座]。因[龍尾]象徵事項因低位階之人而遭到破壞，換言之，它將被無知之人奪走[17]。

§146. 另一方面，樂見吉星落在上升位置、詢問事項的宮位或尖軸。因大吉星[18]可令一切你所欲達成之事得到加強；而小吉星[19]可確保並促進與玩笑、女人、慾望、服飾、黃金與寶石、愛相關之事及諸如此類之事。

§147. 再者，我們告誡你，在一切事項中都須謹防月亮位於上

---

15 | 例如對於財務事項而言的金錢點，對於子女事項而言的子女點；相關公式與說明詳見《古典占星介紹》VI。羅伯特還補充了幸運點，這是合理的（不過里賈爾僅僅提到幸運點，而沒有提及事項的特殊點）。據羅伯特的版本，幸運點與發起者（或者開始事項的人）有關，特定事項的特殊點與所問的事項有關。

16 | 對阿拉伯文譯音的翻譯，alestime vel izticbel。

17 | 儘管龍尾可象徵低位階的事物和人，但雨果可能添加了過多的描述。羅伯特對此的敘述更具概括性：「它為事項帶來不幸、縮減、虛弱、阻礙，並且拖延事項，使其惡化。」里賈爾與羅伯特的看法更一致。

18 | 即木星。

19 | 即金星。

升位置，因落在此處的月亮總是與事項對抗。但落在此處的太陽不會如此：反之，他使事項發生並可消除延誤。

§148. 此外，你應千萬小心，謹防凶星盤踞（hold onto）於上升位置及尖軸，特別是當[那些凶星]主管不幸的[宮位]：即第六宮、第十二宮與第八宮時。若凶星主管第八宮，則死亡的危險、敵人的協助者、嚴酷的監禁將威脅於[他]。同樣，若為第六宮主星，須謹防來自敵人、奴隸、長期的疾病、短期的監禁甚至四足動物的威脅。若[凶星]主管第十二宮，則預示懲罰、因絕望與勞苦而倍受折磨，以及敵人[與]中期的監禁。若為第二宮主星，他將因金錢、朋友，甚至婚姻[或]飲酒而蒙受損失[20]。

§149. 我們[21]還令你時刻注意，在日間[盤]使用日間且直行的星座作為上升星座，在夜間盤使用夜間且直行的星座作為上升星座[22]。太陽與月亮亦如此[23]。切記確保此前所述那些主星在所提及的任何事項中都得到加強。此外，毫無疑問，行星之計劃以及星座之獲益的實現均取決於[它們的]狀態與自然象徵意義。

---

20 | 此處羅列的第二宮象徵的事物可通過整星座尖軸宮來解釋：金錢（第二宮本身）、朋友（第十一宮）、婚姻中的財務事項（第八宮，也就是第七宮起算的第二宮）、飲酒或聚會（第五宮）。

21 | 參見《占星詩集》V.4.5。

22 | 此處雨果的句子並不連貫，因而參照羅伯特的版本翻譯。這裡假設採取行動的人希望事項或結果長期延續，因為直行上升星座使事項長久持續。

23 | 這可能指區分內的發光體應位於具有適當性別/區分的星座之中，並位於直行上升星座。

附錄
D
—
有關半日時的三種說法

　　以下內容摘錄自《古典占星介紹》VIII.4及《亞里士多德之書》II.4，它們闡述了關於**半日時**（bust）或「灼傷」、「燃燒」、「焦傷」的小時三種說法，可作為里賈爾VII.57.2內容——摘錄自金迪《四十章》Ch. 11.7——的補充。（1）第一種說法來源於印度人，它以滿月之後的每12個小時為一個區間，按照行星次序，將這些區間分配給不同的行星；此法還將每個區間一分為三，分別由三顆三分性主星掌管。（2）第二種說法見於金迪和里賈爾的著作，即將新月之後不均等的季節時分為灼傷/燃燒的小時與未灼傷/未燃燒的小時（這些時段又被分為與擇時有關的區間）。我在里賈爾VII.57.2對此方法做出了較長篇幅的評註。（3）第三種方法見於馬謝阿拉的著作《亞里士多德之書》II.4（收錄於《波斯本命占星I》），即以距離而非時間為基礎。關於這些方法的討論，詳見我所作《緒論》。

　　[（1）卡畢希IV.23：]印度人十分習慣於觀察**半日時**[1]。他們將[太陽與月亮]會合之後的12個小時分配給太陽，並將這12個屬於太陽場域[2]的小時等分為三個區間，每4小時為一個區間，

---

1 | 梵文bhukti的直譯，指特定時間內經過的黃道距離。見比魯尼《占星元素說明》§§197-98。《亞里士多德之書》II.4將此距離定義為12°，大約為月亮一天行進的平均距離。但此處以季節時定義，如新月過後的12個季節時。
2 | Hayyiz，同於區分（sect）。

然後依據太陽在發生會合時的三顆三分性主星對每個區間做出判斷。而後他們將太陽的12個小時之後的12個小時分配給金星，依然將它們等分為三個區間，並依據金星在會合時的三顆三分性主星對每個區間做出判斷。接下來水星以及其餘行星也依此照做，直至84個小時之後重新回到太陽，他們會持續這種做法直至下一個會合發生。

　　[（2）卡畢希 IV.24：]而有人認為**半日時**為：會合發生之後的12個不均等的小時[3]，即所謂「燃燒」的小時，在這段時間開始某些事項是不利的；這12個小時之後是72個「未燃燒」的小時，在這段時間開始事項是有利的；在這72個未燃燒的小時之後，又是12個燃燒的小時[4]，以此類推直至下一個會合。他們進一步將這12個小時等分為三個區間，並稱在第一個4小時區間內發動戰爭的人恐將喪失他的靈魂；而在第二個4小時區間發動戰爭的人雖不會喪失靈魂但其身體恐將損壞；在最後4小時區間發動戰爭的人恐將損失財及同伴。

　　[（3）《亞里士多德之書》II.4：]然而**半日時**（buht）[5]這一外語詞彙指的是月亮晝夜的行進。例如，當月亮跨越太陽邊界直至相距12°時即為月亮一晝夜的進程，其中的要點，在都勒斯[的]第五部著作[6]中羅列得十分清楚。

---

3 | 即季節時（有時又稱行星時）：將白天或夜晚的時間等分為12個小時，這使得每個小時比標準化或均等的60分鐘更長或者更短。

4 | 這與上一段提到的太陽以及它的三分性主星主管的小時相符。

5 | 阿拉伯文 al-buht/bust（拉丁文 albust），為梵文 bhukti 的直譯，指特定時間內經過的黃道距離。在此處，月亮在一天的時間裡將離開太陽大約12°。

6 | 可能指《占星詩集》V.41.15（這一章節被歸於「奎里努斯」[Qitrinus the Sadwali]）。在這種情況下，當確定疾病的關鍵日期時，月亮在一定天數內的行進與她相對自己起始位置形成的相位是一致的。

附錄
E

——

中世紀占星精華系列

中世紀占星精華叢書規劃為一系列重新界定古典占星學輪廓的著作。主要由波斯、阿拉伯占星家的譯著組成，涵蓋占星學的各個主要領域，也包含哲學論述與魔法。一方面，此系列收錄了一些介紹性的著作及閱讀資料匯編，另一方面也收錄了獨立的專著與廣論類型的著作（包含中世紀後期與文藝復興時期的拉丁西方著作）。未來此系列還將補充希臘系列與文藝復興系列。

I. 基礎介紹

· *Traditional Astrology for Today: An Introduction* (2011)

· *Introductions to Astrology: Abū Ma'shar & al-Qabīsī* (2010)

· Abū Ma'shar, *Great Introduction to the Knowledge of the Judgments of the Stars* (2014)

· *Basic Readings in Traditional Astrology* (2013-14)

II. 本命占星

· *Persian Nativities I:* Māshā'allāh's *The Book of Aristotle,* Abū 'Ali al-Khayyāt's *On the Judgments of Nativities* (2009)

· *Persian Nativities II:* 'Umar al-Tabarī's *Three Books on Nativities,* Abū Bakr's *On Nativities* (2010)

· *Persian Nativities III: On Solar Revolutions* (2010)

III. 卜卦占星

· Hermann of Carinthia, *The Search of the Heart* (2011)

· Al-Kindī, *The Forty Chapters* (2011)

· Various, *The Book of the Nine Judges* (2011)

IV. 擇時占星

· *Choices & Inceptions: Traditional Electional Astrology* (2012)

V. 世運占星

· *Astrology of the World*（多卷）：Abū Ma'shar's *On the Revolutions of the Years of the World, Book of Religions and Dynasties,* and *Flowers*; Sahl bin Bishr's *Prophetic Sayings*; 較少針對價格與氣候的著作 (2012-2013)

VI. 其他著作

· Bonatti, Guido, *The Book of Astronomy* (2007)

· *Works of Sahl & Māshā'allāh* (2008)

· Firmicus Maternus, *Mathesis* (TBA)

· Al-Rijāl, *The Book of the Skilled* (TBA)

· *Astrological Magic* (TBA)

· *The Latin Hermes* (TBA)

· *A Course in Traditional Astrology* (TBA)

詞彙表

　　導言以下詞彙表由我的另一本著作《古典占星介紹》的詞彙表擴展而來，增補了一些在《判斷九書》中出現的術語。在大部分定義的後面標註的是《古典占星介紹》中相關的章節與附錄（也包括我所作緒論[Introduction]）——而並非本書的附錄——以供延伸閱讀。

● 進程增加（Adding in course）：詳見**進程**（Course）。

● 前進的（Advancing）：行星落在**始宮**（Angle）或續宮。詳見《古典占星介紹》III.3及Introduction §6。

● 吉宮（Advantageous places）：兩種**宮位**（Houses）系統中的一種，它顯示出某些特定宮位中的行星或宮位所主管事項在星盤中更忙碌或更有益（III.4）。第一種是七吉宮系統，以《蒂邁歐篇》為基礎並記載於《占星詩集》中，它僅僅包括那些與**上升星座**（Ascendant）形成**整星座**（Whole-sign）**相位**（Aspect）的星座，並因為與上升星座形成相位，認為這些位置對當事人有益。而第二種是八吉宮系統，它來源於尼切普索（Nechepso）（III.4），包括所有的**始宮**（Angular）和**續宮**（Succeedent），指出了對於**行星本身**而言活躍並且有益的位置。

● 生命時期（Ages of man）：托勒密將標準的人的一生劃分為數段生命歷程時期，每段時期由不同的**時間主星**（time lords）主管。詳見VII.3。

● 友誼星座（Agreeing signs）：將星座分成幾組，組內的星座相互之間具有某種和諧的性質。詳見I.9.5-6。

● 壽命主（Alcochoden）：拉丁文對Kadukhudhāh的直譯。

● 異鄉人（Alien）：拉丁文alienus。詳見**外來的**（Peregrine）。

● 最強主星（Almuten）：從拉丁文mubtazz翻譯而來，詳見**勝利星**（Victor）。

● 始宮（Angels）、續宮（succeedents）、果宮（cadents）：將宮位分為三種類別，以此判斷行星在這些類別中呈現的力量與直接表現的能力。

始宮為第一、十、七、四宮，續宮為第二、十一、八、五宮，果宮為第十二、九、六、三宮（詳見下文**果宮** [cadent]）。但是在卜卦中，確切的宮位位置取決於判斷時使用**整星座宮位制**（whole sign）還是**象限宮位制**（quadrant houses），以及如何使用它們，尤其當古典文獻提到始宮或尖軸（pivot，希臘文 kentron，阿拉伯文 watad）的時候指的是（1）**整星座宮位制的上升星座**（Ascendant）以及其他尖軸星座，或是（2）**ASC-MC** 兩軸線所在度數，或是（3）以尖軸度數所計算的**象限宮位制**的始宮位置。詳見 I.12-13、III.3-4 及 Introduction §6。

● 映點（Antiscia，單數形式為 antiscion）：意思為「陰影投射」，就是指以摩羯座0°至巨蟹座0°為軸線，所產生的反射度數位置，例如巨蟹座10°的映點反射位置為雙子座20°。詳見 I.9.2。

● 遠地點（Apogee）：一般而言，就是行星在其**均輪**（deferent）的軌道上與地球相距最遠的位置。詳見 II.0-1。

● 入相位（Applying，application）：意指行星處於**連結**（Connection）的狀態下，持續運行以精確的完成連結。當行星**聚集**（Assembled）在同一星座或是以整個星座形成**相位**（aspect），卻未形成緊密度數的相位連結關係時，僅是「想要」去連結。

● 上升（Arisings）：詳見**赤經上升**（Ascensions）。

● 上升位置（Ascendant）：通常是指整個上升星座，但也經常會特別指上升位置的度數，在**象限宮位制**（quadrant houses）中，也指從上升度數至第二宮始點的區域。

● 赤經上升（Ascensions）：係指天球赤道上的度數，用來衡量一個星座或是一個**界**（bound）（或其他黃道度數間距）通過地平線時，在子午線上會經過多少度數。這經常會使用在以赤經上升時間作預測的技巧上，以計算**向運**（directions）的近似值。詳見附錄 E。

● 相位/關注（Aspect/regard）：係指一行星與另一行星以星座所相距的位置形成**六分**（sextile）、**四分**（square）、**三分**（trine）或**對分**（opposition）**相位**或關注關係，詳見III.6與**整星座宮位制**（Whole signs）。連結係指以較為緊密度數或容許度所形成的相位關係。

● 聚集（Assembly）：係指兩顆以上的行星落在同一星座中，並且若相距在15°以內則作用更為強烈。詳見III.5。

● 不合意（Aversion）：係指從某個星座位置起算的第二、第六、第八、第十二個星座位置。例如，由巨蟹座起算時，行星落在雙子座，為巨蟹座起算的第十二個星座，即行星落在不合意於巨蟹座的位置。這些位置之所以不合意，是因為它們無法與之形成古典**相位**（aspect）關係。詳見III.6.1。

● Azamene：同**「慢性疾病度數」**（Chronic illness）。

● 凶星（Bad ones）：見**吉星/凶星**（Benefic/malefic）。

● 禁止（Barring）：見**阻礙**（Blocking）。

● 舉止（Bearing）：拉丁文habitude，舊譯：感受（《當代古典占星研究》）。源於雨果的術語，係指任何可能的行星狀態與相互關係。這些內容可以在III與IV中找到。

● 吉星/凶星（Benefic/malefic）：係指將行星分成幾個群組，即代表一般所認知的「好事」的行星（木星、金星，通常還有太陽與月亮）與代表「壞事」的行星（火星、土星），水星的性質則視狀況而定。詳見V.9。

● 善意的（Benevolents）：詳見**吉星/凶星**（Benefic/malefic）。

● 圍攻（Besieging）：同**包圍**（Enclosure）。

● 雙體星座（Bicorporeal signs）：同「雙元」星座（common signs）。詳見**四正星座**（Quadruplicity）。

● 阻礙（Blocking，有時稱「禁止」[prohibition]）：行星以自己的星體或光線阻礙另一顆行星完成某一**連結**（connection）。詳見III.14。

●護衛星（Bodyguarding）：在行星的相互關係中，某些行星能保護其他行星，應用在決定社會地位與顯耀度上。詳見III.28。

●界（Bounds）：係指在每個星座上分成不均等的五個區塊，每個界分別由五個**非發光體**（non-luminaries）行星所主管。有時候也稱為「terms」。界也是五種**尊貴**（Dignities）之一。詳見VII.4。

●光亮度數、煙霧度數、空白度數、暗黑度數（Bright, smoky, empty, dark degrees）：黃道上特定的度數會使行星或ASC的代表事項變得顯著或不明顯。詳見VII.7。

●燃燒（Burned up）：有時也稱為「焦傷」（Combust）。一般而言係指行星位於距離太陽1º-7.5º的位置。詳見II.9-10與**在核心**（In the heart）。

●燃燒途徑（Burnt path）：拉丁為via combusta。係指當行星（特別指月亮）落在天秤座至天蠍座的一段區域，會傷害其代表事項或使其無法發揮能力。有些占星家定義這個區域系從天秤座15º至天蠍座15º；另一些占星家則認為位於太陽的**弱宮**（Fall）度數——即天秤座19º，至月亮的弱宮度數——即天蠍座3º之間。詳見IV.3。

●半日時（Bust）：係指從新月開始計算的特定小時。在**擇時**（Election）或採取行動時，一些時間被視為有利的，而另一些時間則是不利的。詳見VIII.4。

●忙碌的宮位（Busy places）：**同吉宮**（Advantageous places）。

●果宮（Cadent）：拉丁文cadens，即「下落的」。通常有兩種含義：1）一顆行星或一個宮位位於相對**尖軸**的果宮（即位於第三宮、第六宮、第九宮或第十二宮），或2）相對於**上升位置**（Ascendant）的果宮（即**不合意** [aversion]於上升位置，落在第十二宮、第八宮、第六宮或第二宮）。詳見I.12、III.4及III.6.1。

●基本星座（Cardinal）：同「啓動」星座（movable signs）。詳見**四正星座**（Quadruplicity）。

●核心內（Cazimi）：詳見**在核心**（In the heart）。

●天球赤道（Celestial equator）：係指地球赤道投射至天空的一個大圈，為天球三種主要的坐標系統之一。

●膽汁質（Choleric）：詳見**體液**（Humor）。

●慢性疾病度數（Chronic illness [degree of]）：某些特定度數因為與特定的恆星有關，會顯示慢性疾病的徵象。詳見VII.10。

●清除（Cleansed）：通常係指一顆行星沒有與**凶星**（malefic）**聚集**（assembly）或形成**四分相**（Square）、**對分相**（opposition），但也可能指沒有與凶星形成任何的**相位**（aspect）。

●沾染（Clothed）：等同於一顆行星與其他行星**聚集**（Assembly）或形成**相位**（Aspect/regard），從而享有了另一顆行星的特質。

●光線集中（Collection）：係指兩顆行星已形成整個星座**相位**（Aspect）關係，卻無法形成入相位的**連結**（connection），而有第三顆行星與兩者均形成入相位關係。詳見III.12。

●焦傷（Combust）：詳見**燃燒**（Burned up）。

●命令/服從（Commanding/obeying）：係一種星座的分類方式，分為命令或服從星座。（有時會應用在**配對盤**[synastry]上），詳見I.9。

●雙元星座（Common signs）：詳見**四正星座**（Quadruplicity）。

●授予（Confer）：詳見**推進**（Pushing）。

●相位形態（Configured）：形成整星座**相位**（Aspect）的關係，無需形成以度數計算的相位關係。

●行星會合（Conjunction [of planets]）：詳見**聚集**（Assembly）與**連結**（Connection）。

●會合/妨礙（Conjunction/prevention）：係指在**本命盤**（Nativity）或其他星盤中，最接近出生時刻或星盤時刻的新月（會合）或滿月（妨礙）時月

亮所在位置。以妨礙為例，有些占星家會使用月亮的度數，而另一些占星家則使用妨礙發生時落在地平線上的發光體所在度數。詳見VIII.1.2。

● 連結（Connection）：當行星入相位至另一顆行星（在同一星座以星體靠近，或是以光線形成整星座的**相位[Aspect]**關係），從相距特定的度數開始直到形成精準相位。詳見III.7。

● 轉變星座（Convertible）：同「啓動星座」。詳見**四正星座**（Quadruplicity）。但有時行星（特別是水星）被稱為可轉變的，因為它們的**性別**（Gender）會受到它們在星盤中所落位置的影響。

● 傳遞（Convey）：詳見**推進**（Pushing）。

● 敗壞（Corruption）：通常指行星受剋（詳見IV.3-4），例如與**凶星**（malefic）形成**四分相**（square）。但有時等同於**入陷**（Detriment）。

● 建議（Counsel）：拉丁文consilium。雨果和其他拉丁譯者使用的術語，即「管理」（III.18）。係指一顆行星通過入**相位**（Apply）將它的建議或管理**推進**（Push）、贈予或授予另一顆行星，而得到另一行星的**容納**（Receives）或收集。

● 進程增加/減少（Course，increasing/decreasing in）：在應用上，係指一顆行星的運行比平均速度更快。但在天文學中，這與行星**本輪**（epicycle）的中心位於**均輪**（deferent）上的哪個**扇形區**（sector或nitaq）有關。（行星位於本輪上的四個扇形區中的哪一個也會影響它的視速度[apparent speed]。）在緊鄰行星**近地點**（perigee）的兩個扇形區中，行星看上去以更快的速度移動；而在緊鄰**遠地點**（apogee）的兩個扇形區中，行星會看上去以較慢的速度移動。詳見II.0-1。

● 扭曲/直行星座（Crooked/straight）：係為一項星座分類方式，有些星座升起較快速，較為平行於地平線（扭曲的）；另一些星座上升較為慢速，且接近於地平線的垂直位置（直行的或筆直的）。在北半球，從摩羯座到

雙子座為扭曲星座（但在南半球，它們是直行星座）；從巨蟹座到射手座為直行星座（但在南半球，它們是扭曲星座）。

● 跨越（Crossing over）：當行星從精準**連結**（Connection）的位置，開始變成**離相位**（Separate）。詳見III.7-8。

● 光線切斷（Cutting of light）：係指三種狀況阻斷了行星產生**連結**（Connection），分別為由後面星座出現的**阻擋**（Obstruction）、在同一星座的**逃逸**（Escape）、**禁止**（Barring）。詳見III.23。

● Darījān：係指印度人所提出另一種不同的**外觀**（Face）系統。詳見VII.6。

● 外表（Decan）：同「**外觀**」（Face）。

● 赤緯（Declination）：等同於地球上的緯度相對於**天球赤道**（Equator）的位置。位於北赤緯的星座（自牡羊座至處女座）在**黃道**（ecliptic）上向北延伸，而位於南赤緯的星座（自天秤座至雙魚座）向南延伸。

● 均輪（Deferent）：係行星自身的**本輪**（epicycle）運行的軌道。詳見II.0-1。

● 下降（Descension）：同「**入弱**」（Fall）。

● 入陷（Detriment）：或阿拉伯文「敗壞」（corruption）、「不良的」（unhealthiness）、「損害」（harm）。它泛指行星處於任何受損害或運作受到阻撓（例如受到**燃燒**[Burned up]）的狀態（如同「敗壞」一樣）。但它也特指行星落在其**主管星座**（Domicile）對面的星座（如同「損害」一樣），例如火星在天秤座為入陷。詳見I.6與I.8。

● 右旋（Dexter，「右方」[Right]）：詳見**右方/左方**（Right/left）。

● 直徑（Diameter）：同「**對分相**」（Opposition）。

● 尊貴（Dignity）：拉丁文「有價值」（worthiness）。阿拉伯文ḥazz，代表「好運、分配（allotment）」。係指黃道上的位置以五種方式被分

配給行星（有時也包含**南北交點**[Node]）主管與負責，通常會以以下順序排列：**廟**（Domicile）、**旺**（Exaltation）、**三分性**（Triplicity）、**界**（Bound）、**外觀**（Face/decan）。每項尊貴都有它自己的意義、作用及應用方式，並且其中兩種尊貴擁有對立面：與廟相對的是**陷**（Detriment），與旺相對的是**弱**（Fall）。其配置狀況詳見I.3、I.4、I.6-7、VII.4；類比徵象的描繪詳見I.8；應用廟與界作推運預測的方法詳見VIII.2.1、VIII.2.2f。

● 向運法（Directions）：係一種預測推運的方法，托勒密定義此方法係依照半弧的比例推算，較使用**赤經上升**（Ascensions）（譯註：為希臘時期一種較為粗糙的向運法。）更為精準。但此方法在推進的方式上仍有些紊亂，原因在於推進的天文計算方式與占星師對星盤的觀察之間存在差異：就天文角度來說，在星盤上的一個點（即徵象星[the significator]）被認為是靜止的，而其他行星（**允星**[promittors]）及它們以度數計算的**相位**（或者是**界**[Bound]）會被放出，就好像是天體以**主限運動**（Primary motion）持續運轉一樣，直至它們抵達徵象星的位置。而徵象星與允星之間相距的度數則會被轉換為生命的年歲；但從星盤觀察時，看起來像是徵象星沿著黃道的逆時針順序**被釋放**（Released）了，因此它可以經過不同的界的**配置**（Distributes），或與允星聚集或形成相位關係。以**赤經上升**（Ascensions）推進採用的即為後一種觀點，儘管結果是一樣的。後世有些占星師認為，在古典的「順行」（direct）推進之外，也可以使用逆向（converse）推進來計算徵象星/釋放星到允星間的距離。詳見VIII.2.2、附錄E與甘斯登（Gansten）的著作。

● 忽視（Disregard）：同「**離相位**」（Separation）。

● 配置法（Distribution）：係指**釋放星**（Releaser，經常就是指**上升位置**[Ascendant]的度數）**推進**（direction）經過不同的**界**（Bound）。配置

的**界主星**（Lord）稱為「**配置星**」（distributor），而**釋放星**（Releaser）以星體或光線遇到的任何行星則被稱為「**搭檔星**」（Partner）。詳見 VIII.2.2f與《波斯本命占星III》。

●配置星（Distributor）：係指由**釋放星**（Releaser）**推進**（directed）所至位置的**界主星**（Bound Lord）。詳見**配置法**（Distribution）。

●日間（Diurnal）：詳見**區分**（Sect）。

●場域（Domain）：係指建立在**區分**與**陰陽性**（Gender）基礎上行星狀態。詳見III.2。

●廟（Domicile）：係指五種**尊貴**（Dignities）之一。黃道上的每個星座皆有其主管的行星，例如牡羊座由火星主管，因此火星就是牡羊座的廟**主星**（Lord）。詳見I.6。

●衛星（Doryphory）：希臘文doruphoria，同**護衛星**（Bodyguarding）。

●雙體星座（Double-bodied）：同「雙元星座」。詳見**四正星座**（Quadruplicity）。

●龍首尾（Dragon）：詳見**南北交點**（Node）。

●後退的（Drawn back）：拉丁文reductus。等同於落在相對**尖軸**（angle）的**果宮**（Cadent）之中。

●Dodecametorion：同「十二分部」（Twelfth-part）。

●十二體分（Duodecima）：同「十二分部」（Twelfth-part）。

●Dustūrīyyah.：同「**護衛星**」（Bodyguarding）。

●東方（East）：拉丁文oriens。即上升位置，通常是上升的星座，但有時指的就是上升點的度數。

●東方/西方（Eastern/Western）：係指太陽的相對位置，通常稱為「東出」（oriental）與「西入」（occidental）。主要有兩種含義：（1）行星位於太陽之前的度數從而先於太陽升起（東出），或行星位於太陽之後的度數從而晚於太陽降落（西入）。但在古代的語言當中，這些詞彙也指「升起」

（arising）或「沈落」（setting/sinking），以類比太陽升起和沈落：因此有時它們指的是（2）一顆行星脫離**太陽光束**（Sun's rays）而出現，或是隱沒沈入太陽光束之中，無論它位於相對太陽的哪一側（在我的一些譯著當中將此稱為「與升起有關的」[pertaining to arising]或「與沈落有關的」[pertaining to sinking]）。占星作者們並不總是對它的含義加以澄清，而且對於東西方的確切位置，不同的天文學家和占星家也有不同的定義。詳見II.10。

● 黃道（Ecliptic）：係指由太陽沿著黃道帶運行的軌道，此軌道也被定義為黃緯0°的位置。在回歸黃道占星學中，黃道（以及黃道帶星座）的開端位於黃道與天球赤道交會處。

● 擇時（Election）：字面含義為「選擇」（choice）。為採取某個行動或避免某些事情，而刻意選擇一個適當的起始時間。但占星師通常指的是所選擇的時間的星盤。

● 元素（Element）：一組四種基本性質（火、風、水、土）。用來描繪物質與能量的運作方式，也用來描繪行星與星座的徵象與運作型態。它們通常由另一組四種基本性質（熱、冷、濕、乾）中的兩種來描繪。例如牡羊座是火象星座，性質是熱與乾的；水星通常被視為擁有冷與乾的（土象）的性質。詳見I.3、I.7和Book V。

● 空虛（Emptiness of the course）：中世紀的定義是，當行星無法在它當下的星座內完成**連結**（Connection）。希臘占星的定義是，當行星無法在接下來的30°內完成連結。詳見III.9。

● 包圍（Enclosure）：係指行星兩邊都有**凶星**（Malefic）（或相反地，皆為**吉星**[Benefics]）的星體或光線形成容許度內的相位或整星座相位。詳見IV.4.2。

● 本輪（Epicycle）：係指行星在**均輪**（Deferent）上所運行的圓形軌跡。詳見II.0-1。

● 等分圓（Equant）：係指用來衡量行星平均移行位置的圓形軌跡。詳見 II.0-1。

● 天球赤道（Equator [celestial]）：地球赤道投射到天空中的大圈。緯度的投影稱為**赤緯**（Declination），經度的投影稱為**赤經**（right ascension）（自天赤道與**黃道** [Ecliptic] 的交會點——牡羊座開始起算）。

● 逃逸（Escape）：當一顆行星想要與第二顆行星**連結**（Connect），但是在連結未完成時，第二顆行星已經移行至下一個星座，所以第一顆行星便轉而與另一顆不相關的行星**連結**（Connection）。詳見 III.22。

● 必然/偶然〔尊貴〕（Essential/accidental）：一種常見的區分行星狀態的方式，通常依據**必然**〔**尊貴**〕（Essential，詳見 I.2）高低與其他狀態，例如**相位**（aspect）（偶然尊貴）。多種偶然尊貴狀態詳見 IV.1-5。

● 旺（Exaltation）：五種**尊貴**（Dignities）之一。行星（或者也包含**南北交點** [Node]）在此星座位置時，其所象徵的事物將特別具有權威與提升，入旺有時專指落在此星座的某個特定度數。詳見 I.6。

● 外觀（Face）：五種**尊貴**（Dignities）之一，係從牡羊座為起點，以10°為一個單位，將黃道分為36個區間。詳見 I.5。

● 照面（Facing）：係指行星與**發光體**（Luminary）之間的一種關係，當它們各自所在的星座之間的距離與它們的**主管星座**（Domiciles）之間的距離相等時，例如獅子座（太陽所主管的星座）在天秤座（金星所主管的星座）**右側**（Right），若金星**西入**（Western）且相距太陽兩個星座的位置，則稱金星與太陽照面。詳見 II.11。

● 弱（Fall）：係指在行星入**旺**（Exaltation）星座對面的星座。詳見 I.6。

● 熟悉的（Familiar）：拉丁文 familiaris。這是一個很難定義的術語，它指的是一種歸屬感與緊密的關係。（1）有時它與**外來的**（peregrine）相反，一顆熟悉的行星即為某個度數或宮位的**主星**（Lord）（換句話說，它

在那個位置擁有**尊貴**[dignity]）：因為尊貴代表歸屬。（2）有時它指一種熟悉的**相位**（Aspect）（特別是**六分相**[Sextile]或**三分相**[Trine]）：在星盤中所有熟悉的宮位都與**上升位置**（Ascendant）形成**整星座**（whole-sign）相位。

● 陰性（Feminine）：詳見**性別**（Gender）。

● 野生的（Feral）：同「**野性的**」（Wildness）。

● 圖形（Figure）：由一個**相位**（Aspect）所暗示的多邊形。例如，一顆落在牡羊座的行星與一顆落在摩羯座的行星雖然沒有真正形成**四分相**（Square），但它們暗示了一個圖形，因為牡羊座、摩羯座與天秤座、巨蟹座一起形成了一個正方形。詳見III.8。

● 法達運程法（Firdārīyyah，複數形式為firdārīyyāt）：為一種**時間主星**（Time lord）法，以每個行星主管不同的人生時期，每段時期再細分為幾個次時期。

● 堅定（Firm）：當指星座時，即**固定**（Fixed）星座，詳見**四正星座**（Quadruplicity）。當指宮位時，同「**始宮**」（Angles）。

● 固定星座（Fixed）：詳見**四正星座**（Quadruplicity）。

● 外國的（Foreign）：拉丁文extraneus。通常等同於「**外來的**」（Peregrine）。

● 吉象（Fortunate）：通常係指一顆行星的狀態通過IV中所述的某一種**舉止**（Bearing）而變得更好。

● 吉星（Fortunes）：詳見**吉星/凶星**（Benefic/malefic）。

● 擺脫（Free）：有時指**清除**（Cleansed）**凶星**（Malefics）；也有時指脫離**太陽光束**（Sun's rays）。

● 性別（Gender）：係指將星座、度數、行星與小時分為陽性和陰性兩個類別。詳見I.3、V.10、V.14、VII.8。

●慷慨與吉星（Generosity and benefits）：係指星座與行星之間的好關係，詳見III.26中的定義。

●吉星（Good ones）：詳見**吉星/凶星**（Benefic/malefic）。

●有利的宮位（Good places）：同「**吉宮**」（Advantageous places）。

●大年、中年、小年（Greater, middle, lesser years）：詳見**行星年**·（Planetary years）。

●Ḥalb：可能是區分（Sect）的波斯文，但是通常是指喜樂的狀態（rejoicing condition）。詳見III.2。

●Ḥayyiz：場域（Domain）的阿拉伯文，通常是加上陰陽性區分狀態的Ḥalb。詳見III.2。

●六角位（Hexagon）：同「**六分相**」（Sextile）。

●Hīlāj：「釋放星」的波斯文，同「**釋放星**」（Releaser）。

●盤踞（Hold onto）：雨果使用這個詞形容一顆行星落在一個星座（Sign）或在一個星座內**過運**（Transit）。

●卜卦占星（Horary astrology）：即**卜卦**（Questions）在歷史上較晚時期的名稱。

●行星時（Hours [planetary]）：係指將白天與夜晚的小時分配給行星主管。白天（夜晚也是一樣）被劃分為十二個小時，每一個白天或夜晚都由當天的日主星主管第一個小時，然後再以行星次序依次主管隨後的每個小時。例如，星期天由太陽主管日出後的第一個行星時，再來依次為金星、水星、月亮、土星等等。詳見V.13。

●宮位（House）：將星盤劃分為十二個區塊，其中每一個宮位象徵一個或多個人生領域。有兩種基本的宮位體系：（1）**整星座宮位制**（Whole-sign），即**一個星座為一個宮位**；（2）**象限宮位制**（Quadrant house）。但在涉及尊貴力量和主管關係時，「宮位」等同於「**廟宮**」（Domicile）。

● 居所之主（House-master）：在拉丁文獻中通常稱為**壽命主**（alcochoden），來源於波斯文kadukḫudhāh。即壽命**釋放星**（releaser）的主星之一，最好是**界主星**（Bound Lord）。詳見VIII.1.3。但這個詞的希臘文同義詞（oikodespotēs）在希臘占星文獻中有多種應用，有時指**廟**（Domicile）**主星**（Lord），有時指前面提到的壽命行星，也有時指整張**本命盤**（Nativity）的**勝利星**（Victor）。

● 體液（Humor）：係指身體內的四種體液（來自古代醫學之定義），依據體液的平衡決定身體健康與否以及**氣質**（Temperament）（包含外觀與能量的均衡）。膽汁質（choler）或黃膽汁質（yellow bile）與火象星座及易怒氣質（choleric temperament）有關；血液質（blood）與風象星座及樂觀氣質（sanguine temperament）有關；黏液質（phlegm）則與水象星座及遲鈍氣質（phlegmatic temperament）有關；黑膽汁（black bile）與土象星座及憂鬱氣質（melancholic temperament）有關。詳見I.3。

● 在核心（In the heart）：通常在英文文獻稱為cazimi，源於阿拉伯文kaṣmīmī。

● 指示者（Indicator）：當出生時間不確定時，某個度數可用來指出本命上**升位置**（Ascendant）的近似位置。詳見VIII.1.2。

● 內行星（Inferior）：係指在地球至太陽軌道間的行星：金星、水星、月亮。

● 凶星（Infortunes）：詳見**吉星/凶星**（Benefic/malefic）。

● ʾIttiṣāl：同**連結**（Connection）。

● 喜樂（Joys）：係指行星落在「歡喜」（rejoice）的地方，可以有所表現或是表現它們的自然象徵意義。喜樂宮位詳見I.16，喜樂星座詳見I.10.7。

● Jārbakḫtār：係源於「時間的配置者」（distributor of time）的波斯文，同**配置星**（Distributor）。詳見**配置法**（Distribution）。

● Kadukhudhāh：係源於「居所之主」（house-master）的波斯文，在拉丁文中通常譯為**壽命主**（alcochoden）。詳見**「居所之主」**（House-master）。

● Kaṣmīmī：詳見**「在核心」**（In the heart）。

● **王國**（Kingdom）：同**「旺」**（Exaltation）。

● **賞賜與償還**（Largesse and recompense）：係指行星間的交互關係，當行星在其入**弱**（Fall）或在**井**（Well）中的位置而被另一顆行星解救，隨後當後者入弱或在井中時，前者回報以恩惠。詳見 III.24。

● **帶領主星**（Leader）：拉丁文 dux，等同於某個主題的徵象星。阿拉伯文的**「徵象星」**（Significator）的意義是，以指出通往某事物的道路來指示某事物：因此某一主題或事項的徵象星「帶領」占星師去找出答案。該詞彙為比較小眾的拉丁譯者所使用（例如雨果和赫曼）。

● **逗留**（Linger in）：拉丁文 commoror。雨果將這個詞形容一顆行星落在一個**星座**（Sign）或在一個星座內**過運**（Transit）。

● **寄宿之處**（Lodging-place）：拉丁文 hospitium。雨果使用它作為**宮位**（house）的同義詞，特別指佔據宮位的**星座**（Sign）。

● **年主星**（Lord of the Year）：係指**小限**（Profection）的**廟主星**（Domicile Lord）。依據波斯的學說，太陽與月亮不會成為主要的年主星。詳見 VIII.2.1、VIII.3.2 及附錄 F。

● **主星**（Lord）：係指定一顆行星主管某項**尊貴**（Dignity），但有時直接用這個詞代表**廟主星**（Domicile Lord）。例如，火星是牡羊座的主星。

● **詢問主星**（Lord of the question）：在卜卦盤中，**詢問事項**（Quaesited）的**宮位**（House）之主星。但有時它指的是客戶或提出問題的**詢問者**（Querent）。

● **特殊點**（Lot）：有時會稱為「特殊部位」（Parts）。係以星盤中三個組成

部分的位置計算出的比例所對應的位置（通常以整個星座去看待這一位置）。一般來說，會按照黃道順序計算其中兩個組成部分位置的間距，然後再以第三個組成部分的位置（通常是ASC）為起始點，將這個間距向前投射，即得到所計算的特殊點的位置。特殊點既可以用在星盤的解讀中，也可以用在預測中。詳見Book VI。

● 幸運的/不幸的（Lucky/unlucky）：詳見**吉星/凶星**（Benefic/malefic）。

● 發光體（Luminary）：係指太陽與月亮。

● 凶星（Malefic）：詳見**吉星/凶星**（Benefic/malefic）。

● 惡意的（Malevolents）：詳見**吉星/凶星**（Benefic/malefic）。

● 陽性（Masculine）：詳見**性別**（Gender）。

● 憂鬱質（Melancholic）：詳見**體液**（Humor）。

● 中天（Midheaven）：係指由上升星座（Ascendant）起算的第十個星座，也指天球子午線（celestial meridian）所在的黃道度數。

● 啓動星座（Movable signs）：詳見**四正星座**（Quadruplicity）。

● Mubtazz：詳見**勝利星**（Victor）。

● 變動星座（Mutable signs）：同「雙元」星座（common signs）。詳見**四正星座**（Quadruplicity）。

● Namūdār：同「**指示者**」（Indicator）。

● 當事人（Native）：係指出生星盤的所有者。

● 本命盤（Nativity）：確切的詞義就是出生，但占星師用來稱呼以出生時刻所繪制的星盤。

● 九分部（Ninth-parts）：係指將每個星座分為九等份，每個等份為3°20'，每個等份由一顆行星主管。有些占星師會在**週期盤**（Revolution）判斷中加入此方法做預測。詳見VII.5。

● Nitaq：詳見**扇形區**（Sector）。

- 貴族（Nobility）：同「**旺**」（Exaltation）。

- 夜間（Nocturnal）：詳見**區分**（Sect）。

- 南北交點（Node）：係指行星向北緯運行時與黃道的交會點（稱為北交點 [North Node]或龍首[Head of the Dragon]），以及向南緯運行時與黃道的交會點（稱為南交點[South Node]或龍首[Tail of the Dragon]）。通常只考慮月亮的南北交點。詳見 II.5 與 V.8。

- 北方/南方（Northern/southern）：係指行星位於黃道帶的南北緯上（相對於黃道位置），或是指行星位於南北赤緯（相對於天球赤道）。詳見 I.10.1。

- 不容納（Not-reception）：係指一顆行星**入相位**（Applying）至所在位置的**弱宮**（Fall）主星。

- 斜上升（Oblique ascensions）：通常用於**赤經上升**（Ascensions）時間或主限**向運法**（Directions）的預測推算。

- 阻擋（Obstruction）：係指當一顆行星前移至第二顆行星（想要與其完成**連結**[Connection]），但落在較後面度數的第三顆行星卻因**逆行**（Retrograde）而與第二顆行星先完成連結，再與第一顆行星完成連結。詳見 VIII.3.4。

- 西入（Occidental）：詳見**東方/西方**（Eastern/Western）。

- 門戶洞開（Opening of the portals/doors）：係指天氣變化或下雨的時間，可由特定的**過運法**（Transit）來判斷。詳見 VIII.3.4。

- 對分相（Opposition）：係指以**整星座宮位制**（Whole Sign）或以度數計算的一種**相位**（Aspect），形成此相位的兩顆行星彼此落在相距180°的星座上：例如，落在牡羊座的行星與落在天秤座的行星形成對分相。

- 最優宮位（Optimal place）：也稱為「好的」或「最好的」宮位。可能是**吉宮**（Advantageous places）中的一組宮位，並且也許僅指與**上升位置**（Ascendant）形成**相位**（Aspect）的宮位。可以確定它們包括上升位置、第十宮及第十一宮，但或許也包括第九宮。可能僅限於位於地平線上方的宮位。

● 容許度/星體（Orbs/bodies）：拉丁文稱「容許度」（orb），阿拉伯文稱「星體」（body，阿拉伯文 jirm）。係指每個行星在星體或其位置兩側產生能量或影響力的範圍，以此決定不同行星間交互影響的強度。詳見 II.6。

● 東出（Oriental）：詳見**東方/西方**（Eastern/Western）。

● 支配（Overcoming）：係指一顆行星落在自另一顆行星起算的第十一、第十、第九個星座（也就是在優勢的**六分相**[Sextile]、**四分相**[Square]或**三分相**[Trine]的位置），然而落在第十個星座被視為更具支配力或更具優勢的位置。詳見 IV.4.1 及《波斯本命占星 III》Introduction、§15。

● 擁有光（Own light）：係指（1）一顆行星為星盤中**區分**（Sect）內的行星（見 V.9），或者（2）一顆行星脫離**太陽光束**（Sun's rays）並且尚未與其他行星產生**連結**（Connection），因此它閃耀著自己的光芒，沒有被其他行星**沾染**（Clothed）影響。

● 特殊部位（Part）：詳見**特殊點**（Lot）。

● 搭檔星（Partner）：係當**推進的釋放星**（directed releaser）**配置**（distributed）經過不同的**界**（Bound）時，其星體或光線遇到的行星。但在某些源於阿拉伯文的譯作中，指某位置的任何一顆**主星**（Lords）。

● 外來的（Peregrine）：係指行星在所落位置不具有五種**尊貴**（Dignities）中的任何一種。詳見 I.9。

● 近地點（Perigee）：行星**均輪**（Deferent）上最接近地球的位置；與**遠地點**（Apogee）相對。詳見 II.0-1。

● 不當的（Perverse）：拉丁文 perversus。雨果偶爾使用這一詞彙指代（1）**凶星**（Malefic）以及（2）在**整星座宮位制**（Whole-sign）下**不合意**（Aversion）於上升位置（Ascendant）的**宮位**（Places）：確切地說是第十二宮和第六宮，或許還有第八宮，也可能還有第二宮。

● 黏液質（Phlegmatic）：詳見體液（Humor）。

● 缺陷度數（Pitted degrees）：同「井度數」（Welled degrees）。

● 尖軸（Pivot）：同「始宮」（Angle）。

● 宮位（Place）：同「宮位」（House），且更為常見（也更為古老）的說法是指整星座宮位制（Whole-sign）宮位，即星座（sign）。

● 行星年（Planetary years）：行星在不同的條件下，象徵著不同的年數。

● 佔有（Possess）：雨果使用這個詞形容一顆行星落在一個星座（Sign）或在一個星座內過運（Transit）。

● 妨礙（Prevention）：詳見會合／妨礙（Conjunction/prevention）。

● 主限向運法（Primary directions）：詳見向運法（Directions）。

● 主限運動（Primary motion）：係指天體以順時針方向自東向西運動。

● 小限法（Profection）：拉丁文 profectio，即「前進」（advancement）、出發（set out）。為流年預測的一種方法，以星盤的某個位置（通常是上升位置[Ascendant]）為始點，每前進一個星座或30°，即代表人生的一年。詳見VIII.2.1、VIII.3.2及附錄F。

● 禁止（Prohibition）：同「阻礙」（Blocking）。

● 允星（Promittor）：字面含義是某事物被「向前發射出去」。係指推進（Directed）至徵象星（Significator）的某個點，或徵象星釋放（Released）或推進所到達的某個點（取決於觀察推進的角度）。

● 推進（Pushing）：係指一顆行星以入相位（Appling）去連結（Connection）另一顆容納（Receiving）它的行星。詳見III.15-18。

● Qasim/qismah：為配置星（Distributor）與配置法（Distribution）的阿拉伯文術語。

● 象限宮位制（Quadrant houses）：係指將天宮圖劃分為十二個區間，它們與十二星座交疊，並被賦予不同的人生主題，也以此衡量力量（例如

普菲力制[Porphyry]、阿拉—恰比提爾斯的半弧制[Alchabitius Semi-Arcs]或雷格蒙塔納斯制[Regiomontanus]）。舉例來說，如果中天（MC）落在第十一個星座，從中天至上升位置的空間便被分隔成幾個區間，這些區間會與星座有重疊的部分，但兩者的起始位置卻不相同。詳見I.12與Introduction §6。

● 四正星座（Quadruplicity）：係指一種星座的分類方式，以四個（fourfold）具有共同行為模式的星座作為一組。啓動（movable，或基本[cardinal]，或轉變[convertible]）星座的共同特質為快速形成新的狀態（包括季節），這些星座為牡羊座、巨蟹座、天秤座、摩羯座。固定（fixed，有時也稱堅定[firm]）星座的共同特質是事物會穩定且持續，這些星座為金牛座、獅子座、天蠍座、水瓶座。雙元（common，或變動[mutable]，或雙體[bicorporeal]）星座的共同特質就是轉變，且同時具備快速變化及固定的特質，這些星座為雙子座、處女座、射手座、雙魚座。詳見I.10.5。

● 詢問事項（Quaesited/quesited）：係指卜卦占星（Horary）中，所詢問的事項。

● 詢問者（Querent）：係指在卜卦占星（Horary）中，提出問題的人（或代表提問者的那個人）。

● 卜卦（Questions）：占星學的一個分支，針對所詢問的單獨的事項起星盤作答。

● 容納（Reception）：當A行星推進（Push）B行星或入相位（Apply）於B行星時，B行星的狀態即為容納，尤其是當它們之間有尊貴（Dignity）的關聯，或是來自不同形態的友誼星座（Agreeing sign）形成三分相（Trine）或六分相（Sextile）。例如，如果月亮入相位於火星，火星就會獲得或容納她的入相位。詳見III.15-18及III.25。

●反射（Reflection）：當兩顆行星彼此為**不合意**（Aversion）的關係，但有第三顆行星可**集中**（Collect）或**傳遞**（Transfer）它們的光線。如果它將光線集中，那麼就向別處反射了光線。詳見III.13。

●限制（Refrenation）：詳見**撤回**（Revoking）。

●關注（Regard）：詳見**相位**（Aspect）。

●釋放星（Releaser）：係為**向運法**（Direction）的關鍵點。當判斷壽命時，會固定觀察幾個位置所具備的特性，釋放星即為其中之一（詳見VIII.1.3）。判斷流年時，會以壽命釋放星，或特定主題的其中一個相關位置，或上升度數，作為預設的釋放星去推進或**配置**（Distribute）。許多占星師在**週期盤**（Revolution）的判斷上，係以**上升**（Ascendant）度數作為釋放星去推進。

●遠離的（Remote）：拉丁文為remotus。同「**果宮**」（Cadent）。詳見**始宮**（Angle）。但另《判斷九書》§7.73中，烏瑪（或是雨果）闡述了「在果宮」與「**遠離的**」兩者之區別。

●提交（Render）：係指一顆行星**推進**（Push）另一顆行星或位置。

●退縮的（Retreating）：係指行星落在果宮的位置。詳見III.4、Introduction §6及**始宮**（Angle）。

●逆行（Retrograde）：係指行星相對星座與恆星而言，看起來是後退或是順時針方向移動的。詳見II.8及II.10。

●太陽回歸盤/月亮回歸盤（Return，Solar/Lunar）：同「**週期盤**」（Revolution）。

●反覆（Returning）：受燃燒（Burned up）或**逆行**（Retrograde）的行星受到另一顆行星**推進**（Push）時會呈現的狀態。詳見III.19。

●撤回（Revoking）：當行星欲以入相位**連結**（Connection）時卻停滯或即將轉為**逆行**（Retrograde），因此無法完成連結。詳見III.20。

● 週期盤（Revolution）：有時稱為一年的「循環」（Cycle）或「轉移」（Transfer）或「改變」（Change-over）。以定義來說，係為太陽回歸黃道的特定位置之時刻的**上升位置**（Ascendant）與其他行星**過運**（Transit）所至的位置：以本命盤為例，即為它準確地回到本命盤中的位置的時刻；以世運占星為例，通常指太陽回到牡羊座0°的位置。但通常判斷週期盤需合併其他預測方法，例如**配置法**（Distribution）、**小限法**（Profections）以及**法達運程**（firdārīyyāt）。詳見《波斯本命占星III》。

● 赤經（Right ascensions）：指**天球赤道**（celestial equator）的度數（如同地理經度），特別是以此計算子午線所經過的度數去推算**赤經上升**（Ascensions）與**向運法**（Direction）之弧角。

● 右方／左方（Right/left）：右方（或稱「右旋」[dexter]）指就一顆行星或一個星座而言，較靠前的黃道度數或**相位**（Aspect），到**對分相**（opposition）為止。左方（或稱「左旋」[sinister]）就是位於黃道上靠後的度數或相位。舉例來說，如果行星落在摩羯座，它的右方相位會在天蠍座、天秤座和處女座，它的左方相位會在雙魚座、牡羊座和金牛座。詳見III.6。

● 根本盤（Root）：指一張星盤是另一張星盤的基礎；根本盤特別描述了事物所具有的某些獨特之處。例如，**本命盤**（Nativity）為**擇時盤**（Election)的根本盤，因此在確定擇時盤時，一定要讓它與本命盤調和。

● 安全的（Safe）：指行星未受到傷害，尤其是沒有與**凶星**（Malefics）形成**聚集**（Assembly）、**四分相**（Square）及**對分相**（Opposition）。詳見**清除**（Cleansed）。

● 年主星（Sālkḫudhāy）：來自波斯文。同「**年主星**」（Lord of the year）。

● 血液質（Sanguine）：詳見**體液**（Humor）。

● 灼傷（Scorched）：詳見**燃燒**（Burned up）。

● 次限運動（Secondary motion）：係指行星順著黃道的逆時針運動。

● 區分（Sect）：係指一種將星盤、行星及星座區分為「日間」（diurnal/day）與「夜間」（nocturnal/night）的方式。若太陽在地平線上即為日間盤，反之則為夜間盤。行星的區分方法詳見V.11。陽性星座（例如牡羊座、雙子座等）為日間區分，陰性星座（例如金牛座、巨蟹座等）為夜間區分。

● 扇形區（Sector）：將**均輪**（Deferent）或**本輪**（Epicycle）劃分為四部分，用於確定行星的位置、速度、可見度及其他特徵。詳見II.0-1。

● 看見、聽見、聽從星座（Seeing, hearing, listening signs）：這些星座相似於**命令/服從星座**（Commanding/obeying）。詳見I.9.6所附的兩張圖，它們是保羅的版本。

● 離相位（Separation）：係指當兩顆行星已經以**相位**（Aspect）或是**聚集**（Assembly）完成**連結**（Connection）之後逐漸分開。詳見III.8。

● 六分相（Sextile）：係指以**整星座宮位制**（Whole Sign）或以容許度計算的一種**相位**（Aspect），形成相位的兩顆行星彼此落在相距60°的星座——例如牡羊座與雙子座。

● 輪值（Shift）：阿拉伯文為nawbah。同「區分」（Sect），不僅指日間和夜間的交替，也指夜間或日間時間段本身。太陽是日間時段或日間區分的主星，而月亮是夜間時段或夜間區分的主星。

● 星座（Sign）：將**黃道**（Ecliptic）劃分為十二個30°區間，以它們曾經大致重合的天文星座命名。在回歸黃道占星學中，十二星座以黃道與天球赤道的交會點（即太陽位於二分點的位置）為起始點。在恆星黃道占星學中，星座的起始點依據其他法則確定。

● 徵象星/代表因子（Significator）：係指（1）星盤中的某個行星或位置代表某個主題的事物（透過它的自然特徵，或是宮位位置，或主管關係等），或是（2）在主限**向運法**（Direction）中所**被釋放**（Released）的點。

●左旋（Sinister）：即「左方」（Left）。詳見**右方/左方**（Right/left）。

●奴役（Slavery）：同「**弱**」（Fall）。

●君權（Sovereignty）：拉丁文regnum。同「**旺**」（Exaltation）。

●儀隊（Spearbearing）：同「**護衛星**」（Bodyguarding）。

●四分相（Square）：係指以**整星座宮位制**（Whole Sign）或以容許度計算的一種**相位**（Aspect），形成相位的兩顆行星彼此落在相距90度的星座——例如牡羊座與巨蟹座。

●標樁（Stake）：同「**始宮**」（Angle）。

●月下世界（Sublunar world）：以古典宇宙觀來看，此為在月球下的四大**元素**（Element）的領域。

●續宮（Succeedent）：詳見**始宮**（Angle）。

●太陽光束（Sun's rays, Sun's beam）：在較早期的占星學中，等同於相距太陽15°距離，因此一顆在太陽光束下的行星在黎明或黃昏都無法被看到。但後來將其區分為**燃燒**（Burned up）（距離太陽大約1°至7.5°）以及僅僅在光束下（距離太陽大約7.5°至15°）。

●外行星（Superior）：係指較太陽更遠的行星，即土星、木星和火星。

●至高地位（Supremacy）：拉丁文regnum。兩果以此指「**旺**」（Exaltation），戴克在翻譯中有時使用它代替更確切的「**君權**」（Sovereignty）一詞。

●配對盤（Synastry）：係比較兩個或兩個以上的星盤，以此判讀適合度，經常應用在情感關係或朋友關係上。詳見《亞里士多德之書》III.7.11、III.12.7。

●Tasyīr：阿拉伯文的「派遣」（dispatching）、「發送」（sending out）。同「**向運法**」（directions）。

●氣質（Temperament）：係指**元素**（Element）或**體液**（Humor）的綜合（有時也稱為「氣色」[complexion]），由此可判斷一個人或一顆行星的典型行為模式、外觀和能量水平。

●證據（Testimony）：自阿拉伯占星學開始，這便是一個定義不太明確的術語，可以指（1）一顆行星在某個宮位或度數擁有**尊貴力量**（Dignity），也可以指（2）行星在它所落位置（或在其他行星所落位置）擁有尊貴的數量，或者指（3）行星與某個位置**聚集**（Assembly）或形成**相位**（Aspect），或者（4）泛指行星以**任何**一種形式與當下的卜卦盤相關聯。例如一顆行星為**上升位置**（Ascendant）的**旺**（exalted）主星，同時又與上升位置形成**相位**（aspects），或許可以說有兩個證據表明它與卜卦盤的上升位置是相關聯的。

●四角形（Tetragon）：同「**四分相**」（Square）。

●意念推測（Thought-interpretation）：在解答具體的**卜卦盤**（Question）之前，用來辨別**詢問者**（Querent）心中所想的事項主題的方法，通常使用**勝利星**（Victor）判斷。詳見《心之所向》。

●時間主星（Time Lord）：依據一種古典預測方法，一顆行星會主管某些時間段。例如，**年主星**（Lord of the Year）就是**小限法**（Profection）的時間主星。

●轉變（Transfer）：當一顆行星**離相位**（Separate）另一顆行星，並與其他行星**連結**（Connect）。詳見 III.11。

●過運（Transit）：一顆行星（以星體或以精準度數的**相位**[Aspect]）經過另一顆行星或敏感點，或經過某個星座（即使是與某些相關的點形成**整星座**[Whole sign] 相位的關係）。在古典占星學中，並非每個過運都會產生顯著徵象。例如，**時間主星**（Time Lord）的過運或落在**小限**（Profection）星座的**整星座尖軸**（whole-sign angles）的行星之過運，比其他行星的過運更重要。詳見 VIII.2.4 及《波斯本命占星 III》。

●轉換（Translation）：同「**轉變**」（Transfer）。

●穿越（Traverse）：拉丁文 discurro。雨果用這個詞形容一顆行星位於或正在以**過運**（transiting）經過一個**星座**（Sign）。

● 三角形（Trigon）：同「三分相」（Trine）。

● 三分相（Trine）：係指以**整星座宮位制**（Whole Sign）或以容許度計算的一種**相位**（Aspect），形成相位的兩顆行星彼此落在相距120°的星座──例如牡羊座與獅子座。

● 輪替（Turn）：阿拉伯文dawr。係為運程預測術語，指不同的行星輪流成為**時間主星**（Time Lord）。詳見VIII.2.3中提到的一種輪替的用法。

● 轉頭離開（Turned away）：同「**不合意**」（Aversion）。

● 轉變星座（Turning signs）：就雨果的用法而言，這等同於啟動星座：詳見**四正星座**（Quadruplicity）。但也進一步特指**回歸黃道系統**中的巨蟹座和摩羯座兩個黃道星座，因為這是太陽從它的赤緯極值掉轉方向的位置。

● 十二分部（Twelfth-parts）：係指將一個星座以2.5°的間隔再細分，每一個間隔與一個星座對應。例如雙子座4°的十二分部即巨蟹座。詳見IV.6。

● 兩部分星座（Two-parted signs）：同「**雙體星座**」（Double-bodied sings）或「**雙元星座**」（Common signs）。詳見**四正星座**（Quadruplicity）。

● 光束下（Under rays）：係指行星與太陽相距大約7.5°至15°之間，無論是在太陽升起之前或是在太陽沈落之後，都無法被看到。有些占星家更由各別行星細分出不同的間距（更具有天文學的精確性）。詳見II.10。

● 凶象（Unfortunate）：通常係指一顆行星的狀態通過IV中所述的某一種舉止（Bearing）而變得更糟。

● 不幸的（Unlucky）：詳見**吉星/凶星**（Benefic/malefic）。

● 燃燒途徑（Via combusta）：詳見**燃燒途徑**（Burnt path）。

● 勝利星（Victor）：阿拉伯文mubtazz。係指在某個主題或**宮位**（House）（I.18）上或是以整個星盤而言（VIII.1.4），最具權威代表性的行星。

● 空虛（Void in course）：同「**空虛**」（Emptiness of the course）。

●井度數（Well）：係指行星落於某個度數會使它的作用變得模糊不明。詳見VII.9。

●西方（Western）：詳見**東方/西方**（Eastern/western）。

●整星座宮位制（Whole signs）：係指最古老的分配人生主題的宮位系統，以及**相位**（Aspect）關係。以落於的地平線的整個星座（即**上升星座** [Ascendant]）作為第一宮，第二個星座為第二宮，以此類推。同樣，也是以整個星座的關係去判斷相位關係：例如落在牡羊座的行星會與落在雙子座的行星形成整星座相位，如果兩者之間形成緊密度數的相位影響會更強烈。詳見I.12、III.6及Introduction §6。

●野性行星（Wildness）：係指一顆行星於所在星座與任何其他行星都未形成**相位**（Aspect）關聯。詳見III.10。

●撤離（Withdrawal）：同「**離相位**」（Separation）。

參考文獻

I. 翻譯文獻來源：

Al-Kindī: *The Choices of Days*
Wiedemann, Eilhard, "Über einen astrologischen Traktat von al Kindī," *Archiv für die Geschichte der Naturwissenschaften und der Technik*, v. 3/3, April 1911, pp. 224-26.

Bethen: *On the Hours of the Planets*
Bethen, *De horis planetarum* (Prague, APH, M. CVI 1466, 205f-06v)
Bethen, *De horis planetarum* (Basel: Iohannes Hervagius 1533, Part II, pp. 110-12)

Sahl bin Bishr: On Elections
Crofts, Carole Mary, "*Kitāb al-Iktiyārāt ʻalā l-buyūt al-itnai ʻasar*, by Sahl ibn Bišr al-Isra'ili, with its Latin Translation *De Electionibus* (Ph.D. diss., Glasgow University, 1985)

Al-'Imrānī: The Book of Choices
Paris, BNF lat. 16204, 13th Cent., 507-534
Madrid, BN 10,009, 13th Cent., 23v-38v
Paris, BNF, lat. 7413-I, 13th Cent., 45ra-57rb
Munich, BSB, Clm 11067, 15th Cent., 123ra-134vb
Vatican, BAV, Reg. lat. 1452, 14th Cent., 46ra-57vb

Al-Rijāl: *The Book of the Skilled*
De Iudiciis Astrorum (Venice: Erhard Ratdolt, 1485)
De Iudiciis Astrorum (Basel: Henrichus Petrus, 1551)

II. 一般性參考文獻：

Abū Bakr, *On Nativities*, in Dykes, PN 2 (2010)

Al-Bīrūnī, Muhammad ibn Ahmad, *The Book of Instruction in the Elements of the Art of Astrology, trans.* R. Ramsay Wright (London: Luzac & Co., 1934)

Al-Bīrūnī, Muhammad ibn Ahmad, *The Chronology of Ancient Nations* (Lahore: Hijra International Publishers, 1983)

Al-Bīrūnī, Muhammad ibn Ahmad, *Al-Bīrūnī's India*, trans. Edward C. Sachau (New Delhi: Rupa & Co., 2002)

Al-Qabīsī, *The Introduction to Astrology*, eds. Charles Burnett, Keiji Yamamoto, Michio Yano (London and Turin: The Warburg Institute, 2004)

Al-Tabarī, 'Umar, *Three Books on Nativities*, in Dykes, PN 2 (2010)

Bonatti, Guido, *The Book of Astronomy*, trans. and ed. Benjamin N. Dykes (Golden Valley, MN: The Cazimi Press, 2007)

Bos, Gerrit and Charles Burnett, *Scientific Weather Forecasting in the Middle Ages: The Writings of al-Kindī* (London and New York: Kegan Paul International, 2000)

Burnett, Charles, "Al-Kindī on Judicial Astrology: 'The Forty Chapters'," in *Arabic Sciences and Philosophy*, v. 3 (1993), pp. 77-117.

De Fouw, Hart, and Robert Svoboda, *Light on Life: An Introduction to the Astrology of India* (Twin Lakes, WI: Lotus Press, 2003)

Dorotheus of Sidon, *Carmen Astrologicum*, trans. and ed. David Pingree (Leipzig: B.G. Teubner Verlagsgesellschaft, 1976)

Dorotheus of Sidon, *Carmen Astrologicum*, trans. David Pingree (Abingdon, MD: The Astrology Center of America, 2005)

Dykes, Benjamin trans. and ed., *Works of Sahl & Māshā'allāh* (Golden Valley, MN: The Cazimi Press, 2008)

Dykes, Benjamin trans. and ed., *Persian Nativities vols. I-III* (Minneapolis, MN: The Cazimi Press, 2009-10)

Dykes, Benjamin trans. and ed., *Introductions to Traditional Astrology: Abū Ma'shar & al-Qabīsī* (Minneapolis, MN: The Cazimi Press, 2010)

Dykes, Benjamin trans. and ed., *The Book of the Nine Judges* (Minneapolis, MN: The Cazimi Press, 2011)

Dykes, Benjamin trans. and ed., *The Forty Chapters of al-Kindī* (Minneapolis, MN: The Cazimi Press, 2011)

Evans, James, *The History and Practice of Ancient Astronomy* (New York and Oxford: Oxford University Press, 1998)

Hephaistio of Thebes, *Apotelesmaticorum Libri Tres*, ed. David Pingree, vols. I-II (Leipzig: Teubner Verlagsgesellschaft, 1973)

Hermann of Carinthia, Benjamin Dykes trans. and ed., *The Search of the Heart* (Minneapolis, MN: The Cazimi Press, 2011)

Holden, James H., "The Foundation Chart of Baghdad," *Today's Astrologer*, Vol. 65, No. 3 (March 2, 2003), pp. 9-10, 29.

Holden, James H., *A History of Horoscopic Astrology* (Tempe, AZ: American Federation of Astrologers, Inc., 2006)

Holden, James H., *Five Medieval Astrologers* (Tempe, AZ: American Federation of Astrologers, Inc., 2008)

Kunitzsch, Paul, Tim Smart, *A Dictionary of Modern Star Names* (Cambridge, MA: Sky Publishing, 2006)

Māshā'allāh bin Atharī, *The Book of Aristotle*, trans. and ed. Benjamin N. Dykes, in Dykes, PN 1 (2009)

Niermeyer, J.F. ed., Mediae Latinitatis Lexicon Minus (Leiden: E.J. Brill, 1993)

Paulus Alexandrinus, *Late Classical Astrology: Paulus Alexandrinus and Olympiodorus*, trans. Dorian Gieseler Greenbaum, ed. Robert Hand (Reston, VA: ARHAT Publications, 2001)

Pingree, David, trans. and ed., *The Yavanajātaka of Sphujidhvaja* vols. I-II (Cambridge, MA and London: Harvard University Press, 1978)

Pingree, David, *From Astral Omens to Astrology: From Babylon to Bīkīner* (Rome: Istituto italiano per L'Africa e L'Oriente, 1997)

Pseudo-Ptolemy, *Centiloquium, in Liber Quadripartitus* (Venice: Bonetus Locatellus, 1493)

Pseudo-Ptolemy, *Centiloquium, ed. Georgius Trapezuntius, in Bonatti* (1550)

Ptolemy, Claudius, *Tetrabiblos*, trans. F.E. Robbins (Cambridge and London: Harvard University Press, 1940)

Ptolemy, Claudius, *Tetrabiblos* vols. 1, 2, 4, trans. Robert Schmidt, ed. Robert Hand (Berkeley Springs, WV: The Golden Hind Press, 1994-98)

Rhetorius of Egypt, *Astrological Compendium*, James H. Holden trans. and ed. (Tempe, AZ: American Federation of Astrologers, Inc., 2009)

Robson, Vivian, *The Fixed Stars & Constellations in Astrology* (Abingdon, MD: Astrology Classics, 2003)

Sachau, Edward C. trans. and ed., *Albērūnī's India* (New Delhi: Rupert & Co., 2002)

Sahl bin Bishr, *Introduction*, in Benjamin Dykes, *WSM* (The Cazimi Press, 2008)

Sahl bin Bishr, *On Questions*, in Benjamin Dykes, *WSM* (The Cazimi Press, 2008)

Sahl bin Bishr, *On Times*, in Benjamin Dykes, *WSM* (The Cazimi Press, 2008)

Sahl bin Bishr, *The Fifty Judgments*, in Benjamin Dykes, *WSM* (The Cazimi Press, 2008)

Sarton, George, "Notes & Correspondence," in *Isis* vol. 14 (1950), pp. 420-22.

Sezgin, Fuat, Geschichte des Arabischen Schrifttums vol.7 (Leiden: E.J.Brill, 1979)

Weinstock, Stefan, "Lunar Mansions and Early Calendars," *The Journal of Hellenic Studies*, v. 69 (1949), pp. 48-69.

Valens, Vettius, *The Anthology*, vols. I-VII, ed. Robert Hand, trans. Robert Schmidt (Berkeley Springs, WV: The Golden Hind Press, 1993-2001)

國家圖書館出版品預行編目 (CIP) 資料

選擇與開始：古典擇時占星 / 班傑明．戴克 (Benjamin
N. Dykes) 著；郜捷譯. -- 初版. -- 臺南市：星空凝視
古典占星學院文化事業, 2019.04

　　　面；　公分

譯自：Choices & inceptions : traditional electional
astrology

ISBN 978-986-94923-2-4(平裝)

1. 占星術　　　292.22　　　108002513

選擇與開始
Choices & Inceptions: Traditional Electional Astrology

作　　　者｜班傑明・戴克 (Benjamin N. Dykes)
翻　　　譯｜郜捷
審　　　譯｜陳紅穎、韓琦瑩
責任編輯｜賴彩燕

版　　　權｜李姮昀
行銷企劃｜李姮昀、梁穎聰
總 編 輯｜韓琦瑩
發 行 人｜韓琦瑩

出　　　版｜星空凝視古典占星學院 文化事業
發　　　行｜星空凝視古典占星學院 文化事業
銀行帳號｜（臺灣）玉山銀行 0462979082056　　戶名：韓琦瑩
　　　　　（中國）富邦華一銀行 623565 5566600030948　　戶名：韓琦瑩
訂購服務｜skygaze.sata@gmail.com
地　　　址｜70450 台南市民德路76號
服務信箱｜skygaze.sata@gmail.com

美術設計｜敘事 narrative.tw
印　　　刷｜佳信印刷有限公司
總 經 銷｜星空凝視古典占星學院 文化事業

初　　　版｜2019年4月
定　　　價｜900元

ISBN 978-986-94923-2-4